U0733055

RESEARCH METHODS IN EDUCATION

AN INTRODUCTION (Ninth Edition)

WILLIAM WIERSMA   STEPHEN G. JURS

教育研究方法导论 (第9版)

[美] 威廉·维尔斯马
斯蒂芬·G.于尔斯 著

袁振国 主译 孟万金 校

教育科学出版社
·北京·

译者前言

《教育研究方法导论》（第 6 版）自 1997 年翻译出版以来，受到了广泛的欢迎，到 2003 年已连续印刷了 6 次，后因版权合同到期，不能继续印行。这期间，不断收到各方面读者的询问。在这一过程中，英文原文又不断推新，于 2008 年修订到第 9 版，无论是内容上还是形式上都有很大变化，作了不少改进。于是，出版社决定再次购买版权；我们重新组织翻译队伍，将第 9 版翻译出来，以供广大师生选择使用。

《教育研究方法导论》在本领域是最有影响的专业图书，在国际上也广受好评，是大学的通用教材。第 9 版中文版在保持原有成果和特色的基础上，与 1997 年的译本相比，又有了如下重要改进。

1. 更新内容。增补了一些新的章节内容，更新了大量研究案例。对旧版中比较陈旧的文献和实例进行了删改，引用了最新的文献和例子。同时，根据统计方法的进步和技术方法的更新，本书新增了一些研究步骤和研究方法的介绍，比如第 5 章 "评价研究报告"、第 13 章 "混合法、建模法和德尔菲法"，以便于读者及时了解教育研究方法中的最新动态和理论。

2. 更加科学。修订了诸多术语和概念的表述，使得全书逻辑结构和行文表达更加严谨科学。比如，使用了 "非实验性定量研究" 的概念；对 "自变量"、"因变量" 的概念进行了修订；在 "实验设计" 部分增加了两种实验效度：结构效度和统计结论效度；"前测—后测控制组设计" 部分，详细解释了增益分的含义，并推荐了有关文献以加强读者对这一方法和增益分概念的了解。

3. 更加实用。大量加入新技术手段的应用介绍，增加了练习题，使读者能够更好地将理论知识与实际研究紧密联系。比如，在第 2 章 "研究问题的确定" 中新增了 "来自研究文献的例子"；在第 3 章 "查阅文献" 部分新增了图书馆和期刊文献的查阅。同时，"教育资源信息中心"、"写综述"、"准备文献目录" 等内容也进行了重写，删去了比较陈旧的文献查阅方法；在 "抽样设计" 部分和 "定性研究" 部分，介绍了一些新的计算机统计软件包；此外，新增了课后练习题，以利于读者更好地把握内容，深入思考，付诸应用。

4. 更加可读。新增的案例和内容涉及面更广，充分考虑了不同层次研究者的需要。原版本针对的读者群主要是教育学专业的研究生，此版本通过增加新的研究方法和新案例，将适宜的读者群进一步扩大，一线教师和其他研究者都能从中获得更大启发。比如，准实验设计的"行动研究"一节进行了较大的补充和修改，并新增了行动研究的案例，对于基层的教师更有启发意义；事后追溯研究作为一种非常重要的、用于自然教育环境中的研究方法被重点介绍，对其内容进行了较大的补充和修改，并深入说明这种方法在一线教学实践中的应用。

5. 更加规范。第9版中文版在翻译上反复推敲、精益求精，努力提高规范性、流畅性和可读性。在翻译中，对旧版译本中表述不太准确的术语或语句进行了修正。同时，第9版中文版还坚持自己的特色，保留了定量研究、定性研究等表述法，没有完全追随目前国内流行但混杂的翻译趋势。另外，所有的人名、地名、文献名的翻译都依据统一的国际标准译法和表示法进行了一一修正，避免了译法不同造成的误解，更加便于与其他文献的衔接。

参加本书修订的人员如下。前言：王新波；第1章、第2章、第3章：张彩云；第4章：赵小红；新增第5章：孟万金；第6章：杨希洁；第7章、第8章、第9章：张冲；第10章、第11章、第12章：刘玉娟；新增第13章：孟万金；第14章、第15章、第16章、第17章、附录1：刘在花；目录、部分附录、研究方法术语汇编、人名索引、主题词索引、二维码说明：王新波。各章初稿完成后，孟万金教授通读和校正了全书，王新波、张冲、杨希洁同志协助做了一些具体协调工作。

最后，我要感谢教育科学出版社，特别是感谢韦禾同志为此书的出版所作的巨大的和非常细心的努力。

袁振国

识于中央教育科学研究所，北京

2010.4

简 明 目 录

第一部分　研究过程

第二部分　研究设计

第三部分　研究工具

目　　录

第二部分　研究设计

第三部分 研究工具

前　　言

目　的

在美国和世界其他国家的教育学专业研究生培养方案中，不同培养机构所要求的研究范围和类型有着很大的差异。但就所有的实际研究而言，有一些基本的研究要求（比如研究活动的参与）对于项目的顺利完成都是通用的。因此，关于研究方法的知识，或者至少是研究方法的基本概念对于研究者来讲不仅是有用的，而且是必要的。另外，许多专业的教育文献都会报告研究结果，教育工作者必须熟悉他们专业领域中的研究结果以及这些研究结果的得出所用到的基本方法。

适宜读者

《教育研究方法导论》一书的写作初衷是主要服务于教育学专业研究生的需要，因为研究生阶段通常是第一次接受正式研究方法训练的时期。不过，作为一本导论，本书同样适合于任何时段的研究方法入门学习。对于强调作研究的本科生而言，即使还没有开设正式的研究方法课程，这本书也是非常有用的。教育学在研究方法上与不少学科是相近的，因此相关学科的学生，尤其是行为科学领域的学生也可以使用这本书。当然，本书还可以作为专业参考书独立使用。

内容呈现

本书强调常用研究程序的基本原理及其应用。各种研究方法通过大量的例子进行讲解，有些例子就来自于真实的研究之中。在每一章最后都列出一系列练习题以深化学习。书中讲解了各种常用的具体研究类型，既有定量也有定性的方法。同时，为了尽量覆盖全面，如何查阅文献以及如何准备研究报告等研究全过程中的重要话题也都有涉及。所覆盖到的研究程序都有广泛的实用性，所呈现的研究理念对于许多具体研究情境都有普遍的应用价值。

全书架构

本书可分为三大部分。第1章到第5章主要讲研究过程。第6章到第13章主要讲具体研究设计。第14章到第17章讲解不同研究设计中都用得到的研究工具。

第一部分概述了教育研究的一般问题。第1章讲解了教育研究的性质和基本步骤。由于对研究问题的充分确定非常重要，因此整个第2章都在讲解这个问题；这一章还介绍了研究的基本术语。第3章讲解了如何查阅文献，包括文献信息源的确定等问题，并且重点强调了图书馆和网络资源的运用。第4章对于如何准备研究申请和研究报告提出了建议，从内容到形式上的相关问题都进行了讲解；这一章还对在学术会议和答辩委员会上进行口头发言进行了指导。第5章讨论的是研究报告评价的问题。研究申请计划书的评价和美国教育研究协会（AERA）的出版标准都呈现在本章中。

第二部分讲解了教育研究中常用的各种研究设计。第6章讨论了定量研究。第7、8、9章分别讲解了实验、准实验和非实验定量研究。第10章讲的是定性研究。第11章和第12章讨论了不同类型的定性研究——历史研究和人种学研究。最后，第13章讲解的是在同一研究中同时使用定量和定性方法的混合研究方法；这一章还介绍了德尔菲法和建模法这两种不太常用的研究技术。

第三部分讲的是定量和定性研究中都应用到的一些基本技术。第14章讨论了随机样本的概念和教育研究中使用的多种随机抽样方法；本章还介绍了定性研究中用到的有目的抽样设计；绝大多数研究涉及各种不同类型数据的收集，有时研究者使用既有的测量工具（测验和量表），有时研究者也会自编一些工具。第15章讨论的是上述测量的信度和效度以及各种测量的例子，这些测量所获得的分数或数值常常需要进行统计分析以总结结果，并用以解释所研究问题的意义。描述统计在第16章。推断统计在第17章。

最后有三个附录。第一个附录的内容是相关的研究伦理和法规。学生的研究申请通常需要所在学院的学院审查委员会（IRB）审阅，学生们需要了解这一步骤的重要性以及委员会所关注的问题。第二个附录主要是各章中部分练习题的答案。最后一个附录内容是5个供随手翻阅的统计表。最后是全书中涉及的所有研究方法术语汇编等。

各章的内容并不是全部线性关系的铺陈；换句话说，并不是所有后面的章节都是以前面的章节为基础而展开的。描述不同研究类型的各章之间是相互独立的。教师可以自主选择不同的章节乃至不同章节多个话题，然后按照各自实际的需要组合到一起。

第 9 版说明

第 9 版最大的变化是各章顺序的重构。本教材的几个评论员指出在他们使用第 8 版教材教课的时候，他们更喜欢把第 1、2、3、16、17 章作为其课程的第一部分。这 5 章组合在一起刚好构成对于整个研究过程的讲解。我们在第 9 版中采纳了这一建议。当然，如果有些教师依然喜欢用上一个版本的章节安排依然可以按照那样的顺序组织教学。

任何一次新的修订通常都会更新例子、参考文献等。我们在修订时既期望添加一些新的例子，又期望所选例子比以前的更能引起学生的兴趣。为达到这一目的，我们选取了诸如：阅读成绩差与自杀倾向之间的相关关系研究、关于大学里的基督教徒群体的人种学研究、关于 1900 年前后南方的女生申请北方的大学的历史研究，等等。

第 9 版对第 16 章和第 17 章用于演示统计程序的数据进行了更新。这些数据以 Excel 的形式存在了本书所附的二维码里。尽管这是一本研究方法的教材而不是一般统计书，但依然在相应部分加入了一些统计公式以加强对于统计概念的理解。

教材包含了 100 多个图、表和例子。其中研究设计的示意图可以更好地展现研究设计的结构并强调相应的概念。重要概念的总结遍布在全书的行文中，并且在每一章最后列出了各章的核心概念。通过这些方面的处理，第 9 版更适合于读者使用。最后，每一章末尾还添加了课后练习题。

鸣　谢

特别感谢西密歇根大学评价中心的阿伦·格利克森博士（Arlen Gullickson），他允许复印了 2007 年 NSF 高级技术教育调查的首页附信和题目例举；还要感谢纽约健康委员会早期干预部的杰夫·西蒙（Jeff Simon）先生允许复印了儿童成长检测表；还要感谢允许我们复印罗森堡自尊量表的马里兰大学社会学系的莫里斯·罗森堡基金会（Morris Rosenberg Foundation）。此外，还要感谢允许我们复印研究项目材料的爱德华·尼塞尔（Edward Nussel）博士和菲利普·鲁施（Phillip Rusche）博士。

感谢 F. R. S. 的前图书馆管理人罗纳德·A. 费希尔（Ronald A. Fisher）先生和弗兰克·耶茨（Frank Yates）；感谢伦敦朗曼集团有限公司允许

复印《生物、农业和医学研究的统计表》（第 6 版，1974）一书的表 3、表 4 和表 7（缩减）。

如下评论者极有洞见的评论对本次修订大有裨益：北卡罗来纳大学格林斯伯勒分校的伯特·戈德曼（Bert Goldman）、特拉华州立大学的吴拉姆·基布里亚（Gholam Kibria）、奥特本大学的玛丽·莱特博迪（Mary Lightbody）、休斯敦大学的多丽丝·L. 普拉特（Doris L. Prater）和代顿大学的达拉·图尔（Darla Twale）。

威廉·维尔斯马

斯蒂芬·G. 于尔斯

第一部分

研究过程

第1章

教育研究的性质和特征

导　言

　　研究，已经成为我们文明社会中的一种普遍现象，我们每个人都受到它的影响。在学科和行业中，各种经验水平的学者和实际工作者都投身于研究中来。在正规教育系统中，如果我们的学生没有参加某种形式的研究的话，他便不能取得长足的进步。研究可以在各种各样的情境中进行：在实验室，在教室，在图书馆，在城市的街道上，以及在异域的文化中。这里提到的只是少数几例，目前许多研究是通过计算机完成的。在时间上，有些研究持续的时间短，有些研究则跨度长。在经费上，工业、商业及研究出资机构，如教育部、国家研究院等，为研究投入了大量的经费。然而，也有许多研究耗资极少，几乎不花什么钱。在许多领域的进步都应归功于研究，对于这些研究活动，人们寄予这样一种内在假定：研究预示着改进。

　　研究生们，至少低年级的研究生，会发现难以搞清楚研究的情境，也难以把握研究进程中的关键环节。他们之所以上研究方法课和参与研究，其唯一动机就是因为这是研究生的必修课。由于开展研究的知识和阅历有限，所以仅仅认识到开展研究的必要性对如何开展研究提供不了多少指导。

　　说到研究，普通的小学或中学教师、辅导员、行政人员的境遇和研究生们也相差无几。事实上，相当比例的研究生正是由这些学校的各类人员组成的，他们利用业余时间攻读研究生课程。但是，不论学位要求如何，开展研究的目的是为了解释和预测现象，尤其是在教育研究中，去解释和预测那些影响教与学以及学校运行的现象。因而自然会有一种假设——即教育研究可以增进人们对教育过程的理解，从而可以改善教育实践。

　　学校的决策是以经验、专家意见和研究成果为依据的，专业的教育工作者应熟悉研究的方法论和研究成果。

在许多教育研究中，方法论备受重视，并且几乎在所有的研究中，了解方法论对研究成果的有效运用都是至关重要的。尽管研究生们可能因为完成作业或论文仅仅进行短期的研究，但这种短期的研究经验也将有助于他们成为更好的专业教育工作者，或运用研究成果更好地进行决策。

教育是一个复杂的过程，学校的学生和教师处在一种复杂多变的社会互动网络之中。正如伯利纳（Berliner, 2002）所指出的，学校里大量的交互作用是同时进行的，例如，教学行为与学生的特点（如动机）是相互影响的。教育常常基于某种特殊情境，这就会限制教育研究发现的普遍性。的确，正如伯利纳所断言：

"依我看来，我们遇到了最棘手的一门科学。"（p. 18）

在某种意义上来说，教育研究是复杂而耗力的。大范围的研究活动要用到不同的研究方法：从相对简单、单一的操作到复杂的各种程序的综合运用，定性的和定量的研究兼而有之。通过有组织的、集中的学习，一位敏锐的教育研究者完全应当能掌握必要的研究方法，并且知道具体场合应该做什么也是非常重要的。研究问题是怎样被确定的？为寻求特定问题的答案应运用什么程序？怎样收集和解释资料？如何撰写令人满意的、清晰明了的研究报告？在具体的研究过程中，所有这些问题都需要一定的技巧。

本书特别强调程序运用的重要性。从广义上说，教育研究中该做什么是基于常识作出的。我们尝试将材料组织起来，这样我们便能清楚地知道正在发生的事，我们也能理解蕴含在资料中的信息。本书讨论了一般的研究程序和方法，但实际研究者必须将它们运用到具体的研究中去。从某种意义上说，所谓"典型"研究计划是一个误解，不存在"典型"的计划，因为每一项研究都有其唯一的问题和条件。虽然各种研究计划之间存在着许多相似之处，但完成一项研究工作可不是像照着食谱做蛋糕那样依葫芦画瓢。

教育研究者应始终将合乎要求的高质量的研究成果作为自己追求的目标。然而，如果研究未能尽善尽美，研究者也不必灰心，因为完美无缺的研究似乎还未曾有过。所以，任何已经完成的研究都无法完全避免批评的责难。研究工作中有潜在的陷阱，错误随时可能发生。任何研究者都应乐于接受同行的意见，人们应以特别富有建设性的态度，本着提高某项研究水平的目的提出和接纳批评。

3 教育研究的性质

研究从根本上说是一种活动或一个过程。尽管研究的过程多而不同，但某些基本的特性将有助于确定研究的性质。由于教育研究也具有这些特征，我们将以教育为例来描述和说明它们。下面是几个基本的特性：

1. 研究是经验的。
2. 研究应是系统的。
3. 研究应是有效的。
4. 研究应是可靠的。
5. 研究可能有多种形式。

这些特征相互联系，合为一体，它们共同揭示了研究的本质。但为了突出它们各自的意义，我们来分别讨论它们。

研究的经验本质

教育研究是以典型的经验取向为特征的。技术上讲，经验主义是这样一个概念，即所有的知识是从感觉经验中获得的，而感觉经验来自于观察和实验。但这种经验的结果必然以某种信息的形式呈现，以便于知识的概括。信息具有资料的形式，资料的形式多种多样，包括测试分数、现场记录、咨询问题的回答、体能得分等，这仅是提到的 4 种。研究者们根据这些资料进行工作，其中可能包括组织资料，从资料中产生出假设、验证假设，等等。

研究的系统过程

研究是一个过程，并且应当是**系统化研究**的过程。事实上，许多作者都把"研究"看做是系统过程。麦克米伦和舒马赫（McMillan & Schumacher, 1997）将"研究"定义为："为某一目的而收集、分析信息（资料）的系统过程"（p. 9），克林格和李（Krlinger & Lee, 2000）将研究定义为："对自然现象系统的、控制的、实践的和批判性的调查。这种调查是受到有关理论和假设指导的"（p. 14）。

毫无疑问，我们愿意相信教育研究是系统的，但什么能使我们相信这一点呢？我们可以用科学调查研究的方法，通过得到认可的资料收集、分析和解释的方法来寻求知识。与科学的调查研究相联系的是这样的一种**科学方法**，研究过程被认为是：至少在某种程度上被认为是由一连串有因果关系的步骤构成的。关于科学方法的精确步骤可能意见不一，但一般都划分成 4—6 个步骤。开头总是确定问题，进而深入阐述结果，最后得出结论。从科学方法的一致性，从研究过程 4

提供的基本的、系统的要素看，可分为 5 个步骤：（1）确定问题；（2）查阅文献；（3）收集资料；（4）分析资料；（5）得出结论。因为科学方法已被引进，所以理应说明它在教育研究中的应用。

虽然称之为科学方法，但它是一个过程，而且不应当与像实验法这样具体的研究方法相混淆。如果陈述得不彻底，作者有时就会产生一种暗示倾向，即某些研究方法比其他的研究方法更"科学"。福伊尔、汤和沙维尔森（Feuer, Towne, & Shavelson, 2002）就研究或科学发生的科学文化提出了精彩的论点，这种科学文化反映出科学方法的背景。他们认为：

> 科学文化是一套标准和惯例，一种诚实、公开与持续反省的精神，同时也包括对研究质量如何评价。（p.4）

这一陈述和科学方法的 5 个步骤并没有暗含研究方法的层级性。研究质量问题取决于研究是如何进行的，而不是采用了哪种具体方法。

接下来进一步讨论这 5 个步骤。要使研究系统化，首先，待研究问题的性质必须确定，即使只是一个轮廓。与研究的性质相关的知识确定后，重要的是，要建立一个进行研究的框架。与建立研究框架或基础紧密相关的，是明确必要的假设以及与所研究的问题有关的条件。

第 2 步是查阅别人研究类似问题的信息。毫无疑问，一个人可以从他人的研究中受益匪浅。但没有必要当某一个问题的研究一受到攻击时就"另起炉灶"。文献就是这样的信息来源。

系统研究的第 3 步是收集资料。收集资料不能带着实用的、随意的、无准备的态度进行，收集资料的过程需要适当的组织和控制，以便能够对手头的问题作出有效的决策。第 4 步是针对问题用适合问题的方式作资料分析。第 5 步是分析资料后，作出总结或得出具有普遍意义的结论。结论需在研究的工作框架里，在资料和对资料的分析基础上获得。

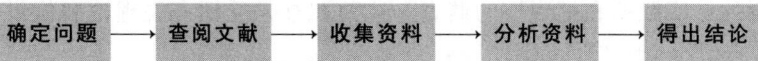

确定问题 ⟶ 查阅文献 ⟶ 收集资料 ⟶ 分析资料 ⟶ 得出结论

上面描述的研究过程是系统的和有秩序的，但千万不要认为研究过程是一成不变。研究步骤可以跳跃或交叉。有些研究，比如实验研究，在界定研究问题时可能就已经确定了待验证的假设；而其他的研究，本质上更多定性研究的成分，可能在资料收集完以后才形成假设，并且对资料进行分析时还有可能对假设进行修正。所以，特定的研究情况在一定程度上影响研究步骤，但尽管如此，所

5

有教育研究都是有系统的。

教育研究是有系统的，在一个大的框架中遵循着科学的方法步骤。但是，不同的研究类型在如何完成这些步骤上存在较大弹性。

教育研究的效度

不管研究的形式怎样，也不管研究指向哪个目标，我们都期望研究是有效的，也就是具有效度。什么是研究的效度呢？一般而言，我们说某件事是有效的，是希望它基于事实或证据，也就是"能够被证明的"。更具体地说，效度同时包含两个①概念，内在效度和外在效度。**内在效度**是指结果可以被精确解释的范围，而**外在效度**是指结果能被推广的人群、情境和条件。请看下面解释效度概念的例子。

内在效度。　假设一位体育教师对"两种不同的运动方案对 8 年级男生体育技能测试成绩产生何种影响"的问题感兴趣，这个教师计划用两个体育教育班做实验，随机在每个班级指定 28 名学生。每天上午，他将这两种运动方案分别运用到两个班级中，时间同为 16 个星期。最后，由他本人负责对两个班进行同样的体育技能测试。这项研究具有好的内在效度。这个研究的整个计划如图 1.1 所示。

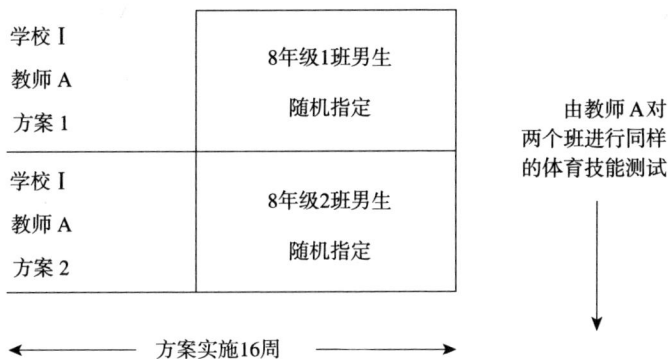

| 学校 I
教师 A
方案 1 | 8年级1班男生

随机指定 |
| 学校 I
教师 A
方案 2 | 8年级2班男生

随机指定 |

由教师 A 对两个班进行同样的体育技能测试

◀——— 方案实施16周 ———▶

图 1.1　有高内在效度的假设性研究的总体研究计划

6   为什么说这个研究具有好的内在效度呢？因为，如果两个班的体育技能测试成绩有差异，譬如说，2 班的均数[②]比 1 班高，我们可以充满自信地解释这个结果，并得出方案 2 比方案 1 更有效的结论。不论结果怎样，都可以较有把握地得出解释，因为总的来看，两个班级之间唯一的不同是方案。两个班级都是上午上课，同一位教师任教，在同一所学校，并且每个班级都是由 8 年级男生组成。虽然可能肯定的是任何两个男孩在原有的体能方面都可能存在差异，但是 56 个男孩是由每班随机指定的 28 人组成的。总的来看，两个班级中的其他因素与方案相比对体育技能的可能影响是非常相似的。例如，可能有些男孩比其他的睡得多一些，但总的平均来讲，两个班级大致是一样的。实质上，随机的指定使两个班级的其他因素变得相同了，因此我们说这两个组在随机波动范围内是相当的。

    请看另一个相反的缺乏内在效度的代表性的例子。正在进行的研究是关于已用的 3 种类型的教材对 8 年级自然科学课学习有什么不同影响。现抽出 3 位教师参与研究，他们分别在不同的学校教学；其中两位教师每人教 4 个班的 8 年级自然科学课，一位教师教 3 个班。其中有一所学校的班级是按照能力分班的。碰巧，参与研究的这个学校的这位教师教的是能力高的班级。

    每位教师使用 1 种教材，为期 9 周。教师们使用不同的材料，并且没有教师使用超过 1 种以外的材料。9 周后，对学生进行自然科学的成绩测试，每位教师使用他（她）自己出的试卷。整个研究计划如图 1.2 所示。

		科学成绩测试
学校 I 教师 A 教材 1	4个班级 不同能力分布	教师A出的试卷
学校 II 教师 B 教材 2	3个班级 不同能力分布	教师B出的试卷
学校 III 教师 C 教材 3	4个班级 高能力分布	教师C出的试卷

←————————— 教学9周 —————————→

图 1.2   缺乏内在效度的假设性研究的总体研究计划

7   研究者计算出使用 3 种教材的自然科学的平均分数。对于 3 种教材的相对效果，我们能得出什么结论呢？简直可以说什么都不能得出。很多因素可能会影响科学成绩，而这些影响因素无法从可能的项目效果中分离出来。

为说明这一点，假设学校 III 的学生得分最高，那么这到底是因为这些学生的能力高，还是教师 C 教得很出色呢？或教师 C 出的试卷比其他教师的容易？或者教材 3 比其他两种教材更好？我们无法从结果中得出有效的解释。不管是什么形式的结果，任何关于结果的雄辩的解释都不能得出"教材 3 效果最好"的结论。这样，这个研究就缺乏内在效度，因为结果不能被解释。

> 内在效度是指研究结果能被精确解释的程度，该结果无其他可能的替代性解释。

外在效度。　我们前面已经下过定义，外在效度是研究结果能被推广的范围。在很大程度上说，内在效度是外在效度的先决条件。如果结果不能被解释，也就不大可能进行推广。请看这样一个例子。

在一个学区的 5 所小学里，进行一项关于家长对学校感知的调查，如课程质量、管理效果、纪律等问题。形成了一个结构良好的电话访谈的条目细则，并且有足够条目覆盖家长关心的学校特征。在每所小学有 25 名学生的家长被随机选出并进行访谈。对于那些找不到或不愿意访谈的家长，有一个随机抽样的规定程序来取代他们。访谈结束后，125 名被访者中只有 6 名是找不到而被重新替代的。

这项研究的结果可被推广的人群是那些孩子们在这 5 所小学就读的家长。按照这种调查进行的方式和完成的访谈的数目，这个结果能很有把握地推广到这些家长中。此时，我们就可以认为这项调查研究具有高的或是说好的外在效度。但如果把这项研究结果推广到其他学校系统的其他小学中将不会有多少意义。如果要这样做，需要一个逻辑基础，如以这些学校中学生的家长与其他学区小学生家长的相似性比较为条件。

我们再看第二个例子，也是一项学校调查，即调查家长对学校的看法。这所中学共有 837 名学生，把问卷寄给所有学生的家长，即学生的双亲或者单亲家庭的监护人。共寄出 712 份问卷，但即使在两次信件催促后，也仅收回 149 份完成的问卷，只有约 21% 的回收率。因而不能认为，回复问卷的家长能代表这个学校学生家长的总体（或者是代表性样本）。从本质上来说，他们仅代表这所中学的那些愿意回复问卷的家长，而非其他人群或其他家长。可能有未知的因素在起作用才引起低反应率。这些结果不能推衍到该校学生的家长总体中，因此研究缺乏外在效度。

因为外在效度涵盖了研究结果对总体或外界情境的普适性程度，所以，再考察另一个更加极端一点的缺乏外在效度的例子是非常有益的。有一项研究考察视

8

觉时间的长度对无意义符号再现的影响（无意义符号可以是随机排列的 5 个字母）。研究对象（被试）是来自教育心理学专业的 10 位研究生志愿者。有 5 种不同时间长度的呈现，每两个人接受一种检查。每人被分别呈现 20 个无意义符号，每次呈现后，被试即回忆符号，根据回忆的正确情况得出个人总的成绩。整个计划见图 1.3。

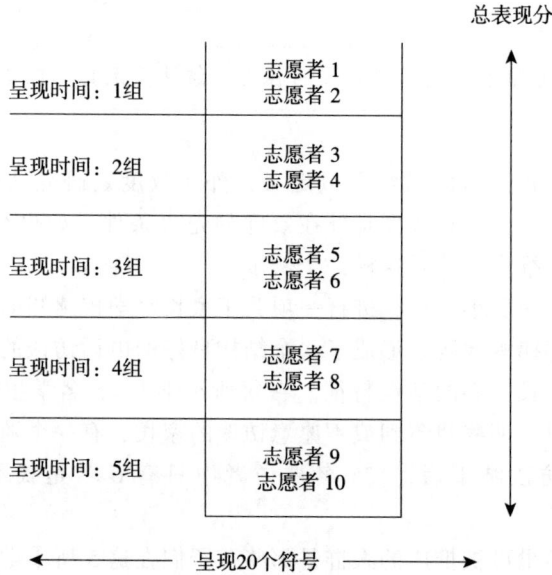

图 1.3　缺乏外在效度的假设性研究概要图

假如总体上，成绩分数随呈现时间延长而提高，但这一结果能推广到哪一人群和哪种环境条件呢？能推广到中小学生学习有意义材料的过程中去吗？能推广到在高度结构化条件下工作的年轻人中去吗？不可能。结果甚至不能推广到研究生群体中，因为参与者是志愿的。总之，结果（再现无意义符号）只适用于回忆无意义符号的 10 位志愿者。因而，研究缺乏外在效度。

> 外在效度就是研究结果能被推广到的总体和外部情境的程度。

我们也不能由此推论，为达到外在效度，结果必须能推广到许多不同的人群和情境中去。例如，如果研究只涉及天才学生，研究目的就只是推广到天才学生而不是所有学生。如果一个学校系统作一个需求评估的研究，其结果只可以推广到那个系统。特别是进行定性研究，研究者并不特别关心结果在研究情境以外的广泛适用性，因此外在效度依赖于特定研究工作的条件及目的。

研究的效度只是一个度的问题，事实上也不可能得到纯粹的内在或外在效度。以后几章将分析到，旨在提高内在效度的企图可能降低外在效度，反之亦然。研究者需要求得一种平衡，使某一结果得到合理的解释，又具有某种程度的推广价值。

研究的**效度**指结论的准确的解释性（内在效度）和结论的普遍性（外在效度）。两种效度都只是度的问题。

教育研究的信度

讨论效度时，有必要讨论一个与之相关的概念——**研究的信度**。信度指研究的前后一致性以及研究能在多大程度上被重复。有时我们需要区分出内在信度和外在信度。内在信度指在给定的相同条件下，资料收集、分析和解释能在多大程度上保持一致。比如，如果使用多个人收集资料，内在信度的问题便是：收集人之间能达成一致吗？如果对教师行为进行研究，使用课堂观察方法收集资料，内在信度的问题便是：两个或更多的观察者在看待同一教师的表现时，能达成一致意见吗？这可称之为观察者之间的协同程度。如果缺乏内在信度，资料仅是收集者的一个函数，但不能反映真实发生的情况。

外在信度涉及的是一个独立的研究者能否在相同或相似的背景下重复研究。如果能的话，结果是否前后一致？如果研究是可靠的，一个使用相同方法、相同条件的研究者应得到与先前研究相同的结果。为保证可重复性，研究中必须包括对研究过程和条件的充分界定，不同研究所需界定的方面可能不一样多。

研究的**信度**指研究的方法、条件和结果是否可重复，是否具有前后一致性。

信度是效度的一个必要的保证，也就是说，一项研究不可能没有信度却具有效度。如果一项研究是不可靠的，我们就不可能有信心去解释结果并将它推广到其他的人群和条件中去。从本质上说，信度和效度共同构成了研究的可靠性。信度强调可重复性而效度强调结果的精确性和推广性。

研究范式的多样性

研究者针对各种各样的研究问题，在研究中使用多样的研究方法，或单一或综合。从教室里的观察到实验室里严格控制条件下所做的工作都称之为研究。每项研究都隐含着研究者的理论框架或范式。你可能认为范式反映了研究者对"有价值的研究由什么构成"的看法，也就是为什么及如何作研究。下面简要描述几种较流行的范式。关于范式更完整的讨论请参考默滕斯（Mertens，2005）的论述。

实证主义者。 这些研究者进行研究时使用"科学方法"。他们认为，世界上只存在一种实在，研究者的任务就是发现它。首先阐明变量间的假设关系，然后收集数据并确定假设是被数据支持还是被驳斥。其目的是为了找到因果关系。他们的研究被认为是"价值中立"的。

后实证主义者。 后实证主义者相信变量中被研究的关系可能受到研究之外的价值、理论和条件的影响。这些研究者仍然设法通过操纵变量建立因果关系以观察对其他变量的影响，但其目的是剔除对结果的其他可能的阐释。结论是根据可能性而不是确定性作出的。

建构主义者。 与实证主义者和后实证主义者不同，建构主义者的研究并不是从检验理论开始的，而是从数据中通过验证来形成理论的。现实可被视作社会建构的。建构主义研究者依赖被试对情境的解释并尽量获取被试的语言和观点，结果被认为是基于某种特定情境的。建构主义者还关注研究者自身的价值观是如何影响研究过程的。

11 　　**变革主义者。** 变革性的研究者认识到研究的政治性，并试图在研究中纳入不同的人，以便我们了解研究结果是否适合所有的子群体。研究者认为社会建构的事实受种族、性别、文化、经济及其他因素影响。这种研究也可能关注那些传统研究中所不被关注的子群体。

当代的许多研究都很复杂，不仅使用多种研究方法而且借用多种范式，因此研究者要明白的重要事项就是范式的可选择性。另外，有些读者可能认为并不是所有的范式都提供同样的强有力的结论，在某种程度上，范式的选择可能取决于其主要读者认为的可信根据。其实，更重要的是要考虑到范式和研究的问题的一致性，研究问题的措辞可能暗示着最适合情境的范式。

教育研究的分类

教育研究的分类有很多种方法，作者使用了不同复杂程度的分类系统。从本质上来讲，分类系统在某种程度上是有价值的，即有助于提高研究实施的效率和效能。这里描述了三个系统，第一个是以研究的目标或目的为基础；第二个是定性－定量的连续性，它们代表了对现象研究的两种截然不同的取向；第三个是对教育研究中使用的一般方法的一种分类。

基础研究和应用研究

基础研究与应用研究是根据它们各自不同的目标或目的来区分的。**应用研究**的目的是解决当下的、实际的问题，这样的研究是指向特定的问题的。**基础研究**的指向则具有普遍性，它可以为现有学科的知识体系增添新的东西。基础研究不一定要有当下的、实际的用处，虽然我们并不排除这种可能性。如果这种情况发生了（指基础研究产生了实用价值），那也是附带的，并非它的初衷。另一方面，在解决实际问题的过程中，应用研究也有助于一般性领域的扩展，基础研究和应用研究都是重要的，没有必要区分哪个更好。

应用研究和基础研究之间的差异不应该被夸大。菲利普斯（Phillips，2006）就认为，表面上为了应用而开展的研究常常能促进对理论的进一步理解：

> 试图解决教育问题的纷乱，试图了解学习心理状态和学习的发展过程，试图了解科学发现的作用和对有关教育政策的政治决策的价值，试图评价创新性教育项目，而且不仅要证明它们是否产生预期的效果，也展示（通常是极其重要的）非预期的结果——所有的这些及更多其他的努力可能是属于应用的，但是它们还能，而且有时也确实引起了对重要理论的理解深化。（p. 18）

12

举个基础研究的例子——在实验室条件下作一个学习方面的实验。这个研究的目的是为了探讨人们的学习行为是如何发生的。这个实验可能只集中分析一个或几个有限数量的与学习有关的因素，诸如通过以影像的或语言的方式呈现材料，会产生什么不同的结果。

再举一个应用研究的例子——通过对一个学校系统中小学教师的调查，了解他们对几个有效的阅读计划的看法和意见。该调查可以由一个课程委员会或学校系统的行政人员来进行。这些人与选择阅读计划和购买何种教材有关。研究结果将为购买何种教材提供需要的信息。

很遗憾的是，人们对使用"基础"和"应用"研究这两个术语已经产生了误解。其中之一是，许多人觉得，从方法论上讲，基础研究很复杂，而应用研究则较简单；另一种类似的误解是，认为作应用研究的是那些非专业化的实际工作者，而基础研究则是由善于抽象思维的不切实际的思想家进行的。还有一种误解是，认为应用研究是粗糙的、无计划的，但又是很有实用价值的；而基础研究则是精细的、准确的，但却少有甚至没有实用价值。可是在前面我们已经说过，区分这两种研究，并不是从它们的复杂程度或价值来区分，而是从它们的目标或目的来区分。

> 基础研究和应用研究是根据它们的目的来区分的。**基础研究**的基本目的是扩展知识；**应用研究**的基本目的是解决当下的实际问题。

行动研究可视为应用研究的一种，它是由教师或行政官员来操作的，以帮助地方学校决策而使用的方法。行动研究强调对基层的日常问题的解决，它很少关心研究结果是否对其他教育情境具有普遍适用性，它研究的人群常常也很小（如一所中学的上生物课的班级）。

假如一名初中自然科学的教师要考察在模拟实验中，是按计划布置练习册的作业还是应该布置附加作业，那他进行的行动研究只涉及上自然科学课的学生，以此来判定这两种方法的相对效果和效率。教师们只关心自己的情形，而不必考虑能否将研究普及到其他学校。

13　　在方案设计和方法论方面，行动研究被指责不如其他教育研究要求严格，但是行动研究具有较高质量，提供的地方信息对当地读者来说非常可信。研究通常是整个群体参与，而在有些情况下，只是某一人群或个人参与。然而，当行动研究结果与研究文献中已知的结果综合起来时，这种综合就能为基层的教育决策提供非常令人信服的依据。

> **行动研究**通常是教师、管理者和其他教育专业人员为解决具体的问题，或为基层决策提供信息而使用的方法。

一些作者，如麦克米伦和舒马赫（McMilan & Schumacher, 1997）提出了包括评价或评价研究的第 3 种分类。由于只作些初步讨论，评价研究可以被认为是应用研究的一部分。评价研究的许多方法和研究是一样的。评价较典型的作用是评价一项实践活动或方案在一个特定情境下的价值。这些结果在一个特定的地点或是多个地点的运用是评价工作的基本着眼点。评价结果帮助在特定情境下制定决策，这和应用研究是一样的。

> 基础研究和应用研究根据它们研究的目的，表现出总体研究取向的不同。应用研究重在解决当前问题，而基础研究重在扩充知识整体。

定性研究和定量研究

从开头到现在，**定性研究**和**定量研究**的术语时常被用到，而没有定义。尽管定性研究与定量研究的术语在社会上广为人知，但作为研究类型的标志，这些术语还是需要一些额外的解释。麦克米伦（McMillan，2003）以一种简单的方式描述了这两种研究：

- 定性研究着重现象学模式，在该模式中多个事实根植于主体的感知。而对理解和意义的关注建立在口头叙事和观察的基础之上，而并非以数字为基础。定性研究通常在自然情境下发生；相反，在定量研究里，行为和情境受到控制和操纵。（p.9）
- 在定量研究中，非实验研究设计和实验研究设计之间有一个主要区别。在非实验研究中，或者因为已经产生，或者因为不能被影响……研究者对被选中要研究的东西没有直接影响，这通常意味着研究仅仅能描述事物或揭示两个及以上因素之间的关系。（p.9）
- 在实验研究中，研究者控制一个或者更多的影响被试行为的因素（变量）……而操纵一个因素的目的是为了考察它和另一个因素的因果关系。（p.10）

14

定性和定量研究代表着两种截然不同的理解世界的方法，这里的世界就是指被研究的现象。定性研究基于描述性分析，本质上是一个归纳的过程，即从特殊情境中归纳出一般性的结论。而定量研究与演绎法更相近，是从一般的原理推广到特殊的情境中去。

正如兰西（lancy，1993）指出的，定性研究被普遍地认为是一种方法，它为实施研究而设计了一系列的程序。从开展研究的实用性而言，这可能是一种有用的方法，但从认识论的角度看，定性研究与定量研究存在着根本的差别。它们基于不同的范式，所谓范式是由假设、概念和命题组成的一个模型。定性研究从最纯粹的意义上讲从属于自然主义的范式，即研究应在自然情境中进行，研究所获得的意义也只适应于特定的情境和条件。这种研究是采取整体的方式阐释自然情境。

定量研究根源于实证主义，与定性研究相比更接近于科学的方法。定量研究强调的是事实、关系和原因；定量研究者对结果和产品予以极大的重视；而定性研究者比定量研究者更注重过程的影响。

这里没有必要转移话题来讨论教育研究中理论的作用。该问题随着正式的理论定义的展开，本章后面将有更多的阐释。但这里需要先作一些讨论。定性研究并不强调在开始研究时对所研究的问题有一个理论基础。一个理论可以在研究的过程中形成，但随着研究的进行，理论又会被改变、被放弃或被进一步地精练。如果理论是基于资料而形成的，我们便有了一个 **"扎根理论"** 的概念，也就是理论是基于资料而不是基于一些已经形成的观点、想法或系统。如果没有理论出现，这个研究将是非理论的，但仍有描述性价值。

在另一方面，由于定量研究自然具有的演绎性，从开始便更倾向于是以理论为本的。事实上，当进行一项理论检验研究工作时，它很可能是定量研究。当然在定量研究中，理论并不总是确定的，但理论的基础存在于这样或那样的形式中。

定性研究是具有特定情境性的，研究者角色就是这种情境中的一部分。正如史密斯（Smith，1987）所指出的，定性研究基于对情境感知的认识，相信特定的自然和社会环境与人类行为有很大关系。定性研究者强调整体的作用，他们认为事实和价值是无法分离的。而定量研究者更多的寻求"不受情境影响的"可推广性；他们宁愿更多注意个别的变量和因素，而不是关心整体的作用，定量研究者的最大特色是将事实和价值分离。

总的看来，定量研究者比定性研究者更强调标准研究程序和预先设计。后者进入研究更灵活，定性研究比定量研究更经常地包含多种研究方法。定量研究比起定性研究来有更多的设计目录（即通常使用的设计方法的种类——译注）。最明显的区别是资料呈现的形式，前面提到过，定性研究主要依靠叙事性的描述，定量研究主要依靠统计结果。

以上所描述的定性研究和定量研究的区别归因于两种研究方法背后不同的认识论。定性研究和定量研究在目的上也是不同的。定性研究旨在理解社会现象，这里的"社会"一词是就其广义而言的。定量研究则旨在确定关系、影响及原因。表1.1概括了定性和定量研究的区别。没有必要对它们的区别再作过多的说明，在文献中还会有更多的说法。但这里的讨论可以使读者对其差异有一个基本的认识。这两种研究类型都是有价值的，都与教育改进有关。

表 1.1　定性研究和定量研究不同特点的比较

定性研究	定量研究
归纳探究 ◄----------------►	演绎探究
理解社会现象 ◄----------------►	关系，影响，原因
无理论或扎根理论 ◄----------------►	基于理论
整体探究 ◄----------------►	针对个别变量
特定情境 ◄----------------►	不受情境影响（普遍性）
观察 – 参与 ◄----------------►	研究者不介入
叙述性描述 ◄----------------►	统计性分析

定性研究和定量研究有它们自己的特征，它们的研究目的不同，研究背后的范式也不相同。

一般研究方法

实际作研究时，考虑用一般研究方法是有益的。例如，我们讨论做调查研究或历史研究，这些就包含着具体的程序。下面介绍 5 种使用最普遍的研究方法，在后面每种方法要用一整章阐述。

实验研究。　实验研究包含情境和至少一个变量③即实验变量。该变量受研究者人为地操纵或改变，以便确定它对变化的影响。这意味着，实验的变量是什么以及它的变化范围有多大，是研究者选择的。在一项实验中实验变量可能不止一个，并且为了使已经完成的研究被认为是一个"真实验"，实验的参与者在实验处理中应是随机指定的。

假设一位研究健康教育的人，对 3 种不同锻炼时间（时间的长度）对稳定心率的作用感兴趣。他随机抽取 60 名年轻人，20 人为一组。60 名被试都按特定的要求每天锻炼，20 人每天锻炼半小时，20 人每天锻炼 45 分钟，20 人每天锻炼 1 小时。每一时间长度的运动量是确定的，锻炼计划为期两个月。被试稳定心率的情况在实验前后分别测试，以便测量到变化。

这里，实验的变量是锻炼时间的长度。这一变量——3 种水平的锻炼——由研究者设定并施加于被试，每20人一种水平。如果不同时间长度的锻炼对心率有影响，这种影响必须通过3个实验组（平均）心率的差异来反映。

准实验研究。 准实验研究与实验研究一样包含一个或多个实验变量。但是，与参加者被随机地分配的实验处理不同，研究中被试是被"自然"地分配组别，比如班级。成员进哪个组是自我选择的。准实验研究中，也是运用包括实验处理在内的单一被试设计。因为随机分组的努力经常遇到困难，所以在教育中更经常地使用准实验研究。

假设一个研究者考察的是一项教学计划在数学概念的测试中解决6级运算逻辑问题的效果。实验的方法是每天进行半小时解决逻辑问题的教学，为期10周。研究者不可能随机分出6种水平的班级来，但有8个现有的班级接受了教学计划，另有8个班级作为对照组。10周以后，有16个班的学生接受了普通数学概念的测试。

非实验性定量研究。 很多研究可以归入非实验性的定量研究，这些研究多是调查研究。然而，也有其他的叫法，比如**回溯研究**或**因果—比较研究**。没有实验变量是被操纵的，通常处于一种真实自然的情境中。**调查研究**的含义更广，它通常使用问卷调查和访谈。调查研究通常涉及教育、心理、社会变量中的事件、分布和关系，有些调查只局限于描述现状，而有些则试图确定变量之间发生的关系和影响。如果在这样的情境中，变量已经发生了，我们将它称为回溯研究。

17　　一位研究者要研究俄亥俄私立大学院级顾问的专业实践情况，就必须运用调查研究。方法之一是，设计一种合适的工具，最有可能的是调查问卷，调查部分被选定的顾问或对全部顾问进行调查。顾问们的回答对其专业实践提供了一个基本的概貌。从这些信息中，研究者可以阐述有关专业实践的重要性（顾问们认为的）以及参与的频率诸特征。这一研究强调的是参与的特征。

再看一个包括回溯研究的例子。一项研究涉及的是，在小学高年级学生（数学、词汇等）的认知能力和技能领域，对学校的态度与成绩之间的关系。研究者需要对学生进行归类，包括对测量态度和认知能力、技能成绩的手段进行适当的归类。没有变量是人为的，也就是说，研究者不能干扰学生或影响他们的态度或运算的得分。数据收集以后，研究者试图确定各种可能存在的影响和解释这些影响是怎样作用的。比如，一个肯定要考虑的问题是："是否某种态度模式总是与特定的成绩得分相联系？如果是，那么是这种态度影响成绩得分吗？"当然，提出另一个问题也是适宜的，"是否成绩得分会影响态度模式？"

历史研究。 历史研究包括研究过去的一个问题、一种现象、一个运动等，信息都是从过去的资料中获得的。历史研究者不能重新生活在过去，所以他们必须利用文献或其他资料，通过批判性的探究而重建过去。历史研究包括描述过去是什么，而不是现在是什么或某些变量对其他变量产生什么影响。但历史研究不仅仅是一种精确地重建过去的努力。历史研究包括一些解释和观点以及对现在的事件、问题、过程等的解释。在教育的范畴中，历史研究处理的是关于"教育的"过去的"事情"。

举一个历史研究的例子。研究 1945—1960 年期间联邦政府对中学的资助计划。研究者可以通过多种途径了解这些计划，如法律文件或历史记载。然后研究者可以描述这些计划并考察它们的正面和负面的效果。有些具体因素，像经济影响以及这些影响对现在和将来决策和政策的启示，在回顾历史时是应予以考虑的。背景是某过去时间的事件，但是对结果的解释和启示可以不局限于过去。

人种学研究。人种学研究通常和人类学相联系，但它在教育领域的运用正日渐增多。**人种学**是在广义的文化概念下对特定的文化情境作深入、解析性的描述。就教育而言，我们将人种学的研究定义为：对特定情况下的教育的制度、过程和现象提供科学描述的过程。

人种学研究大量依赖于对所研究现象的观察、描述、定性判断或解释。它发生在自然的情境中，重视过程，旨在获得整体画面。人种学研究经常没有坚实的理论基础，在研究着手之前很少有具体的假设。理论和假设随着研究的深入而产生。

假设我们现在要研究初中科学教学的性质，研究的问题是："这个学校的科学教学像什么？"然后在上科学课的班级进行一年多的考察。研究人员做了大量现场笔记，与学生和老师面谈。在此基础上，研究者试图对这所学校的科学教学情况作出准确的描述和解释。

上述例子按照方法的分类标准，简单、表面地描述了各种研究的类型，表1.2 中列举了这些方法的特点以及涉及到的问题。除了这种分类，教育研究还有其他不同的分类方法。一些作者采用描述性研究和因果—比较研究的分类方法；而另外一些作者可能扩展方法论的范畴，如把个案研究也看做是一种基本方法。本书没有把个案研究作为一般方法的单独类型，因为个案研究可贯穿在其他的研究类型中。质言之，个案研究就是对单个组、单个人或现场的仔细考察。在人种学研究中，当对单个组进行深入研究时，也就是个案研究。准实验研究中的单一被试研究就是个案研究。

18

表 1.2　按一般方法论对研究的分类

类　型	特　征	所提问题
实验研究	至少人为设定一个变量并确定这个变量的影响。被试被随机分配作为实验对象。	实验变量的影响是什么？
准实验研究	至少人为设定一个变量并确定这个变量的影响。被研究的组群是原始的、自然的。	实验变量的影响是什么？
非实验性的定量研究	研究变量的事件、关系和分布。变量不是人为的，而是自然发生的。	变量的特征是什么？变量之间的关系和可能的影响是什么？
历史研究	描述过去的事件或事实的进展情况。	曾经是什么或发生过什么？
人种学研究	整体描述实际现象的进展情况。	现象的性质是什么？

19　　　　不同的研究方法未必恰如其分地归入基础或应用研究，或者定性、定量研究。例如，有时候实验可能致力于解决一个即时的问题，有时候做实验也可能主要是为了增加现有的知识量。有时，研究方法与定性和定量的区别有紧密联系，但这绝不是一个"单纯的"联系，例如，人种学研究通常就被视为定性的，但是一个具体的人种学研究就可能包含一些定量的方法。许多调查研究被视为定量的，但是一些与调查有关的方法例如访谈，可能包含人种学或历史研究。因此，每个分类系统都应该根据它自己的定义和标准加以考虑。

> 在某种程度上教育研究的分类系统是很有价值的，即它们有助于区分不同类型的研究，因此增强对教育研究本质的理解。

理论的作用

在教育研究中，经常使用"**理论**"一词，比如，我们经常提及"**课程理论**"或"**学习理论**"。克林格和李（Kerlinger & Lee, 2000）将理论定义为："一套相互关联的概念、定义和命题，它通过确定变量之间的关系，解释和预测现象，从而展现对现象的系统看法"（p. 11）。麦克米伦（McMillan, 2003）把理论定义为"用来解释观察到的现象间的关系的一组命题。倘若有一个更一般的解释，那么理论就能在更多的情形下使用，也就更有效用"（pp. 6 - 7）。

> **理论**是一个命题或一系列命题，我们试图借用它们以系统的方式来解释一些现象。

如何获得理论或者到哪里去获得理论呢？当然，一种来源是研究文献和一个学科中概念性的文字，如学习理论常常同教育心理学相联系。如果一个理论不存在或者是还没形成，人们可以根据逻辑分析和先前的研究，预先构建一个理论，并将其运用到当下研究的现象中。当这种理论出现时，这些方法可称为"由上至下"的形式。 20

前面提到过的扎根理论可以被看做："从下向上"的理论形成方式。一个基础的理论是从进行研究的数据的归纳分析中产生的。这个理论是基于数据，并且对这个理论将是怎样没有预先成型的想法（至少是没有固定下来的想法）。譬如在一个关于教师评价实践的研究中，出现的一个问题就是："什么理论或哪些理论是学校中教师评价实践的基础？"若采用扎根理论方法，应对一个或多个学校系统中的评价实践进行分析，理论便可从资料中产生。扎根理论研究比起与定量研究的联系来，与定性研究更接近。

与应用研究和定性研究相比，基础研究和定量研究更经常使用"理论"一词。有时，**理论—检验研究**被看做是基础研究的一部分。试举一例，一名教育心理学家正在作一个研究，涉及呈现教材（比如词汇表或数学问题的解决）的频率与记忆教材内容之间的关系。假设增加使用有助于记忆保持，同时也提出了诸如教材的复杂性、难度水平等因素与记忆效果的关系，假定较难水平的使用并不能促进记忆保持；还可以提出一些因素之间关系的假设。理论—检验研究能使我们用当初的和有关的假设验证理论，如果我们既不能证实也不能否定理论，那我们就应提出需要的信息来纠正或扩展原有的理论。

在研究中**理论的作用**和目的是什么？从根本上说，理论能提供一个框架，研究者以此为起点来追寻研究问题。理论能鉴别出最重要的因素，能为系统地、相互联系地展示研究的各个侧面提供一个准则。除了系统观念以外，理论还能较好地鉴别出需要进一步研究的空白点、弱点和不一致点。理论的发展也能照亮继续进行现象研究的道路。

教育研究中，理论还有综合功能，它能将观点和个别的经验性信息整合为一整套的思维框架，使认识更深刻，意蕴更博大，应用范围也更加广阔。从某种意义上说，理论赋予事实以意义，并将它们置于恰当的视角。经过这一过程，理论有助于明确研究的问题，即在具体项目的研究中，有助于明确应提出什么样的问题。

正如克林格和李（Kerlinger & Lee，2000）的定义中指出的，理论也起解释和预测的作用，它对已观察到的现象作出解释，并根据现状预测未观察到或未发现的因素。基于理论是连贯性的假设，研究人员可以知道下一步该寻找什么。

理论的另一个作用是，能提供一个或多个可检验的普遍性判断，并在实践和深入研究中检验和使用这些判断。普遍性判断之所以能形成，是基于这样的假设：教育领域（或任何研究的领域）确实存在普遍性的东西，个人的观察所得到的只是这种普遍性的几个例子而已。

在进行学科内的或跨学科的研究、收集资料时，其背景必须综合为一个有意义的整体，分散的叙述意义不大。作为研究的事实，资料为理论的获得提供了依据或间接地印证了理论；反过来，理论赋予资料以意义，因而变得容易接受。在这一过程中理论变得更为充分，事实变得更为流畅；理论促进了研究，同时，研究也促进了理论的发展和验证了理论。判断理论的检验不在乎是否正确，而在于是否有用。有时新的知识会损伤原有理论的有用性。随着越来越多的理论的出现，这些理论需要合并、替代或修正。

好的理论，其普遍性能够被检验。理论必须与相关的观察和现有的知识一致，它必须能够充分解释研究中的事件或现象。理论越具普遍性，其有用性也因其广泛的运用而变得更大。

好的理论的另一个特征反映在"省力原则"上。这一原则要求理论必须以最简单的形式陈述，并能充分地解释现象。但这并不意味着理论都必须言简意赅，而是说它的表述应该简洁明了，避免模棱两可或陷入不必要的困境中。重要的因素绝不能忽略，并且理论的全面性必须充分才能达到其目的。

上面的讨论似乎是很好的"理论本位"（"theory-based"）的研究案例：各种理论都显得非常有用，但这里存在着一个关键——理论只是在它们的适应范围内才是有价值的。教育依赖于许多学科和实践作为它们的研究基础，既有内容的、也有方法的。所以，理论的价值程度依赖于研究的特定目的和类型。在一个很坚实的理论基础上，一些研究能比其他研究从中得益更多。一些研究形成理论依靠研究本身的数据；另一些研究，至少表面上看是没有理论的，但却对研究成果作出有价值的贡献。所有这些都证明教育研究是多种多样的。

> 理论为研究提供框架，它可以（通过概括）被用于综合和解释研究结果。

研究过程中的活动

研究的系统过程会带来实施研究中的一般活动。这些活动类似于前面描述的5个步骤，本节将作详细说明。这些活动并不局限于某一类型的研究，比如人种

学的或实验性的，而是一般的研究（当然，因研究类型的不同，活动的侧重点
会有所差别）。

　　在总结一项研究中的一般活动时，我们似乎是在强调研究过程的连续性特
点，从某种意义上说这没错。但正如前面提到的，我们不想留下这样的印象，即
研究过程是严格的或有完整结构的。活动在有些时候可以有所重复，有时两项或
两项以上的活动可能同时出现在过程中。例如，在人种学研究中，形成假设可能
贯穿于从收集资料开始的全过程。在许多研究中，初步的分析已经开始，但资料
收集仍在进行。尽管如此，把活动排成序列还是有益的。

　　图 1.4 是活动序列模型的流程图，它描绘了不同研究活动的大致情况。上框
表示的是一般活动，为了显示研究过程的灵活性和研究类型的多样性，活动之中
是有重复的。比如，在进行实验研究之前，假设已经形成，要收集什么数据也早
已一清二楚；但人种学的研究就可能在进入研究过程之后还在形成假设、增加要
收集的资料。这种特征在图中用重叠的方框表示。

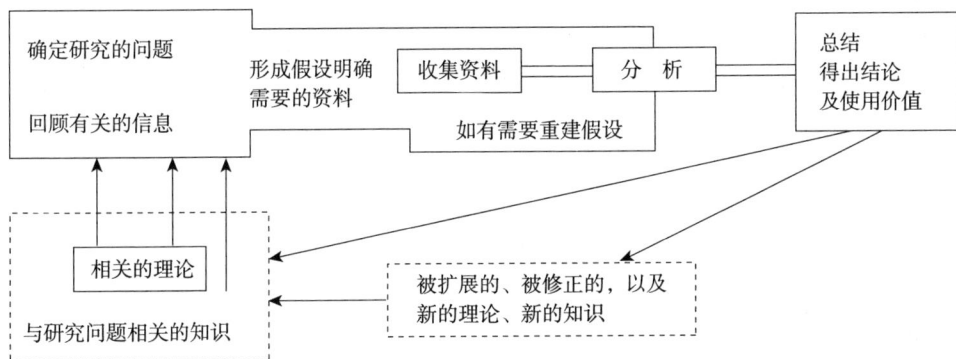

图 1.4　进行一项研究的一般活动的序列模型以及这一活动与现有知识的关系

　　下面的（虚线）框不是表示活动，但也是研究的组成部分。箭头表示的是
活动与现有的知识，与相关的理论，与被扩展、被修正的和新的理论、新的知识
的关系。相关的理论是指部分，而没有必要是全部，是与研究的问题有关系的部
分知识。被扩展、被修改的新知识，如果即将从研究课题中产生的话，就成了现
存知识的一部分，但新产生的知识不被看做是理论。所有的一般活动都来自现有
的知识，但鉴于上图，我们只反映了知识的主要影响与要研究的问题的联系。

> 研究过程也许可以看做是一个连续性的活动，其间，时有重叠和变化。

在这一点上，每项活动都需得到详细的说明。但因为这里的讨论是导论性的，只讲述一个概貌。在以后的章节中将作详细介绍并有实例说明。

确定研究问题

这是研究过程的初始活动（至少应该是这样），经常是最困难的。问题必须能体现出特定的意义。许多研究中此时假设——对任何项目的"猜想"和推测——就产生了。变量必须确定，变量在研究情境中的用途必须充分界定，以便在资料收集的准备阶段收集到需要的资料，这需要依靠现有知识来完成。通过阅读文献获得与所研究的问题或使用的方法有关的信息。也就是说了解别人已搞了什么研究或作出了什么有价值的发现。查阅文献是项重要的工作，本书的第 3 章将讨论这个问题。

收集资料

收集资料之前，一切测量的手段都必须明确，可能的话并予以改进。如果资料将包含在描述性的叙述之中，研究者则应准备好现场记录。如果正在使用人种学的研究方法，研究者要通过访谈、观察等方法收集资料。如果正在进行一项实验，就要在收集数据之前或之中实施实验处理或操纵。从本质上说，实验就是进行测量。在调查研究中，测量的手段是成就测验和问卷之类的方法。如果研究的手段得到了改进，必须在大规模收集资料之前进行预测验。然后，必须对资料进行集中、编码，并为分析作准备。

分析

分析作完了，结果也就出来了。现场记录也同时被组织和综合起来。经过对资料的总结、加工并进行实质性的抽象概括，就得到了论述和验证假设所需的信息。如果有统计分析，也是在这一阶段完成。

24　总结结果和得出结论

分析资料得到结论后，研究者必须明确他准备提供什么信息。结果应该总结出来放在一起。分析必须有解释，结论必须明确提出。要得出关于假设的结论——如果假设被验证了的话。还得准备研究报告，这项工作常常需要反复写作。这项任务的重要性无论怎样强调都不过分，因为它是将研究结果归结为新的知识和理论，以及和已有理论相结合的途径。

从某种意义上说，最终的得出结论和启发性的工作是最重要的，因为从根本上说这是研究的目的。但是就是在这项工作上，许多研究做得是不够的。研究生们发现写学位论文或论文的结论部分是一项困难的工作（然而，这种困难绝不是研究生仅有的），在较前面的步骤中，按照所描述的程序，这似乎是事所必然的。但是要得出结论需要解释、整合、洞察等，这些活动很难说成是任务。说明得出结论之困难的一个明显的事实就是：许多论文的结尾与最初草稿相比较，读起来都像重新写过。

尽管我们不能保证得出的结论是明智的，但这里有一些建议，按照这些建议可以改善这一工作，提高研究的价值。这些建议是：

1. 弄清楚研究进行的领域——从实质上知道研究文献中有什么，不能只是一般性的了解。

2. 明确研究的外在效度（内在效度应先确定好），即讨论结果的普遍性。善于用逻辑基础来扩展外在效度。为使结论普遍化，考虑到所有可能的合理例证。这特别需要比变量和研究程序更广泛的认识。

3. 集中注意结果的意义而不是结果本身。

4. 如果包含的理论已经存在或者是新的理论已经产生，要清楚地表明结果与理论之间的一致性。

5. 寻求研究结果与其他相似研究结果之间的一致性，并且解释这些相似性如何能在这个领域内扩展研究的外在效度。

6. 寻求研究结果与其他相似研究结果之间的不一致，弄清可能导致这种不一致的原因。

7. 使达到结果的推理环节明晰——不要假定读者能读出作者的想法，至少在当初不能；如果出了错，多加解释比较稳妥。

8. 如果可能，注明本研究未解决的问题以待将来的研究解决，并提供下一步合理地逻辑延伸的知识。

9. 允许结果"放置一段时间"，也就是说，不做任何处理。一两周后，重新 **25**
审视这些结果，看看这些结果是否和早先看起来一样的显而易见且合情合理。

总结结果、得出结论应该能全面反映出学术成就。当然，我们希望避免没有根据的结论，但我们想从研究结果中获取最大量的信息。让一个或更多的在这个领域中熟悉这个研究的同事对他（她）得出的结论进行再检查是一项非常有益的程序。

初搞研究的人可能试图从收集资料开始的工作当中插入研究（寻找研究问题的资料收集者），有时研究者在一些数据的基础上提出假设，并试图从假设中抽出问题。如此肢解整个研究的连续性会导致混乱和低效。虽然研究过程是灵活的，根据具体的研究需要，研究活动可能重叠或重复，但是，坚持图1.4所表示的研究程序可以提高研究的效率。

小　结

这一章概括了教育研究的性质并介绍了许多概念，在随后的章节中，将延伸和详细描述这些概念和方法。这一章的目的是向读者介绍教育研究，因而只是提供了一个大体的轮廓。教育研究的三种分类系统从范围和种类上描述了教育研究的一些思想。**基础研究和应用研究**的概念已出现了很长时间，它用于区分研究的目的。定性研究和定量研究体现了研究背后两种不同的认识论和研究范式，即代表了两种不同的"看世界"的方法。第三种分类系统是一般方法论，这种分类系统非常有用，因为过程与方法紧密相连。研究目的决定研究类型。教育研究可以放到科学方法的背景中去；但不管是教育研究还是科学研究方法，都不要看成是僵硬的、不变的、死板的程序设定。

研究过程的一般活动已作了界定和说明，图1.4则表示了它们的内在联系。教育研究涉及许多活动，有些活动较为简单，有些则比较复杂。事实上从简单到复杂在整体上是连续的。研究可以在许多领域进行，如初步提到的课程、学习、教育管理等；研究可以在不同层次进行，从地方学校教师的行动研究到大规模的大学或其他机构的研究项目都是。所有的教育研究的表述必须兼容并蓄。即使是最有概括性的概念，置于现实中时，我们也会发现它们是由许多特定的东西构成的。这些特定的东西就是研究方法（活动、过程、逻辑、推理等）。这正是本书论述的主要内容。

26　核心概念

系统研究	行动研究	回溯研究
科学方法	定性研究	调查研究
内在效度	定量研究	历史研究

外在效度	扎根理论	人种学研究
研究的信度	实验研究	理论的作用
应用研究	准实验研究	省力原则
基础研究		

练 习

1.1 基础研究和应用研究的基本区别是什么。

1.2 给研究的内在效度和外在效度下定义。

1.3 为什么说一项研究缺乏内在效度也必然缺乏外在效度？

1.4 说出下列情形是缺乏内在效度还是外在效度：

a. 实验发现对于结果有 4 种同样有道理的解释；

b. 不能区别是教材的影响还是使用教材的教师的影响；

c. 一位 6 年级的教师发现一个学习实验的结论不适用于 6 年级；

d. 几个人同作一项人种学研究，但不能就结论取得一致意见。

1.5 给研究的信度下定义。下列情形中信度可能受到怎样的威胁：

a. 一项实验有 4 名实验人员在不同的时间组织实验实施；

b. 一项由 10 名不同的观察者对教师的表现进行的研究。

1.6 实验研究区别于非实验研究的特征是什么？

1.7 当我们说定性研究的一般方法是归纳性探究时，其含义是什么？

1.8 在一个大的学校系统中，学校的一个评论员认为评价校长和校长助理的程序没有理论基础。试描述一个研究者在这个系统中如何形成一个关于评价校长的实在的理论？实在的理论可能包括哪些组成部分？

1.9 历史研究法与人种学研究法的侧重点有什么不同？

1.10 对这样的观点进行进一步的争辩："在教育研究中理论是无用的。"

1.11 使用互联网确定文献研究中：（a）哪些是人种学研究的报告？（b）哪些是实验研究的报告？因为在定性—定量研究的连续体上，实验研究是以定量为目标，人种学研究是以定性为目标的，试根据图 1.1 对这两种研究进行比较。

1.12 某位教师准备开展"书面表扬和口头表扬对 7 年级学生不同影响"的行动研究，描述教师研究面临的困难。

1.13 "研究过程中最重要的步骤是对研究问题的界定"，请就此观点展开支持或反对的讨论。　27

1.14 某个领域的研究进程通常是从描述研究开始，然后发现变量之间的相关，再去寻找变量之间的因果关系。任意选择一个题目来描述这三种研究模式。建议选择的主题包括调查学校的辍学现象、教师入职动机以及区块排课方式教学。

注　释

① 有些作者定义效度时不止两个概念，但内在效度和外在效度这两个概念能对引入讨论和为展开研究、解释研究结果提供有益的界定。

② 统计分析在本书的后面将有讨论，但用一些简单的统计概念来作简介是必要的。均数是非常常用的量度指标，这里等于全班成绩的平均数。这是一个算术均数，拿测验分数的总和除以分数的个数。

③ 变量表示不同个体的不同价值（或条件）的特征。变量概念将在第 2 章详细讨论。

参考文献

Berliner, D. C. (2002). Educational research: The hardest science of all. *Educational Researcher*, *31*, 18 – 20.

Feuer, M. J., Towne, L., and Shavelson, R. J. (2002). Scientific culture and educational research. *Educational Researcher*, *31*, 4 – 14.

Kerlinger, F. N., and Lee, H. B. (2000). *Foundations of behavioral research* (4th ed.). Fort Worth, TX: Harcourt College Publishers.

Lancy, D. F. (1993). *Qualitative research in education: An introduction to the major traditions*. New York: Longman.

McMillan, J. H. (2003). *Educational research: Fundamentals for the consumer* (4th ed.). Boston: Allyn & Bacon.

McMillan, J. H., and Schumacher, S. (1997). *Research in education: A conceptual introduction* (4th ed.). New York: Longman.

Mertens, D. M. (2005). *Research and evaluation in education and psychology: Integrating diversity with quantitative, qualitative, and mixed methods*. Thousand Oaks, CA: Sage Publications.

Phillips, D. C. (2006). Muddying the waters: The many purposes of educational inquiry. In C. F. Conrad and R. C. Serlin (Eds), *The Sage handbook for research in education: Engaging ideas and enriching inquiry*. Thousand Oaks, CA: Sage Publications.

Smith, M. L. (1987). Publishing qualitative research. *American Educational Research Journal* *24*, 173 – 183.

第 2 章

研究问题的确定

研究过程中为了获得理想答案的重要一环，就是弄清要研究的问题。然而，研究一开始就要求提出合适的问题或对所研究现象有明确的认识，这可能是研究过程中一步困难的工作，因为这时研究几乎还没有组织起来。充分地确定问题是研究过程展开的必要条件。因研究的类型不同，对问题的确定程度也有所不同。例如，实验研究通常是一种非常具体的研究，并伴随着假设；而人种学的研究则更多是概括性的陈述，其假设是通过整个研究总结得出的。

对一个研究问题的确定不仅仅是就所涉及的领域提供一个具体的陈述或问题。确定问题的第一步是选择好研究的题目，然后是对题目的具体陈述。如果假设得到验证，这些假设及问题的陈述将涉及有关变量和条件的专门术语。教育与其他所有专业一样，也有专门用语（其中，部分有时被称为行话）。研究问题范畴中术语的含义保持固定不变是必要的。本章中定义了大量的基本术语，读者有必要深入理解这些术语，因为它们是教育研究基本用语的组成部分。

研究问题的选择

选择好合适的问题等于提出了好问题，也就是说，在教育领域中，问题是至关重要的。这种泛泛之论的理由似乎很充分了，但任何时候都有许多重大的教育问题需要研究。那么，如何着手选择一个研究问题呢？

选择研究问题有不同的途径。不是所有由研究者的内部动机产生的问题都是合适的。为完成学位论文，研究生选择研究问题往往采取下述两种方式中的一种。他们密切结合某个导师或多个导师的研究方向，确定一个与之相关的问题，或确定一个研究方向分支方面的问题。这一方式是出自彼此利益的考虑，学生和导师可以共同开展研究工作。

第二种途径是通过与其他学生展开讨论，一些研究生深入到研究中，对问题的选择有自己的见解。研究者的研究兴趣随时间的推移而增强，当某位研究者开始考虑作研究，选择研究问题的过程就成为界定研究问题的渐进过程。从事某一研究项目的教师，也许想进行一项与课堂教学有关的研究。与同事和专家对可能存在的问题进行探讨，以及逐渐熟悉某一领域或专题，都有助于一个值得研究的问题的确定。当然，研究问题不是在朝夕间便确定下来的。它是一个需要研究者对可能的问题进行全面地了解，并通过不断地思考，以及与他人探讨方能确定的过程。问题需要不断地修改和再确定，有时问题会扩展，有时则会更简练。一个与研究主题相关但研究方向不同的研究问题可能被采纳。上述所有这些都是为了"聚焦"问题。

如上所述，尽管研究问题的选择过程似乎有些"宽泛"，但仍有某些特定因素在影响着这一进程。首先，研究问题必须是研究者感**兴趣**的，至少有些方面要涉及教育领域。应该确信研究的问题在教育领域中能占一席之地。如果研究的题目涉及一个论点时，也应该考虑原创性。但完全原创性的研究是很少的，更大的可能是已经完成课题的延伸，研究中重复的程度依具体的领域和研究条件而定。

其次，考虑的另一因素是研究的问题应具有**明显的**实践的或理论的意义。琐碎的问题如小学生中穿系带鞋或拖鞋的比例，以及鞋子的选择与成绩的关系等，从程序上讲是可以研究的，但不论其结果如何，这些问题没有理论框架也没有意义。近几年，旨在于提高教育质量的学校选择问题成为研究焦点。很多研究都与学校选择的影响相关。研究的问题应通过有意义的方式增加现有的知识或有助于教育的发展。

教育中不是所有的问题都**可研究的**。有些问题就其性质而论是哲学上的，可以讨论但不可能研究。例如有这样一个问题："高中历史是开一门课还是两门课？"如果要求的是两门课，那么学生将学更多的历史知识，但开两门课是否有必要，对这个问题的回答依不同价值判断而定。如果没有一定的条件为前提，这个问题就是不可研究的。

即使是可研究的问题，有时也不**可行**。研究所需的资料有时过剩，但也有时很难得到，这牵涉到伦理方面的考量，例如测量所需的资料有关个人隐私。此外，像实验设备和资金等必需的资源也可能不具备。诸如此类的很多条件使得某些具体问题的研究受阻。

可以说，大学的教育院系通常有自己的研究重点。一些大学可能对课程研究有兴趣，例如数学教学的研究。其他大学则可能对如教师行为、高等教育政策发展或者体育训练效果等感兴趣。这些研究重点可作为研究问题的重要来源。除此之外还有其他来源。研究者的职业经验和状况能使之联想到问题，特别是在应用研究中。目前的教育议题以及与教育相关的社会和政治议题，也可启发出许多研究问题。研究文献中也包含一些引导人们继续从事某专题研究的暗示，例如，应用于教育的组织理论，需要有检验该理论的研究。总而言之，研究的问题是在包括多种因素的教育情境中选择出来的。

> 研究问题的选择涉及阅读、讨论、概念化，通常，它是一个与问题相关的因素被考虑时不断迫近问题的过程。

研究问题的陈述

研究问题的选择并不意味着这个问题有了恰当的陈述。通常的情况是，一个问题需要反复几次才能成为有效研究的恰当表述形式。在研究初期，可先粗略陈述问题，然后通过查阅文献，明确界定问题。这种做法比一开始陈述得狭窄片面，然后再来扩展的做法要好。

研究问题的陈述可采用单刀直入形式或描述的形式，也可采用问题的形式。很多研究工作者，也许是大多数，偏向于采用问题的形式，其实这三种形式都是可行的。陈述采用问题的形式对焦点问题的研究较好，尤其是当大问题中包括有小问题时效果更好。问题陈述最重要的特点是它必须为研究提供足够的焦点和方向。

基于这一点，指明某些满意和非满意的问题陈述形式也许是有益的。像"小学课程"这样太宽泛的陈述是不能充作问题陈述的，它其实不含任何问题。"研究 A 城市中小学 4 年级阅读课程对 4 年级学生阅读成绩的影响"可以算是一个满意的陈述。或者采用问题的陈述形式："A 城市中小学 4 年级的阅读课程对学生阅读成绩的影响是什么？"下面几个例子是原陈述和经过改进后更便于操作 31 的再陈述，包括问题的陈述形式。

原陈述：中学生的创造能力。

再陈述：发散性思维的得分与所选择的 5、6、7 年级学生的特点间关系的研究。

问题的形式：5、6、7 年级学生发散性思维得分与一般智力测量分数的关系是什么？与阅读测验成绩的关系是什么？与身体灵活性测量的关系是什么？

原陈述：学习成绩与教学技术。

再陈述：关于 3 种教学技术对初中学生的科学成绩影响的研究。

问题的形式：3 种不同教学技术是否对初中生的科学成绩产生不同影响？

原陈述：高中生的辍学。

再陈述：对普通学生和学习障碍学生的学校环境进行人种学的研究，以确定有关潜在的辍学因素。

问题的形式：学校环境中的什么因素与普通高中生及学习障碍高中生的潜在辍学有关？

原陈述：A 大学的历史。

再陈述：在 1955—1972 年期间，联邦政府对高等教育的资助对 A 大学扩展科学和数学课程影响的研究。

问题的形式：在 1955—1972 年期间，联邦政府的资助对 A 大学扩展科学和数学课程有何影响？

原陈述：高中指导顾问的职责。

再陈述：对 B 城市高中指导顾问的活动的调查。

问题的形式：下面四个问题说明了什么是更具体的问题。

指导顾问的非指导活动占他工作时间的比例是多少？

学生所感受到的指导顾问的主要优点是什么？

学生所感受到的指导顾问的主要弱点是什么？

作为向学生提供最有效的升学指导的指导顾问，他们自己认为应该从事什么活动？

一个陈述清晰的问题，能够为研究者指明后继研究的方向。问题的陈述应当说明研究的主要问题和问题所处的教育背景。在问题陈述中还应当明确将来在报告中要说明的关键因素。例如，在前面第一个再陈述中，"关系"一词暗示着某些程序和某些结果类型。3 种年级水平对研究被试作了限定；"发散性思维分数"无疑比原陈述中使用的"创造能力"更具体。发散性思维要求有一个操作性定义，如定义为在具体的发散性思维测验中的得分。

应该强调的是，再陈述问题时，很多术语必须界定。在第 1 个例子中，所选择的因素要求确认并定义，第 2 个例子中的 3 种教学技术要求根据特定情况予以定义。这些定义伴随问题的陈述，但问题通常不包括在陈述之中，因为这样使问题的陈述变得冗长。假定问题的陈述中有适当的定义，就不会造成对所要调查的东西含糊不清。

对研究问题的陈述是否采用问题的形式在很大程度上取决于个人的爱好。如果问题的形式有助于研究，那就应该采用。实际上，陈述问题的形式相对来说不是重要的，重要的是陈述要精确和有明确边界，以免所研究的东西发生混乱。

结合例子来考虑往往有助于理解研究问题陈述的本质。下面是一系列研究主题的陈述，有些是以问题的形式呈现。

1. 一项关于俄亥俄州特定学校系统中补偿性阅读方案的调查。
2. 大脑半球负担过重对小孩的听力和运动成绩有何影响？
3. 一所女子大学预科（9—12 年级）科学教学的人种学研究。
4. 在私立小学，不同的表扬类型与学生对学校的态度有何关系。
5. 对 A 初中来自 9 所小学的学生学习成绩的调查。
6. 年龄、材料类型和可利用的信息量对掌握概念的成绩有何影响？
7. 对四个州的教师评估实践的调查。
8. 小学 1—4 年级的建构主义教学状况的相关因素研究。
9. 在俄亥俄州，教师对地区中心提供的专业发展活动的态度研究。
10. 1955—1972 年期间，国家科学基金给中学数学教学提供资助的历史。

> 研究问题的陈述应该简洁明了，并确定研究活动的关键因素（变量）。

33

常量、变量和操作性定义

问题的描述本身通常仅仅提供研究的大致方向，它不包括所有具体的信息。在我们如何陈述有关研究问题和整体研究方面的具体信息时，有一些基本的术语相当重要。**常量**是一个研究中对所有个体都保持不变的特征或条件。与此相反，**变量**是一个对不同的个体具有不同数值或条件的特征。如果一个研究是想比较两种不同教学方法对 5 年级学生的科学成绩的影响，那么年级水平则是一个常量，因为每个被研究的个体都是 5 年级的学生，5 年级这一特征对每个个体都是相同的，它是这个研究中不变的条件。

两种不同教学方法实施后，将要对那些 5 年级的学生进行科学成绩测量。在测量中不可能每个学生的分数都相同，那么在这次科学成绩测量中，分数就是一个变量，因为不同的个体将会有不同的分数，至少不是所有个体都是同一个分数。我们也可以说科学成绩是一个变量，但我们特别强调的是分数在学科成绩测量中是个变量。

> **常量**是指在一个研究中对所有个体都保持不变的特征或条件；**变量**是对不同的个体具有不同数值或条件的特征。

在上述例子中还有一个变量——教学方法。与科学成绩测量的分数相比，教学方法无疑可以按多种价值标准来衡量，它是一个分类变量，包括两种教学方法。为此，我们对不同的变量赋予不同的名称和分类。在现存的文献中有许多分类体系，其中有很多相互交叠和混淆的情况。我们采用的名称是描述性的，它们描述了变量在研究中所扮演的角色。以下描述的变量绝不可能概括现存的所有分类体系和名称，但它们最适用于有关教育的研究。

自变量和因变量。 研究中，大多数变量都可界定为自变量或因变量。自变量和因变量源于数学。一般认为因变量的值在某种方式上取决于自变量。

34 　**因变量**是**结果变量**，也是需要进行统计分析的变量。例如，在研究教师表扬对 2 年级学生的阅读成绩的影响中，因变量是阅读成绩。我们可以比较 2 年级学生在不同表扬条件下的平均阅读成绩，例如，无表扬、口头表扬、书面表扬以及口头与书面表扬相结合。在研究中因变量也能被视为被**预测变量**。研究者可能试图从年龄、性别、免费或减价午餐状况和缺席量来预测阅读成绩，因变量还是阅读成绩。

自变量有不同的种类。在以上关于表扬的影响的例子中，研究者试图探究其是否存在一种因果关系，因此通过改变表扬的种类，以观察是否产生不同的阅读成绩，我们称之为**可操作的自变量**，因为表扬的数量和种类受研究者操纵。研究者还可以分别统计男女生的平均阅读成绩，以便考察性别对研究结果的影响是否相同。此时，性别是一个**分类自变量**。研究者无法操纵性别，但是可按性别分类。最后，在以学生特征预测阅读成绩的研究中，预测变量是自变量。

以下面的例子来进一步说明变量和常量的使用。在关于 3 种不同教学方法对学习初等代数的成绩影响的研究中，在同一所学校，由同一位老师用 3 种不同的方法分别教 9 年级代数的内容。男生和女生也包括在研究之中。这里年级、学校和教师就是常量（这里的假设是除了教学方法，教师能确保教学效果相同）。研究中的自变量是教学方法和性别。教学方法有 3 种水平，可定为方法 A、B、C；学生的性别当然也有两种水平。经过一段教学后测得代数成绩就是因变量。

思考其他自变量和因变量的例子：

例 1：不同教育水平的师生课堂交往研究。

　　　自变量：不同的教育水平，4 个级别——小学低年级、小学高年级、初中、高中。

　　　因变量：测量师生课堂交往的观察量表各项指标的分数。

例 2：学校地理分布影响 7 年级学生对学校态度的研究。

　　自变量：学校地理分布，3 类——城市、郊区、乡村。

　　因变量：对学校态度的各项指标分数。

例 3：不同材料对概念理解的影响研究。

　　自变量：材料的种类——图片、语音。

　　因变量：理解概念所需的时间。

例 4：男、女教师职业态度研究。

　　自变量：教师性别——男、女。

　　因变量：职业态度各类指标分数。

> 　　自变量和因变量是教育研究中广泛采用的变量描述术语。自变量可影响因变量。在某种意义上，因变量取决于自变量。

变量的其他种类。　　其他种类的变量经常在研究文献中涉及。**控制变量**是一种自变量，但不是研究者关注的核心自变量。研究中要考虑控制变量，为的是更好地说明核心自变量的效应。例如，假如研究者想测定课后补习活动对小学生数学成绩的影响。我们知道先前的成绩可以预测现在成绩，所以研究者在研究设计中把先前的成绩设定成控制变量。根据全国常模测验，学生先前的成绩可以分成三个水平：34%以下、34%—66%、66%以上。然后经过分析就能区分课后补习活动和先前成绩各自的影响。在研究设计中设定了先前成绩，因此它就受到了控制。

调节变量是一种自变量，但并非是有不同水平的核心自变量，不过，当结合不同水平的核心自变量时，就会产生不同的效应。例如，如果研究者设计一个研究要测定阅读文章的长度对理解阅读文章的影响，把文章设计成三种长度：100字、200 字和 300 字。被试分别是 4 年级、5 年级和 6 年级的学生。假如三个年级都顺利完成 100 字的文章，而只有六年级顺利完成 300 字的文章，这就意味着年级水平调节着对不同长度的阅读文章的理解程度。

值得注意的是如果在研究设计里设定年级水平，那么我们也称之为控制变量。然而，如果在研究设计里没有设定，那它就是**混淆变量**，也就是说，不容易区分两个自变量各自的作用。阅读理解的成绩受文章长度和年级水平的影响，但我们无法看出每个变量的影响程度。

很少研究是仅仅包含一个自变量和一个因变量的。下面是一个较为典型的研究：假如一项研究是探讨三种阅读方案对 4 年级阅读成绩的影响。这项研究在同

35

36

一学区的 5 所学校进行。按照先前的成绩（高、中、低）和性别（男、女）把学生的阅读成绩进行分组。这项研究后来也扩展到对科学课成绩的影响。图 2.1 概括了各类变量。

36

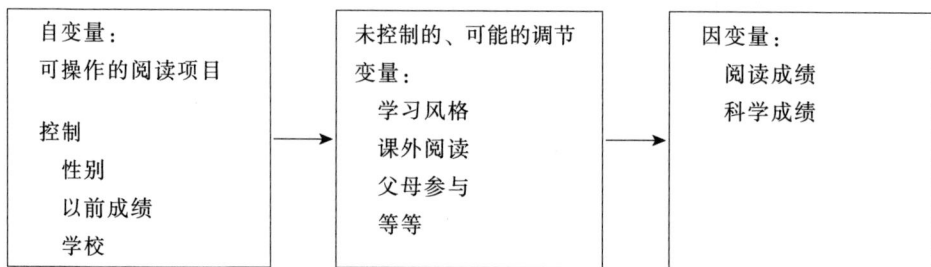

| 自变量：
可操作的阅读项目

控制
  性别
  以前成绩
  学校 | 未控制的、可能的调节
变量：
  学习风格
  课外阅读
  父母参与
  等等 | 因变量：
  阅读成绩
  科学成绩 |

图 2.1　5 年级成绩研究中不同类型的变量

操作性定义。　在所有研究中，所研究的变量和条件必须有可供操作的定义。教育者经常遇到一些难于表达清楚的变量。如果学校的医生想了解 1 年级学生的体重，他就可以用一般的体重计来测量。相应地，我们如果想测出学生的学习能力或者阅读能力，并使之量化，就必须采用一些工具来实现这一目的。也许我们还要建立一系列为人们认可的有关学习能力方面的定义。为了成功地测量，我们的定义中还必须包括在研究现象或变量时将要用到的那些加工或操作过程，这样的定义称为**操作性定义**。本质上，变量的操作性定义是关于如何或用什么办法测量变量的描述。

操作性定义不仅是为满足教育研究所必需的，而且也是确定如何测量变量所必需的。我们知道，学龄儿童（也包括所有其他人）的创造能力是一个变量。但除非有一个操作性定义，否则无法测量创造能力。一个变量可能不只有一个操作定义，如创造能力，这就体现出操作性定义的另一种价值。操作性定义能使研究者确认同样题目和问题研究间的相似点和差异。一些变量用不同的方法测量，可能产生明显矛盾的研究结果。不同操作性定义的"焦虑"就可以用来说明这一点。如果焦虑被定义为纸笔测试的分数，它与其他变量（如测试成绩）的关系，可能与"焦虑"被定义为皮肤电反应的结果大相径庭。所以，操作性定义可用于重复的研究，并且能提高研究结果的可解释性。操作定义还可以通过说明研究结果推论的限定条件来帮助建立研究结果的外在效度（或缺乏外在效度）。

37　　以下是操作性定义的几个例子。

1. 学习能力：在斯坦福-比奈（Stanford-Binet）智力量表 LM 表的得分。

2. 科研能力：艾奥瓦（Iowa）基本技能测试科学测量的分数。

3. 发散思维：砖的用途测试（Brick Uses Test）的分数。

4. 概念理解能力：正确解决 5 个概念掌握问题所需的时间。

　　不仅对研究中的变量要下操作性定义，研究的有关条件也是如此。例如，如果将要对高中学生调查，那么什么叫高中学生？有必要先对此有个界定。高中学生的操作性定义可这样下，即现在正式高中注册的已满 12 个或 12 个以上学分的还未毕业的学生。这里的高中生被界定为可明确进行观察的或具有鉴别性特征的人。

　　操作性定义是一种规定性定义，它具体说明了需要界定的变量或条件的操作步骤或特征。

假设与问题的陈述

　　在对变量、常量和操作定义的概念阐述之后，我们再继续通过假设的运用详尽阐述研究的具体细节。要想内容更具体，方向更明确，就要运用假设这一概念。假设从何而来？可直接从问题的陈述中产生，可从研究的文献中或从人种学研究的事例中产生，也可（至少部分可以）从资料的搜集和分析中产生。人种学研究也涉及预示性问题，尽管这些问题不是假设，但它们是对所从事的研究所要寻找的东西的陈述。预示性问题不是假设的替代品，但在人种学研究中它们是对假设的补充，且能提供研究的方向。

　　假设是对问题答案及情况状态的一种猜测。一般地说，假设具有理论的某些特征，它通常被认为是关于某一现象的一系列推测或概括。这样，一个理论就可能包括几个假设。从逻辑上讲，通过研究的途径就可判定假设是否真实可靠。这就叫检验假设，检验的结果不是支持假设就是否定假设。

　　假设有哪些特点呢？假设应该有确切的理由，基于某种理论或某些事实依据的假设才是可用的和有价值的假设；尤其是，假设应尽可能直接和清楚地说明不同变量之间的关系或效应，最后，假设应是可检验的。事实上，大部分研究直接为了检验假设。

　　很多假设存在这样一个弱点，即太广、太泛，因而不能准确描述研究中的具体问题，请看下面这个假设："聪明的学生对学校的态度好。"其中，"聪明"、"好"和"态度"等词就是典型的过于宽泛、笼统的概念。尽管聪明与好的态度之间隐含着某种模糊的关系，但这对研究没有什么指导。把陈述变换成可接受的

38

假设,这段话给人的印象就可能发生变化:

> IQ 测量分数排在前 25% 的 9—11 岁的学生,在 X－Y－Z 学校态度调查中的平均分,比那些 IQ 测量分数在同类中排在后 75% 的学生要高。

这个陈述详细具体,表明了一个期望的关系(IQ 得分排在前 25% 的学生比排在后 75% 的学生在态度上的得分要高)。假定这个测量能够做到,则假设是可以检验的。

另一种表述是:

> 在 9—11 岁的学生中,IQ 测量分数与学校态度调查得分之间存在正相关。

这个假设的陈述比初始的那种陈述要短。它包括一个期望的关系并且是可检验的。

在两个例子中,假设包含了有关变量的操作性定义——学习能力(聪明程度)和对学校的态度。这些变量用在具体测试和具体调查中的分数来定义。如果操作性定义使假设的表述过于笨重冗长,可分开来表述。但是,应清楚地确定变量以便使期望的关系能够清楚明确。也就是说,它肯定一组的平均分将比另一组高。假设是可检验的,即有一系列步骤用来分析那些将支持假设或排斥假设的资料(但是,上面给出的两种表述将有不同的方法来检验)。假设预言期望的方向,可以相信,这不是毫无根据的猜测。如果有理由证明某个假设值得检验,那么这个假设就具有了必要的特点。

> **假设**是对问题的解决、两个或多个变量之间的关系,或某些现象的性质的推测或提议。

假设的种类和形式

克林格和李(Kerlinger & Lee, 2000, p. 279)指出,从广义上讲,研究者使用的假设有两种——实质性假设和统计假设。**实质性假设**也叫做**研究假设**,它是对研究变量的结果进行的一种假想性的陈述。比如这样的例子:"在小学随着严厉惩罚的增加,学生的成绩将下降。"在科学教育研究中,则可以有这样的假设:"作实验的教学比起局限于讲课、讨论以及解决理论问题的教学方法来,更能促进学生理解科学的过程。"请注意，这里的研究假设是一种定向性假设，也就是说，它表明了结果可预期的方向，这种方向来源于理论或前人的研究。而在探索性研究中，由于缺乏可参考的强有力的原理，研究假设并不能指出结果可预期的方向。

当需要验证数据是否支持或拒绝某个研究假设时，需要将它转换成统计假设。

统计假设属于统计学的术语，在技术性方面，它是推断性统计，是关于研究总体的一个或多个参数的描述。统计假设常采用定量的术语，例如，"运用 A 方法教的 3 年级学生的平均阅读成绩与 B 方法教的学生成绩相等。"

我们来进一步解释**统计假设**的一般形式①。首先这种假设与总体有关。我们将使用推理统计，即使只获取了被试的样本，也能用推断性统计的方法看出有关总体的结论。本书第 17 章会介绍推断性统计。例如，研究中有 50 名学生运用方法 A，50 名学生运用方法 B，如果这些学生是从 3 年级学生中自由随机选取的，研究结论就具有统计学意义，能够反映 3 年级学生的整体情况。

在进行推断性统计时，需要将研究假设转换成一种可检验的假设，称之为**零假设**和产生**备择假设**。当零假设不真实时，备择假设做出相应的回应。是不是定向性研究假设决定了假设的陈述也有所不同。

零假设说明，总体参数等于某个数值，比如在某个测验中，总体平均分等于85。相应的**非定向性研究假设**为，人数平均分不等于 85。这说明人数平均分可以高于或低于 85 分。以下例子是关于比较两组平均分时，非定向性研究假设的具体表述。

非定向性研究假设

零假设：运用方法 A 教学的 3 年级学生的平均阅读成绩与运用方法 B 教学的成绩相等。

备择假设：运用方法 A 教学的 3 年级学生的平均阅读成绩与运用方法 B 教学的成绩不相等。

使用**定向性研究假设**时需要进行微小却非常重要的改变。备择假设表明了预期结果的方向，而零假设包含了其他各种可能的结果。看看前面的例子，零假设为，人数平均分 85 分。如果研究假设为人数平均分高于 85 分，则零假设应表述为人数平均分等于或低于 85 分。下面的例子是当两组平均数相比较，一组平均数超过另一组时，研究假设的表述。

40

定向性研究假设

零假设：接受方法 A 教学的 3 年级学生的阅读成绩低于或等于接受方法 B 教学的学生。

备择假设：接受方法 A 教学的 3 年级学生的阅读成绩高于接受方法 B 教学的学生。

零假设和备择假设包括研究所有可能的结果。方法 A 教学的平均阅读成绩可以等于、高于或低于方法 B 教学的平均成绩，任何一种结果，统计假设都可以接受。

思考以下有关假设和备择假设的附加例子：

1. 能力强的学生的数学成绩等于能力一般的学生，或在能力一般和能力强的学生间，数学成绩没有区别。
1a. 能力强的学生的数学成绩不等于能力一般的学生的成绩。
2. 一年级女生的阅读水平与男生的相同。
2a. 一年级女生的阅读水平不等于男生的阅读水平。
3. 采用归纳提问教学的成绩超过采用演绎提问教学的成绩。
3a. 采用归纳提问教学的成绩低于或等于采用演绎提问教学的成绩。
4. 初中阶段学生的学习态度分数与社会协调指标分数存在正相关。
4a. 初中阶段学生的学习态度分数与社会协调指标分数存在负相关或无关。
5. 参加方案 A 练习的 18—20 岁男生取得的 XY 运动行为测试分数，会高于参加方案 B 练习的 18—20 岁男生的分数。
5a. 参加方案 A 练习的 18—20 岁男生取得的 XY 运动行为测试分数，低于或等于参加方案 B 练习的 18—20 岁男生的分数。

假设的陈述是采用定向的形式还是采用非定向的形式？——采用不同形式会产生差别吗？所采用的形式应由预期的结果来定。如果研究领域的文献表明我们能预期一个差异或一个有方向的结果，那么应采用定向假设；如果研究文献不能用令人信服的证据表明方向性，或者正在进行的是一个探索性的研究，则应采用非定向假设。因为在推断统计学中强调零假设，教育研究——和一般的行为科学研究——可能过多采用了非定向假设，而定向假设未得到充分利用。

41

> **统计假设**用于资料的分析；**实质性假设**或**研究假设**提示了结果的方向。假设可采用定向形式和非定向形式。零假设是没有差异或联系的假设。

　　比起定性研究来，这些关于假设的评论，更适用于定量研究。在定量研究中，假设的确定一般在研究之初，在资料收集之前，如果需要修改也只是微小的修改。另一方面，定性研究的假设，大多产生于研究进行的过程当中。在研究之初，或许没有尝试性的或一般性的假设。但当资料被收集和分析时，从事定性研究者可能会希望增加、减少、修改和精练假设。定性研究的假设纯属推测，不论它们是定向的还是零假设，关系都不大。它们的表述只要适合研究中的现象背景就行。

　　预示性问题在前面提到过，它通常与人种学研究有关，它是对假设的补充，是对处在进行状态的研究的陈述。考虑一下前面所给的研究问题的陈述："对普通学生和学习障碍学生的学校环境进行人种学研究，以确定有关潜在的辍学因素。"与这个陈述相关的预示性问题是：

1. 在教学中，普通学生和学习障碍学生之间的相互影响。
2. 教师在促进学生的学习中的作用。
3. 学生的社会系统。
4. 学生在学术科目中获得成功的机会。

　　值得注意的是，预示性问题无法说明预期的结果。从本质上说，它们为研究者确定在研究进程中所要观察的因素。

　　尽管假设在教育研究中有很重要的作用，并且在很多研究中也出现研究假设，但并非所有的研究都是为了验证假设。在有些研究，尤其在探索性研究中，是在没有具体的假设情况下分析数据的性质和特征。还有一些研究中，总体分值可能被估计而不是被直接检验。例如，研究的一个问题是，"男性青年在 XYZ 上的平均体能表现水平是多少?"如果抽取男性青年作为检验样本，那么将使用样本数据估计总体平均数，而不是检验这个总体平均数的具体假设。

　　与问题陈述有关的假设举例。　　研究问题的陈述可以有一个或多个（通常　42
有多个）假设与之相联系。假设是在研究问题的陈述中形成的，并且应该直接来自于问题。下面的每个例子提供了一个关于研究问题的陈述、假设和操作性定义或有关变量和条件的操作性定义的评论。例 2.3 人种学研究的例子包括预示性问题。例中设定了两个假设。但是，如果该研究缺少提出有关现象本质假设的基础，那么研究者也无法提出最初的假设。例中给定了变量也没有进行类型的划分。人种学研究采用的是历史性的描述方法而不是因果推论的方法，人们不关心自变量和因变量的差别，在人种学研究中不存在任何控制变量，但有很多非控制变量，如学生的小学科学背景。

　　例 2.1 中的假设采用定向的形式，在例 2.2 中，两种假设类型都用到了。虽然有时为了前后一致采用单一的假设形式，其实两种形式都是可采用的。

例2.2就是一个行动研究的例子。如果某一学校3年级老师想确定应采用哪种方案，就用行动研究。注意在这个例子中因变量是阅读成绩的增加分数，而不仅是阅读成绩的分数。为了测出增加分数，应知道实施前的阅读成绩；因而，实验前的阅读成绩就是一个可控变量。

为了说明本章前面讨论的不同类型的变量，下面列出一系列变量并给出必要的操作性定义。在每个例子中，假设、操作性定义和变量都直接列在问题陈述后面。

例2.1

问题的陈述

对俄亥俄州高中学科的评分状况和评分模式的调查。

假设：

1. 化学和物理学科的平均分高于生物和地球科学的平均分。
2. 历史和其他社会学科的平均分高于生物和物理学科的平均分。
3. （2年级的代数及更高年级的）高等数学的平均分高于初等代数和应用数学的平均分。
4. 英语课的得分与其他外语课的得分之间存在正相关。
5. 代数 II 的得分与化学的得分之间有正相关。
6. 随着高中规模的扩大，各学科课程的分数也相应提高。

操作性定义

学科：科学，数学，英语，社会学科，历史，外语。

高中：俄亥俄州所有获得高中学校资格的第10、11和12年级。

等级：可按照字母评分系统 A、B、C……来评定的类别，它可转换成数字型的分数。

高中规模：10—12年级注册的总人数；范畴有：少于200个学生的，200—499，500—799，800—1099，1100及以上。

自变量：	因变量：
学科	分数
某些领域的具体课程	评分模式/按类别所占的比例评分
高中的规模	

可能的控制变量：
学校类型
学生性别
学校的地理位置

例 2.2

问题的陈述

在学校 A 中，研究两种阅读方案（A 和 B）对 3 年级学生阅读成绩的影响。

假设：

1. 对不同阅读成绩的学生，用方案 A 教学阅读成绩的平均增加分数与用方案 B 教学的平均增加分数之间没有差异。
2. 按照原有的阅读成绩，对那些得分在后 30% 的学生用方案 A 来教，其平均增加分数大于用方案 B 来教的平均增加分数。
3. 按照原有的阅读成绩，对那些得分在前 30% 的学生用方案 A 来教，其平均增加分数大于用方案 B 来教的平均增加分数。
4. 根据原有的阅读成绩，对那些得分在中间 40% 的学生采用方案 A 与采用方案 B 来教，其平均增分数没有差异。

操作性定义：

研究中包括的个体：所有 A 学校 3 年级的学生。
方案 A：从 Y 出版商那里买来的一套材料及活动建议。
方案 B：从 Z 出版商那里买来的一套材料及活动建议。

自变量：	**因变量：**
阅读材料—A 和 B	阅读成绩的分数增加—例如：进行两次标准阅读检验，一次在学习材料前，一次在学习材料后，前后两次的分数差即为增加的分数。
可能的调节变量：	**可能的控制变量：**
教师	原有的阅读成绩

教学风格 学生性别

学习风格

学生的学习能力

例 2.3

问题的陈述

一项在 A 校初中学生科学课教学中关于实验室操作功能的人种学研究。

预示性问题：

1. 实验室操作中学生之间的相互影响。
2. 实验室操作中学生与教师之间的相互影响。
3. 学生和教师的实验室操作准备。
4. 实验室操作与科学教学其他方面的关系。

45 **假设：**

1. 实验室操作的功能在于使学生参与合作活动。
2. 学术能力强的学生将垄断对实验室操作的控制。

操作性定义：

研究的参与者：A 学校中所有参加科学课程的学生。

科学教学：所有强调物理、地球或生物科学的课程；A 校普通科学和地球科学的课程。

实验室工作：在实验室的活动，这些活动中学生直接（单个人或与其他人一起）进行实验，操作科学仪器，解剖生物样本，等等。

变量：实验的功能。

在实验室操作中发生的相互影响的类型。

实验室操作的程度。

实验室操作的类型，例如解剖动物、物理实验和材料分析。

与其他科学教学有关的实验室操作的时间安排。

上述例子并没有包括所有可能存在的假设，它是依据研究的范围和条件而列举的。在确定变量的过程中，列出了可能的干预变量。要注意的是性别在例 2.2

中是可能的控制变量，在例 2.1 中可能就是干预变量。这是因为在例 2.2 中，要确定男女性别之间是否存在成绩差异，而在例 2.1 中，假使性别有影响的话，它也不能从别的变量对结果的影响中分离开来。

来自研究文献的例子。　关于这一点，下述两个从研究文献中获得研究问题陈述和相关假设的例子对我们有帮助。阿普索普（Apthorp, 2006）从一项关于 3 年级补充词汇项目的影响研究中，即《阅读的基础：词汇》中，确定了自己的研究问题：

　　要求教育者缩小或避免较大的成绩差距就是让学生在增长词汇和发展阅读的正确轨道上前进，并帮助他们保持这种增长。（p. 68）

作者把《阅读的基础：词汇》作为提出这个问题的手段并以问题形式呈现了三个问题假设：

1. 《阅读的基础：词汇》在阅读和语言艺术学科的词汇教学实践中有什么作用？　46

2. 《阅读的基础：词汇》在学生的口语词汇和书面词汇上有什么作用？

3. 《阅读的基础：词汇》在学生阅读成绩上有什么作用？

这项研究的自变量是补充词汇项目，尤其是《阅读的基础：词汇》，有几个因变量或结果变量是教学项目中希望发生变化的变量：教师的教学实践和学生的口头词汇、书面词汇和阅读成绩。文章的其他地方给出了研究术语的操作性定义，诸如**教学实践**和**阅读成绩**。假设是非定向的。尽管难以相信研究者不怕麻烦作一项自变量预期没有影响或者有消极影响的研究，但他们的确没有指出结果的预期方向。

在研究青少年的阅读问题与自杀和退学行为之间的关系时，丹尼尔等人（Daniel et al., 2006）对研究问题作如下陈述：

　　因此，这项研究的目的是在公立中小学的 15 岁青少年中，选取与典型的阅读者相比词汇相对单一、贫乏的阅读者，分析他们的自杀行为和退学的比率及相互关系。（p. 508）

作者列出了研究提出的三个具体的假设，这些假设是定向性的，而且在之前的文献综述中得到了支持。通过指出研究设计或统计分析中他们控制的三个潜在复合变量，他们进一步解释了假设。

1. 与具有典型的阅读能力的青少年相比，阅读能力贫乏的青少年将表现出更高几率的自杀倾向和更多次的自杀尝试。在控制人口统计变量——年龄、种族、社会经济地位（SES）和性别以及精神障碍（例如，严重抑郁障碍、行为和对抗性障碍以及药物滥用）之后，这些差异将是显著的。

2. 与具有典型的阅读能力的青少年相比，阅读能力贫乏的青少年将表现出更高几率的退学行为。在控制人口统计学变量和精神障碍后，这些差异也将是显著的。

3. 退学问题与自杀现象显著相关。在控制人口统计学变量和精神障碍之后，退学问题和自杀现象仍显著相关。（p. 508）

这些研究者寻求变量间的关系。他们设法探究阅读能力（即自变量）是否能预测自杀和退学行为（即因变量）。研究者通过控制几个人口统计学变量和精神障碍而提高研究的内在效度，因为这些控制因素可以对变量关系产生潜在影响。例如，如果在阅读能力和自杀行为之间发现有强相关，那么有些人可能认为这种相关是由一个有关精神障碍的变量（如抑郁）引起的。评论家可能会说抑郁的学生具有较弱的阅读能力和更经常想去自杀。然而，通过控制抑郁障碍，阅读能力和自杀行为之间不是复合的关系可以得到自信的解释。

值得注意的是第三个假设使用"显著性"这一术语描述相关关系，严格地说，如果研究者指的是统计的显著性，那么在讨论抽样的结果时应着重使用"显著性"这一术语，而在讨论总体的结果时就不使用"显著性"这一术语。假设是针对总体的。关键是，研究者第三个假设中本就不该使用"显著性"这一术语。在第 17 章关于推论统计中，将阐明原因。

小　结

本章讨论的是问题的确定，即从问题的选择到有效研究问题陈述的产生这一过程，详细阐述了有关假设、变量的操作性定义和条件等方面的内容，指出研究者对问题的选择可采取不同途径。诚然，对某一研究领域的兴趣及内部动机促使研究者开展研究，但外部因素也会影响研究问题的选择。

确定研究问题的各个不同部分之间是相互联系的，它们之间的内在关系总结见图 2.2。问题陈述是设计假设的出发点，设计假设的过程不仅是把问题定义得更具体，而且还要有效地限定研究的问题。假设的陈述涉及变量、操作性定义和条件。所有这些是在相关理论和现有知识的基础上得出的。确定研究问题和从事研究不可在信息的真空中进行，研究的问题在教育的世界里应有确定的位置——理论上或实践上，或两者都有。

假设不是设计出来就结束了事，而是要在研究过程中起作用。有时，一个研究方案的报告中似乎缺少假设的内容，那可能是研究者所从事的领域本来就非常缺乏背景信息，或者也许在很大程度上是理论发展所需要的。例如定性研究，原假设（最初假设）常常是粗略的且在数量上也有限，但随着研究的进行，新的假设将产生，原有的假设可能被修订、保留或舍弃。根据可能的程度，假设应尽量陈述得精确，并被当做研究的框架。

48

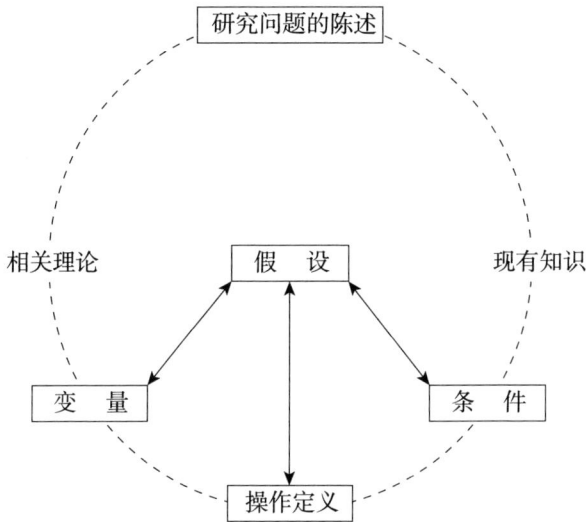

图 2.2　确定研究的问题各组成部分之间的联系

　　本章还描述了变量、常量和操作性定义的概念。但这些概念不仅仅用于确定问题，它们贯穿整个研究的过程。这些概念是相当重要的，因为它们是研究基本用语的组成部分。

　　下章将讨论文献的查阅。在本书中，下一章的地位从某种程度上说应放在更突出的位置，因为在对问题的陈述作提炼和定形之前常常要查阅文献，所以这章也可以放在确定问题之前。但研究者首先要知道要查什么，所以确定问题通常在大量查阅文献之前。

核心概念

常量	分类自变量	实质性假设
变量	预测变量	研究假设

<table>
<tr><td>自变量</td><td>控制变量</td><td>统计假设</td></tr>
<tr><td>因变量</td><td>调节变量</td><td>零假设</td></tr>
<tr><td>结果变量</td><td>混淆变量</td><td>备择假设</td></tr>
<tr><td>被预测变量</td><td>操作性定义</td><td>非定向假设</td></tr>
<tr><td>可操作的自变量</td><td>假设</td><td>定向假设</td></tr>
<tr><td></td><td></td><td>预示性问题</td></tr>
</table>

49　练习

2.1　有一个关于三套教学教材对 4 年级学生阅读成绩的影响的研究。在同一所学校里，随机抽取 3 组 4 年级男生作为样本。3 组分别由 3 名不同教师来教，每一组选用一套材料。通过 10 周的教学，对学生进行阅读成绩测试。请确认常量、自变量和因变量。确认在此情境中可能的调节变量。

2.2　假定还是练习 2.1 描述的研究，从 4 年级和 5 年级分别先选 6 个班使用上题中的教学材料。男生和女生都包括在内。这个研究在两所不同学校进行，在每一所学校选取同一年级 3 个班，每一个班采用一套不同的材料。请确认现在包括的可能的控制变量。

2.3　练习 2.2 中的研究问题的陈述可能是："研究不同教学材料对 4 年级和 5 年级学生的阅读成绩的影响。"运用前两题中确定的变量，设计两个或更多个有关假设。这些假设可用定向的或非定向的形式。

2.4　假如在多种族学生融合的幼儿园里，对儿童社会行为的性质进行人种学研究，设计 4 个或 4 个以上的与此研究有关的预示性问题，如果合适的话，设计出一个或一个以上的可以得到检验的假设。

2.5　以非定向或零假设形式陈述的假设，与以定向形式陈述的假设有何不同？

2.6　一位科学教育者对从事这样的研究感兴趣：是否一种建设性的科学教学方法，比其他方法更能提高高中生的学习成绩。在此条件下，用定向还是非定向假设更合适？为什么？假定研究是为一个至少每科有两个班的学校的生物、化学和物理班设计的，确认这种条件下的自变量和因变量。为确定的变量设计操作性定义。确认一个或更多的常量，可能的调节变量。

2.7　假定一研究者想从事"在线课堂"教学对中学生成绩影响的研究，哪些术语需要下操作性定义？举一些对这些术语下操作性定义的例子。

2.8　对下列研究问题陈述，设计出两个或两个以上的相关假设，指出各种可能的变量种类，设计出它们的操作定义。根据这些陈述可以提出不同假设，请你说出所有的假设或具体条件。

a. 对家长关于郊区 4 所小学的看法的调查。

b. 关于在某所大型城区中学指导教师角色的人种学研究。你可以提出预示性问题，并且/或者提出假设。 50

c. 3 个运动训练计划对高中男生上身强壮的影响研究。

2.9 某研究者想了解当地学区是否需要对 2—6 年级的学生进行体育教育，写一个有关这个选题的研究问题。

2.10 统计分析表明，学生的测验焦虑与测验成绩负相关。也就是说，测验焦虑水平越高，测验成绩越低。写出可让你判断高测验焦虑导致低测验分数的研究假设。这可能要求你想象出包括这些因素的实验。

2.11 有个校长假设学生的阅读成绩与父母的阅读兴趣、学生的词汇量、阅读材料的类型有关，在同一假设中要包括这三个自变量，这个假设会出现什么问题？

2.12 使用《研究导航》，从专业杂志选一篇研究论文，阅读该文章试着提出问题的陈述和假设。变量确定得准确吗？操作性定义是按需要来定义的吗？

注　释

① 统计假设包括零假设将在 17 章详细讨论。

参考文献

Apthorp, H. S. (2006). Effects of a supplemental vocabulary program in third-grade reading/language arts. *Journal of Educational Reserach*, *100*, 67 – 71.

Daniel, S. S., Walsh, A. K., Goldston, D. B., Arnold, E. M., Reboussion, B. A., and Wood, F. B. (2006). Suicidality, school dropout, and reading problems among adolescents. *Journal of Learning Disabilities 39*, 507 – 514.

Kerlinger, F. N., and Lee, H. B. (2000). *Foundations of behavioral research* (4th ed.). Fort worth, TX: Harcourt College Publishers.

第 3 章

查 阅 文 献

51 　　毫无疑问，研究问题的选择在一定程度上依赖于文献。如果研究问题在专业文献中从来没有出现过，那它的重要性就值得怀疑。在研究过程中，查阅文献这一步骤，会对整个文献背景下的研究问题起到决定作用。

　　例如，教育券（school vouchers）这一研究主题在大众文献，如报纸和杂志中，都能够找到，也能在书籍、学术期刊论文和专业会议论文等专业文献中发现。研究者的任务是选择相关的文献源，描述对这一问题的不同观点，总结关于这一问题的已有知识。当研究问题充满争议时，所有的研究文章和观点都应该囊括进来。研究过程的这一步骤对研究者也起到了教育和训练的作用，使得研究者成为研究这一问题的权威。

　　文献查阅有两个主要的步骤，每一步骤还有若干子步骤。第一步是选择文献综述中应该包含的具体文献篇目。第二步是文献综述的写作。本章将围绕上述两个活动展开。

文献检索

　　通常采用两种方法选择文献源。第一是直接在互联网上检索，第二是直接去图书馆。幸运的是，一般而言，图书馆的资源在互联网上也能找得到。首先，我们来看一下初学者的互联网检索。

　　互联网上巨大的信息量，会使得文献检索成为令人沮丧的经历。Yahoo、Google 或者其他搜索引擎的一次检索结果可能用一生的时间都读不完。下面是几个具体的例子：

教师联合会	1 360 000 条文献
辍学预防	1 090 000 条文献

阅读教学　　　　　　30 000 000 条文献

每一站点通常会链接到其他站点，因此搜索模式可能会受控于站点的链接。　52
你可能会发现一些非常优秀的站点，但是很多都不会太有用。对文献的随机阅读
不会很系统，当研究者感到疲惫不堪的时候，也就是该停止的时候了。这样得到
的结果通常不会令人满意。

这并不是说互联网不能为研究者提供有价值的信息和统计数据。只是研
究者需要知道应该访问哪个站点。例如，下面的站点上有丰富的信息：
http://nces.ed.gov/ipeds，高等教育整合性资料库（Integrated Postsecondary
Education Data System，ipeds）；http://necs.ed.gov/timss，国际数学和科学研
究发展趋势（Trends in International Mathematics and Science Study，timss）；
www.cgcs.org，大城市学校理事会（Council of the Great City Schools）数据
库，以及每个州的教育部门的官方网站。一定要向学科领域专家咨询他们所
研究领域的重要网站。

第二种方法是使用图书馆。这对于缺乏经验的研究者是最好的起点。现在的
图书馆馆员都是经过良好专业训练的专业人员，有了他们的帮助，可以使研究工
作更容易。图书馆馆员会提供"如何利用图书馆"的介绍性讲座，他们准备了
关于如何使用研究数据库和其他联机索引的小册子，并且了解大量潜在的相关文
献资源，这些资源都是不能忽略的。研究者需要熟悉本地图书馆可以提供什么，
图书馆的哪些资源可以联机使用，如何能使用其他图书馆的资源，等等。如果没
有这些知识，文献查阅可能是充满挫折感的。本章呈现的文献检索的具体步骤只
是说明性的，可能不能确切地适用于你本地的图书馆。

要从各种不同的资料中获得大量有用的信息，阅读文献绝不是一件轻松的工
作。它是一个需要认真、透彻了解并注意细节的系统阅读过程。在查阅文献时，
研究者总是力图弄清楚他人对于类似的课题作了哪些研究，并尽可能搜集身边现
有的材料，这一过程集中于以下三个问题：

1. 信息是从哪里发现的？
2. 在信息找到后应该对信息做些什么？
3. 这些信息由什么构成？

第一个问题是有关具体的信息源，包括电子和纸质资料，对于大部分学生而
言，这些资料常常是来自于图书馆和互联网。要获得信息一般是需要借助期刊文
献索引等文献目录的，计算机数据库搜索在文献分类和快速鉴别那些最有用的信
息时非常有用。

第二个问题是有关信息如何组合和总结的，如果一个报告的内容是有关正在研究的课题的，那么它就必须以某种有效的方式被保存下来。

第三个问题在某种程度上比第一、第二个问题更为抽象。要回答第一、第二个问题，研究者只需要发现信息并通过适当方式使其保存下来就行。而要回答第三个问题，则须对报告中的信息作一判断，报告中的哪些信息与研究课题有关？报告的研究水平如何？因此，对第三个问题的回答某种程度上需要对报告有一些批判性的阅读，然后，从相关报告中得来的信息才能组合在一起。

53

查阅文献有何意义呢？除了为研究提供内容参考外，它还将有下列一个或所有方面的意义：

1. 更具体地限制和确定研究课题及假设。
2. 告诉研究者在本领域内已做了哪些工作。
3. 提供一些可能对当前研究有用的研究思路及方法。
4. 对研究方案提出一些适当的修改意见，以避免预想不到的困难。
5. 把握在研究中可能出现的差错。
6. 为解释研究结果提供背景材料。

> 查阅文献有着多方面的意义，对于一项设计很好的研究而言是一项必不可少的工作，它一般在研究过程的前期进行，它对于研究的各个部分都将提供有益的信息。

查阅文献活动

正如图 1.4 中所显示的，现有的与研究问题有关的知识为确定课题提供信息，在该图中，研究的一般活动以最有可能发生的顺序排列起来。从较大的范围看，查阅文献所包括的几个具体活动也按程序进行。在研究课题已初步明确以后，这些活动通常就如图 3.1 的**流程图**所显示的，按照箭头所指方向依次进行。

与一项工作中的多数活动或步骤一样，在查阅文献的活动中也有高效与低效之分，研究者查阅文献时应循着流程图有系统地进行，而不是走到图书馆或在互联网上东抄一段，西摘一段。尽管在收集材料和报告时也可能有某些无效劳动，但只要循此进行，最终还是能提高工作效率的。文献综述活动中另一个重要的程序化观点是，每项活动最初的工作做得越完备、越准确越好。比如，当找到一篇相关的报告，并且摘要也已准备好，就应该做好该文章完整的参考书目的收录登记，有可能引用的页码也应记下来。这样免得最后写参考文献时再回过头来编目录。如果文献中有很多的报告可以提供有用的信息，做好了目录以后就不会对已有的内容（条件、方法、涉及的个人等）或结果产生混乱。查阅文献根据这样的建议进行，不仅可以减少失误，而且可以节省时间。

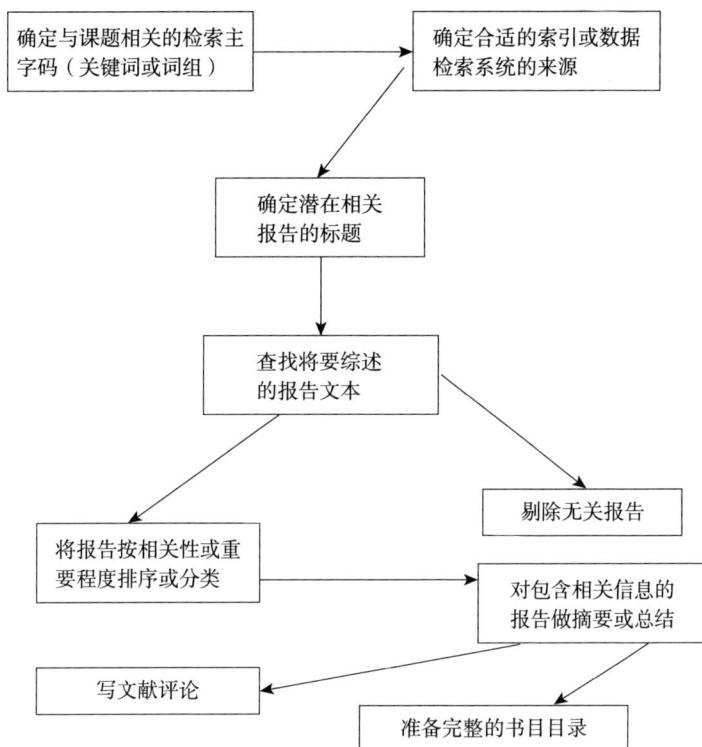

图 3.1　查阅文献活动流程图

信息来源

　　与教育相关的研究报告从来就不匮乏。研究报告发表在书籍、期刊、技术报告、会议录和学术论文中。大多数最新的报告都有电子形式，如果你得到适当授权，可以通过你所在机构的图书馆或者远程站点访问。通常访问权限会给予所有注册的学生。

图书馆

　　所有学院和大学图书馆在传统藏书之外，都可能提供某种形式的电子资源。有些可能很少，其他机构则拥有容量巨大和异常精细的电子资源。你可以通过图书馆提供的培训或者在线指导来学习如何使用图书馆的资源。不要忘了图书馆馆员也是重要的资源。研究型馆员是非常乐于分享他们专业知识和技能的专业人员。

通常可以通过标题、作者、主题或者关键字等进行电子检索图书馆的目录。可以通过网络访问专业期刊。私营出版社或者政府机构提供了包含教育研究报告的大型数据库，可以联机检索。

文献检索综合系统的例子是密歇根大学图书馆，该系统被称为密歇根研究图书馆网络（MIRLYN，Michigan Research LibrarY Network），其网址为 http://mirlyn. lib. umich. edu。它的菜单包括：基本检索（Basic Search，限于 Ann Arbor 和 Flint）、高级检索、命令语言（Command Language）、浏览、结果列表和先前检索。可以通过标题、作者、主题、期刊名称和编目号码检索文章。可以用文章中的"词"检索，而不能用文章题目全称检索。同一"词语"（words）选项可以用于作者、主题和期刊检索。研究者使用 MIRLYN 系统进行文献检索时，通常会比一般的互联网检索更系统、更成功。大多数图书馆都有辅助研究者的系统，重要的是要学会使用你自己的系统。

期刊文献

期刊文献，包括专业杂志，定期发表大量的研究信息，虽然某些杂志更倾向于这一类型的信息。在互联网上任何人可以发布任何信息，和互联网不同，大多数专业杂志都有一个名为"同行评议"（peer review）的筛选过程，这需要文章在接受发表之前要达到特定的质量标准。这里不可能列出所有的这类期刊，仅列出几个。《美国教育研究杂志》（*American Educational Research Journal*，华盛顿，美国教育研究协会）在教育研究方面得到广泛引用。美国心理学会（American Psychological Association）的杂志，尤其是《教育心理学杂志》（*Journal of Educational Psychology*）经常包含教育相关研究的报告。《路易斯安那教育研究杂志》（*Louisiana Education Research Journal*，纳契托什：路易斯安那教育研究协会）是路易斯安那教育研究协会的官方杂志。《教育测量杂志》（*The Journal of Educational Measurement*，华盛顿：教育测量国家委员会）经常发表有关教育测量的研究。还有些杂志经常发表关于课程和特定内容领域的教学，例如《科学教学研究杂志》（*Journal of Research in Science Teaching*，纽约：科学教学研究国家协会和科学教师教育协会）。

56　　其他国家发表的杂志也是研究信息的来源之一，比如《英国教育心理杂志》（*British Journal of Educational Psychology*，伦敦：英国心理杂志社）和《加拿大教育研究文摘》（*Canadian Education and Research Digest*，多伦多：加拿大教育协会），大多数期刊都能从数据库中获得电子版。

许多期刊都有电子版，美国教育研究协会首先将同行评议的期刊全文结合起来，向全世界发布。网址为：http://aera-cr.asu.edu/ejournals. 在这个网站上，美国以及其他国家的杂志都能查阅到。

索引和摘要

教育文献的主要**期刊索引**是《教育索引》。它的内容涉及 360 多种教育期刊。从 1929 年开始出版，《教育索引》是一份英语版的累计式教育文献的作者——课题索引，它只提供书目信息，不提供摘要或概述，除了 7 月、8 月外，它每月出版一期，每年有合订本。条目涵盖了期刊、会议记录、年鉴、公报、专题论文、教育政策及有关教育主题。它是按作者—关键词的字母顺序依次排列的，在学科标题之下，诸如"学习，心理学的"，按字母顺序依次排列着分支标题，诸如"注意力"、"条件反应"，在这些分支标题之后，则是有关的参考文献，包括标题、作者及完整的书目信息。作者条目则列举了上一期《教育索引》以来作者发表出版的作品名称。由于未提供摘要和概述，在浏览时并不是所有的登录都是有价值的。尽管如此，《教育索引》仍然非常有用，因为它涵盖了广泛的信息。

大量其他学科的索引和摘要包含与教育相关的研究，可以作为查阅文献的丰富资源。

《心理学摘要》是一本双月刊，包含 1 000 种以上杂志、技术报告、专题论文及科技文献的有关文章及报告的内容摘要。

《特殊儿童教育资源》是特殊儿童委员会出版的季刊。包括 200 种以上有关特殊儿童的研究评论。

《犯罪和管教摘要》常常涉及有关学校暴力、破坏学校及逃学问题的研究。

《护理学索引》则包含有关学校健康、饮食及营养等问题的研究，这些对教育都有所启示。

其他与教育有关的包括摘要的期刊还有：

57

《社会学摘要》

《儿童发展摘要》

《教育管理摘要》

引文索引与上述索引及摘要有所不同。引文索引会给出所有提到的参考文献的资料。比如，你在查找文献中，发现了一篇非常重要的文章，这篇文章写于2001年，那么引文索引将会提供自2001年起所引用的重要文章，这使得研究者能够追寻从这篇文章辐射出的研究线索。引文索引在帮助了解对一篇争论性的文章其他作者怎样评价方面特别有效。这种查询工作的第一步应是了解作者的姓名及出版物的年份，最广泛运用的教育引文索引是《社会科学引文索引》（SSCI），索引排列根据年代，然后是有关前5年内的成果综述。

索引和摘要几乎在每一所大学图书馆都有，且运用它们的手续基本上也是类似的，有关索引的介绍通常也都包括某些使用的细节、文献的费用及获得信息的联系地址。关于登录的密码及如何找到参考文献也有详尽的说明。

教育资源信息中心 （ERIC）

ERIC 是教育资源信息中心（Education Resources Information Center）的首写字母的缩写词。它是美国联邦教育部教育科学研究所（Institute of Education Sciences，IES）主办的基于互联网的教育研究与信息的数字图书馆。ERIC 开始于1966年，以缩微胶片的形式为图书馆提供报告和文档集。目前的技术使得信息能够数字化，可以通过互联网提供。目前，ERIC 有超过 115 000 个完整的文本材料，这些材料存储为 PDF 格式，其数量还在持续增长中。所有的文档都包括完整的文献目录信息和摘要或者概述。

ERIC 收集了包括自1966年以来的120万个项目的索引，这些项目包括杂志文章、书籍、研究综述、会议论文、技术报告、政策文件和其他与教育相关的材料（www. eric. ed. gov）。

使用 ERIC 的例子。 假设你对检索"学校教育券"这一主题的文献感兴趣。可以通过在任何搜索引擎中输入 ERIC，或者直接输入地址 www. eric. ed. gov，来访问 ERIC。这会把你带到 ERIC 的检索页面，借助该页面你可以通过关键字、标题、作者、主字码（可从 ERIC 词典中查找）或者 ERIC 编号进行检索。假设以 "school vouchers" 作为关键字，能够得到 1 115 条记录，第 1 条记录如图 3.2 所示。

1. The Future of Vouchers: Lessons from the Adoption, Design, and Court Challenges of Florida's Three Voucher Programs (EJ750737)

Author(s): Harris, Douglas N.; Herrington, Carolyn D.; Albee, Amy

Source: Educational Policy, v21 n1 p215–244 2007

Pub Date: 2007-00-00

Pub Type(s): Journal Articles; Reports-Research

Peer-Reviewed: Yes

Descriptors:
Privatization; Educational Vouchers; Accountability; State Legislation; Educational Policy; School Choice

Abstract:
This study considers why Florida has been the most aggressive state in adopting school vouchers. Vouchers are consistent with Florida's tradition of aggressive educational accountability policies, arising from the state's moderate social conservatism, openness to privatization, and state. . . .

图 3.2　在 ERIC 中使用关键字检索的结果样例

　　我们不可能阅读所有查到的 1 115 条记录。需要将检索进行限定以便得到最 相关的文献。ERIC 允许你在"检索结果"中利用额外的关键字进行检索。如果 我们对跟学校教育券相关的法律问题感兴趣，可以使用"court cases"关键字在 结果中进行检索，这次检索只得到 18 条记录。图 3.3 呈现了检索结果中的第 8 条记录。可以看出，第二个关键字的加入，急剧缩减了检索结果。因此，使用很 多的关键字，检索面就会变得狭窄，会删除很多相关的文章。

58

8. From the Statehouse to the Schoolhouse: How Legislatures and Courts Shaped Labor Relations for Public Education Employees during the Last Decade. (EJ632409)

Author(s): Strom, David J.; Baxter, Stephanie S.

Source: Journal of Law and Education, v30 n2 p275–304 Apr 2001

Pub Date: 2001-00-00

Pub Type(s): Journal Articles; Legal/Legislative/Regulatory Materials

Peer-Reviewed: N/A

Descriptors:
Charter Schools; Constitutional Law; Court Litigation; Educational Change; Educational Trends; Educational Vouchers; Elementary Secondary Education; Labor Relations; School District Reorganization; School Law; Scope of Bargaining; State Legislation; Tax Credits; Tenure; Unions

Abstract:
Examines six state and federal legislative developments and related court cases that have shaped employment relations in public schools in the 1990s: state takeovers and reconstitutions, vouchers and tuition tax credits, charter schools, legislative efforts to restrict the scope of bargaining. . . .

图 3.3　在 ERIC 中用两个关键字检索的结果样例

《教育资源信息中心主题词表》中包含 ERIC 数据库中使用的术语的描述。在检索的时候，如果你使用的关键词与主题词表中的词不符，检索的效率将低于使用《教育资源信息中心主题词表》中的词汇。因此，你需要确认你使用的关键词是否在《教育资源信息中心主题词表》中。

ERIC 是一个很有价值的文献综述的工具。其中有超过 600 个杂志的索引。它是获取文章、报告和论文信息的有效途径。

一个潜在的危险是文献综述者过分依赖 ERIC，而忽视其他有价值的文献源，例如书籍、报纸和学位论文等。完整的文献检索不应该只是局限于 ERIC。

59 元分析报告

元分析是整合大量研究结果的一种统计分析方法。这些研究处理类似的研究问题，包括相似的变量。格拉斯（Glass，2006）这样描述元分析：

> 所有的研究都各不相同，重要的是，要去发现这些研究结果如何变化构成结果差异的函数。元分析试图通过量化的方式描述它们的差异和发现，以便能够对不同研究的关系、集中趋势以及其他感兴趣的量的特性进行统计学分析。（p. 430）

通过将研究结果转换为一般测量指标可以对不同研究的结果进行比较，一般测量指标称为效应值（effect size）。最简单的效应量是这样计算的：用实验组和控制组平均数之差除以控制组的标准差。例如，效应量为 0.50 表示实验组的因变量得分超出控制组因变量的半个标准差。在元分析中，研究者计算多个研究的效应量，并确定总体的平均效应量。其他类型的元分析，将试图确定效应量的变化是否研究质量、因变量类型、实验处理的持续时间和其他关注的变量的函数。

元分析对于综合研究结果、比较所回顾的研究的条件是非常有用的。目前可用的文献数量巨大，需要通过元分析综合众多研究。为了避免混沌，需要对结果进行统计分析。元分析有时可以从混合的和表面看起来结果相互矛盾的不同研究组织起来，并赋予其意义。在期刊性文献中通常会发现元分析研究，但是有些元分析并没有按照时间表进行系统的组织，比如某些综述。元分析是 ERIC 的一个术语，因此，将其与研究主题组合起来检索 ERIC 数据库，可以查找该研究主题的元分析。

《教育研究评论》

有关研究问题的一些最有价值的信息资源是关于各种各样主题和问题的评

论。这些评论有的发表在固定的刊物上，有的出现在其他适用的杂志上。其中之一就是《教育研究评论》（*RER*）。这是由美国教育研究协会主办的一本季刊，主要是刊载对有关教育研究文献的综合评论。从 1931 年创刊直至 1969 年，每一期教育研究评论都有围绕一个教育主题的征文，比如"教育及心理测量"，每 3 年评论一个主题；当然，比较热门的主题是每 3 年都再次讨论，而不甚热门的主题只能在适当的时候才再次讨论。

从第 40 卷（1970 年 6 月）起，《教育研究评论》开始刊载非特约的评论者自己选择的有关的不同主题的评论文章，不论是 1970 年之前还是此后的文章都包括附有许多教育研究参考文献的有益的书目提要。例如，第 73 卷第 1 期（Le-Compte，2003）的评论主题为：　　　　　　　　　　　　　　　　　　　　　　60

"关于学生成绩和学校、社区态度的校历修订的效果"
"实地学习和灵活分配"
"教师特征与学生所获成就的评论"

如上所述，在一些期刊杂志上也会不定期出现一些评论，其中很多主题与教育有关。同教育有关的其他学科同样有它们自己的评论或评论期刊，如《心理学年度评论》（*Annual Review of Psychology*）。这样的评论也是一个可用的信息源。

对于那些想要在一个大范畴研究课题下确定文献研究的具体数量，而又未经事先研究的研究者来说，查找文献是非常有用的，但它们确实容量很大，有些文献所包含的信息可能与主题并无关联。通常，研究者必须浏览内容，然后再保留有关的信息。

论　文

适用于研究生学位的论文通常都有对已完成研究情况的介绍。每一所大学图书馆都有该校已完成研究论文的复本，而要获得其他大学已有的研究成果，最为广泛运用的资料来源即是《论文摘要》及其相关服务。

《论文摘要》自 1969 年第 1 期即第 30 卷起更名为《国际论文摘要》（*DAI*），它每月出版一期，其内容是根据北美及世界范围的大约 550 所大学和研究所提供的世界大学缩微胶片的博士论文的摘要编辑而成，分 3 个部分：（A）人文和社会研究；（B）科学与工程学；（C）世界论文。每季出版一次。

A 和 B 每部分又被分成 5 个主要方面，内容如下：

人文学科与社会科学

ⅠA.　通讯和艺术
ⅡA.　教育
ⅢA.　语言、文学、语言学
ⅣA.　哲学、宗教、神学
ⅤA.　社会科学

61　科学与工程学

ⅠB.　生物科学
ⅡB.　地球科学
ⅢB.　健康和环境科学
ⅣB.　物理科学
ⅤB.　心理学

每一主要部分又被分成许多分支领域，它们的名称在每一卷的开头部分都注明了，教育有 35 个分支课题，比如，其中包括"早期教育"。

通过关键词标题索引使用《国际论文摘要》。关键词依字母顺序排序，关键词之后紧跟的是论文标题。关键词也可以结合起来使用。读者可以在文献储存系统继续查询那些有潜在价值的条目，在那里可以找到论文摘要。如果需追溯第 29 卷或更早时期的研究，研究者可以运用《国际论文摘要查阅索引》，它包含了《国际论文摘要》第 1—29 卷 9 个学科卷方面的书目摘要参考材料。教育是 9 个学科卷的主题之一。

大多数图书馆提供 ProQuest 来搜索论文摘要数据库。研究者也可利用 DA-TRIX 直接进行论文数据的检索。在《国际论文摘要》的卷目里，在线检索渐渐替代了手工搜索。

辞　书

与教育研究相关的书籍众多，通常可以通过参考文献部分或者大学图书馆的流通部找到这些书籍。在大多数图书馆中，通过图书馆的电子目录系统可以快速定位一本书，并且获知其是否可借。

和特定领域相关的教育研究手册通常是有效的研究信息源。《科学教学与学习研究手册》（Gabel，1994）是一个典型的例子。《教学研究手册》于 1963 年首次印刷，对教学相关研究的呈现相当全面。后续的手册不是先前版本的修订，而是原创性著作。

手册包含大量信息，通常以具体问题或者主题来组织章节。章节文献目录通常包含大量信息，本身也是全面的文献研究。手册的不足之处是其发表的频率不高，这会导致有时它们会有些过时，可能无法包含本领域最新的研究。

《教育研究百科全书》（EER）由美国教育研究协会负责编撰，该书集中反映了 5 大教育问题的研究概要。《教育研究百科全书》已经出了 6 版，最近的一版是在 1992 年（Alkin，1992），最初的一版是在 1941 年，基本上每隔 10 年出一次新版本。

《教育研究百科全书》并不仅仅对已完成的研究编制了目录，而且对每一篇文章都有详尽的书目摘要，同时附有批判性的评价分析及对教育研究文献的解释，它们都由那些熟知本研究课题的知名的教育家写成。

美国教育研究协会的另一本出版物是《教育研究评论》（*Review of Research in Education*）。该评论的目的在于通过批判性和综合性的文章来调查教育的学科调研能力。每期包括 10 个主题，被分类排在诸如"课程"这类的标题之下。每篇论文都包含详细的参考文献目录。

前面已分别介绍了有关研究信息的几种不同来源，在查阅文献这一步骤中所碰到的任何困难都并不是由于信息的缺乏，而是缺乏发现相关材料的能力。由于存在着如此之多的教育研究信息，因此，学会运用索引、综述系统及评论对于我们成功地进行系统研究是非常重要的。人工查询在开始查找材料时是有作用的，对有限的参考材料的查询而言也足够了，但对于任何一个较为复杂的材料收集工作来说，计算机查询将有效得多。

运用计算机检索数据库

以前，借助**计算机检索**数据库是图书馆的一项服务，由专业的图书馆员进行操作。目前所有得到授权的人都可以访问图书馆的数据库，进行检索。并且，通常所有注册的学生都能得到授权。图书馆有大量数据库可用，有些数据库被多个图书馆共享，有些是某一机构专用的。克莱姆森大学（Clemson University）的资源就是一个例子。

文章索引

ERIC	教育研究，1966 年到现在
PsycINFO	心理学和相关领域，1887 年到现在

Social Sciences Citation Index (社会科学引文索引，SSCI)	社会科学，1985 年到现在
Expanded Academic	所有学科领域，1980 年到现在
Infotrac OneFile	所有学科领域，1980 年到现在
Current Contents	所有学科领域，大多为最近两年
Ingenta Library Gateway	所有学科领域，1988 年到现在

参考资料

Mental Measurements Yearbook (心理测量年鉴)	心理和教育考试与测量的信息与回顾，1985 年到现在
Digest of Educational Statistics (教育统计学文摘)	从幼儿园到研究生层次美国教育的统计信息汇编
Children's Literature（儿童文献）	与儿童相关的信息和文献综述
Comprehensive Database（综合数据库）	书籍和媒体
K - 12 Resources（K - 12 资源）	为幼儿园到12年级学生设计的数据库和百科全书
WorldCat	超过45个国家的图书馆的联合目录；包含超过 4 700 万记录
Dissertation Abstracts（论文摘要）	所有学科的论文索引，1861年到现在

63

由于大学图书馆与其他图书馆的数据库不同，且两者的访问系统也不同，所以检索操作的具体过程和命令也就存在差异。因此，大多数图书馆会提供印刷或者电子形式的说明书，对检索过程进行具体的描述；这样，任何学生都可以根据此描述信息检索资料。这些说明的标题形式如"如何使用 ERIC"。如果检索过程中某一步骤难度很大，通常会有图书馆员提供帮助。

进行检索

尽管具体的检索过程存在差异，但总体上看，在进行检索时还是有许多共同之处。下面以教育研究信息中心数据库检索的例子进行说明。在检索的开始，从检索问题表述中识别概念或者术语，之后从《教育资源信息中心主题词表》中选择最恰当的**主字码**或者主题标题进行检索。

限制或者扩展检索。 在开始考虑具体问题之前，应该考虑限制或者扩展检索的方法。通常，为了保持关注的焦点，也是为了将参考文献限制在可以管理的数目，我们需要限制检索的方法。限制检索的常见方法有：

1. 使用连接符（connector "and"），连接两个或者多个关键词主字码。只有所有的术语**都**出现在文献中，文献才能被认为是符合条件的。这是限制检索的最常用的方法。
2. 语言——例如，将检索范围限制在英语文献中。
3. 时间回溯——例如，仅仅查找 1985 年之后的文献，或者任何所期望的日期。
4. 出版物类型——例如，仅检索期刊。
5. 教育水平——例如，高等教育。

毫无疑问，限制检索最常用的方法是上面列出的前三种。但是，如果后面的限制条件适合所研究的问题，则后面的方法也会非常有效。

通过在两个或者多个主字码之间使用连接符 "or" 可以扩展检索。连接符将把包含任一主字码或者所有主字码的文献识别出来。扩展检索的另一个方法是对上述限制检索方法的翻转使用。例如，如果我们限制检索 1990 年之后的文献，但是没有找到足够的文献，我们可以回到 1980 年，或者任何其他期望的日期。

有几种限制或者扩展检索的方法。将描述语和连接符 and 或 or 组合使用可限制或者扩展检索。

为文献综述选择研究资料

64

教育问题的研究文献是如此广泛，以致不可能与研究问题有关的所有研究都能被包含在文献综述之中。同样，对于在研究中查阅多少文献亦受时间限制，因而查阅必须有所终止。那么研究者如何决定什么研究包含在文献中，在何种程度上断定进一步查阅文献是无效的？

对参考文献的一种分类方法是，将其分为第一手资料和第二手资料。第一手资料包括报告、论文等，这些是由研究者本人来撰写的。杂志中的文章，如果是研究者描述其研究过程、报告研究结果，这就是第一手资料。第二手资料的撰写者和研究存在一定的距离。第二手资料的作者并未作研究。元分析是第二手资料的例子。在某种程度上，第一手资料优先于第二手资料。任何文献综述，不太可能完全由第一手资料构成，但是应该包含和所研究问题最相关的第一手资料文献。

关于查阅文献，还有一些建议可能会有助于选择研究资料。当查阅文献结束时，先查对最近的 8 或 10 种参考资料是有好处的。首先，这些资料是最新的，反映了该研究问题的当前思想动态。其次，最近的参考资料有最新的参考文献。从而研究者便能了解最能吸引从事相同或类似课题的其他研究者的更重要的课题。如果一个参考材料反复出现在这些书目目录中，它就很值得查阅。

查阅文献无需"大动干戈"，可以利用别人已做的工作，比如本章前面提到的各种手册。如果手册中包括了与研究问题关系密切的章节，则此章的文献目录就会提供参考文献重要性和相关性的导引。手册的章节中不仅包括扩展的文献目录，有的在目录中甚至有 200 多种参考资料。从该章及其参考资料中便可以断定该领域中杰出的作者。

手册章节的缺点之一是容易过时，文献目录可能不是最新的。尽管如此，至少在查阅的早期，计算机能从该章写作之日起直到现在进行检索。通过不同的途径便能确定 6 个左右文章中经常被参考的作者，进行作者检索时便能发现他们写了什么。一旦走上正轨，需要的东西就开始集中起来。作者同研究问题变得密切相关，各种方法变得清晰明了，甚至会出现一些与结果相一致的东西。

就像上文提到的手册一样，元分析的评论与报道亦能提供许多有用的信息。它们是第二手资料。当然，越是近期的资料，信息就越新。因此，不管何时出版的资料，研究者必须对其更新。

在文献中发现一些含混不清，甚至相互矛盾的结论并非怪事。这样的结论需要仔细回顾以作出可能的解释；研究环境中会有些差异，研究方法也会无效。元分析报告对解释这些含糊结论会有帮助，对包括研究在内的标准细化，并通常对不一致的结论的可能原因作些评论。

那么查阅文献怎样才算"足够"呢？就文献回顾的数量来说没有唯一的答案。文献的数量多少取决于查阅文献的目的。如为一篇期刊文章的查阅就比为一篇博士论文的查阅要少得多。

接下来的问题是文献综述到什么程度对所要研究的问题就很少或不再提供有用信息，直观上说，研究者应该很清楚什么时候到达这一程度。例如，当先前的研究结果样式取得一致并且其他的研究也加强这些样式时，信息结论就达到了饱和状态。文献中的研究方法对于形成当前研究所必需的方法提供了较大相似性或适当性。这种适当性并不意味着原封不动地重复以前所做的，而是运用所综述文献里的方法来扩展出现行研究之方法，有可能的话，甚至得出一种新的而又有创造性的方法来解决问题。总之，当查阅文献的信息趋于稳定、研究问题内容比较完全时，查阅文献也就该终结了。如果查阅文献需要一段相当长的时期，如几个月，就有必要定期使文献保持更新。

筛选和总结信息

在通过文献搜索查出和阅览有关的材料后，研究者就必须考虑"我该如何处理这些信息？"最初的决定就是应判断这篇报告（文章等）的内容是否与正在研究的课题有关，如果无关，可以将它删去，如果有关，就应对它所包含的信息进行总结，并将该信息以某种形式保存以便研究者一旦需要，就可以取出。在图3.1中，报告的各部分内容往往依其重要性程度被主观分开。而事实上，有时要做好这项工作往往是很困难的，因为重要性水平的差别可能并不很清楚。因此，这项活动可能被省略或者是在摘要或概括工作完成后进行。

有许多记录信息的形式或程序能帮助我们从已有的研究中集中信息，大多数研究者都有适合于他们自己的系统做法，但是利用软件将有助于这项工作。"尾注"①、"引用"以及"记笔记"就是软件程序中可用的例子，它们都可以用于帮助进行文献搜索中的信息管理。

无论采用哪种方法，获得文献目录的信息都是非常重要的，它使你不必回到原始的文章中重新寻找丢失的信息。一份**书目登记**包含下列信息：作者（们）的姓名，文章（报告、书籍等）的标题，关于出版的情况；如果文章是在一本期刊上的话，它所在的页码。大多学院和大学要求一致的引用格式。在教育研究领域，《美国心理学会出版手册》（APA，2001）是最常用的格式手册。因此，非常重要的是研究者能够获取 APA 参考文献引用系统所规定的著作目录信息。下面是专业杂志中一篇 APA 风格引文的例子：

Veldman，D. J.，& Sanford，J. P.（1984）. The influence of class ability level on student achievement and classroom behavior. *American Educational Research Journal*，21，629–644.

其他类型的报告的著作目录条目可以查阅本章末尾所提及的《美国心理学会出版手册》。

不论什么时间使用报告中的信息，一开始我们就应做好完整并准确的书目登记，这将有利于节省时间和减少混乱，因为书目登记不完整将不得不再次查看报告，这是一件令人非常遗憾的事情。并且，书目目录不完整的文章也不会被接受。

摘要或小结

文献的电子搜索一般能提供报告的摘要，然而这还是有限的。因此，研究者为有效地利用研究结果——也就是，将它们贯穿到研究课题中去——必须从报告中获得相当多的信息。一般而言，了解结果产生的条件是必要的，已研究过的问题也应清楚，从而能使它与正在研究的问题相联系。因此，阅读一份报告时，我们应能判断出哪些信息应该保留，并记下来。

研究者除了可以做一些关于研究报告的笔记，还可以准备报告的摘要，这是一份依据计算机搜索的或期刊文章开头的摘要的扩展摘要。一份**摘要**就是一份对包含各种信息的研究报告的总结。在阅读各种报告时，信息的内容应基本一致，由不同作者所建议的摘要的组成部分稍有些不同，但一般而言，下列内容都是包括的：

书目登记：摘要之前往往是一份准确和完整的书目登记。

问题：这是对正在阅读的报告中的研究课题的说明，它也可能包括对假设的说明。

对象：被研究的个体通常被称为研究的"对象"。例如，"在基础教育部登记的 50 名大学 2 年级学生，25 名男生和 25 名女生。"

方法：这部分描述研究是如何进行的，它包括测量和分析的方式等，这部分也被称之为"方法论"。

结果和结论：这部分主要指出研究的结果和结论，我们应区分结果和结论——结果指发生了什么，比如一定的统计数字；结论则是指研究者如何运用结果。在一篇报告中，如有很多结果和结论，最好将它们标上数字。

67

> 摘要是对根据具体领域从研究报告中获得的相关信息的总结。

在概括一篇报告时，研究者一方面要试图尽可能浓缩主要的相关信息，另一方面又要注意囊括所需要的所有细节。尽管摘要应是简要的，但它包含所有必需信息的重要性也不可忽视。当我们发现一份摘要中的信息是不完全的并且不得不重新查找报告时，那将是一件令人不快且毫无效益可言的事情。有几个因素影响着摘要的长度，比如报告的长度，研究的复杂性及结果的广阔性。摘要内容应尽可能地简短，但不同报告的摘要，由于所包含的必要信息不同，也常常引起摘要内容的长短不一。

组织信息

研究问题要求得到一致与明确的目录以便对文献分组。分组可以使写作任务简便化，从而达到持续性而不是徘徊不前。有个轮廓是有用的，它包括研究的主要问题或主题。

以一项通过观察测量教师效能的研究为例。在这个研究问题中，用于测量教师行为的观察方式（从行为推断出效能）被分为两类：高推断方式和低推断方式，即当对行为进行记录时要求观察者推断的总量多少。因此，如给一个 3 级类目分组的话，对研究问题分组以决定是使用一种观察方式还是使用两种。

处理教师效能的另一种可能分组方法是所涉及的教学年级级别，如初级、中级、高级学校或者它们的结合。即使是对所有年级采用相同的观察方式，由于所教年级的不同，其结果也许会大相径庭。大多数研究可能会涉及到具有不同年限教学经验的在职教师，但有些涉及师范教育的研究生在进行教学实习，这样就会有另一种两分法：在职教师和被观察的师范教育学生。因此，根据某种意义上独特的研究问题的分类方式，就有不同的方法对文献研究进行分组。

> 根据研究问题的某种独特分类标准可对查阅的文献进行分组，这些分类是可以确认的，能够提供信息的逻辑组织。

解释和利用信息

68

当我们阅读报告时，对其结果或对在研究报告中发现的其他信息的解释也就开始了。阅读报告时，先浏览一下，获得一个总体印象，而不要过多地关心细节，也许是一个比较好的做法。有了一个总体印象，我们就能判断该报告与正在研究的课题之间的相关程度。如果两者是相关的，那我们再重点阅读并做好摘要。

批判性阅读[②]

阅读文献不仅仅是列出研究和发现，而是对研究和发现进行批判性阅读。众所周知，教育研究文献的各种报告在其质量及综合性方面有很大的差别。因此，研究者在阅读报告时，就应带有某种程度的批判性。但一个人如何批判性地阅读？阅读研究报告需要读者部分智慧上的努力，作为读者，至少也应具备研究方法方面的知识并熟悉本研究领域（不一定熟悉该领域的某一研究）。事实上，学习研究方法的目的之一就在于更好地理解研究文献。

无论如何，读者所寻找的报告应具备几项特定内容，如果这些内容比较薄弱或根本没有时，那该报告就值得怀疑。史密斯和格拉斯（Smith & Glass, 1987, p. 2）称这些内容为**标准**或**工具**。他们关注不同类型的效度，首先是关心研究的逻辑性效度。这种效度探讨的是整个研究与报告如何有机地融为一体。报告的各部分是否协调，其意思是否已充分表达？研究成果得出的结论是否符合情理？两者是否一致？研究方法与研究课题是否一致？

我们已经介绍了研究的内在与外在效度。内在效度主要强调是否采用多样和适当的研究方法以使其结果令人信服，研究程序进行得是否恰当？其研究过程是否带有偏见？研究程序是否已充分说明足以使读者明了其研究过程？分析得是否得当？

外在效度主要关心研究结果的概括化程度，有关的内容在报告中是否谈到？如果有所论述，那研究结果是否有充分的推广价值，结果的概括是否有充分的理由？在选择和分配方面是否有随便的做法？如果没有，那在研究结果的代表性方面是否有争论之处？

史密斯和格拉斯（1987, p. 4）同时也介绍了结构效度的概念。结构效度涉及对研究变量的混淆和误解。比如，焦虑对行为的影响与焦虑类型、强度、行为特点有关。要理解研究结果，需要了解在某个特定的研究中，如何定义变量的结构。当在研究中运用这些结构时，它们应该以该领域普遍认可的思维和研究方式加以限定。

以上讨论了研究者在阅读研究报告过程中必须牢记的几个问题。许多更具体
69 的问题可能被提出来，它们是阅读报告的副产品，这是批判性阅读中的智力锻炼。如果一篇文章在讨论中是跳跃的，或没有遵守逻辑规则，那它对研究者是没有什么帮助的。内在效度在解释最终结果方面必须是充分的。外在效度重在概括化水平，特别是报告与你当前正在研究的课题有较高的相关性。

值得注意的是，研究本身及作者观点的逻辑性都会存在缺陷，研究者得出的知识性结论会受到那些包含这些知识基础的文章质量的影响。在记录研究结果与结论的同时，也应该记录文章所用研究方法与推理方式的优点与不足。文章和报道的价值是不同的，评论者有必要提醒读者不同文献所存在的这些差异。

批判性阅读是一种智力锻炼，它要求读者判断报告效用的适用性。

写综述

文献综述通常包括如下结构：

- 对研究问题和文献综述目的的概述。
- 所研究问题或者理论的历史发展。
- 文章的主要类别（按照思想流派、变量、背景、研究范式或者其他维度的分类）。
- 文章的批判性回顾。
- 立场和研究发现的不同与相同之处。
- 当前理解状态，包括知识之间的分歧。

文献综述不能仅仅包括从文献中提取的问题；它是对文献的连贯的总结和概括，应尽量少使用直接引用。作者应对引用的文献进行阐释，以增强其意义和文献综述的流畅性。

好的文献综述应该遵循如下指导原则：

1. 选择的文献和手头要研究的问题直接相关。

2. 将不同研究的结果进行综合，凸显其相关性。不能仅仅提供文献的纲要，或者孤立写一两段，缺乏思想和结果之间的联系。

3. 当不同研究报告的结果相互矛盾时（这种现象在教育研究中随处可见），要仔细检查结果中的差异，并尝试给出可能的解释。忽略差异，仅仅汇总效应，会丢失信息，无法识别问题的复杂性。

4. 只是例举回顾所研究的领域是不完善的，需要扩展，说明本领域中还需要研究的问题。（注意：这并不意味着建议的研究能够满足需求，或者是重要的。）

5. 虽然需要准确引用参考文献中的信息，但文献综述不应简单地罗列观点。

6. 文献综述应该按照所研究问题的关键点进行组织。不要按照时间顺序组织文献综述，这会引起所回顾的研究的相关性和连续性的混乱。

7. 给读者一些提示，以发现不同研究结果之间的相对重要性。某些研究结果可能会比另外一些重要，这需要标识出来。

70

8. 为文献综述提供结束语，不要用最后研究的评论作为整个文献综述的结束。提供一个小结，将最重要的要点综合在一起。

在写作文献综述过程中可能会犯一些错误。邓金（Dunkin，1996）按照综述阶段对可能的错误进行了概括。

第一阶段，称为初始阶段。包括从文献中选择那些和主题相关的文献。第二阶段，包括识别每一研究的背景、方法和结果。第三阶段即最后一个阶段，包括概括研究结果，得到对主题的一般性认识（p. 88）。

通过考察这三个阶段，邓金发现并描述了 9 种类型的错误，简单称之为类型1 到类型9。根据它们出现的阶段列在下面。

第一阶段

类型 1. **无解释的选择**。相关的研究被排除在文献综述的范围之外，但是没有给出排除的原因。

类型 2. **缺乏辨别**。认为所有研究的质量、价值或者相关性相同，而其实不然。

第二阶段

类型 3. **细节错误**。对所综述研究的取样、方法、设计和其他细节等错误地表述。

类型 4. **双重计数**。把同一项目不同报告作为对同一结果的多重验证，而实际上只有一个项目或者研究。

类型 5. **无法识别错误的结论**。在陈述研究结论上，错误地表征作者的发现。这种错误不易发现，如果对结论不加批判地接受则会犯这样的错误。

类型 6. **无根据的归因**。综述者随意赋予研究以结论或结果，而这些结论或结果并未获得研究相关因素的证明。

71　类型 7. **抵制相反的结果**。忽略和文献综述者所得结论不一致的研究结论。

第三阶段

类型 8. **间接错误**。由于第一阶段和第二阶段产生的错误而导致概括的错误。

即由于先期的错误导致后续的概括存在问题。

类型 9. **不能列举与推论有关的所有证据**。无法指出研究的结论或结果与推论之间的相关性（pp.88 - 94）。

邓金为上述错误给出了更为详细的例子。对文献综述过程中的常见错误的了解，有助于帮助文献综述者避免这些错误。

参考文献

当一份资料的信息被引证时，必须详细地列入参考文献。公认的**参考文献格式**有很多，其中之一即是在本页底部做脚注。以哈里斯、赫林顿和阿尔比（Harris，Herrington，& Albee）的文章为例，该文章是我们在 ERIC 检索的过程中发现的，其引用呈现在图 3.2 中。在这篇文章中引用的信息，在文献综述中可以做如下的脚注：

哈里斯、赫林顿和阿尔比[1]曾描述佛罗里达的教育义务……

在本页的底部，会显示如下脚注：

[1] 哈里斯，赫林顿，阿尔比. 教育券的未来：佛罗里达州三个教育券项目的设计、实施以及面临的挑战 [J]. 教育政策，2007，21（1）：215 - 244.

为了叙述的方便，如果一篇文章有 3 个或更多的作者，那第一作者的姓可以列出，其后只加"等"（"et al."，意即"和其他人"）而不是将所有姓名列出。介乎于这两者之间的做法是，第一次引用参考资料时将所有姓名列出，此后再次引用到该资料时，其他作者只要用"等"即可，这是一种出于简短的目的而采取的做法。在脚注中，则通常应包括所有作者的姓名。

对于那些不需要在页下做脚注的参考资料可以运用一种较短的格式来说明，如在每一章或报告的最后可以列出参考资料的名单或目录，一种格式为著者 - 出版年制，该格式的例子如下：

哈里斯、赫林顿和阿尔比（2007）认为，社会守旧派……

或者在描述时，作者的名字无须强调，则可以这样表示：

　　有研究者（哈里斯，赫林顿，阿尔比，2007）认为……

72　　　这种格式应将所有出现的参考资料都按字母顺序排列出来，如果哈里斯、赫林顿和阿尔比的文章在目录中不止一次被提到，并且所用的参考资料仍是他们2007年的文章，那参考资料注释方法就是"哈里斯，赫林顿，阿尔比，2007b"。如果研究者希望在参考资料中注明页码，则可放在年份之后，当然在页码与年份间用逗号隔开。

　　参考资料的说明相对较短的方法是用著者–页码格式。在这种情况下，目录登记可以进行数字编号，用参考资料的页码来代替出版物的年份。如果参考资料有编号的话，那页码可紧接其后。例如，如果哈里斯、赫林顿和阿尔比的文章登记号为30，参考资料便是：

　　哈里斯、赫林顿和阿尔比（30：220）认为……

　　或者

　　有研究者（哈里斯，赫林顿，阿尔比，30：220）认为……

　　著者–出版年制一般而言要优于著者-页码制，因为后一种格式如果参考资料的内容被增减，那参考资料所有的页码可能都由于增减而相应地改变，在一篇好的评论已写完的情况下，如果要增加一篇参考资料，那必要的改变将是令人心烦并可能带来潜在错误的。

参考文献可以通过几种方式列出——传统的脚注或更简短的方法，如著者–出版年制或著者–页码制。

准备文献目录

　　通常，查阅文献的最后一步即是将**文献目录**集中起来，一些杂志将参考资料名单与文献目录作了区分，参考资料名单仅限于在报告中引用的材料，而文献目录则可能还包括为了解背景或深入阅读提供信息的材料。例如，美国心理协会（2001）就对此作了区分。尽管文献目录可以包括在评论中并没有直接引用的文献，但包含过多没有引用过的文献的目录并不是明智的。

　　文献目录中的项目是按照主要作者（列在第一位的）姓的字母顺序而排列

的。这种做法简化了誊写文献目录的任务，特别是并非所有原始资料都被运用时更是如此。摘要有时也可以利用，尽管它们或许会有少许的麻烦。

如果研究者获得了文献目录的软件，就没有必要保留纸质复制的文献目录了。脚注、引用以及笔记都是可以将文献目录放入 APA 版式的软件，其他版式里也有该功能，因此，这种软件极大地推进了文献目录的准备工作。对于文献目录的特殊类型，可以参考本章结尾的 APA 手册或其他适合的手册。 73

小　结

本章介绍了查阅文献的过程。查阅文献具有几方面的意义：它明确了研究课题的地位；它提供了已有研究的信息；它常常还能提供如何进行研究的信息，包括对手段及研究设计的建议。

查阅文献的范围根据几方面的因素而定，但通常它需要我们将时间和精力花在细节方面。有时，一位研究者可能会这样说："这份文献中没有任何与我们的研究课题有关的信息"，这句话是指他还没有发现与他正在考虑的课题极其相似的研究。文献查阅可能包括那些甚至并非与研究课题直接有关的研究，查阅者的任务就在于从查阅过的若干文献中发现它们的相关关系并综合有关信息。

图 3.1 在总体上列出了查阅研究文献的各项活动，尽管一位研究者有时因为增加的信息而回过头来查找文献或重写评论的某一部分。但一般情况下，查阅的各项活动都是按程序图 3.1 由顶部到底部按顺序进行的。文献阅览常常是在研究活动的早期进行；但如果研究需在很长的时间段内进行，则也要不断查阅，以便能紧跟时代的有关信息。

本章对于在哪里发现信息，如何对它们加以综合，如何处理它们，也都提出了建议。作为例子的查询手册及计算机检索在文中都作了介绍。然后讨论了加快信息综合的速度、减少错误和重复可能性的方法。当然，在最终的分析中，研究者必须写好综述，对它们加以组织并以读者能够理解的方式将它们组合起来。组织较好的综述能以一个单独的主题或类似的观点将所有信息组合起来，为不同研究报告的结果和结论提供某些说明，并善于合乎逻辑地和顺畅地从一个问题转到另一个问题上。好的过渡句子，比如"考虑到影响教师效率的其他因素，现在我们谈谈行为"，在引导读者从一个主题转移到另一个主题方面，是很有帮助的。在综述写好之后，应将它搁置在一边一至两个星期，然后再仔细阅读，如果它是一篇草稿，那毫无疑问在某些方面需要重写，但如果它条理清楚并且没有缺陷或混乱之处，那么研究者就已经走上了撰写好综述的成功之路。

核心概念

活动程序图	元分析	摘要
期刊文献	计算机辅助检索	参考文献
期刊索引	主字码	文献目录
教育资源信息中心（ERIC）	参考书目条目	

74　练 习

3.1　以教育索引作为蓝本，选择一个感兴趣的主题并列出与此主题相关的参考资料的目录。然后使用不同的搜索引擎搜索相同的研究。比较所列出的参考文献的不同。

3.2　假如一位教师想查找有关西欧及美国8—10年级学生所学数学课程大纲内容的信息，如果他利用 ERIC 系统的话，该用什么主字码？

3.3　假设一位研究者为某一研究课题利用计算机检索的文献内容如下：

教师课堂行为与6—12年级学生科学成就关系的研究。

利用 ERIC 数据库，找出在检索中可以运用的主字码，哪些主字码可以扩大检索？哪些主字码将缩小搜索？详细说明主字码的联合体及连词。

3.4　利用练习3.3中的研究课题，或你自己选择的研究课题，进行最初部分的计算机检索，找出主字码单独或联合运用的情况下参考资料的数量。

3.5　下面的研究问题如何进行：

在初中水平的文科领域内有关社会适应和学业成就之间关系的研究。

作一项有关该问题的研究报告的检索，查证一下其中的15份参考文献，看看它们是否确实研究了该问题或是仅仅讨论了该问题。现在，再对下列课题做同样工作：

在现场管理中校长角色的研究。

比较两次检索的结果，在资料数量、资料性质以及对研究工作的表述方面，你是否发现差异？（在某种程度上，资料内容的性质是可以从标题中推论出来的。）

3.6 假设需要对一个研究问题进行计算机文献检索：

高级中学历史课中不同提问艺术的效果研究。

从 ERIC 字码库中确定主字码，运用主字码检索 ERIC 资料库。描述主字码使用的顺序和使用连接词"or"和"and"的联结情况。如何扩大或缩小检索范围？

3.7 就学生保留在校（防止学生流失）的政策或任意选择一个专题进行文献检索，比较用 yahoo 或 Google 检索和大学图书馆数据库检索的差异，并呈现出两种文献检索的结果。

3.8 选择一个你所敬佩的教育研究者，通过《社会科学引文索引》来检索该作者的文献引用情况。

3.9 通过学校的研究数据库，检索 6 篇你所感兴趣领域的专业文献。

3.10 在几个研究生中安排一次讨论，其中一些正在从事论文写作。讨论中，主要解决下列问题：

a. 研究问题确定的过程。

b. 激起课题兴趣的因素。

c. 从确定研究课题的研究生课程顾问处期待得到的援助。

d. 研究问题的过程进一步加工，是缩短、延长，还是一定程度的修改？

e. 查阅文献的过程。

f. 为使研究问题更明确而对查阅文献分组的方式。

注 释

① 尾注软件可从汤姆森公司获取。参见脚注网站的相关信息（www.endnotes.com）。

② 后面的章节将讨论研究报告评估，此处只是对批判性阅读进行总体介绍。

参考文献

Alkin, M. C (Ed.). (1992). *Encyclopedia of educational research* (6th ed.). New York: Macmillan.

American Psychological Association. (2001). *Publica-tion manual of the American Psychological Association* (5th ed.). Washington, DC: American Psychological Association.

Dunkin, M. J. (1996). Types of errors in synthesizing

research in education. *Review of Educational Research*, 66, 87 – 97.

Gabel D. L. (Ed.). (1994). *Handbook of research on science teaching and learning*. National Science Teachers Association. New York: Macmillan.

Glass G. V. (2006). Meta-analysis: The quantitative synthesis of research findings. In J. L. Green, G. Camilli, and P. B. Elmore (Eds.), *Hand-book of complementary methods in education research*. Mahwah, NJ: Lawrence Erlbaum.

LeCompte, M. D. (Ed.). (2003). *Review of educational research*, 73. Washington, DC: American Educational Research Association.

Smith, M. L. , and Glass, G. V. (1987). *Research and evaluation in education and the social sciences*. Englewood Cliffs, NJ: Prentice-Hall.

第4章

交流研究成果

本书的重点关注如何进行教育研究，它描述那些适用于各种类型研究的方法
和步骤。研究工作的一部分是交流研究的成果。不少研究是通过书面文本进行交
流的，像研究计划和研究报告；当然也有一些是通过口头发布的，例如，学术会
议上的演讲。正式的交流途径主要有两种：研究之初的研究计划和研究结束时的
研究报告。

毕业生早晚也要依据他们的研究计划和研究报告准备毕业论文或学位论文。
研究的资助机构要求研究者提供计划和报告，专业杂志里的印刷品更是被广泛地
传播。因此，在教育研究的交流中，书面文本的应用相当广泛。

本章将就以下两种书面文本类型进行讨论：**研究计划**（主要说明研究的预
期）、**研究报告**（它用于描述已经完成的研究）。尽管不同研究的目的各异，
但它们的研究计划和研究报告确有许多共通之处。不同的研究计划或不同的研
究报告，又因研究广度、报告对象以及研究拨款机构的不同，而呈现出多种样
式。尽管定性研究和定量研究的一般形式是相似的，但两者在研究计划和研究
报告方面还存在些许差异。本章难以全面地介绍完整的研究计划、期刊文章的
撰写和学位论文，但将着重讨论一个好的研究计划和研究报告所具备的性质和
特征。

研究生——尤其是攻读博士学位的研究生，通常要在答辩委员会面前进行
研究计划和学位论文的答辩，这种答辩包括口头的交流。尽管在专业会议上的
论文报告或其他的报告更多是以讲述为主，不像答辩那样多地进行讨论，但
它也是另外一种形式的口头交流，本文也对这些类型的交流提出了建议和
指南。

77 研究计划的主要组成部分

准备一份研究计划，是撰写有关教育研究的打算，而不是完成研究课题。在撰写计划时，我们讨论的是要进行的研究是什么，为什么要进行这一研究，以及打算怎么去做。研究计划就由对这些问题的回答组成。研究计划的标题和副标题也会因研究惯例或研究机构的不同要求而有所不同，例如，有些标题是"过程"，另外一些则是"行动的描述"，或者"方法论"。有时，"叙事"部分也可为研究者提供副标题。然而，研究计划具有一种普遍的形式，从在适当背景下提出问题的部分到为研究提供一个作判断的结论部分，要具有逻辑一致性（计划的结论部分通常包括预算和研究人员简历，它将提交给研究资助机构）。

> 研究计划讨论准备作什么研究，怎么作，以及为什么要作这一研究；研究计划就是旨在解决上述问题的。

研究计划的长度因不同的影响要素而长短不一，这些要素包括提出的研究的重要性以及拟采取步骤的复杂性。但无论如何，总的框架和各组成部分或建议是一致的。图4.1提供了一个研究计划组成的框架。尽管某些项目的称谓有所不同，但一般的研究计划都以上述步骤展开。例如，有时一个主要部分被称为"前言"，但同时又使用"问题的确定"和"术语的界定"作为副标题。研究计划可以较早地讨论研究的意义。有时，也较早地讨论研究的需求。

图4.1虚线之间的部分是研究计划的主要议题。通常，开端信息写在扉页上，它包括研究的标题，研究人员的姓名，从事研究的机构，有时也包括研究的概要。

研究计划所有的组成部分有一个一般的标准。文字要简洁，各部分之间、各部分内部要保持连贯。描述要综合全面又不烦琐。一些提交给研究资助机构的计划在页数上有特定的要求，这些要求要严格遵循。各部分之间要安排得当，使读者容易理解研究者的思路。本章由此展开各部分的讨论。

```
首页  }
概要  }   必要的开端信息                      78

……………………………

研究问题的确定 }
    导言      }
    术语的界定 }   准备研究什么
文献综述    }

方法或步骤   }
    设计     }
    数据搜集的方法 }  怎样研究
    数据分析   }

研究的意义   }
    预期的结果 }   为什么要研究
    与教育的关系 }

……………………………


（其他有关内容）
    预算
    工作人员简历
    附录
```

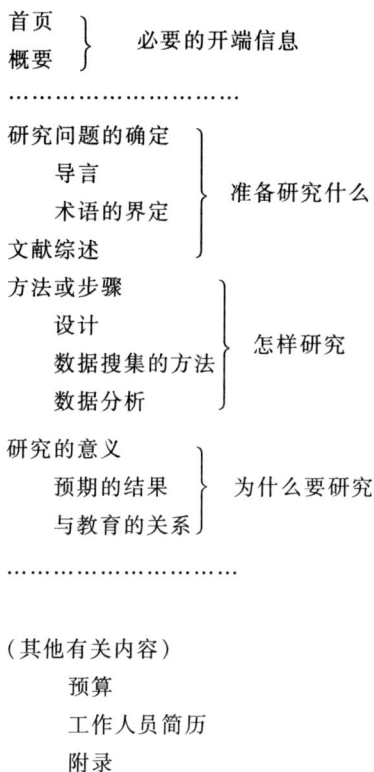

图 4.1　研究计划的一般框架

问题的确定

　　研究问题的提出和假设已在前面的章节作了相当多的讨论，在此不再重复。研究计划中，问题要突出——使读者能够轻易地识别。有时，议论繁杂，问题隐晦而贫乏，浏览者难以一目了然。一旦这样，研究计划的晦涩将会打断浏览者的思路，使之难以对问题有清楚的认识。问题的范围要根据研究的范围精心设计。与定量研究相比，定性研究需要对问题作更多的综合陈述。比如，典型的实验研究要有明确的假设前提，而人种学研究可能要有预示性的问题。

　　在研究计划中，一般都需要较早地呈现"问题阐释"的部分。问题的阐释通常　79
包括一些介绍性的评论，很可能包括一些参考的相关文献，以便为阐明所研究的问题提供来龙去脉。这样，问题才可以得到明确的阐明。介绍性用语可以是下列之一：

　　这个计划打算研究的问题是……
　　被提出的研究的疑问是……

研究的意图是⋯⋯

研究问题需要明确的是⋯⋯

计划书中通常接下来紧跟的部分便是相关的假设和（或）研究疑问和操作性定义。有时，当测量和数据的描述能够加强对假设的理解时，也可将假设陈述置于计划靠后的部分。不管怎样，除非产生了某些非正常的数据和使用了少见的分析步骤，否则将问题的陈述和假设分开是毫无意义的。

研究报告和研究计划都要对问题加以确定。例如，在一篇有关默读与大声朗读的效果比较研究中，黑尔等人（Hale, et al., 2007）指出本研究的目的是检验默读理解和大声朗读理解的关系，以及确定阅读的形式是否会对理解产生系统的影响。他们要测定大声朗读理解的得分是否比默读理解的得分高。

定性研究的问题陈述的措辞有些不同。安德鲁斯和赖德诺尔（Andrews & Ridenour, 2006）研究了文化多样性课程对教学管理中学生态度和行为的影响。

> 我们检验了性别意识训练作为学校管理者准备课程的一部分对准备成为学校领导者的学生的影响作用。该研究的定向问题是："教育管理研究生课堂的多样性会对学生关于性别在学校文化和氛围中怎样发挥作用的意识产生什么影响？"（p. 35）

值得注意的是，定性研究中的问题陈述是开放式的。这就允许发现许多不同种类的影响因素，这些影响因素是不能够事先规定的。而定量研究中的问题陈述在于寻求更优的阅读理解得分，这是一种精确界定的结果。

描述研究问题时所用的术语都必须加以界定，包括任何有可能产生歧义或较宽泛的术语。但是，问题的确定不应该造成操作性定义的混乱。而且，对变量的操作性定义应该在描述测量的方法论部分呈现，这比在问题陈述过程中呈现要好得多，尤其是当操作性定义较为复杂时，更需要在方法论部分中加以清晰地界定。

80 *文献综述*

文献综述给要研究的问题提供一个背景。它的长度因具体情况而不同。学位论文的文献一般占用 15 页或更多的双倍行距的打印纸。无论如何，文献综述中没有必要包含所有相关研究。因此，撰写计划时要对研究文献进行精选。

定量研究——比如实验和调查研究——其文献综述可以引入被考察研究的结论及具体结果。定性研究——比如人种学研究——其文献综述则侧重于更综合、更广泛的概念。例如，研究者或许会确定某些会对资料搜集、资料分析有用的理论概念。这是一个初步的综述，但它要确定研究者进入该研究领域所凭借的概念框架。文献综述应表明有深入进行描述性研究的必要。或许某一现象尚未用定性方式加以研究，但事实上对其进行定性研究是合适的、有用的。而如果曾有人用定性方式研究过该现象，就有必要指出其他同类研究的空白与不足。

研究意义也可以在文献综述部分陈述。当研究的必要性必须在此提及，并且这种需求和研究的意义有联系时，这样做是合适的。不过，当研究的意义非常关键，比如在论文计划中时，最好在文献综述中附加专门的部分讨论研究的意义。如果把专门阐释意义的部分置于计划书的末尾，读者可以较好地了解该项研究，这样所申请项目的研究意义可能会更加明显。

知识丰富的文献考察者要有能力去选择相关的资料，把它们联系在一起，为要研究的问题提供一个可以理解的、准确的背景知识，并且能够建立起文献与所要研究问题之间的连续性。撰写研究计划时，对与问题有关的资料的陈述不要过于局限，文献综述要能揭示与问题有关的资料。读者对狭窄、模糊的陈述会感到十分迷惑（事实也正是如此），他们会认为研究计划撰写者对文献茫然无知，而不能把综述看做是对过去文献的一个突破。实际上，文献综述应该表明，撰写人对要研究的领域有良好的把握。

> 文献综述提供研究问题的背景和来龙去脉，使人们认识到研究的必要性，表明撰写人在该领域占有了丰富的知识。

方法或步骤

在研究计划中，这一部分的内容和长度会因研究类型的不同而不同。在适合范围内，运用分标题是好的办法。像"设计"、"样本"、"数据分析"这类的分标题不仅确定和描述了研究者要从事的各种活动，而且会帮助读者了解各种研究活动之间的连贯性。

在人种学的研究计划里，这一部分应该涉及以下问题：

1. 场所选择和抽样，是有计划的，还是随机的实地抽样；
2. 研究者的角色；
3. 搜集资料的方法：观察、访谈、问卷，以及应用三角互证法或其他特定方法技术；
4. 资料呈现和归纳分析资料；
5. 设计的局限。

在描述场地的选择时，必须能够说明所选场地将为研究提供一个合适背景。阐明这一问题将有助于展示出待研究的问题与场地的特征之间的对应关系。例如，如果待研究的问题与社会交往有关，那么所选场地必须能提供观察社会交往的机会。如果要利用关键信息提供者，就要说明为什么某一类型的人可以承担这一角色。

在说明可能的搜集资料的方法之前，要交代研究者的角色，比如享有特权的观察者的角色。很明显，上面的研究要运用多种方法，研究结果也要用三角互证法检验其效度。但是，对具体的方法还要加以确定（诸如项目分析等）。并且，资料搜集的时长要求也要预先设定，比方说，研究者是每天，还是每周 3 天待在实地？在既定的某一天，要进行 1 个小时，还是若干小时的资料搜集？

除了资料之外，人种学研究还要做现场笔记（field notes），因此，这一部分要描述将如何分析这种信息——哪怕只是一种综合性的归纳分析。资料可能会采取什么分类系统或顺序排列方式？作者应向读者揭示预定的描述分析的范围：这就是人种学研究的产品。

不论采取什么方式的研究，都要描述研究设计的局限所在。如果不具体论及设计的局限，研究计划的读者有理由获得这样一种印象：研究者期望从难以完成的研究中得出结论。限定研究问题的范围将有助于界定研究设计的界限。这一部分就要涉及问题推广的广度了。相比定性研究来说，定量研究更具有大范围的普适性。

人种学和历史研究在很大程度上都是案例研究，即便不必是关于某个人的，也是关于一个场所、一个争端、一种现象或一个事件的。如果是进行人种学或历史研究，最好对其案例研究加以界定，这样做有助于读者预料到研究设计的某些特征。然而，对于侧重定量的研究来说，可以用具体的术语描述其设计。例如：

前测—后测的控制组设计将包括 4 个组，3 个实验组，1 个控制组，性别和年级是自变量，形成一个 $4 \times 2 \times 4$ 的因素设计。

82　　研究文献中的许多设计有大致相同的用途，并且可以采用它们的描述性标题。只要保证标题的描述性和贴切性即可。

对于实验和调查研究，除了描述一般的研究设计外，还应描述下列项目活动、材料，等等。

1. 要使用的和要开发的测量工具；
2. 参与研究的对象（被试）；
3. 样本（设计和容量）；
4. 实验步骤（如果要作实验的话）；
5. 数据搜集的程序；

6. 数据分析（所要使用的具体分析方法）。

如果设计有潜在的弱点，或者实际研究工作有潜在的困难，作者要说明准备如何弥补或消除它们。例如，自变量中可能混进无关变量。要论述它们可能产生的影响，指出将怎样控制或消除它们。有些作者有时会有一种错误看法，认为指出问题所在而不提供解决方法就已足够了。指明问题所在并不意味着解决了它，当然，指不出问题所在就更谈不上解决了。

在抽样之类的问题上需要对具体细节加以描述。抽样计划必须用研究方案的内部效度和外部效度加以考察。当抽样时，研究者总是千方百计地想对一个更大一些的总体进行推论，因此必须仔细选择样本，使样本能够代表总体。

例如，有一项研究要对一个州高中高年级学生进行抽样，但仅仅说将要从这个州的高中学校对高年级学生随机抽样还是不够的；还要具体描述抽样的细节。要提出一个有关高中高年级学生的操作定义，作者必须首先指出总体中的所有成员如何界定。哪些类型的信息可以被用来包括所有符合定义的高中生？是否要进行分层抽样？如果需要，怎样分层？这样分有什么意义？是否要通过一个中介单位进行抽样？如果所选中介单位拒绝参加，备用方案是什么？

这些问题都要仔细作答。例如，如果抽样设计是按一定比例进行分层随机抽样，就要对分层变量下一个操作性定义，以使读者清楚：可以以分层变量的术语从总体中界定学生。简单地指出学区容量作为分层变量也是不够的，还要给出分层变量具体类别的界定——例如，少于 2 000 个学生，2 000—5 000 个学生，等等。要提出资料的来源，它可能是一份州的文件，学区容量就来源于此；最好是还能提供选择分层变量具体类别的理由。这种完整的描述向读者提供了怎样选择样本和为什么这样选择样本的根据。

在程序讨论之后，通常跟随有相应的时间顺序和研究如何实施的内容。这会 83
让读者明白各种方法步骤的连贯性。如果研究者对要作的研究进行了充分的概括，他们就能够解释清楚他们想要干什么。这其中最关键的是要描述恰当和全面。

> 方法或步骤部分是研究计划的核心部分。研究活动的描述要不厌其详，而且各环节之间的连贯性要明确。

研究的意义

实证结果固然重要，但极少有研究仅以产生数据为研究目的。不论何种类型的研究，都应该为该领域的知识拓展作出贡献。所作的研究要么能填补现有知识的空白，要么能回答先前研究提出的问题。毫无疑问，一项研究为后继研究提出建议或界定问题也是一种贡献。

其他的预期成果与**研究的实际意义**有关。研究结果对教育实验人员来说有什么意义？不管成果如何，研究结果对教学计划和教学方法是否有影响？如果研究为改善教育的行动筹划了可供选择的途径，这将是意义重大的贡献。研究的结果会给教育带来什么改善或改变？研究的结果如何去实施？随之而来的革新将会是什么？

可以以不同形式的研究成果回答上述问题。例如，人种学研究的一项成果就是对自然的教育现象的一份详细描述，是一份人种志。该描述也可能对现象加以理论解释。对于可预期的结果，这一部分应有所涉及。

研究的成果可以是课程修订或特定领域课程改革方法的提出；也可以是改善学习的程序；还可以是一种方案，比如一个应对破坏行为或减低辍学率的方案。教育研究本身可能并未形成一个课程或方案，人们只能在研究结束后再发展它们，但研究为它们的发展提供了基础。重要的是应指出研究与这类发展之间潜在的联系。

研究结果可能会对政策形成发生影响。比如，一个学校委员会可能利用研究结果进行决策。当研究的是关于教育专门人员的作用时，特别是与像计算机教学这类新的工作人员有关时，研究会有助于确定必要的技能，明确其作用。

84　　　在某种程度上说，当文献综述使人们确信了研究的必要性，也就确定了与教育相关的案例。当讨论研究的意义时，重要的是指出预期结果将如何与文献所报告的结果联系起来。计划撰写人要毫不含糊地使用以前在这一点上的有关引证，或者再使用附加的参考。

研究问题与教育的相关性必须建立在对文献及问题背景的综述之上。研究方案的结果与教育的相关性有赖于预期成果的实际效应。如果这些成果能在理论或实践上产生潜在的收益和影响，该方案就可以实施。由于这种关系的存在，预期成果与教育潜在的相关能否实现关键要看预期成果的达成情况。

　　研究的意义可以建立在预期成果的基础上，预期成果的形式可以是产品或过程。

研究计划的其他部分

研究计划的上述内容已基本包括了计划的主要部分，但对具体的计划来说，也许还要具备其他一些内容。事实上，研究资助机构经常要求某些常规资料，当然还有预算。下面对这些部分略加论述。

　　首页。　首页包括计划的介绍信息：计划的名称、计划的作者或主要调研人员、工作机构。有些研究资助机构对包含的相关信息格式有统一标准，比如预算总额。

　　摘要。　摘要是对计划内容的总的说明。至少，它要对研究的问题加以说明。摘要通常有最多字数的限制，很少超过一页。

　　预算。　研究资助机构要求在呈交计划书的同时呈交**预算**；通常放在计划临近结束的部分。准备预算时，计划撰写人要依据研究资助机构和有关代理机构的指导手册。这里要考虑诸如管理费和利率等问题。一般预算分类包括劳务费、附加费、耗材、器材费、电话费、数据处理费、邮费、影印费、打印费和其他费用。如果不按照指导手册来预算会导致相当大的预算重新核算，而且很可能难以达成预期的协议。不合适的、结构不合理的预算可能导致计划遭到拒绝。

　　为学位论文、毕业论文进行的研究通常无需外部资金，因此可以不准备预算。然而，对毕业论文、学位论文做预算也是一个值得做的训练，因为这样可以让学生了解到作研究的实际费用。也许，有些学生的毕业论文就是通过一些更大的、有外部资金的方案来研究的，不过，即使在这种情况下，也很少需要学生单独对毕业论文进行预算。

　　时间进程。　研究行动的进程表是用来保证所有的相关活动按照适时的方式进行。进程表应该契合实际，并且应考虑到突发事件所造成的延迟。

　　研究人员资历。　它包括参加研究方案人员个人的**主要经历**、受教育程度、发表的作品、研究活动。注意，由外部拨款支持的研究都要求提供简历。

　　附录。　如果有其他与计划内容相关的补充信息，可以放在**附录**里。附录可以包括那些计划主体中提及的而又需要分离出来的信息。在提交给研究资助机构的计划中，附录可以对研究者所在机构的资源加以描述，比如图书馆、计算机设备等。

研究报告的主要组成部分

　　长度是用以区分不同类型的研究报告的一个特征。发表在专业杂志上的文章

85

一般5—20页，偶尔也有更长的，特别是定性研究的报告。各个出版物对篇幅的限制限定了杂志文章的长度。学位论文或提交给研究资助机构的技术报告通常较长，一般100页左右；有时会更长（有些附录因补充了大量计算资料而增加了长度）。为专业会议准备的论文有限定的发言时间，其长度要依时间而定。然而，这样的论文也倾向于和杂志文章长度相似，许多会议发言的报告在后来都得到发表，成了杂志文章。

即使是不同类型的研究报告，它们的组织方式和呈现方式也有某些共同点。在某种程度上，各个组成部分遵循与研究计划相同的次序。但研究报告包括了处理结果和结论的部分，这是研究计划中没有的。研究计划要强调将怎样作研究，而研究报告则要强调研究的结果及其价值和意义。

> 在研究报告中，作者描述已完成的研究。它讨论做了一个什么样的研究项目，怎样做的以及研究的结果与结论。研究的意义也予以重申。

86　　　研究报告从问题的确定开始，到结论和启示结束。不同类型的研究报告的组成部分有不同形式。毕业论文或较长的报告一般采用分章的形式，而杂志文章和论文通常包括若干标题。通常，毕业论文包括5章，开始一章是导论——它包括对研究问题的陈述，随后各章是文献综述、研究方法、研究结果，最后一章是结论与建议。定性研究的毕业论文会稍有不同，它经常把方法、结果及结论部分综合起来论述。一篇杂志文章常把导论和文献综述放在一起，强调其结果和结论。

准备一篇优秀的研究计划所要达到的标准，同样适用于撰写一篇优秀的研究报告。下面将对研究报告的主体部分加以讨论。

导言，包括对问题的陈述

一篇毕业论文通常要用几页进行问题陈述，提供一个完整的研究导论。适当的假设前提也要在此介绍。专业杂志通常不给作者留出空间进行问题陈述，这就要求论文研究背景的陈述简洁明了。导论还可以包括文献综述，但一定要简洁，除非论文是历史研究方面的，或者由于某种原因而不得不引入大量的其他研究的结果。

有关问题的陈述，我们在计划撰写部分已有解说，这里再举一个例子。布兰德（Brand，2006）的一项研究中，有关文学基础教学大纲的研究是建立在加德纳（Gardner）的多元智力理论的基础之上的。她提出了研究的目的，然后列出了需要检验的四个假设。

> 具体而言，讲故事的方法包括吟唱（支持了音乐和语言智力）；绘画言语（支持了视觉－空间、数学、自然观察智力）；手势和特征肖像描述（支持了身体运动和自然观察智力）；团体角色扮演（支持了自我认知和人际关系智力）；木偶艺术（支持了视觉－空间和身体运动智力）。这些由老师讲述、儿童经常扮演的故事，被用作连续系统化语音活动的基础。（p.134）

研究的假设如下：

1. 儿童接受基于文学的多元智力训练的小组在字母命名流畅性测验上的得分显著高于未接受训练的对照组的得分。
2. 儿童接受基于文学的多元智力训练的小组在语音分割流畅性测验上的得分显著高于未接受训练的对照组的得分。
3. 儿童接受基于文学的多元智力训练的小组在无意义单词流畅性测验上的得分显著高于未接受训练的对照组的得分。
4. 儿童接受基于文学的多元智力训练的小组在词语运用流畅性测验上的得分显著高于未接受训练的对照组的得分。（p.135）

87

虽然假设的措辞似乎累赘，但是单独呈现每个假设是非常重要的，这是因为研究数据可能不支持任何假设，或者支持全部假设，或者支持其中几个部分合并的假设。如果它们全部混在一起，就很难从中得出结论。假设里包含"显著"这个词，由于假设是关于研究对象总体的而不是样本的，而"显著"这个词却指的是样本值，因此，这是一个有问题的说法。这一点将在推断统计一章中详细解释。

文献综述

在专业杂志文章中，文献综述一般不单独列标题，它与导论的背景部分合并在一起。由于篇幅限制的原因，作者必须决定要包括哪些参考资料，要简洁地给出相关资料，把它们联系在一起，以提供问题的背景。

如前所述，毕业论文通常用完整的一章进行文献综述。约占用 35 页或更多双倍行距的打印纸。文献综述中的各小标题要与具体的研究相联系。当然，标题可多可少。定性研究侧重于大量的描述，所以其中的标题会比定量研究少，定量研究通常有 10—12 个小标题。关键并不在于标题的多少，目的是通过设置小标题恰当地把文献综述分成若干部分。

文献综述从其他研究中抽出的若干思想观点应相互联系，文献综述的各个小标题之间也要相互联系，这叫做过渡。撰写文献综述要始终围绕研究问题，才会过渡得好，文献综述常犯的错误在于把所考察的各个研究当做相互之间毫不相干的若干独立体，这样就难以形成一个统一的陈述。与此相关的毛病在于机械地处理各个研究，没有认识到它们之间相互关联的重要性。

作者应当避免过分地引用原文。在介绍研究问题的背景时，作者可以用自己的语言把来自不同文献的思想联系起来，这要比仅仅用一系列的引语好，作者应当围绕研究问题，抽取文献中的思想，把它们结合成一个具有逻辑性的整体。

作者不一定非对文献目录中所列的资料都加以讨论不可。通常，一篇文章从适当数量的文献来源中抽取三四个主要观点。其他的参考资料可以列入文献目录，以充实有关信息。通过对文献的讨论作者应能够证明自己对该问题及其相关的研究有充分的了解。有一份广泛的文献目录但却没有展开讨论尚不能算是一个够格的文献综述。

88 *方法或步骤*

该部分描述研究是如何进行的。要作多少描述呢？遵循的标准最好是，描述的细节要足够充分，以使读者能够重复这一研究。毕业论文中的描述倾向于非常详细，因为作者要通过论文证明自己对方法论的掌握，同时也在证明所用的方法是适当的。

方法部分通常包含副标题。例如，马德里、卡纳斯、奥尔特加-梅迪纳（Madrid, Canas, & Ortega-Medina, 2007）关于在班级范围内，团队竞争与团队合作对同伴辅导影响作用的研究中，方法部分包含如下分标题：

被试与背景
双语熟练程度
课程
探究
设计
程序（pp. 156 – 157）

每一分段都包含了大量的有关细节的描述。解释做过什么是非常有必要的。

相比之下，劳恩斯伯里、本古姆、史密斯（Lounsbery, Bungum, & Smith, 2007）有关内华达州 K – 12 公立学校背景下，体育运动机会的研究中，在方法部分只有 3 个副标题：

被试
实验工具
统计分析（pp. 31 – 32）

尽管存在着形式上的不同，但上述方法部分的表述方式都是合适的。不同研究的方法部分不仅在长度和内容上有差别，而且在写作方式上也各不相同。定性研究的方法部分比定量研究的方法部分更具描述性。定量研究中，多少要讨论到统计的方法。

> 方法部分在长度、内容和写作方式上会有不同。重要的标准在于是否提供了充分的信息，以使读者能理解研究做了些什么。

研究方法部分介绍手段、资料搜集、抽样、实验方法、材料以及统计分析的应用，对上述部分的表述要直截了当。方法部分可遵循的逻辑顺序之一就是各种研究活动的顺序。有可能其中两三种活动是同时进行的。但一般来说，其顺序仍旧是从研究设计和选择参与者开始，到数据分析结束。

89

结　果

结果是数据分析的产物，它们有各种形式。它们可能是综合了其他文献，如历史研究或人种学研究中的现场记录，而形成的总结。运用统计分析方法时，其结果则是描述统计以及从统计检验中得出的统计量。

再看一下本章前面提到的安德鲁斯和赖德诺尔（Andrews & Ridenour, 2006）关于文化多样性课程的影响作用的定性研究。在对概念及理论框架、背景、实验设计、教育计划干预及证据分析进行了描述后，结果部分的标题呈现如下：

研究参与者的基本信息
学生日志分析及解释
显著的性别刻板印象
专业实践中的增长性反思和变化
性别歧视和能力差异意识
性别偏向性语言的影响

通过对每个发现的大量讨论，总结出主要发现，据此得出结果。

对量化结果的报告要直截了当，并且通常运用表格的形式呈现结果。在一项研究中，研究者主要研究儿童与成就相关的信念如何通过朋友的信念来预测，以及它们是同时发生或是随后发生。奥尔特马特和波梅兰茨（Altermatt & Pomerantz，2003）用 5 个独立的表格呈现大量统计结果。他们同时也报告了测验的内部一致性和稳定性效度系数；三个时期的平均数、标准差，以及学业表现、与能力相关的信念、动机信念三者的相关关系；并且报告了预测过程中及后期阶段所用到的标准回归系数。研究结果的总结和补充性分析是用叙述而非表格形式呈现的。结果部分之后是讨论部分，在定量研究中结果与结论比定性研究更易区分，结果与结论是否区分取决于陈述方法如何最有效和最容易理解。

图表的使用。 表格对总结结果非常有效，特别是报告中包含大量的统计资料时更是如此。表格内容要清楚易读。使用表格看起来是一种简明的表述方式，但不清晰的表格也会使读者迷惑。

统计软件、电子数据表，以及词语加工程序为研究者制作或简单或详尽的图表提供了可能性。但是，太多的图表或过于复杂的图表可能会转移读者的注意力，并使他们困惑。因此，制作良好的图表可以帮助读者理解。图表通常是简洁和有效的。"一张图片相当于一千个字"，但是，一个制作不良的图表可能需要比一千个字更多的语言来解释它。

图表是描述程序中各步骤的有效途径。与长段的叙述性的段落模式相比，格子和箭头能够简洁地传达很多信息。与文字相比，图表更能清晰地描述联系与相关。要判断你做出的表格或图表对其他人来说是否与你一样清晰，其方法之一就是让其他人来描述表格，并告诉你他通过表格获得的信息。

饼图、柱状统计图或者其他图表在大部分软件里是现成的。图表运用得当，就是非常有效的视觉设计。有时，这些图表的现成性会导致研究者对它们的过度运用。比如，当数字结果呈现时，有研究者认为有必要为每个结果配上相应的图表结果。

建构一个相对清晰的表格可以遵照以下规则：

1. 表格的名称要专门表述图表内容，包括所指对象或内容渊源。

2. 行和列要有适当的表目。

3. 一个表格内所包括的不同类型的资料要有限制。例如，平均数和标准差可以包括在一个表内，但在同一表内，可能就不再包括相关系数了。

4. 图表中的空间要能清楚地分隔信息，不要拥挤。

5. 如有可能，一个图表不可超过一页纸；能用一页纸的不要分两页。

6. 图表应尽可能紧接在第一条参考的后面。

7. 一篇报告中的图表格式要一致。

8. 表格中要避免过多的线，用水平线把标题隔开；表格中很少使用竖线，不要使表中数据看起来像装在笼子里。

图 4.2 是一个表示结果的表格的例子，有标题和表目。注意，表格题目不仅说明了表格内容包括平均数和标准差，还指出了它们的来源。

图表对总结结果可以非常有效，但内容的排列必须适当，组织要符合逻辑。

表 0.0　5 年级学生学绩测验的平均数和标准差

测验	实验组 1		实验组 2		控制组	
	平均数	标准差	平均数	标准差	平均数	标准差
阅读						
算术						
拼写						
科学						
社会研究						

图 4.2　包含结果的标题及表目示例

撰写结果部分时要特别注意以清晰、组织良好的方式呈现结果。组织结果的方式有很多。例如，人种学研究报告可以围绕预设的问题组织结果，或者按事件先后顺序叙述所发生的事。如果研究中包括几个自变量，结果可以根据自变量进行分类——例如，态度测验的研究可以根据测验的成绩进行分组。如果有特定假设时，可以按假设的先后报告结果。如果研究中包括几个实验，可以按实验的先后组织结果。以一系列的实验为依据的论文常这样做。只要是讲得通，易于读者理解，可以采用任何组织方式。

结论、建议和启示

研究报告的最后一部分包括小结、结论、启示和对进一步研究的建议。**小结**部分的开头通常是对研究问题作简要复述，或者是对所采用的研究方法做一些注解。

结论部分应当在逻辑上紧随结果，避免对结果部分进行不必要的重复。毕业论文通常犯的一个错误就是：作者不愿下结论，而是一直在重复结果，并把它作为结论。得出的结论数量依研究结果的复杂性而定，恐怕至少要得出一个结论，否则，这项研究几乎不值得去作，更不用说报告它了。

92

研究结果是数据分析的产物。结论则是研究者根据研究结果作出的推定。

研究报告的结论部分应包括以下几方面：

1. 按意义大小的次序确定值得记录的结果。
2. 在相关研究或理论的背景下阐释与研究问题相关的结果，即推出结论。
3. 讨论对研究结果的其他可能的解释，说明为什么前面第二条中的阐释更具可能性。
4. 把你的结果与相关研究的结果放在一起。
5. 解释你的结果与相关研究的结果之间的不一致。
6. 讨论你的研究的局限，诸如设计局限或研究步骤中存在的问题。
7. 讨论结论的外部效度，明确指出结论的推广性及在多大程度内推广。

上述每个条目的范围要依据研究的广度而定。毕业论文通常有几个结论。

启示指导他人（通常是老师和管理者）如何使用结论。如果可以给教育实践者提供启示，文中就应该尽量予以清晰表述。教育研究的困难之一就是学校教育实践滞后于教育研究发现。一个清晰的包含适当告诫的启示部分可以尽可能缩短这种时间的滞后。

大多数论文对之后的研究都有大量的**建议**。这些建议有时候可以理解为"如果我想将整个研究重复一遍，我应该如何主持这个研究。"更经常的是，好的研究提出多少问题就要回答多少问题，因为研究者处于最优的位置去预见未来采取什么步骤来探究该现象。由于篇幅的限制及其他原因，杂志文章一般不广泛讨论对后续研究的建议问题。

研究报告的这一最后部分可能比其他部分更需要修改。观点之间的过渡与联结在这部分中尤为重要，最好是把做好的研究结果放上几天，然后再通篇阅览，看看结论是否仍旧合理。对可能存在的遗漏应当进行核实。此时的修改会去掉其中的"败笔"，提高撰写的质量。

研究报告的其他部分

研究报告常有些开端性部分，诸如题目页、内容目录、摘要等。结论部分后面常有一个文献目录，可能还有一个附录。后面这些部分被称为"附加资料"（一篇杂志文章不会包含内容目录或附录，而且发表时也不会有一个单独的题目页）。题目页和前述研究计划的标题页相似，是一个提前描述的结构。致谢、内容目录及其他必要的条目都是不说自明的。开端性部分就剩摘要部分没有讨论了。

摘　要

研究报告的**摘要**和研究计划的概要很相似，当然，它描述已作完的研究而不是计划中的。它主要包括对结果的简单总结，其长度也可长可短，要看报告的具体情况而定，但是通常不超过一页双倍行距的打印纸。

许多专业杂志也要求公开发表的研究报告要有摘要，这些摘要要相当简短，120—150 字左右。下面举一个摘要的例子，这个摘要选自埃尔鲍姆（Elbaum，2007）的文章：

> 本研究比较了学习障碍和非学习障碍学生运用标准化管理程序和朗读调节两种不同方法在数学测验中的不同表现。对 625 名初高中学生（其中，学习障碍学生人数为 388）在两份等值的由 30 道选择题组成的测验中的分数进行了分析。尽管学习障碍者和非学习障碍者在调节条件下平均分都比较高，但是非学习障碍者从此条件上的获益（ES = 0.44）显著高于学习障碍者（ES = 0.20）。另外，将本研究效应值与前人的研究相结合进行元分析。通过元分析发现，小学生中，相对非学习障碍者来说，在数学测验中的口语调节对学习障碍者更有益；对中学生来说，结果则相反。最后，围绕数学测验中口语调节对学习障碍与非学习障碍学生的有效性问题，对本研究结果进行了讨论。（p. 218）

该摘要中指明了被试、程序、分析和结果，不包含调节的基本原理和使用调节的争论，但是呈现了足够的结果使读者能够清楚了解研究的启示。

执行摘要是一种扩展的摘要，已成为一种相当流行的提交给相关机构的扩展摘要。执行摘要可能长若干页，当然简短起见，两三页纸的报告会更好。执行摘要比摘要阐述的结果和结论更详细。执行摘要和摘要写起来并不容易，因为都需要将研究的要点压缩到小篇幅里面。

94 参考文献和文献目录

在研究报告末尾，结论部分之后，是参考文献目录，可能的话，还有**参考书目**。美国心理学会（APA，2001）对**参考文献**和参考书目作了如下区分：

> 参考文献指为了专门而具体地支持某一篇文章而引用的作品。而参考书目是指为了提供背景知识和方便进一步阅读而提供的作品目录。（p. 215）

专业杂志通常要求附有参考文献而不是参考书目。内容广泛的报告——诸如毕业论文等则要求有参考书目。

参考文献需要对文献进行详尽描述，第一作者的姓名——姓氏放在前面，然后是合作者的姓名。再就是书、专题文章和杂志的名称。由于编辑单位的风格不同，所以不同杂志要求的格式会略有不同。《美国心理学会出版手册》（*Publication Manual of the American Psychological Association*，2001）对参考书目、杂志和电子资源提供了如下建议。该手册也提供了其他可能引用的资源的格式和例子，比如学位论文、专题文章等。

著作

- 颠倒所有作者的姓名；给出姓氏全称和名字的首字母。
- 出版年份放入圆括号内，跟在作者之后。
- 将书名首字母大写，包括标题、副标题和专有名词；书名斜体。
- 如果不是第一版，在书名后添加版本号，并加上圆括号。
- 列出出版社所在地，并加上冒号，之后列出出版社。
- 结尾是句点。

例：

Kowalki, T. J. (2008). *Case studies on educational administration* (5th ed.). Boston：Allyn & Bacon.

论文

- 颠倒所有作者的姓名；给出姓氏全称和名字的首字母。

- 出版年份放入圆括号内，跟在作者之后。
- 将文章名称首字母大写，包括标题、副标题和专有名词。
- 期刊名的首字母大写，并设为斜体。
- 期刊名之后加逗号，并呈现卷数，也设为斜体。
- 如果期刊是根据期刊号设置页码的，呈现期数并加圆括号。
- 列出页码。
- 结尾是句点。

例：

Hopkins，M. H.（2007）. Adapting a model for literacy learning to the learning of mathematics. *Reading and Writing Quarterly*，*23*，121 – 138.

电子资源　　95
- 作者和标题的格式与文章和书的相同。
- 可能没有页码。
- 提供文档最后修改的日期。
- 提供完整的互联网引用地址。

例：

Harvard Family Research Project.（2007）. Out-of-school time program research and evaluation bibliography. Retrieved April 12，2007，from www. gse. harvard. edu/hfrp/projects/afterschool/bibliography/tutoring. html

　　美国心理学会所用的格式已被广泛地接受，尤其是行为科学方面的专业杂志。

　　文献条目要根据第一作者的姓氏、按字母表顺序排列。如果同一作者包括两个以上作品，那么作者的姓名就不再重复，作品前面加一个长破折号，后面以句号结束。从第二个作品开始，各条目根据作品名称的首字母按字母表顺序排列，不包括作品名称中的冠词 "A"、"An" 或者 "The"。如果文献条目包括的出版物其作者有主要作者和其他的合作者，主要作者的名字必须列在前面。

附　录

　　只有在必要的时候，研究报告才包括附录，比如，有些资料不适于全部呈现于研究报告的主体部分。下面几种资料可以列在附录中：作者自己设计的测量工具，像测试题或调查表；原始分数表；以及其他有关资料。如果在报告主体中呈现大量的相关资料，将会给阅读报告带来很多不便和困难，这些相关结果就可放在附录中。有关不同类型的资料的附录要分开。附录放在文献目录和参考目录之后，位于报告的最后。

研究报告的通稿

研究报告，尤其是较长的研究报告，很少是一气呵成的。因此，按照一条主要线索开展工作将大有裨益。各个部分往往需要修改。通常，要对整个研究任务加以回顾，通过回顾、增补和削减，可以使报告日臻完善。由知识丰富的同事从积极的角度出发，对全部草稿进行批判性评论将有助于研究报告的完善。自我批判性的回顾也有很大价值，尤其是在作者完成报告草稿一段时间后（一星期或10 天后），再做此项工作价值最大。这时，先前撰写时存在的缺陷——诸如，看似清楚或合乎逻辑而实则不然的解释、遗漏的或混乱的陈述——都会变得更明显。

准备研究报告时还要考虑一些技术上的因素，比如正确的语法、拼写以及合适的时态。在报告自己或其他人的研究发现时要使用过去时态。比如："5 年级和 7 年级的学生分别获得了 25.3 和 31.6 的平均分数。"

现在时用于数据呈现和被广泛接受的概括；比如："表 1 包含根据地域划分的所有年级的平均数。"

研究报告内容的表述也要注意格式。有些机构或协会对诸如页边距、表格格式、词的拼法、图的画法一类的问题有自己特定的要求。这都是些技术上的考虑，对报告撰写人来说只是个了解和遵循规则的问题。大部分机构会接受任何一种标准化的格式。

有不少出版物专门介绍研究报告的格式和风格。大部分学院或大学图书馆的参考书服务台都有这些出版物的复本。这些手册或指南中包括研究报告格式、风格的详细介绍，包括如何运用常用参考书，以及其他诸如此类的问题。这类出版物举例如下：

美国心理学会（2001）. 美国心理学会出版手册（*Publication Manual of the American Psychological Association*）. 第 5 版. 华盛顿，DC：美国心理学会.

吉巴尔迪（Gibaldi, J.）（1998）. MLA 风格手册及学术出版指导（*MLA style manual and guide to scholarly publishing*）. 第 2 版. 纽约：美国现代语言学会.

斯莱德（Slade, C.），佩林（Perrin, R.）（2008）. 形式和风格：研究文

集、报告、论文（*Form and style：Research papers，reports，theses*）．第 13 版．波士顿：霍顿·米夫林（Houghton Mifflin）．

威廉姆斯（Williams,J. M.）（2003）．风格：追求明晰与雅致（*Style：Toward clarity and grace*）．第 7 版．纽约：朗曼（Longman）．

本章只提供了有关发表研究成果的问题的总的看法。其他一些书则是用整本书的内容讨论研究计划和论文的撰写。对想得到有关这一问题的其他资料的读者，下面的书值得推荐：

Dees，R.（2003）．*Writing the modern research paper*（4th ed.）．Boston：Longman.

Glatthorn，A. A.（1998）．Writing the winning dissertation：A step-by-step guide. Thousand Oaks，CA：Corwin.

Klausmeier，H. J.（2001）．*Research writing in education and psychology from planning to publication：A practical handbook*. Springfield，IL：Charles C. Thomas.

Lester，J.，and Lester J.（2006）．*Writing research papers：Research navigator edition*（11th ed.）．New York：Longman.

Locke，L. F.，Spirduso，W. W.，and Silverman，S. J.（2007）．*Proposals that work：A guide for planning dissertations and grants proposals*（5th ed.）．Newbury Park，CA：Sage.

Meloy，J. M.（2002）．*Writing the qualitative dissertation*（2nd ed.）．Mahwah．NJ：Lawrence Erlbaum.

会议论文指南

作为专业人员的教育工作者，总要参加一些专业会议或大会，如美国教育研究协会（AERA）、国际教育测量理事会（NCME）等团体的年会。在这些会议上，与会者就其研究或其他专业活动提交有关论文，并参加讨论会发言。会议发起者通常在会议前几个月在专业杂志上登载一则"**征集论文**"的**通知**。通知包括论文所要求的形式，也可能还要求一份研究报告的摘要，以及其他一些有关研究题目和提交人的情况。回复这样的通知有一个最后期限，而且按其要求复信是很重要的。这样，提交的论文才不致因一些技术上的细节而被拒绝。

> 要想获准在专业会议上发表演讲，第一步就是回复会议发起者"征集论文"的通知。

假如协会的评审委员会接受了这个论文计划，接下来便是论文的准备及提交工作，下面是有关的建议。

1. 准备论文的稿件，以确保论文对研究的描述是完整的。有时，该研究是一个大型研究中的一部分，但也不能将其"悬而不决"，要完整地描述。

2. 确切地估计宣读论文所需的时间。协会对此会有必须加以遵循的时间限制。在分发给其他与会者的论文中，可以对要宣读的内容加以扩展，但宣读的论文本身要连贯、完整。

3. 让一个或更多的同事对论文稿件提出批评或建议。

4. 准备最后的稿件（根据原始稿件重复步骤 3 是有必要的）。

5. 预计听众的人数，准备足够的论文复本在会议上分发。

6. 熟练掌握自己论文的内容，以便在宣读论文时可以与听众进行眼神交流。

7. 检查一下报告厅，看是否具备必要的设备和其他条件。假如需要视听设备，应该在"征集论文"通知的回函中预先提出要求。

8. 在会议召开前几分钟到达报告厅，以便与会议主持人及其他报告人取得联系。

9. 如需分发与发言有关的表格或图表，尽量安排有效的分发，不要浪费时间。

10. 轮到你发言时，可以用平常的语速，直截了当地开始你的论文。对要宣读的论文要有熟练的把握，以便能对着听众讲，而不是逐字逐句地朗读。千万不要试图仅凭记忆去发言，也不要即席随意压缩地描述一番。

98

11. 如果因意外缘故不能通篇宣读论文，要决定将哪部分略去，并提醒听众，可以在论文复本中找到被略去的部分。

12. 让早先没有得到论文复本的听众知道，他们还可以获取论文复本。会议之后，花几分钟时间弄清是否有足够的论文复本。如果发现不够，可以将那些需要复本的人的姓名、地址列一清单（在返回你的单位后，要尽快将复本寄出去）。

报告会上常有一些积极的讨论和提问的人。如果是这样，要保证在会议几周前送给这样的与会者一份论文。假若由于论文没有及时送到他们手中，而使他们无法在会议上做出反应，那就太尴尬了。尽可能预先估计一下这样的评论人的可能反应或提问以及与会者可能提出的问题。如果论文中的研究做得较好，论文撰写结构严谨，问题就不会太困难。

在论文委员会上的论文答辩

对研究生指导委员会进行答辩陈述有两种情况：论文计划答辩和论文答辩，尽管这两者也是口头陈述，但与专业会议上宣读论文是大不相同的。第一，在委员会面前的陈述时间要长得多；典型的论文答辩约需两个小时；第二，听众少得多，一般是三四人或两三人；第三，委员会成员与研究生会有相当多的交谈。

论文研究计划答辩和论文答辩有很多相似之处。在论文计划答辩时，答辩人应该能证明这项计划中的研究是经过较好设计的、有价值的，作为答辩者本人对该领域的研究有较多的了解。在论文答辩时，答辩人应就已完成的研究是否充分、是否有意义提出理由。无论是哪一种答辩，成功的秘诀都在于答辩之前的准备工作。

答辩人应非常通晓研究领域及其研究方法。答辩会之前准备一份有关该研究及其主要论点的陈述，这个陈述要精心组织、力求精练。投影仪会有助于呈现图表及条目。这个介绍性的陈述应在 20—30 分钟内完成。不要牵涉过多的细节或跑了题，以防时间被浪费。

通晓该领域的研究包括能够预料到一些相关的问题。答辩委员们提出的问题通常按照预料到的顺序进行下去。一些问题会引发另外的问题，虽然不能预测精确的问题，但是答辩者对相关内容已经有了很好的了解。关于如何回答问题，提供以下建议：

1. 认真倾听问题，以防止答非所问。许多答辩者常常是提供已准备好的回答，而不管是否与问题相符合。

2. 回答问题要简洁但要完整。论文答辩时，可以运用合适的研究结果。

3. 如果不理解所提出的问题，可请求发问者重复问题或对问题加以阐释。

4. 如不知如何回答问题，就实话实说，不要不懂装懂。

5. 在头脑中精心构思答案、选择用词，不要急于作答，尽量运用精当的专业术语。

关于最后一条，精当地使用术语，常有学生在这方面较为欠缺，尤其是方法论方面的术语。例如，有些答辩人常把"样本"与"总体"交换使用，或者说出"在 .05 的置信水平上检验假设"一类的话。运用术语不精确，反映出答辩人在这方面的知识不够完备。

在对论文计划进行答辩时，评委会成员可能会提出改善研究的建议。而在实际上，提出建议也正是评委会的功能之一。但这些建议应被看做是"微调器"，而不宜据此对研究计划作大的调整。答辩人应清楚研究设计的局限性，并提出理由说明：这些局限将不会损害研究的有效性及整个研究的圆满完成。

在论文答辩时，答辩人应清楚地区分结果与结论。论文初稿的最大缺陷之一就是缺乏结论。答辩人应涉及研究的外在效度，并据此论及研究的结论。推出结论是需要付出努力的，它需要通晓该领域的研究，并要置研究的结果于一个适当的背景之中——通常是一种教育背景。

论文答辩时，要认识到已完成的该研究的局限所在。但是研究方法上不应存有严重的局限。对于不充分的研究，仅说"我已尽我所能"是不够的。这种局限最有可能是外在效度上的局限。任何研究都必须有某种程度的外在效度，否则你就要提供雄辩的理由说明（你这项研究中）外在效度是不重要的。

总之，对答辩人来说，论文计划答辩和论文答辩都是一种学习的过程，它们提供了较高水平的、专业讨论的学习机会。尽管知道这个道理，大多数答辩人还是存有焦虑。导师或主考教授不会在你准备好之前就催促你答辩。应该自信，在所有参加答辩的人中，差不多总是答辩者本人对所作研究最了解。

100　小　结

交流研究成果通常是研究课题中的一项活动。当然，不论是研究计划的形式还是完成的研究报告，都是写成书面的。本章即为研究论文的撰写提供了若干建议。同时，对于有关研究的口头陈述，我们也进行了一些讨论，希望它们对读者的研究是有帮助的。

撰写研究报告可以采用很多形式。专业期刊的文章、研究报告、学位论文、专业组织举办的学术会议的论文是常用的形式。某种程度上说，这些形式明确决定了研究报告如何撰写。例如，学位论文中的有关文献综述要比杂志文章中的文献综述长得多。提交研究资助机构的研究报告可能有特定的规范。然而，总的来说，任何研究报告都要回答下列问题：

研究的内容是什么？
如何进行研究？
结果是什么？
从研究中可以得到什么结论或研究有何意义和价值？

研究计划书为研究提供了背景，并阐述了研究如何进行。当然，计划书不包括预测研究的结果和结论，但是可以描述从相关研究中得到的结论。计划书可能提供给研究资助机构，此时计划书需要遵守研究资助机构的规范。需要计划书的机构通常提供"计划书要求"（RFP）。这个要求通常阐述需要的研究类型，以及计划书的规范。

无论是通过书面报告还是口头陈述的方式进行研究交流，确保表述具有逻辑性和可理解性是非常重要的。研究领域专业术语的运用也要恰当。书面形式出版的报告或口头陈述的报告通常需要修订和完善。同事的评论和建议是非常有用的。准备一篇好的研究报告是一项需要付出相当多的时间和精力的工作。

核心概念

研究计划	预算	启示
研究报告	工作人员简历	建议
研究问题	附录	参考文献
文献综述	过渡	文献目录
研究意义	方法部分	征集论文
首页	小结	论文答辩
摘要	结论	

练 习

4.1 选一个一定规模的研究问题，写一个研究该问题的方案。方案中要包括问题概述，问题背景，以及简要的（约有双倍行距打印两页纸那么多）文献综述。说明预计的研究步骤，将会用到的分析，以及课题的潜在意义。方案应概括而简洁，并要特别注意观点的连续性。要包括文献目录。这是一项简短论文的写作任务。

4.2 选一份有关教育领域或你所熟悉的方面的研究报告或一篇文章，读到结果（或数据分析）部分为止，但不要读结论。你自己写一个结论，然后与报告中的结论进行比较。

4.3 找一份在专业会议上提交的论文复本，最近一次专业组织的年会，比如 AERA（美国教育研究协会）年会就是一个理想的来源。浏览论文的格式，主体部分及结尾。拿它与相近课题的杂志文章比较，它们有何异同？

4.4 假设你作了一项研究，在这一研究中，对 3—6 年级的学龄儿童有关电池的 10 项理论知识和技能的测验分数（因变量）进行了分析。每一年级有实验组和控制组，每组的学生各占一半。对每个年级的实验组和控制组的平均数和标准差分别进行计算。然后将 10 项测验的分数结合成相关的组，绘制一张呈现这些结果的表格。为这张表格取名并制定小标题。为方便起见，将测验标上 1—10 的数字。

4.5 在一个大学的教师教育项目中，有 152 名初等毕业生（1—6 年级）和 103 名中等毕业生（7—12 年级）。所有这些毕业生在该项目接近结束时参加了一套公共专业测验，该测验提供四个分数：（1）专业关系；（2）教学知识；（3）教学应用；（4）教育史。其他有关毕业生的描述性信息包括：年龄，性别，种族。专业测验的平均数和标准差可由计算得出，以备专业测量。将这些信息用一个或多个表格呈现，比较初等毕业生和中等毕业生的数据。要明确表头标题和表内标题。

4.6 查阅一份编辑格式手册，比如《美国心理学会出版手册》（第 5 版），指出将下列情况列入参考文献的编辑格式：

a. 有一位合著者的书（而非一名或多名作者）

b. 一本英文译作

c. 一本被编辑的书

d. 一本被编辑书中的一篇文章或一个章节

e. 一篇专业杂志上有 5 名作者的文章

f. 一本书的修订版

4.7 从学校图书馆里选一篇硕士论文，并将其与一篇相同主题的普通期刊文章从大纲、长度和写作方式上进行比较。

4.8 运用 ERIC 选出一篇在专业会议上呈现的学术论文。将其与一篇相同主题的普通期刊文章比较，包括比较大纲、写作风格，以及你对这两篇报告的质量的印象。

102

参考文献

Altermatt, E. R. , and Pomerantz, E. M. (2003). The development of competence-related and motivational beliefs: An investigation of similarity and influence among friends. *Journal of Educational Psychology*, *95*, 111 – 123.

American Psychological Association (2001). *Publication manual of the American Psychological Association* (5th ed.). Washington, DC: American Psychological Association.

Andrews, M, L. , and Ridenour. C. S. (2006). Gender in schools: A qualitative study of students in educational administration. *Journal of Educational Research*, *100*, 35 – 43.

Brand, S. T. (2006). Facilitating emergent literacy skills: A literature-based, multiple intelligence approach. *Journal of Research in Childhood Education*, *21*, 133 – 148.

Elbaum, B. (2007). Effects of an oral testing accommodation on the mathematics performance of secondary students with and without learning disabilities. *Journal of Special Education*, *40*, 218 – 229.

Hale, A. D. , skinner, C. H. , Williams, J. , Hawkins, R. , Neddenriep, C. E. , and Dizer, J. (2007). Comparing comprehension following silent reading and aloud reading across elementary and secondary students: Implication for curriculum-based measurement. *Behavior Analyst Today*, *8*, 9 – 30.

Lounsbery, M. , Bungum, T. , and Smith, N. (2007). Physical activity opportunity in K-12 public school settings: Nevada. *Journal of Physical Activity and Health*, *4*, 30 – 38.

Madrid, L. D. , Canas, M. , and Ortega-Medina. M. (2007). Effects of team competition versus team cooperation in classwide peer tutoring. *Journal of Educational Researh*, *100*, 155 – 160.

第 5 章

评价研究报告

　　由于专业期刊中的所有文章、提供给资助机构的报告、论文等都涉及某种类型的教育研究，所以有理由推断专业文献中研究性报告的数量很大。正是由于量大导致了研究报告及研究本身的质量都良莠不齐。各种期刊接收稿件的标准不同。大多数期刊是由评审委员审阅文章，由两个或两个以上的审稿人进行审稿。在稿件被接收进行发表之前，稿件必须达到一定标准，这个标准可能是比较内隐的，而非外在的。由于会收到大量的稿件，所以编辑部会有许多审稿人，不同稿件会分配给不同的审稿人，因此对稿件的审理意见在一定程度上取决于特定审稿人的能力。提交给资助机构的研究报告，尽管应该由实施研究的机构内部首先进行评判，但是终稿往往比初稿好不了多少。提交给专业协会会议的论文可能并没有来得及接受讨论评议，也没有进行过修改。由于任何人都能在互联网上发表任何东西，所以这就不奇怪网络上提供的许多研究报告从来没有以任何方式被审理或者被同行评议过。在使用这些"粗劣"资源时应该谨慎，因为那些不好的研究也是有可能出现在文献中的。

> 　　仅仅由于研究曾在文献中被报告，不能确保这是一个好的研究或者好的研究报告。

报告中的错误和缺点的类型

　　开展研究是一个复杂的过程，在进行研究和撰写研究报告的过程中可能会出现许多错误和缺点。错误有很多种，从相对轻微的**技术性错误**，例如参考文献的不完整，到比较严重的**实质性错误**，例如使用对于研究问题而言不适当的研究设计。大多教育研究报告发表在专业期刊上，因而这些期刊自然就成了研究文献的

主要来源。例如，在一个典型的论文中，参考文献中期刊文献的数量比其他类型

的参考文献的数量之和还要多。另外，论文和资助项目的研究报告经常以简缩版的形式发表在期刊上。所以，期刊文章中出现的错误与其他报告中出现的错误是类似的。

20 年前，霍尔、沃德和科默（Hall，Ward，& Comer，1988）对 54 篇已发表的文章进行评价，发现 42% 的文章：

> 不能公开发表或者经过修改之后才能发表。（p. 186）

这种情况至今仍未改观。

最普遍的错误是忽略了关于数据收集工具的信度和效度信息，43% 的文章中出现了上述错误（p. 188）。廷格尔、德西蒙和科温顿（Tingle，DeSimone，& Covington，2003）在对 11 个预防校园吸烟行为的项目进行评价后，发现了同样的结果。他们评审了 14 个研究，发现仅有 4 个研究报告了信度，1 个研究报告了效度（p. 66）。

在研究报告中，与方法和程序有关的部分最容易出现错误。研究设计可能比较薄弱或者不适当，取样可能存在偏差，分析方法可能并不是最恰当的或者是错误的。当然，即使程序和分析方法都正确，报告写作的质量低也可能导致读者的误解。

这就告诉我们，在一份报告中哪些可能被看做是**重要的缺陷**。有时候，报告写得并不清晰，霍尔等人（Hall，et al.，1988）在所评审的文章中发现 26% 存在这个问题（p. 188）。报告的组织可能是混乱的，或者整个报告从方法到结果再到结论缺乏逻辑贯通性。结果可能以一种混乱的方式呈现，带有读者尚不清晰的注释。段落与段落之间缺乏过渡性语句，使得报告看起来缺乏连贯性，因而容易导致读者产生混淆。

即使研究作得非常好，但有些研究报告却存在很多类型的缺陷，诸如逻辑混乱和缺乏连贯性从而降低了研究报告的质量。

对研究报告主要部分的评价

第 4 章探讨了一项研究要进行有效的交流所应该具备的特点和程序。在评价研究报告时，我们可以寻找同样的特点和程序，并据此提出问题：这些研究报告是否具备了用于有效交流的特点和程序。第 4 章的讨论是根据研究报告的几个主要部分展开行文的，接下来会按照同样的结构来阐述本章的内容。

105 绪　论

绪论部分应该包括对研究问题的陈述，对于读者而言，陈述应该是清晰易懂的。如果假设是恰当的，也应该写明。这部分应该提供足够的研究背景，以便读者能够理解研究问题以及研究在教育界的适宜性。**研究意义**应该至少被提及或暗示出来。尽管变量的操作性定义一般在方法部分讨论变量测量的时候才会给出，但是在绪论部分也应将变量明确界定出来。

> 绪论应该说明这些问题：研究问题是什么，在教育界中它适合哪个研究领域，研究意义是什么？

文献综述

由于版面有限，期刊文章的文献综述是较为简略的，所以它需要较高的写作能力来对文献作一个全面的概括。文献综述应该与研究问题相关，如果两者的相关看起来是模糊的或是迷失的，这就是文献综述的一个主要缺点。当进行文献综述时，应谨记以下问题：

1. 从参考文献得出的结果是否有逻辑流畅性，即是否对文献进行了较好的组织？
2. 研究者是否对研究结果进行了综合分析来表明它们与研究问题的相关，而不是将一系列孤立的研究结果罗列在一起？
3. 综述中是否有概要或充分的总结性的段落，以便不是以引用的最后一项研究文献为结尾突然结束？
4. 综述是否反映出研究者懂得如何整合综述中所引用的结果，并建立起与研究的问题之间的关系或对研究的问题有什么含义？

文献综述很容易出现技术性错误。参考文献的格式可能不符合规范，在参考文献中可能会缺少某个在研究综述中被引用的研究，在作者名字的拼写、文献的发表日期等方面都可能出现错误。

> 当对文献综述进行评价时，与研究问题的相关性、组织结构、综述中前人研究之间的连续性、总结性段落等方面都是需要考虑的。

发表在期刊上的论文，其参考文献的数目是有限的，所以不是所有的研究都能进入综述中，甚至连最相关的研究都可能在综述中体现不出来。很多时候，读者甚至不清楚哪个有可能是最相关的研究。因此，对文献综述的评价，最好关注综述里现有的研究是什么，而不是关注还有哪些其他或额外的研究应该包括进来。

方法或步骤

在评价一个报告时，方法或步骤部分可能是最关键的部分，因为读者必须从这部分知道研究是如何作的。对于某项研究而言，研究设计可能有缺陷，甚至研究设计对于所要研究的问题可能根本是不适合的。总的来说，这部分应该提供足够的信息以便读者能够理解研究是如何作的、具体的程序及先后顺序是什么。

当评价方法部分时，会提出很多问题，其中一些问题与研究类型有关。

1. 是否描述了数据收集（测量）工具以便对变量进行操作性界定？应该说明测量工具的信度和效度。如果研究中使用了问卷，问卷项目的内容效度如何？如果在研究中使用了标准化测验，它是否适合这个情境，是否报告了信度系数？在实验研究中，实验程序是否具有一致性？

2. 数据是否足以验证假设或解决研究的问题？

3. 研究设计是不是明确的、合适的？例如，在一个 2×4 的研究设计中，两个自变量应该是明确的，而且是研究问题的一部分。

4. 如果采用了取样法，取样设计是否合适，被试数量是否足够？如果进行了调查，是否给出了调查问卷的回收率？很多问卷研究中都没有报告问卷回收率，或者报告了回收率，却忽略了回收率低这一状况。

5. 对于研究假设、研究问题、数据收集而言，数据分析方法是否合适？例如，在分析过程中，可能出现这样的错误：用等距或等比水平的统计分析方法分析顺序水平的数据。如果运用了统计方法，对于研究假设是否有足够的统计检验力？例如，在实验研究中，被试量是否足够？

6. 如果研究实施了，它是否避免了变量和其他因素之间的相互干扰降低了研究的内、外部效度？在实验研究一章，描述了此类因素的干扰问题。例如，如果一个实验是在学校实施的，它是否不受无关变量的影响，能够保持良好的内部效度？

7. 是否描述了数据分析方法，以便使读者清楚明白。

8. 研究方法部分是否有一个适当的总结性段落，使得读者可以很清楚地知道研究是如何进行的？

107

> 评价研究方法或研究程序部分是一个关注研究如何实施、研究工具、数据收集、研究设计、数据分析等方面的过程。

结　果

很多研究报告最主要的问题之一是数据报告不充分，例如，可能没有报告平均数，或者报告了平均数却没有报告方差。所以，应该检查研究结果是否建立在数据分析的完整基础之上，并能够解决研究的问题。

在评价研究结果部分时，可能提出这样的问题：

1. 研究结果是否有逻辑、是否清晰，以使研究报告不易出现混淆？例如，是否合理使用表格而没有繁杂信息？

2. 结果呈现的格式是否为可接受的格式？如果运用了表格，标题是否恰当，表头是否正确、清晰？

3. 结果是否根据数据分析而来？例如，如果进行了均值比较检验，应该呈现相关的 t 检验和方差分析的信息。

4. 结果是否为综合性的？如果进行了假设检验，是否有针对所有假设的检验结果？

5. 是否有足够的有关研究结果的信息，例如，如果进行了假设检验，显著性水平是多少？研究结果的内部效度如何，即是否可以很好地解释研究结果？

6. 结果中是否避免了易混淆的或者不清晰的符号出现？有很多符号是被大家广泛接受的，也是非常合适的，但是如果作者使用了特殊的符号，则需要对这个符号进行定义。

7. 结果部分是否以某种方式进行了总结？对于报告而言，需要有个摘要，总结中的很多内容可以在摘要中加以陈述。

应该清晰地呈现研究结果，且研究结果是直接由数据分析而来，它们应该是完整统一的。

结论、建议和启示

结论部分（有时称为讨论部分）是研究报告的压顶石。评价这一部分的主要标准是，结论是根据结果得出的，任何建议和启示都是对研究结论的逻辑上的扩展。与这部分相关的问题是： 108

1. 结论是否确实是对研究结果的总结而不是对研究结果的重述？

2. 是否清晰地表明哪条结论是根据哪条结果得出的？

3. 研究所具有的可能的局限性是否列出，并据此解释研究结果？

4. 是否说明了研究问题对教育的重要性？一些作者将统计显著性等同于实践中的重要性，但是事实可能并非如此。

5. 研究的外部效度和概括化是否得到了有效解决，如果确实如此，概括是否基于结论的合理推论？在这个问题上出现的错误分为两种倾向，一是可能忽略了外部效度，使得读者自己对研究进行概括；一是进行的概括并不是根据研究结果推论而来的。

6. 是否为后续研究提供了建议？例如，提出相关领域的研究问题或者对同一个研究问题进行扩展研究。

7. 研究结论与参考文献中的研究结论有关联吗？研究结论是否与其他研究者所得的结论一致，如果不一致，是否进行了进一步的解释？

8. 这部分是否有一个总结性的陈述？

9. 整个报告是否有适当的总结？

结论应该根据研究结果直接推论而来，这部分应该考虑到研究的外部效度，并且对整个报告进行总结。

上面已经讨论过如何评价研究报告的主要部分。其他部分，例如参考文献，是相对简单的。参考文献应该是完整且符合格式规范的。如果列出的所有的文献都比较陈旧，没有最近 5 年内的文献的话，就可能出现文献的前沿性不足的问题。最近这个领域的研究处于静止状态吗？如果是这样，为什么呢？作者需要在文献综述中阐述这个问题。

摘要通常是一段简短的陈述，应该是清晰、简明的。如果报告中包含附录，附录的内容应该是清晰的，而且在报告中，每个附录应该至少有一个参考文献对应。

评价报告时的总体印象

当评价报告的不同部分时，会有很多具体的问题；但是报告给人的总体印象也会影响报告的质量。在技术上，一个报告应该是"干净的"，也就是说，没有拼写错误，运用大众可接收的标题和格式，且整个架构是有逻辑的。段落与段落之间有足够的连续性和过渡性，以便读者可以获得一个"完整的画面"，而不会感觉各部分之间是孤立的。

研究报告的另一个缺陷是**不恰当地插入意见**。这种错误一般是由于过度使用价值负荷词（例如：重要的是或有趣的是等）而产生的。这样可能导致的倾向是，仅仅因为作者在报告中说研究是重要的但并非研究本身的重要性，而蒙骗读者认为研究结果是重要的。研究报告的撰写应该是完整的、简明的。有时候，读者感觉长篇报告包含了一些"填充物"。"填充物"是指，尽管并非错误，但是对于报告的主旨和质量并没有任何促进作用。

报告应该书写清晰、具有可读性，应当没有不必要的专业术语。所有的专业都有其专业术语，教育学也不例外，但是报告中所使用的专有术语应该限制在大家所熟知且合适的范围内。应该根据需要提供有关定义，研究背后的任何假设和由研究得到的结论都应该得到清晰的说明。

总之，应尽量使读者感觉研究报告是完整的、有内在连贯性的。在教育背景中，研究应具有内隐的或外显的重要意义。尽管大多数研究者不是在写畅销书，但是研究报告还是应该有适当的风格和版式，不出现技术性错误。

期刊的审稿过程

当研究报告要发表时，对研究报告的评价就显得尤为重要。克劳斯迈耶（Klausmeier，2001）描述了期刊所需的整个审稿过程：

一类期刊对稿件进行严格的评审。它们会接收到很多稿件，其数目远远高于其能够录用的数目，因为其每年能够发表的文章数量是有限的，因此这类期刊有很高的退稿率。另一类期刊也会对接收的稿件进行评审，且有固定的版面分配，然而，由于它们接收到的稿件较少，所以退稿率属于中等。上述两类期刊的共同特点是不会向作者收取发表文章的版面费。还有一类的期刊的退稿率相对较低。其中，有些期刊有按页或者其他的收费方式，也有灵活的版面安排。这类期刊所收到的稿件除了编辑审阅之外恐怕没有其他的审稿人对其进行评议。（p.6）

表 5.1 呈现了一个典型的期刊审稿表的例子（http：//education.osu.edu/rehabbed/eval-form.htm）。这个表格是互联网上的。字符注释是为了避免透露审稿者的身份。这个期刊的稿件评价标准与其他大多数期刊的评价标准是一致的。尽管在表 5.1 中没有写明，但是这个表最重要的部分是审稿者意见。这个意见经常会提供给作者，来帮助解释评价等级的依据并帮助作者对稿件进行修改。

提出的审稿意见

- 接受但要小幅度修改。原稿需要局部的修改，但并非实质上的改动。编辑可能会决定审理修改后的稿件，或将其发给审稿人/审稿组重审。

表 5.1 期刊的审稿表　　　　　　　　　　　　　　　110

康复教育

审稿表

稿件编号（已印好的稿件输入 00）
您的用户名（例如：康复教育 99）请不要用真实姓名
稿件标题的缩写（最多 50 个字符）
请在下面的量表中对稿件进行评价：

    0 = 稿件不符合要求；
    1 = 稿件有点符合要求；
    2 = 稿件符合要求；
    3 = 无意见或不适用

等级评定				稿件评价标准
0○	1○	2○	3○	研究主题是当前的热点问题
0○	1○	2○	3○	文章是根据美国心理学会（APA）的格式撰写的
0○	1○	2○	3○	文章基于可靠的基本原理
0○	1○	2○	3○	文献综述准确反映了相关研究文献
0○	1○	2○	3○	研究设计合理恰当
0○	1○	2○	3○	数据分析合适正确
0○	1○	2○	3○	结论基于对数据的正确解释
0○	1○	2○	3○	对康复教育有适当的展望
0○	1○	2○	3○	文章可读性强，整体写作良好

- 退稿建议修改后再投。原稿需要重大修改，不能被接收，但是鼓励作者对文章进行修改后再投稿，编辑会将修改稿邮寄给最初的审稿小组再审。
- 建议以经验介绍、教学技巧、研究技巧等形式再投稿。（稿件内容有趣，但并非研究性稿件。）
- 退稿。作者需要对稿件进行彻底返工。编辑可能邀请作者作为新稿再投，并发给新的审稿组进行审理。
- 因稿件内容不适合康复教育而退稿。投给其他期刊。建议的期刊如下：＿＿＿＿＿
- 退稿。即使进行重大修改后，也不能公开发表。

请将另外的意见以附件和邮件两种方式发送到以下电子邮箱：rehabed@osu.edu

发表标准

美国教育研究协会（AERA）已经发表了一系列发表文章的标准（2006），可以运用于定性研究和定量研究。这些标准的受众是希望在 AERA 的期刊上发表文章的人以及期刊的审稿人。**发表标准**事实上适用于所有的研究报告，无论是否进行投稿。标准已经在前面的章节中提到过，这些标准是专门为撰写研究报告者和评审研究报告者设置的。在这里，它们的排列是随意的。

111

这个标准有两个原则：

　　第一，实证研究应该有理有据，即应该提供足够的证据来证明研究结果和结论；第二，实证研究的研究报告应该是明晰的，也就是说，由最初的兴趣、主题、研究问题所引导的调查和活动应该逻辑清晰，通过定义、收集数据、数据分析或实证证据，最终清晰地说明研究结果。（p. 33）

这个标准被分为 8 个部分，每个部分都有具体的标准。下面是一个简缩版的标准列表。

问题提出

1.1　问题提出应该清晰地陈述研究目的和研究范围。
1.2　报告应该解释该研究对现有知识体系的贡献。
1.3　报告应该对与研究主题相关的研究领域的文献进行综述。
1.4　应该描述和解释概念上的、方法上的、理论倾向上的基本原理。
1.5　应该提供问题提出的理论基础，因为这关系到被研究的群体。

研究的设计与逻辑

2.1　研究报告应该有清晰的探究逻辑，以便读者可以跟随研究的路径：从问题陈述到回顾该领域的相关文献，到研究问题、研究地点和研究对象，再到以方法学为指导的数据收集和数据分析、研究结果的解释和呈现、从研究过程中获得的感受等。
2.2　对研究设计应该有具体且清晰的描述。

证据来源

3.1　应该适当说明研究的地点、群体、被试、事件或其他事项以及选择这些研究事项的方法。
3.2　应该清楚说明数据收集和实证材料，包括如何收集、何时收集、由谁收集、为什么收集等。

测量和分类

4.1　应该清晰地描述测量工具的编制和分类的制定。
4.2　应全面地描述分类计划，且用具体的例子进行说明。
4.3　当测量工具确定之后，报告应该详细而清晰地描述数据组成和框架。　　112
4.4　当提供音频或视频的转录文本时，应该清晰地呈现用来表示论文、描述行动特征或交互作用的惯例和符号。

4.5 应该提供相关测量或分类的基本原理，以便抓住重要特征，避免在测量工具适宜性上可能引起的疑问。

数据分析和解释

5.1 应简洁、透彻地描述数据分析过程。

5.2 应尽量详细地描述数据分析技术，以便读者理解是如何进行数据分析的。

5.3 对数据分析结果的分析和呈现应力图解释是如何从结果中得出研究结论的。

5.4 分析和解释应该包括任何预期或非预期情境的信息，这种情境可能对于解释结果有重要含义，也可能限制结果的适用性，使研究的效度受损。

5.5 结论的呈现应该包括（a）对如何解决研究问题提供相关解释；（b）阐述研究结论是支持、解释还是挑战了前人的研究结论；（c）强调本研究在理论、实践或方法学上的启示。

对于定量研究，应参考 5.6—5.10 的标准：

5.6 报告应清晰地说明运用了哪种统计分析方法，尽量详细地描述它们，以供经验丰富的数据分析者可以对其进行再分析。

5.7 对于每个统计分析都应提供描述性和推论性的统计。

5.8 在数据收集和处理过程中产生的任何可能降低数据统计分析或推论的效度的思考都应该得到报告。

5.9 在数据分析过程中发现的任何降低数据分析或推论的效度的思考都应该得到报告。

5.10 对于每个统计结果，重要的是应该包含以下信息：（a）变量之间定量关系的指标，（b）不确定性指标，（c）统计检验和显著性水平，（d）对于效应的定性解释。

对于定性研究，应参考 5.11—5.14 的标准：

5.11 应清楚地说明形成描述、观点和解释的过程。

5.12 清晰地呈现支持每个观点的证据。

5.13 说明用于形成和增强论点的措施，包括寻求相反的证据和可替代性的解释。

5.14 解释性评论应该提供一个对论点的更深入的理解。

结论

6.1　明确阐述研究的被试、内容、活动、数据收集以及操作等的细节是非常关键的。

6.2　作者应该详细阐释研究结果推广的适用范围。

6.3　作者应该清楚地阐述研究发现在推广范围内应用的逻辑。

报告中的伦理问题

7.1　在数据收集、分析和报告中应明确考虑到伦理问题。

7.2　研究报告应尊重共同的协定。

7.3　报告应该包括关于研究者的兴趣或偏见可能导致的任何潜在冲突的描述。

7.4　研究报告的陈述应该准确无误。

7.5　应保存研究数据或者材料，以便有资格的研究者可以对数据进行再次分析或者对研究证据进行追踪。

7.6　应该在注释中对资助基金进行致谢。

篇名、摘要和标题

8.1　篇名应该能清楚地表达文章的内容。

8.2　摘要是对文章的概括，具有独立性、简洁性和正确性。

8.3　标题和子标题应该清晰地表明报告的逻辑。

对研究计划的评价

第 4 章的内容包括研究计划的准备以及对研究计划评价的意见。研究生的研究计划（论文或者其他）主要由教授或者教授委员会来评审。当评价一个研究计划时，相关问题的常用标准、该领域中的知识证据、合适的方法以及良好的连续性等都会被评审。资助机构也会制定评价研究计划的标准，这些标准经常成为研究计划准备时的指导方针。

资助机构的评价标准是非常通用的，且跨机构之间具有相似性。除了一些特殊的标准，例如预算的合理性，资助机构的评价标准对于任何研究计划而言都是相似的，包括学位论文计划。对研究计划的评价主要关注两个问题：（1）研究计划的重要性；（2）研究计划的质量。在评价与这两个特征有关的研究计划时，主要需要考虑下面的问题。

114　所申请研究的重要性

1. 对解决基本教育问题的贡献。
2. 对教育理论的贡献。
3. 对发展测量工具的贡献，或者对教育实践或教育研究的贡献。
4. 对于解决长期或短期的教育问题的贡献。
5. 对预期结果的潜在的推广性。
6. 预期结果对促进教育实践的潜在影响。

所申请研究的质量

1. 清晰地梳理前人研究文献的程度。
2. 前人研究与现有研究计划的相关程度。
3. 研究设计的全面性和适宜性。
4. 研究工具和研究方法的适宜性。
5. 预期统计分析的适宜性。
6. 研究按照计划实施的可能性。

资助机构经常考虑主要负责人和其他研究成员的资格，而且他们可能要求研究者对其可利用的研究工具和资源作一个说明。预算的合理性也是需要考虑的，但这一点所占的权重较小，因为对于资助机构的财政部门而言，如果研究预算是不合理的，还可以进行磋商。

在评价研究设计时，也会使用隐性标准。整个报告应该没有错误且是整洁的。研究计划的内容应该具有良好的组织性，段落与段落之间以及段落内部应该具有连续性。页面边距等应该遵循一般的可接受的版式。

准备一个好的研究计划不是一项小任务，内部评估也是准备中的一部分。当向资助机构提交研究计划时，按照该机构的指导方针进行准备是非常重要的。一些机构没有课题指南，可以接收任何标准化的格式。私立基金会和大型机构中的资助项目经常为特定目的的项目提供资助，或者仅为某些领域提供资助。明确知道这些限制是非常必要的；提交资助机构不感兴趣的领域的研究计划是没有多少意义的。

对研究计划的评价主要关注以下两点：（1）所申请研究的重要性；（2）所申请研究的质量。

　　对研究计划的评审过程常常基于明确的标准，评审表中会列出每一项标准所占的权重。表 5.2 举例说明了评审研究计划的一个典型的评价打分表。这个详细的表格用于加拿大的教师教育/教师培训等领域的研究计划要求（RFP），然而对于大多数的研究计划而言，评价标准是相似的（Canadian Education Statistica Council，2001）。

表 5.2　研究计划评审表

研究计划要求（RFP）的标准		
评价参数	评价标准	分　数
1. 对项目的理解	■ 总体把握——理解项目的本质方面 ■ 对需求的辨识——认识到项目的挑战和潜在的问题 ■ 对解决方案的辨识——对于项目的挑战和问题提供创造性的、有深刻见解的、切实可行的方法	/25
2. 方法和项目管理	■ 方法的适宜性和稳健性——提供实现研究目的的高可能性 ■ 技术的完整性——基于较好的研究设计的原则	/25
3. 适切性	■ 研究结果对于政策或实践的适用性——研究结果可以解决研究计划要求（RFP）的五大主要主题领域的政策问题或其他相关问题	/25
4. 资格和经验	■ 教育/技术的专业性——表明有承担项目的知识和专业技能 ■ 经验——表明有相关领域的研究经验	/10
5. 预算	■ 预算——考虑到工作量，数额应足够且符合现实情况	/10
6. 总体评价	■ 策略——研究计划为达到项目的研究目标提供了高级的策略 ■ 风格——清晰且简洁的写作风格，细心的编辑、明确的概念、具有吸引力和容易使读者理解的版面设计 ■ 研究计划的总体质量——提供了总体印象，如足够的重视、关注细节、在研究计划的设计和创造方面付出了努力	/5
	总分	/100

小　结

　　任何将要从事教育研究的工作者，特别是即将参与教育研究的人员，会发现阅读教育领域的研究报告是非常必要的。在阅读研究报告的过程中，会对研究报告以及研究报告所基于的研究进行评价。研究报告有很多种，但是研究资料的主要来源之一是专业期刊的文献。

116　　在评价研究报告时，我们主要关注以下几个方面：（1）每部分的内容和质量；（2）总报告的易理解性和连续性等。实质性错误（例如，不合适的研究设计）比技术性错误（如，拼写错误）严重得多。通常情况下，细心的编辑会消除技术性错误。实质性错误很难处理，且可能会使研究变得没有意义。

　　判断研究报告质量的标准意味着写作风格应该是程式化的，因为格式是规定的。尽管相同的格式使得阅读研究报告更加容易，因为读者知道从哪里能够找到相应的信息，但是最重要的是各部分包含了应该包含的内容，且易于理解。写作风格应当流畅，段落与段落之间有较好的过渡。研究报告是与目标群体进行交流的一种方式，所以，研究报告的重点是帮助读者理解研究而不是使作者给读者留下深刻的印象。

　　本书的前 5 章主要关注研究过程，从提出研究问题到撰写研究报告的整个研究过程。接下来的章节是关于在教育研究中经常使用的研究设计的多样性。主要关注于理解不同研究设计的优点和缺点，并选择适合研究问题的研究设计方法。专业术语应该以一种通用的方式来使用，例如对于"实验研究"和"人种学研究"两个术语就应该详细地加以解释。我们的目标是用适用于大多数研究问题的研究方法来填满研究者的工具箱。

核心概念

| 技术性错误 | 重要的缺陷 | 不恰当地插入意见 |
| 实质性错误 | 研究意义 | 发表标准 |

练　习

5.1　假设你在评价一篇有关调查研究的文章，请举出文中可能出现的两个实质性错误的例子。

5.2　找出下面的实验研究报告中两个可能出现的实质性错误。在该研究报告中，大学二年级学生在体能测试实验中作为被试，男女生均参加，主要关心的自变量是三种不同训练程序的训练水平。

5.3　运用研究导航对你所感兴趣的研究领域的文章进行定位。运用本章适切性的问题来评价文章，列出你从文章中发现的任何缺点。

5.4　一篇研究文章的题目是"约翰尼的大斗争"（"Johnny's Big Struggle"）。请说明为什么此标题是能够引人注意的，但是却是不恰当的题目？

5.5　美国教育研究协会（AERA）的公开发表标准（2006）表明，研究应该是有理有据且明晰的。请解释这两个术语的含义。

5.6　评价研究计划的一个主要标准就是研究应该有意义，请用您自己的话解释哪些因素可以让研究更有意义。

117

注　释

① 来源于美国教育研究协会（AERA）《教育研究者》杂志，圣贤出版有限公司，2006年版。其再版权归圣贤出版有限公司所有。

参考文献

American Educational Research Association. (2006). Standards for reporting on empirical social science research in AERA publications. *Educational Researcher*, *35*, 33 – 40.

Canadian Education Statistics Council. (2001). Criteria for RFP. Retrieved September 22,2003, from http://fcis. oise. utoronto. ca/facultyresearch/Archives/#30563357. 1/RFPsymposium2001-E. pdf.

Hall, B. W., Ward, A. W., and Comer, C. B. (1988). Published educational research：An empirical study of its quality. *Journal of Educational Research*, *81*, 182 – 189.

Klausmeier, H. J. (2001). *Research writing in education and psychology*：*From planning to publication*. Springfield, IL：Charles C. Thomas.

Rehabilitation Education. (2003). Manuscript evaluation form. Retrieved September 22, 2003, from http://education. osu. edu/rehabed/eval-form. htm.

Tingle, L. R., DeSimone, M., and Covington, B. (2003). A meta-evaluation of 11 school-based smoking prevention programs. *Journal of School Health*, *73*, 64 – 67.

第二部分

研究设计

第6章

定量研究的研究设计

接下来的几章介绍研究设计，首先介绍定量研究方法，之后介绍定性研究方法。我们的目的是为探讨教育中的研究问题提供一个广泛的菜单式选择。你所选择的研究方法应该基于你所研究的问题。如果研究问题是关于变量之间的关系、对某一结果的预测或者比较不同组的表现，通常需要定量研究。如果研究问题是关于过程、无预期的结果，以及文化影响的，则通常需要定性研究。当某一研究中有多个研究问题，研究者可能会综合使用定量和定性研究方法。我们先来描述定量研究设计。

当研究者已经确定了研究的问题并且至少完成了一些文献资料的准备以后，接下来就是进行"**研究的设计**"——即开展研究的计划或策略。作为一种计划，研究设计涉及诸如选择研究的参与者、数据收集的准备等研究过程的各种活动。根据研究类型采用不同的研究设计。在后面章节中将探讨采用不同研究设计的条件。本章将着重于定量研究的研究设计的一般原则，而定性研究研究设计的一般原则，将在后面第 10 章讨论。定量研究和定性研究有着不同的研究过程。定量研究有其**实证研究**的基础。正如高尔、高尔和博格（Gall, Gall, & Borg, 2003）所指出的那样：

> 这一认识论流派认定自然界和社会真相是独立于观察者的，对现实的无偏差观察就构成了科学的知识。（p. 632）

因此，与定性研究相比，定量研究的研究设计更倾向于结构化和符合规范。同样，顾名思义，定量研究的结果通常是由大量的数据来表示的，研究设计是为了使研究者通过对这些数据的比较和分析作出有效的解释。

119 研究设计的目的

在很大程度上，研究设计的必要性是不容置疑的。怎样才能更深入地研究？应该有一个研究计划，该计划能够产生具体的研究活动并获得成功的结果。克林格和李（Kerlinger & Lee，2000，p. 450）曾确定了研究设计的两个基本目的：（1）提供研究问题的答案；（2）控制变异。在某种意义上，第二个目的仅适用于定量研究。

第一个目的是一般的、直接的——为具体的研究提供问题的答案。但只有进行研究的愿望或研究活动的努力并不一定能产生答案。这与第1章讲到的关注教育研究的系统性有关。研究应该是有效的，这包括它能解释结果，并且通过这些结果来回答或揭示研究的问题。好的研究设计有助于理解并解释研究的结论，保证研究者获得有用的结果。

有人说进行研究的目的是为了解释**变异**，也就是说，解释为什么个体是不同的，或者说，解释为什么他们的考试分数或其他特点是不同的。从广义上说，这也许是对的，尽管定性研究者对此并不苟同。变异可以通过多种方式呈现。例如，应考虑小学生的学业成就、动机、态度、年龄和家庭背景中存在的变异。并且，任何一个变量的变异都可能受任何多种因素的影响。例如，在学习成就上，变异可能是由于态度和动机引起的，或者是同时由于这两种可能的因素引起的。为了控制变异，在定量研究中采用了设计程序。**控制变异**意味着通过限制或去除一些变量的影响来解释其他变量的影响，创造条件使研究者对所要研究的变量有清楚的认识。

解释或控制变异是定量研究的一个重要组成部分，研究设计将说明这个问题。

控制变异的概念

在定量研究中，我们试图将变异定量，并且尽可能按照各种理由或原因将变异区分开来。但是，什么是变异？我们来举一个例子。一个高中的化学教师正在研究不同的教学方法对于学生化学成绩的影响，这个研究的问题可能是这样表述的：

一项关于教学方法影响高中生化学成绩的研究。

这个问题暗示了将要作一项实验，因为化学教师将操纵教学方法这个最令人感兴趣的自变量。教学方法有 3 个不同的种类（或水平），即 M_1、M_2 和 M_3。因变量是一学期以后学生化学成绩的表现。90 名学生——全是同一学校由同一教师任教的高中低年级学生——参加这一研究。当测试了这 90 名学生的化学成绩后，得到了 90 个不同的分数，同时得到了这些分数的分布图，这一分布存在着变异。

为什么这 90 个分数并不都一样？这可能有多种原因。教学方法也许有不同的效果，既然方法是自变量，研究者当然希望能确定这 3 种教学方法是否有不同的效果。一些学生无疑是比其他一些同学更有学习能力，这与教学方法无关。可能教育的时间长短也会产生效果。这里的变量也许是在第 2 章已经讨论过的控制变量或中间变量的例子。毫无疑问，在一定程度上学生在化学测试上的表现是有内在的差异的。任何一种因素对于导致因变量分数的变异都可能是起作用的。

让我们来考虑这 90 个化学测验分数的差异。正如我们将在统计分析一章中可看到的，变异可以被量化，它是一个正实数，比如 132 或 10 920，零变异表明没有差异，那就是在一个分布区域中所有的分数都是相同的。数字越大，变异也就越大；然而，当分析变异时，我们更感兴趣的是对有关的变异进行比较而不是这些数字的本身的价值。假定 90 个化学测验的分数的变异是 360，尽管变异并不一定发生在一个圆圈内，但可以如图 6.1 中圆的面积来对变异进行量化。圆的整个面积代表 90 个化学测量成绩的全部变异（360）。

变异可以被量化为一个正实数。零变异表明在某一区域所有的分数都是相同的。

控制变异的方法

这一节我们将继续讨论化学测验的例子，并解释加强控制变异的方法。教学方法是令人感兴趣的自变量，同时学生的能力将作为一个应该控制的变量来考虑。有 4 种控制变异的基本方法：

1. 随机化
2. 设计中建立一些条件或因素作为自变量
3. 保持条件或因素的不变
4. 统计矫正

前 3 种方法直接包含在研究设计的结构中。第 4 种方法运用于试图进行控制的统计矫正中，它在研究的每一步骤都有运用，尽管研究设计中已经作了准备。

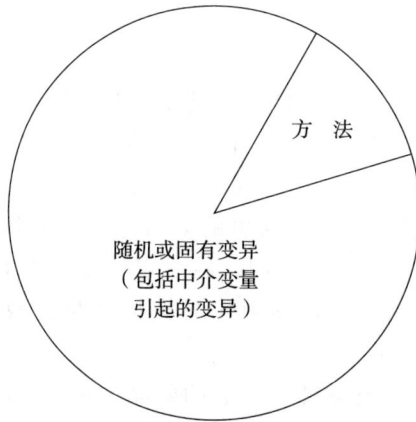

图 6.1　90 个化学测试分数变异的量化表述

随机化。　假设在上面的化学教学研究中同一教师对这 90 名学生进行教学，以 30 名学生为一个班分 3 个班，每一个班用不同的方法进行教学。这 90 名学生由于各自能力不同而成为一个多样化群体，这可能对化学考试成绩有一些影响。我们并不想把能力水平最高的学生组成一个班，把能力水平最低的学生组成另一个班。因此，每班的 30 名学生都是随机选择的，如图 6.2 所示。要做到这一点，可以有几种方法：（1）用一顶帽子从里面抓取学生姓名，如同抓彩票一样，或者（2）将学生从 1 到 90 排号，然后使用随机数字机提取，来决定哪些学生分配到哪个组（见 www. randomizer. org）。

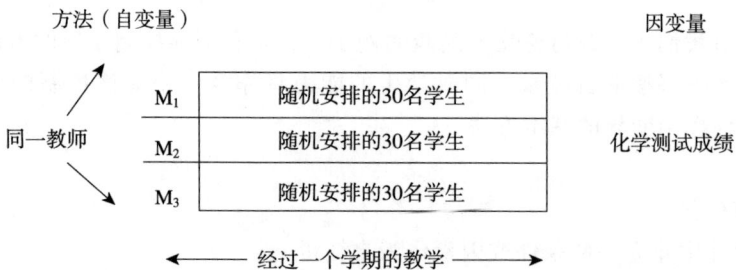

图 6.2　研究设计中用随机化方法控制能力水平

随机分组，使能力水平被随机地分布在 3 种方法的班级中。最高能力的学生分配到 3 个班里的任意一个班的概率是相同的，其他能力的学生也同样。这样，可以期待能力水平的影响分散在 3 个班里是相同的。

关于随机分配有两个重点值得注意。第一，随机分配确实在能力水平上确保了组间的相同，但是它同时也使组间在其他变量上变得相同了，比如：动机、态度、以前的成绩，等等。第二，尽管这种方法平均分散了能力水平的影响，但并不能使研究者将能力水平对化学测试的影响量化。

记住化学测验分数是因变量，90 个测验分数的变异是 360。假定对应每种方法 M1、M2 和 M3 的 30 个测验分数的平均分数[①]分别是 89，75 和 96，同时假定由于平均分数的不同导致的变异是 360 中的 50。那么变异的量化可以以图 6.1 来表示。整个 360 变异被分成两部分，一部分是由方法引起的变异或固有的变异，也就是**随机变异**或固有变异。这是由组内得分的变异带来的，因此也称做"组内变异"。另一部分是**误差变异**[②]。这种变异不是指由于错误造成，而只是指由于随机分配和任何未明因素导致的组间差异。量化的话，由方法引起的差异值是 50，而随机变异值是 310。随机变异中包含由学生的能力带来的差异，但因为随机化，这个变异被平均分布在 3 个学生班级之中了。

在这个例子中，我们可以看到，随机化也可以控制其他变量——主要是与学生有关的变量。例如，动机的水平将是随机地分布在 3 个班级的学生中，影响化学测试成绩的数学和技能也是随机地分布的。

> 随机化将变量的影响平均地分配到研究组群中去。

设定自变量因子。 在如图 6.2 的设计中，按照教学方法将学生分成 3 个班。如果能力水平测量是有效的——可能是最近的一次智商测试中的得分——学生也就能按能力水平进行分组。如果把在能力水平测量中比较好的 45 名学生称之为能力较高者，其余 45 名学生称为能力较低者，那么"能力水平"对于这两组学生来说则是一个自变量，这两个能力组中各取 15 名学生随机安排到 3 种方法的教学班中（这些组中的能力水平的任何差异都是随机分布的）。这一设计体现在图 6.3 中。那么，这时测试成绩的差异不仅是由方法之间的不同来决定，而且还由能力较高和能力较低之间的差异来决定。可能由于能力水平影响而导致的变异能够得到说明。能假定能力水平产生的变异是 75（这将由化学测验分数中两个能力水平组的不同来决定）。教学方法[③]仍占整个变异中的 50，那么随机变异现在就是 235（360 − 50 − 75 = 235）。图 6.4 反映了对整个变异的划分。

123

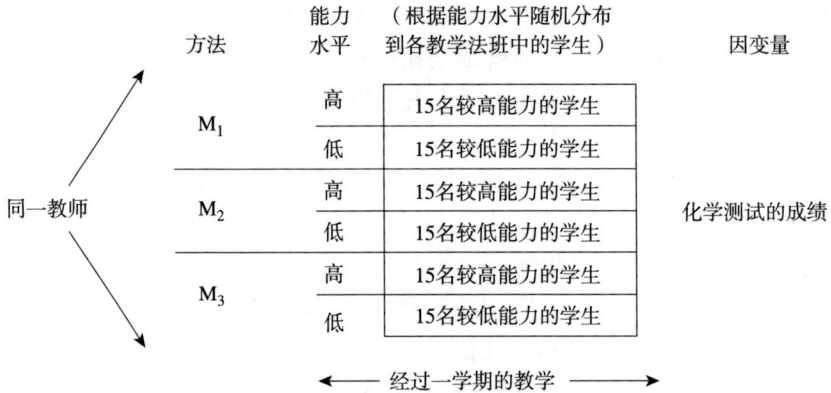

图 6.3 把能力水平作为自变量的研究设计

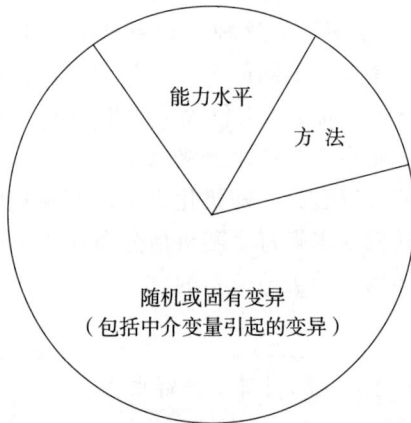

图 6.4 把能力水平作为自变量的 90 个化学测试成绩分数变异的量化分析

在这一例子中,研究者人为地将学生分成两个能力水平组(也可以分成高、中、低三个能力水平组)。应当注意的是,研究者要人为将学生进行分组,这样才能保证每组学生人数相同。为此,研究者没有采用智商测验发布者提出的高水平和低水平能力的定义(如果能得到这样定义的话),因为如果根据这样的定义,无疑会造成不同能力水平的学生人数极不相等。事实上对于化学测试来说,谁都希望更少的学生属于低能力水平组。相反,研究者将能力分数从最低到最高排列,将上面一半标记为高能力组,将下面一半标记为低能力组,这叫做中数划分。

建立变量时应允许研究者确定变量的影响,也就是说可以确定可归因于哪个变量的变异,或者确定哪一变量能用于解释变异。在该例子里,与将方法作为唯一自变量时相比,增加了能力水平自变量后,更多的变异得到了解释。随机变异降低到 235。然而,为什么并没有一直运用这一做法呢?首先,个体得以被区分开的测量并非总是可行的，在上面的研究中学生的区分也是这样。例如，动机水平也许有影响，但由于这一变量而引起的学生学业成绩的变化，即使不是不可能测量，也将是很难测量的。因此，动机水平可以作为一个中介变量，但如果采用随机设计的话，则它是随机分布的。同时，引进更多的自变量可能会使研究设计变得不必要地复杂起来。因此，一般考虑的一些因素通常是能引起因变量变化的一些因素。

> 在研究设计时建立一些作为自变量的因素能使研究者确定这些因素的影响。然而，太多的自变量也会使研究设计变得不必要地复杂起来。

保持因子恒定。　保持某一因素恒定不变，实际上就是减少变量的变化使其趋于稳定。在化学测验例子中，教师可以通过选择同一能力水平的学生，比如说选那些智商分数在 100 到 108 之间的学生，就能够将不同能力水平的影响控制在一个常量水平上。成绩都在 100 到 108 之间。如果能力水平的确在影响学生成绩这一因变量的话，它的作用也肯定比包括所有能力水平时更小了。此时，由于能力水平而引起的化学测试成绩的变异大多数将会缩小。除了采用将同一智力水平的学生随机分到不同组这点有所不同外，这个设计基本和图 6.2 所示的设计一样。如果教师仍以原来的 90 名学生做实验，那么每班处于同一智力水平的学生人数就会少于 30 人。存在于学生中的化学分数的变异现在将会发生变化。来自于学生中的变异将倾向于减少，因为现在学生在能力方面更一致了。

保持因素恒常也会带来一些缺陷。其一是已经被揭示的：研究过程中个体数量的减少可能引起计算上的问题，或减少了作为因变量的数据数量。同时，这样取得的研究结果只能推论到有相应条件的团体中，因此研究的外在效度就变小了。化学教学的例子已经有一些恒量运用在研究设计中，例如教师和教学的时间。

125

> 当一个因素保持不变，一个潜在的变量就会减弱成常量。这就削弱了或至少降低了其对因变量的影响。

统计控制。　统计控制是在分析数据过程中通过计算程序控制实现的，但是需要控制的变量应该在开展研究就设计好。这里的讨论目的不是关注统计程序，因为在分析中会关注到这些通常由计算机完成的统计程序。这里讨论的重要问题是如何通过这种方式控制变量。就化学测验例子而言，假定能力水平的测量是通过近期对 90 名学生开展智商测试的方式进行的，那么很可能在智商分数和化学测验分数之间存在关联，即这个测验得高分的学生在另一测验也拿高分，同样在这个测验拿低分的学生在另一测验中也拿低分。

如果我们能以某种方式根据能力水平不同来调整学生的化学测验成绩，我们就能控制学生的能力对化学测验成绩的影响。这可以由相对复杂的统计方法来完成。依据化学测验和智商测验之间的关系的强度，如果学生有较高的能力水平，那么其化学测验成绩应该降低（通过统计处理）；同时具有较低能力水平的学生则相应提高他们的化学成绩。这样做调整了化学测验成绩，就不再受能力水平的影响了。能力水平的独立性指的是能力水平的影响已经被去除了。

统计控制过程可以通过图 6.5 来表示。另外，我们可以对 90 个化学测验成绩的全部变异作具体分析。与将学生能力水平分为两个组的自变量的方法相比，统计控制将可能说明更多的变异。测量学生的智商要比把学生分成能力较高和能力较低两类能更好地反映差异。假定统计控制表明在化学测验分数中，能力水平所产生的变异占差异 360 中的 130，方法仍占 50，这样随机或固有变异现在就减少为 180（360 − 50 − 130 = 180）。图 6.6 表明了这一结果。

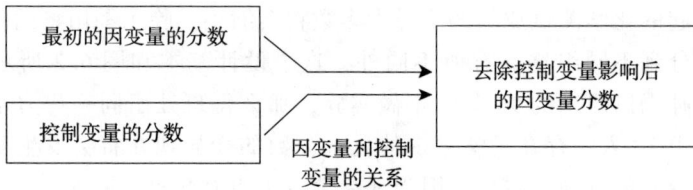

图 6.5　统计控制的示意图

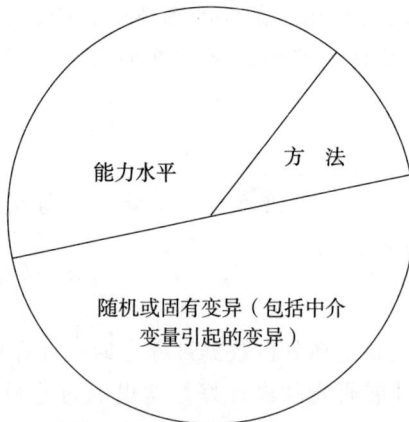

图 6.6　对能力水平进行统计控制的 90 个化学测验分数的变异的定量分析

> 实质上，统计控制也就是调整因变量的分数以便去除控制变量的影响。

　　如果说统计控制是一种简单地通过计算机进行分析的活动，为什么大家用得不多呢？一个原因是很难获得足够多的控制变量的分数，分数可以从每个被试那获得。控制变量的分数应该在研究进行前获得，这样才可能避免分数受自变量影响的可能性——在上述化学教学的例子中，自变量也就是教学方法。再一个原因就是控制变量只有在它们与因变量相联系并且考虑到变量分数差异时才是有效的。另外，一定的统计假设也应该是适当的，如果统计假设站不住脚，那么应避免使用统计分析的方法。

　　控制方法的结合运用。　加强控制的 4 种方法可以单独运用，也可以彼此组合运用。一个程序可以用作控制一个变量，另外一个程序可以控制第二个变量。化学测试例子的扩展可在某种程度上帮助解释这一点。

　　如果不是只有 90 名学生，而是一个更大规模的高中至少有 180 名学生参加测试。还是 3 种教学方法，而且仍以此作为自变量。由于有了 6 个教学班（每班 30 人），所以使用了两名教师 T1 和 T2。据了解，学生来自不同的学科，他们的小学阶段和已经接受的中学阶段的科学和数学教育的背景也不一样。例如，一些学生已经学过《代数Ⅱ》，而其他一些人则没有学过。当学生们都是 8 年级时对他们进行智商测验获得了智商分数。在这一学区有其他两所中学，但这些学生的背景很不一样（比如，社会经济背景）。除了自变量之外的 4 个变量及其控制方法如下： 127

变　量	控制方法
1. 学生的科学背景	1. 随机化。参加该研究的 180 名学生随机分布，每种方法有 60 人。
2. 教师	2. 建立自变量，每一个教师用 3 种方法教学。
3. 学校	3. 保持恒定，仅仅采用一个学校的学生。
4. 能力水平	4. 统计控制，运用智商测试成绩。

　　这个研究设计可以由图 6.7 表示。随着控制程度的相对提高，如果在接受 3 种教学方法的学生的化学成绩之间出现足够大的差别，那么这个结果将表明差别来自于不同的教学方法。这个研究设计具有高度的内在效度；结果也能十分肯定地得到解释。然而，结论的推广性在某种程度上受到了限制。因为仅仅在一所学校，仅仅由两名教师进行了实验。这个结果只能在这所学校中那些和参加研究的

师生背景相似的学生和教师群体中应用。可能这个研究的目的仅仅是为了在本校学生中进行推广研究结果；但如果要在更大范围的群体中推广，那么就应该从逻辑上阐述研究的外在效度。

当要决定有关自变量的影响时，要将自变量所产生的变异与随机变异或误差进行比较。如果随机变异包括了由无关变量所引起的变异，那可能将使结果难以解释或可能做出错误的解释。因此会损害内在效度。尽管随机性将一个变量的影响均匀地散布开，但它不能消除随机或固有的变异。有些变量，如学生的学习方式，在可能与它有关的大多数情况下实际上都不可能用其他的方式控制。所以，我们想防止有太多的变异无法解释的局面，就必须将控制变异的方法组合起来运用。

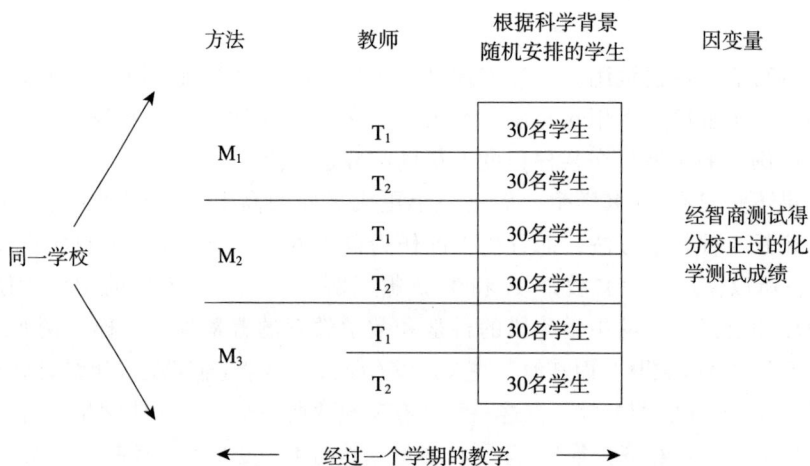

图6.7　由不同控制方法控制的学校、科学背景、教师和能力水平的研究设计示意图

控制变异的目的是为了增加对结果的解释，如果研究自变量有影响的话，研究者就能判断到底有什么影响。当进行研究设计时就应考虑控制。仔细的设计研究有助于提高研究的效度；如果不是这样，也许可能会无法解释或得不出结论。

定量研究的研究设计是为了控制或解释变异。它通过使用某些研究条件来实现，例如随机分组，包括增加自变量，将一些变量变成常量。

良好设计的特征

良好的研究设计是怎样构成的？有一些一般性的回答，如设计应该是适合于假设的，或者在可利用的资源条件下是行得通的。然而，更具体地说，以下 4 个特征将保证研究设计是好的。这些特征并不互相排斥，它们有些重叠。我们期望的研究不仅要"可行"，还应产生可信的结果。

排除偏差

　　良好的研究设计的第一个特征是研究能提供用于公正的、没有偏差的组间比较的资料。这意味着小心翼翼确保任何组间差异能够归因于研究里的自变量。各种数据及由数据计算而得的统计结果不会产生任何系统性偏差，它们只会因自变量变化而变化。所有其他差异都来源于随机波动的影响。

　　研究中不公正比较的方式很多，包括实验程序中的个体的有偏见的分布。例如，在上述化学教学的例子中，如果较高能力的学生都被安排在一种教学方法的班级中，这将会引起**偏差**。随机安排学生将会缩小由于高能力学生被安排在一种教学方法班级而引起的偏差（胡乱分配的可能性是存在的，但这种可能性是很小的）。如果参与者自愿加入实验组，而其他不愿参与实验组的被试作为控制组，这时会发生另一种不公正的比较。组与组之间的差异会因参与者的动机不同、自变量不同而不同。

避免混淆

　　由于变量的混淆也能引起数据的偏差，两种或更多的自变量或其他变量的效应无法分开就产生了变量**混淆**。一个良好的研究设计应减少变量的混淆或使这种混淆处于最小程度，这样各种效应就能够被分析，并且结论能被清楚地解释。如在上述的化学教学研究中，如果选择三个教师，每个教师使用一种方法，"教师"和"教学方法"实际上产生了混淆。如果一种教学方法班级的学生化学测验中的分数高于其他两种教学方法班级的学生，我们无法知道这种较好的成绩是由于教学方法还是由于教师的缘故，由于每个教师只用了一种独特的教学方法，所以教师的效应和教学方法的效应就无法区分开来。

> 如果两种或更多的变量的效应不能被区分开来，那么我们说，这些变量产生了混淆。

控制无关变量

尽管**无关变量**在研究设计中不是最主要关心的变量，但它们也许会对因变量发生作用。控制无关变量是为了能够辨别、平衡、缩小或减少它们的影响。当无关变量影响因变量的变异时，就说明产生了无关变量效应。因此，**控制无关变量**与前文述及的控制变异可一起实现。在化学教学的例子中，学生的能力水平被认为是一种无关变量，控制它的多种方法我们已经讨论过。一个良好的研究设计能控制这些无关变量，而不是混淆它们与其他变量的作用或者忽视这些无关变量的作用。

检验假设时统计的精确性

在定量研究中分析过程一般涉及到统计程序的一些类型，因为定量研究包括对数字的分析和需要对假设进行统计检验。拥有适当的相当精确的资料能够证明假设是可信的，这一点非常重要。从统计学来说，精确性随着随机或误差的减少而提高。当样本量扩大和额外变量被考虑进研究设计时，**统计精确性**也会随之提高。与我们讨论的化学成绩测验的例子相同，当无关变量被控制时，随机差异就趋于减少。

当统计程序被用于检验假设时，至少是部分假设时，对数据随机变异的估计就是必要的。估计的精确性越高，对自变量的影响的分析就越灵敏。这就是为什么如果影响存在的话，分析将能更好地说明这一影响。无关变量影响着随机变异的估计，并可能使得统计检验对于实际存在的差异变得不灵敏。

研究设计应该为检验研究过程中的所有假设提供资料。有时可能涉及大量而且复杂的假设，因此研究者应该仔细地核对并弄清该设计的哪一部分将为检验假设提供资料。

小　结

本章讨论的思想适用于定量研究中的研究设计。定量研究从一开始就具有典型的研究设计的结构性，在研究过程中几乎不会更改原有的设计。

除了提供研究问题的答案外，研究设计的一个基本目的就是控制变异。控制变异意味着能够解释事情发生的原因，至少能够指向较为肯定的结论的解释。我们也讨论了控制变异的 4 种方法，这些方法可以在具体的研究设计中组合运用。

我们界定了良好研究设计的 4 个特征，这 4 个特征绝不是彼此孤立的。例如，当我们进行设计以避免混淆时，我们也许可能控制无关变量。尽管紧接下来的研究中不可避免地会出现一些问题，但这些问题能够通过一个良好的研究设计而避免发生或纠正。

当然，对于特定的研究来说，研究设计应该是明确而具体的。在下面几章中，我们将讨论不同类型的研究，每一类研究有其重点、一般设计，以及许多可能的变量。

有时我们说"选择"一个研究设计。确实，设计是我们选择的，但一项具体研究的变量、条件等是不可能囊括无遗的。因此，寄希望于选择一个设计来完成获得完全合适的研究设计的任务的想法是不正确的。选择的设计还必须要转化成具体的研究。

131

核心概念

实证主义	偏差	无关变量控制
变异	混淆变量	统计精确性
控制变异	无关变量	
随机或误差变异		

练　习

6.1　假定对高中 10 年级至 12 年级的男生进行身体素质的测试，请确定可能对测试成绩的变异产生影响的变量或因素。

6.2　有一项正在实施的研究，其中的因变量是学生对学校的看法，这个因变量的操作性定义是学生对学校的特殊看法的得分。在这个研究中有 16 所小学，4 所初级中学和 2 所高级中学参加。参加研究的学生样本是从所有的学校随机抽样的，并且都进行了编目。研究中最感兴趣的自变量是学校，其中有 22 所学校。考虑在本章所描述的 4 种控制变异的方法，控制下列的因素将会产生什么样的变异？请为每种因素提供一种方法。

a. 学校的水平，小学、初级中学、高级中学

b. 学校所处的地区

c. 学生的性别

d. 学生的学术性动因

e. 学生的智力或能力

f. 季节

6.3　在练习题 6.2 的研究项目中，对最感兴趣的自变量"学校"有没有与之产生混淆效应的变量？如果有，请说明这些变量。

6.4 练习题6.2的研究项目是一个调查，那它为什么不是实验呢？

6.5 两名高中历史教师，每人教两个班的《美国历史》课程，他们有两种不同的但有效的教学材料。他们关心这些材料是否在学期末的课程考试（一种对于全体学生的统一考试）中对学生的成绩有不同的影响。确定一个班只使用其中的一种教材，但教师有权随机安排学生到哪个教学班。除了主要关心的自变量——材料以外，控制以下方面引起的变异也是所期望的：（a）学生的学习方法，（b）学生的性别差异，（c）教师，（d）学生的能力水平等。学生来自高三，没有这些学生最近的智力测验（IQ）的得分，但GPA成绩对高中前两年的学生是有效的。设计一个实验研究来控制由于4个变量而引起的变异。至少使用控制差异的4种方法中的两种方法，并用图来表示此研究设计。

6.6 一位教育心理学家设计了这样一个实验，在这个实验中用3种不同的激发动机技术形成了自变量的不同水平。因变量是对于能力水平测量中所显示的认知任务的行为表现。参与者是从学习心理学课程的大学新生中随机抽取的60名学生。讨论该实验中可能的控制变量，并提出加强控制的建议方法。

6.7 给"变量混淆"下个定义，并说明在什么研究活动中可能产生混淆。

6.8 从你感兴趣的领域选一篇定量研究的文章。仔细阅读这篇文章并确定它为研究所做的设计。本章中对设计所做的描述是否足以使你了解研究是怎样进行的？文章涉及因变量并且描述如何分析该变量了吗？提到内在、外在效度问题了吗？

6.9 3所不同小学的1年级学生实施了三种不同的阅读项目，学年末3所学校的1年级学生都接受了一项标准化的阅读测验，考察三种阅读项目对学生阅读成绩的不同影响。讨论：此研究设计中哪些变量会干扰阅读项目？可能涉及哪些混淆变量？

6.10 某大学的健康和身体训练中心将500名学生按照男女平均分为两组，进行一项实验研究，目的是考察三种不同水平的身体训练（T1，T2，T3）对体育成绩的影响。该研究从500名学生中可随机选择150名学生，年龄范围在18—27岁。但22岁以上的学生很少。在四个星期的时间里进行三种不同水平的体育训练，每一个参与者接受一种水平的训练。训练水平由自己掌控。四个星期后由指导者进行体育任务测试。因变量是体育测验成绩的得分，自变量是不同的训练水平。请设计这个实验，其中包括可能影响测验成绩的控制变量。为研究设计画出图表，表明参与人数，控制的变量。

6.11 某研究者试图考察公立和私立学校学生成绩的差异。讨论：如何避免偏差和避免混淆？如何控制无关变量？检验假设时统计的精确性是否会影响对照组？

6.12　在进行实验干预之前，通过 www. randomizer. org 这个网站建立程序，　133
随机分配 15 名学生组成一个处理组，15 名学生组成一个控制组。

注　释

① 在统计分析中，每种方法将由这种方法所教的 30 名学生测验分数的平均分数来表示。这个平均分数是由 30 个分数的总和除以 30 得出的。

② 误差变异一词通常用于统计分析中。

③ 在实践中这个方法不会确保教学方法影响力增大，因为当我们从一个程序进入下一程序时，研究设计改变了。然而在这里重要的是这种思想，而不是这些数字。为了简明起见，我们把教学方法的影响力当做 50 来看。

参考文献

Gall, M. D., Gall, J. P., and Borg, W. B. (2003). *Educational research: An introduction* (7th ed.). Boston: Allyn & Bacon.

Kerlinger, F. N., & Lee, H. B. (2000). *Foundations of behavioral research* (4th ed.). Fort Worth, TX: Harcourt College Publishers.

第 7 章

实 验 研 究

134 **实验**一词在现代社会被广泛自由运用，因此，它的含义很广泛，并为人们所熟悉。例如，我们经常谈论的**实验方案**或者**药品实验**。这些实验通过一种新的手段或程序或加入新的成分，来观察将要产生的效果。当尝试去验证什么时，我们就称其为一个实验，或者实验过程。

在教育研究中，针对实验我们会用到一个相同的基本概念，即我们会尝试操控某种东西以决定实验效果，这种被操控的东西就被称做自变量。自变量可以有一个或者多个，通过操控自变量可以决定实验效果；在实验中，这种可操控的自变量就叫**实验变量**。

> **实验**是一种研究情境，在此情境中至少涉及一个自变量，即实验变量，它会受到研究者的精心操控或改变。

实验设计的含义

广义而言，**实验设计**是为指导实验而预先策划的计划。狭义而言，实验者可以通过在实验中确定、设置、建立变量来建构实验设计。设计包括自变量，其中需包含实验变量和可能存在的其他变量。既然要测量因变量（数据的分析），也就需标明在实验中的测量点。实验设计常以符号通过图表来表示对这些变量的排列，等等。这些图表和它们的排列、符号有一定的含义，这些将在本章中探讨。

我们来看一个例子。一位教育心理学家运用三种教学方式——口头的、书面的、口头书面结合的——来确定解决抽象数字问题的教学效果。实验参与者是大
135 学新生，每个教学类型组都随机分配 20 名大学生。每一个体在学习实验室接受教学，并试着解决一系列数字问题。因变量是本系列中正确解决数字问题的得分。每一参与者单独接受实验，而非一组一组进行，整个活动约一小时。实验变

量是教学类型，这一变量有三种不同水平。[①]

实验如图 7.1 所示。图的上半部分列出了整个实验。[②]实验过程为实施适当的教学并解决问题。实验期间收集对因变量的测量结果，收集齐全后常被记录下来。依据实验，数据可在实验进行时或结束后不久收集。本例的数据是教学后参与者在解题时收集。

在图 7.1 虚线以下的部分，用符号表示实验。R 表示 3 个组的随机分配，由下标 G_s 表示。X 是用作介绍、使用实验变量的符号，其下标仅用于表示变量的水平。图中用在 X 中的下标 V、W 和 C 表示教学类型——口头的、书面的和综合组合型。O_s 表示收集数据（通常指进行的观察），该例中，O_s 的下标与组数一致。图中，O_1 表示从组 1（G_1）中收集的数据；该组进行的是口头教学（X_V）。O_s 是因变量的得分——这里指正确解题的数量。

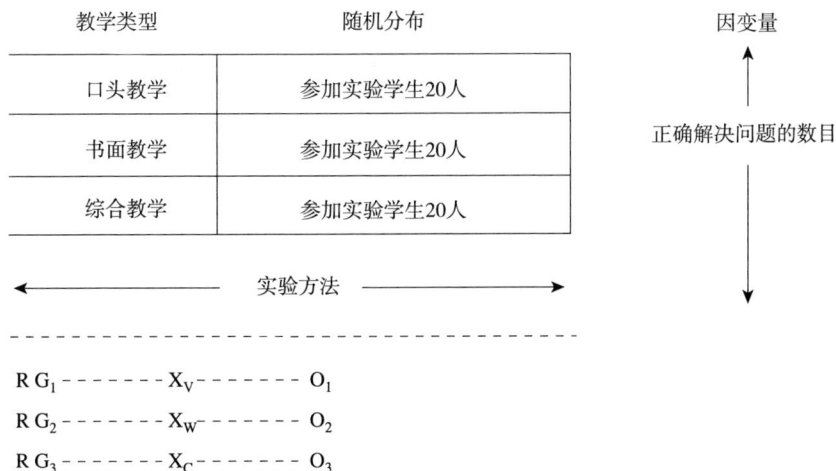

教学类型	随机分布	因变量
口头教学	参加实验学生20人	
书面教学	参加实验学生20人	正确解决问题的数目
综合教学	参加实验学生20人	

实验方法

R G_1 - - - - - - X_V - - - - - - O_1
R G_2 - - - - - - X_W - - - - - - O_2
R G_3 - - - - - - X_C - - - - - - O_3

图 7.1 解决问题实验的实验设计

图 7.1 相对而言较简单，仅包括一个自变量——实验变量。数据仅在实验结束时收集。教学和解题的实验过程可能有些复杂，但设计确实为研究者提供了相当多的控制。分析得分时，如若研究者发现 G_3 的得分一直比 G_1 和 G_2 高得多（正确题解更多），我们便可以说教学的综合类型比其他两种类型在该类问题的解决中更有效。

为什么要如此麻烦地进行实验设计呢？因为它有益于研究者解释、理解实验所得数据。一般来说，实验设计的目的与研究设计的目的无甚差异——都是使结果明了——并且实验设计可以加强控制。该例中，研究者之所以能得出关于不同教学类型的解题效果的结论，是因为设计使教学结构化，并将不同的效果显现出来。实验结果直接与自变量的一定效果相关。

136

> 实验设计是实验中确定、安排变量所用的结构。

实验变量

在第 2 章我们讨论了几种类型的变量。其中一种是自变量，它可能对因变量产生效应。自变量可采取多种形式，如参与者的特征、对施加于参与者的不同方法、程序之类的变量；实验变量是自变量但并非所有自变量均是实验变量。在前面的实验中，如果根据性别确定参与者，这样对 10 名男生和 10 名女生分别进行一种类型的教学，那么参与者的性别则确定为自变量。然而，它不是一个被操控的变量。教学类型是实验变量。

可用作实验变量的自变量可多可少。从理论上说，实验变量可以有任意种有限水平；而在教育研究中，实验变量的水平相对比较少——大概在 2 个到 5 个之间，很少超过 7 个或 8 个。实验变量的水平有时被称为**实验处理**。下面举几个在教育研究中可能被作为实验变量的例子。

实验变量	可能的水平
1. 教学组织的类型	1. a. 小组教学 b. 自给式教室
2. 获得概念所用教材类型	2. a. 口头 b. 图表
3. 实验用动物服用药量	3. a. 5 克 b. 10 克 c. 15 克
4. 任务持续进行所需时间	4. a. 5 分钟 b. 10 分钟 c. 20 分钟 d. 30 分钟
5. 历史教学的教学方法	5. a. 讲座 b. 小组讨论 c. 个别化教学

137

6. 3 年级数学的教学策略	6. a. 建构主义者
	b. 传统的
7. 练习时间的长短（每天）	7. a. 15 分钟
	b. 30 分钟
	c. 45 分钟
	d. 60 分钟
8. 治疗类型	8. a. 只用药物治疗
	b. 只锻炼
	c. 混合使用药物治疗和锻炼

对于每一个实验变量来说，研究者可以调整或者控制实验处理的水平。这种处理对某些变量很容易，但是对另一些变量来说就比较困难。如与第 6 项中的建构主义者或者传统的教学策略相比，实验用动物的服用药量和完成任务需要的时间更容易操控。

"被试" 一词的使用

在一般的研究中，尤其在实验中，"被试" 一词用来指参与实验的人。在实验中，被试是接受实验处理的参与者。所以，教学一例中的被试是大学新生。如果实验使用 5 年级学生，他们就是被试。符号 S 表示被试。"被试" 一词和符号 S 经常在文献中使用。为了简洁起见，我们将会在样例和图表中使用 "被试" 这个术语和符号 "S"。通常而言，在对实验的狭义描述中，"参加者" 这个术语更为常见。

好的实验设计的标准

介绍专门的实验设计之前，我们先来看一下好的实验设计的标准。实质上，一个设计得好的研究的特征也应适用于实验设计。我们把这些标准列在下面，予以简单的评论以解释其意义。

1. **充分的实验控制**——指对实验条件有足够的限定，以便研究者能解释结 138

果。实验设计被高度结构化，以至于如果实验变量产生效应，就可被观察到。**实验控制**亦指通过随机化处理控制其他变量或把它们作为自变量设计到实验中去。

2. **不加人为修饰**——如果实验结果要推广到非实验设定的背景中，那么这一标准在教育研究中就显得尤为重要——例如，推广到课堂上。这就是说实验是在这样的背景下进行，以便其结论能应用于真正的教育领域。我们不希望实验的人为修饰的特征和不主要的特征引起实验效应。

3. **比较的基础**——需要通过某种方式进行比较以确定是否有实验效果。在一些实验中，我们使用控制组——即没有受到实验处理的组。教学实验中的控制组常包含用传统方法施教的一组学生。在对动物进行的药物实验中，控制组应由那些没有服药的动物组成。当然，不是所有的实验都需要控制组。比较可以在两个或多个实验处理中进行，偶尔采用一些外在标准。

4. **通过数据获得充足的信息**——数据必须足以检验实验假设，必须是对假设能作出判断的具有足够精度的统计数据。

5. **非污染的数据**——数据应充分反映实验效应。**被污染**的数据是由于实验过程中不科学的测量和误差所引起的。来自不同组的个体不应相互影响而削弱实验效果，或导致实验效果不具代表性。

6. **相关变量间没有干扰**——这一准则与充分的实验控制密切相关。可能存在其他正在起作用的对因变量有影响的变量。如果这样，这些影响不应被错误地理解为实验效应。我们可以通过实验设计分离、控制这些效应。

7. **代表性**——研究者常希望将实验的结果推广到一些个体、某种条件、某种方法等中去。为了获得具有代表性的实验结果，研究者常常采用某种随机选择被试的方法，从他们想要研究推广的对象群体中随机选择被试。

8. **省力原则**——是指如果所有其他特征相同，我们更倾向于采用较简单的设计而非较复杂的。当然，一项设计必须为达到实验的目的尽可能地复杂，但复杂本身我们并不提倡。简单些的设计常常更易完成，解释起来也更方便些。

和其他任何类型的教育研究一样，实验易受技术上和方法上误差的影响。设计并充分完成一项合理的实验设计，需要缜密、仔细地计划，这样方能最好地避免误差。实验设计同时还需要注意一些细节。计划应先于实验。

实验效度

一个好的实验设计的标准可以总结为这样一个特征，即提高实验效度。在第1章，我们讨论了教育研究的效度，实验效度的概念在本质上是相同的。这里采用的是由坎贝尔和斯坦利（Campbell & Stanley，1963）、库克和坎贝尔（Cook & Campbell，1979）定义的实验效度，并分为四类：内在效度、外在效度、结构效度和统计结论效度。

内在效度是指自变量和因变量相关联的因果推论效度。它解释的是实验处理是否可以使因变量产生差异。为回答该问题，研究者需控制一些因素，比如无关变量，还需确定没有将产生的效应错误地作为实验处理效应。

外在效度是指涉及实验结果的可推广度。实验可以推广到怎样程度的总体、变量、情境等。一般来说，内在效度越充分，结果推广越大，研究越有用。

结构效度研究的是对实验中的自变量和因变量进行定义以及在实验设计中这些变量是如何被操控的。它关注的是那些有待研究的变量结构可能会被建构成怎样不同的结构。

统计结论效度是指做出实验组和控制组之间存在统计上的显著差异的结论的效度。这是决定实验处理是否有效的第一步。在这一点上犯错会对自变量是否影响因变量做出错误的结论。

实验效度有四种类型。**内在效度**关注的是因变量的变化是否是由实验变量所引起的。**外在效度**是指实验结论的外推范围。**结构效度**是对自变量结构和因变量结构的明确界定。**统计结论效度**是对实验组和控制组之间是否存在差异的精确性检验。

尽管实验设计的目的是希望实验的所有效度都高，但有些情况下，确保一种效度，就会削弱另一种效度。随着实验的控制越来越严格，在实验中可发生的和在自然教育条件下可发生的两者间的一致性就越小。例如，在对教学策略的研究中，对实验的各个方面都进行了控制，实质上就是人为创造了一个情境，在这个情境中，发挥作用的只是实验变量。这样大大提高了内在效度，但是推广性可能会非常有限，导致结果不能应用于真实的班级情境中。这并不是说获得最大的控制就一定是不好的；实验的目的决定要求效度的程度。显然，一个结果无法解释的实验毫无用处，即使推广度可能很大；但另一方面，实验后又发现其结果不能如实验目标中预期的那样得以推广，这样也不会令人满意。

内在效度涉及对无关变量的选择方法、测量方法等进行充分的控制。实验设计应该不断发展，以便能使研究者充分地发现可能影响内在效度的因素。毋庸置疑，我们不可能在实验中操作所有可能的因素，但研究者应了解有关变量以及与内在效度相关的可能出现的困难。这样，实验设计便能够充分地解释结果。

至于外在效度，它关心的是研究者所期望的结果能推广到的总体，但也可能包含把实验结果推广到其他相关自变量或对实验变量的修正。可能会有诸如班级大小、学校类型等研究者所希望推广的因素。例如，一项在郊区学校 4 年级学生中获得的实验结果是否对城区学校也适用？对 8 年级呢？很可能不行，但这又需依据变量和实验的具体细节来判断。研究者也可能想推广到不同的有测量差异的情境中去。例如，一个经过了事前测试的实验结果，能够推广到没有事前测试的班级吗？外在效度就要考虑这类问题。

结构效度是有关自变量和因变量结构的效度。在界定实验变量时必须要谨慎，这样其他研究者才能重复该研究或者将其推广到不同的群体或实验设计中。这意味着必须要明确说明实验处理，这样其他研究者才能确切知道该做什么，才能如实重复该实验。对因变量的界定和测量也是如此。一般来说，应该使用以往研究中使用过的定义和测量，这样你的研究结论就可以与有关的研究结论进行直接比较。

当研究者理解了研究中所使用的统计方法和统计前提时，统计结论效度就能够得到保证。为了确保足够的统计力，需要足够大的样本量，而且要确保测量技术的恰当性，从某种程度而言，这就意味着因变量的信度系数应该很高，大概在 0.90 左右。对于一个高质量的研究设计而言，对测量进行恰当的分析是非常重要的。

实验效度的干扰因素

实验设计应致力于提高实验效度，但实验效度并不仅仅依赖实验设计。实验细节对效度有影响，此外还有许多其他因素会干扰实验的效度，包括对内在的和外在的效度的影响。

坎贝尔和斯坦利（1963）总结了对实验效度的干扰因素，共有 12 个，影响内在效度的有 8 个，影响外在效度的有 4 个。表 7.1 列出并解释了这 12 个因素，同时举例说明了每一个因素是怎样发生的。所有的例子都假定已作了一些实验处理。

表 7.1　实验效度的干扰因素

干扰因素	举　例
内在效度	
1. 偶然事件——在实验进展过程中没有预料到的影响因变量的事件的发生。	1. 在相对较短的教学实验中，一组被试因学校停电而不能对其进行教学。
2. 成熟程度——时间在被试身上起的作用。	2. 在学习实验中，被试在 50 分钟后因疲劳而成绩下降。
3. 测验——前一次测验对随后一次测验的影响。	3. 在一次以逻辑推理能力为因变量的实验中，前测给被试者提供了有关后测的线索。
4. 测量手段——测量手段不统一会产生错误的结果。	4. 两个主考人对同一项教学实验进行后测所用的程序和方法不同。
5. 统计回归——基于极端分数挑选的被试在随后的测验中其成绩有向平均分回归的趋势。	5. 在一项阅读教学的实验中，前测中阅读成绩差的组，较之于成绩一般、好的组进步大得多。
6. 被试的选择差异——被试未能随机分配到各组，对被试的选择产生了影响，从而产生了各组之间的不对等性。	6. 一个教学实验的实验组本来就是一个高材生班，而控制组则本来就是一个普通水平班。
7. 损失率——实验中，非随机挑选的被试流失，会产生不良影响。	7. 在一项判断各类运动效果的健康实验中，部分被试发现此项运动很难而退出。
8. 取样与成熟交互作用——由于取样不一带来的成熟程度的不一致。	8. 在一项问题解决的实验中，选取初、高中教学班为被试，初中生比高中生更早地感到疲劳。
外在效度	
1. 测验的交互作用——前测与实验处理发生作用，并导致结果不能推广到未经过前测的群体中。	1. 在一项体育表演实验中，前测提示被试按照一定的方式对实验处理作出反应，但是如果没有前测，结果就不一样了。
2. 抽样偏差和实验处理的交互作用——这是一种未处理组的某种因素与实验处理的交互影响作用。如果这些被试组是随机构成的话，就不存在这种交互影响作用。	2. 在一项有关教学方法的实验中，对于低成就学生而言教学方法的实验处理是有效的，但是对于高成就学生而言，就没那么有效了。

干扰因素	举 例
3. 实验处理的副效应——由于人为的或者新异的实验设置而带来的效应（注意这也可以影响内部效度）。	3. 当在常规的课堂教学中实行补习式的阅读教学方案时，补习式的阅读教学的实验效应不会再次产生。
4. 多重处理干扰——一个被试受两项或两项以上的处理，就像在重复测量中设计的那样，会产生一种后续效应，导致不能推广到单一实验处理中。	4. 在药物实验中，对同一动物依次给予4种不同的药物处理。从第2次到第4次服药的效果都摆脱不了第一次服药可能有的长效影响。

结构效度

1. 对结构缺乏充分的事先准备和说明——对因变量和/或自变量的定义不充分。	1. 由于缺少对术语的精确定义，所以两个教师的个别化教学方式差异很大。
2. 单一操作偏差——只操作一种类型的实验变量。	2. 一个实验关注的是反馈的效果，只包括书写反馈。
3. 单一方法偏差——只操作一种类型的因变量。	3. 在一个降低考试焦虑的实验中，被试只使用纸笔方式进行焦虑的自陈报告。
4. 实验环境里的假设 – 猜测（hypothesis-guessing）——当被试知道他们正在参加实验的时候，他们的行为会变得不同（注意：被试的行为也会影响内在效度）。	4. 当被试知道有人研究他们时，他们在实验中的互动会与平时不同。
5. 混淆结构和结构的水平——当某些变量水平缺失时所得出的结论。	5. 一个研究者得出这样的结论：仅对某种类型的音乐来说，音乐可以促进训练计划。

统计结论效度

1. 低统计力——使用的样本量太小，不能检测出组间差异。	1. 每组只有5个学生的教学实验的组间差异不显著，这时研究者得出结论：两种教学方法同等有效。
2. 违反统计测验假设——不能满足潜在的假设。	2. 研究报告了称名（类别）量表数据的平均数和标准差，例如种族划分。
3. 偶然发现和错误率问题——利用偶然发现的结果错误地推论整体。	3. 研究者使用50个因变量比较了两种方法，却只根据两个显著的结果得出结论。
4. 测量的信度——使用的测量技术不科学。	4. 心理学家发现，男孩和女孩对婴儿期的回忆没有差异。

本章中讨论的实验设计是一些一般性的设计，它们需要不同领域的各种实验 **143**
研究的充实和补充。正因为如此，我们不应认为某一实验设计就能有效地防止各
种因素对实验效度的干扰。例如，所使用的设计不会导致差异，但如果测量进行
了拆分并且前后不一致，那么这种测量对效度就构成威胁。

测验对那些仅含有一次数据收集点的实验来说，比如仅施后测设计的实验，
并不会构成干扰。在本章讨论的各种研究设计都符合坎贝尔和斯坦利（1963）
提到的"真"实验的标准问题。也就是说，被试被随机分配到了不同实验处理
之下。因而，对被试的不同选择对于实验研究设计来说并不是一种干扰；但是，
它对第 6 章中介绍的准实验研究设计来说还是有相当干扰作用的。在进行实验处
理前的随机分配确保了各组的对等性。如果被试不是根据极端分数选择的，那么
统计回归的运用就不会影响实验效度。但是当我们使用这些被试进行实验时，我
们应能够识别并指出其对实验可能的存在的影响。例如，当统计回归的效果与实
验效果相混淆时，就有必要从研究文献中估计统计回归的影响程度。

一个实验的周期越短，无关事件对其效度的干扰也就越小，对测量作仔细的
分类和控制，可有效地减少测量手段带来的问题。如果实验中被试没有流失，那
么就不存在实验难以为继的问题。若在实验处理结束后仅施后测，那么在实验处
理和测试之间就没有出现交互作用的可能性。所以要通过计划和仔细地进行实验
操作来减少对效度的干扰，许多无关变量可通过研究设计而成为控制变量，当然
消除所有的干扰是不可能的，重要的是认识到这一点，并对结果作出相应的解
释，如果某解释是可行的，那么就应该将其作为对数据的备选解释包括进来。

教育实验设计很少是尽善尽美的。通过实验设计，研究者试图获得充分的内
在效度和外在效度。由于一种效度的提高可能会损及另一种，研究者必须设法保
持其平衡，通过足够的控制而使结果具有可解释性，通过获得足够的事实从而使
结果能够推广到意欲推广的情境中去。

　　实验效度在每一个具体的实验中都必须予以考虑。效度不会全有或全无。
应该注意识别可能影响效度的因素，通过实验设计和实验的实施来消除这种影响。

下面几部分将讲解教育研究中一些常用的设计。下文中对这些设计都以图表 **144**
的形式进行了总体勾勒，并为每一种设计提供了例子。

仅施后测控制组设计

在讨论实验设计时有两个术语，前测和后测，常常在与收集数据有关的研究

中用到。前测是指在实验处理之前对被试进行的测量或测验，后测是指在实验处理后进行的测量或测试。不是所有的设计均需前测，但后测是考察实验处理的效果时所必需的。

实验设计一般包含两个或更多的组，一次实验处理一个组，可能还有一个控制组。**仅施后测控制组设计**最简单的形式包含两个组：接受实验处理的组和控制组。在实验前将被试随机分至两组，实验组接受实验处理。在实验结束时，测量两个组并以此作为研究的因变量。这种测量最好在实验一结束就进行，特别是当因变量可能随时间而改变时更需如此。

仅施后测控制组设计对教育管理者来说是有效的设计，它不需要前测。在很多情境中，前测并不必需，也不实用。前测及后测要求一一确定被试，这样才能使前测和后测得分能够配对。仅施后测设计只需根据所在组确定被试及在设计中涉及的其他自变量。

两个组的设计可以表示如下：

$$R \ G_1 \quad X \qquad O_1$$
$$R \ G_2 \quad — \qquad O_2$$

图中，G 表示组，R 表示随机抽取或分至各组的人员。X 表示实验处理，短线"—"表示无实验处理。O_s 表示对因变量的测量（测验、任务或观察），纵向放置的 O_s 表示"何时进行"。既然纵向上成一直线，它们便是发生在实验中相同的点上。这里，由于发生在实验处理之后，所以是后测。

仅施后测控制组设计还可以扩展到不只包含两个组，也就是说可以对两个或更多的组进行实验处理，增加组数至 3 个或更多。从总体中抽取的被试应随机分组，各种不同实验处理的效应要通过比较组间的行为表现来研究。从更广泛的意义上说，仅施后测控制组可图示如下：

$$R \ G_1 \qquad X_1 \qquad O_1$$
$$R \ G_2 \qquad X_2 \qquad O_2$$
$$\vdots \qquad\quad \vdots$$
$$R \ G_K \qquad X_K \qquad O_K$$
$$R \ G_{K+1} \quad — \qquad O_{K+1}$$

X_s 的下标标明了不同的实验处理。在该实验中处理次数为 k。注意实验中有一组，即控制组未受到实验处理。如果无需控制组，我们称该设计为仅施后测随机组设计。

例 7.1

一名 4 年级教师做一个有关辅助教学材料对阅读成绩影响的实验。使用两种辅助教学材料和传统材料，它们构成 3 种独立（实验）变量水平。

研究问题陈述如下：

一项有关不同类型的辅助教材对 4 年级学生阅读成绩影响的研究。

每 15 名 4 年级学生被随机地分配到自变量的每个水平上。这样，有 45 名学生参与该实验。在每天的阅读教学中，每一组中使用一种辅助教材的 15 名学生花 20 分钟读这些教材。控制组继续使用传统教材。8 周教学之后对学生进行阅读测试。这次测验的成绩是因变量。实验如图 7.2 所示。实验处理用 X_1 和 X_2 表示，短线"—"表示控制组。根据总体设计，本例中实验处理量 $k = 2$。

> 仅施后测控制组设计包括进行实验处理的所有组，以及一个控制组或比较组。被试只是在实验处理之后才接受测验。

146

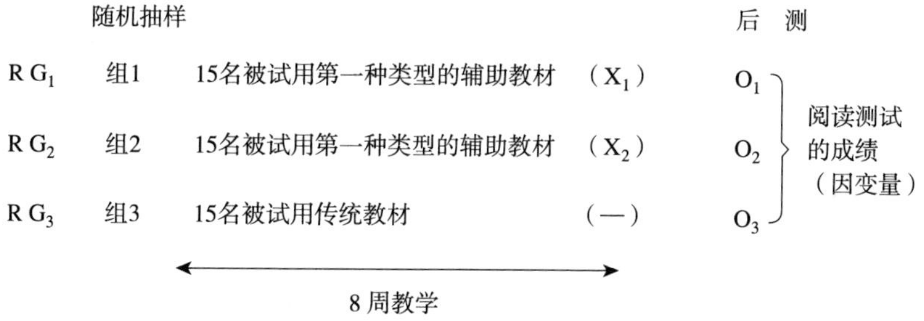

图 7.2　例 7.1 仅施后测控制组设计图，包含两个实验组和一个控制组

前测—后测控制组设计

在实施实验处理之前加上测量的话，仅施后测控制组设计就被扩展为**前测—后测控制组设计**了。被试被随机地分配到两个或更多的组中去，在实验前对事先假定有关的前置变量进行测试，这可能是测量因变量的第 2 种测验形式。

前测要测什么？首先，在随机化比较实验中，前测的目的不是要保证对比组相等；把个体随机分配到对比组中时要注意这一点。我们假定随机分配会有这样的情况出现，即有"百万分之一"的可能所有的高分被试都分配到了实验组，所有的低分被试都分配到了对照组。这样的前测分数揭示的是一个不可能的结果，也是不可能发生的。第二，对一个或者多个变量的前测可以在分析时进行统计控制，详见最后一章。第三，当前后测相同时前测最常用到。**增益分**（*gain score*）是通过后测分数减去前测分数得到的。尽管增益分看起来很简单，但是还有一些重要的问题需要考虑。克龙巴赫和弗比（Cronbach & Furby, 1970）于1970年发表了一篇经典的文章论述了增益分的复杂性。例如，一个困难是，同一个测验量表某一点上的 5 点增益分可能与另一点上的 5 点增益分的意义不同。在成绩测验中，从 95% 的正确率提高到 100% 通常要比从 45% 的正确率提高到50% 困难。这是因为大多数测验中的题目难度是不一样的。第二个问题是即使前测和后测分数非常可信，计算出来的增益分却没那么可信。尽管存在这样的统计技术问题，但是增益分的应用却非常广泛。

147　　　从最简单的形式来看，前测—后测控制组设计包含两个组——一组接受实验处理，另一组不接受实验处理。图示如下：

$$R\ G_1 \qquad O_1 \qquad\qquad X \qquad\qquad O_2$$
$$R\ G_2 \qquad O_3 \qquad\qquad — \qquad\qquad O_4$$

现在仅施后测设计中的 O_S 增加了一倍，所以用奇数作下标的 O_S 表示前测，用偶数作下标的 O_S 表示后测。

前测—后测控制组设计可扩展到包含两个以上的组。总体上图示如下：

$$R\ G_1 \qquad O_1 \qquad X_1 \qquad O_2$$
$$R\ G_2 \qquad O_3 \qquad X_2 \qquad O_4$$
$$\cdot \qquad\quad \cdot \qquad \cdot$$
$$\cdot \qquad\quad \cdot \qquad \cdot$$
$$\cdot \qquad\quad \cdot \qquad \cdot$$
$$R\ G_K \qquad O_{2K-1} \qquad X_K \qquad O_{2K}$$
$$R\ G_{K+1} \qquad O_{2K+1} \qquad — \qquad O_{2(K+1)}$$

上述符号表示有 k 个接受实验处理的组和作为控制组的一个比较组。如果使用两个或更多的实验处理，而不需要控制组，我们称该设计为前测—后测随机分组设计。

例 7.2

　　　一名研究者对几何概念教学时间的长短对空间关系的测验成绩的影响感兴趣。研究问题陈述如下：

　　有关几何概念教学的时间量对高中低年级学生在空间关系知识方面的得分影响的研究。

　　这一问题的陈述显然包含了一个实验，因为教学时间量是研究者控制的变量。

　　我们采用两种平行的空间关系测验——一个作为前测，另一个作为后测。实验设置如下：随机抽取 40 名高中低年级学生，前提是所有人均在学习几何课程。40 名学生分成 4 组，每组 10 名。实验处理实施如下：

G_1 接受 15 分钟为一单元的三维几何概念教学；　　　　　　　　　148

G_2 接受两个 15 分钟为一单元的三维几何概念教学；

G_3 接受 3 个 15 分钟为一单元的三维几何概念教学；

G_4（控制组）不接受三维几何概念教学。

　　G_1，G_2，G_3 的成员都在有导师辅导的情境下接受个别教学（必须注意，对各组每一成员的教学应是一致的；需要改变的仅是教学时间长短），整个教学要花一周多的时间。教学前，先对学生进行前测；教学结束后不久，对学生后测。实验如图 7.3 所示。

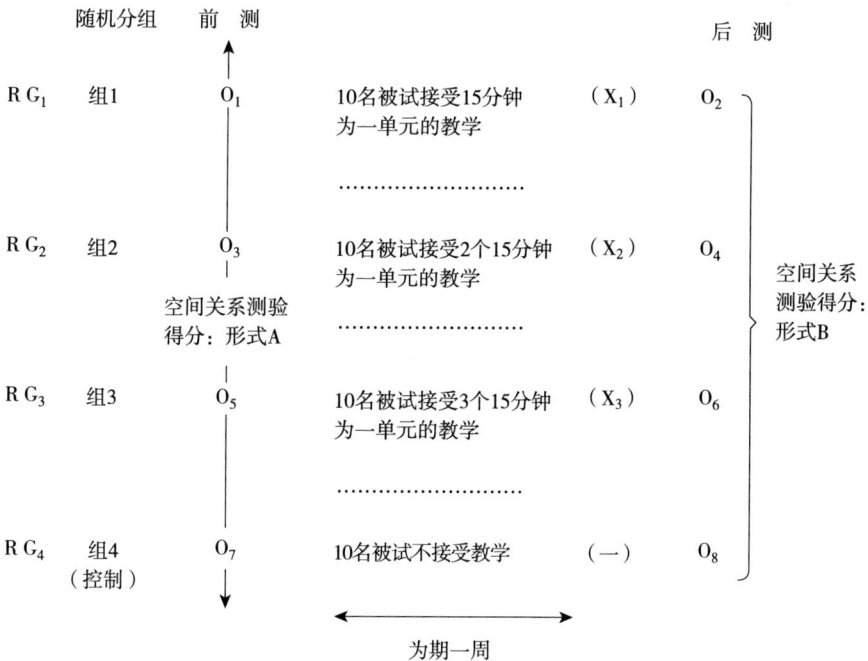

图 7.3　例 7.2 前测—后测控制组设计图，包含 3 个实验组和一个控制组

实验中因变量是前测与后测之间的增益分。或者根据前测得分调整了的后测得分作为因变量。调整后得分应由统计方法产生。运用这一设计，研究者可以确定，对三维几何概念教学时间的不同是否会影响空间关系测试的分数；或者与控制组相比，这种教学是否有效。

> 前测、后测控制组设计包含的组数，等于实验处理组数加上控制组。被试在实验处理前后都要接受测量。

所罗门四组设计

以最简单的形式把前测—后测控制组设计和仅施后测控制组设计组合起来可以得到一种新的设计，这是所罗门（Solomon，1949）提出来的。该设计有 4 个组，包含控制组、实验组各两组，而实验组接受的实验处理是相同的。两种类型的组中各有一组接受前测，实验结束对 4 组都进行后测。每组被试都是随机分布的。

所罗门四组设计的图示如下：

$$R\ G_1 \qquad O_1 \qquad X \qquad O_2$$

$$R\ G_2 \qquad O_3 \qquad — \qquad O_4$$

$$R\ G_3 \qquad — \qquad X \qquad O_5$$

$$R\ G_4 \qquad — \qquad — \qquad O_6$$

因为是四组设计，实验只包含 4 个组，只有一种实验处理。比较实验组和控制组后测得分可确定实验效果。只有一种实验处理，X 就无下标。组 1 和组 3 是实验组，组 2 和组 4 是控制组（图中没有 X）。

因为对一些组进行了前测而一些组不测，所罗门四组设计的优点在于能使研究者检验前测带来的可能的效应。前测影响后测得分，前测与实验处理相互作用都是可能的。也就是说，实验处理的效应对前测过和没有前测过的组是不同的。因为在实际的课堂实践中前测不是规定要做的，所以它经常是效度所要考虑的问题。

例 7.3

教育心理学家作了一个观看问题解决的电影对逻辑推理测验成绩的影响

的研究。研究问题陈述如下：

关于观看一场问题解决的电影对年轻人逻辑推理成绩影响的研究。

实验处理是看一场 30 分钟的电影。实验被试是在上教育心理学课的大学高年级学生。心理学家想进行前测和后测，这样至少可获得一些用于分析的增益分数。但还需考虑的是，前测可能引起对电影一定的反应，作了前测的被试可能得到要从电影中学点什么的暗示。这就是为什么要用所罗门四组设计而不是仅施后测设计，也不是前测—后测设计的缘故。

32 名学生分成 4 组，每组随机分配 8 人。设计见图 7.4。对 G_1 和 G_2 组中的 16 名同学同时进行前测，第二天，实验组的 16 名学生观看电影。之后，对所有 32 名学生进行后测。前测和后测都是逻辑推理测验。

心理学家现在能检验前测带来的可能效应和前测与实验处理相互间的作用。这正体现了所罗门设计较仅施后测和前测—后测控制组略胜一筹之处。然而，所罗门四组设计需要更多的组，相应地，需要更多的被试，这一点并不有利。设计可以扩展到包含更多的实验处理，但每增加一次处理，就另外需要增加两组——对一组进行前测，另一组则不测。如果实验变量包括两次处理，则需要 6 个组；如果有三次处理，则需 8 个组。

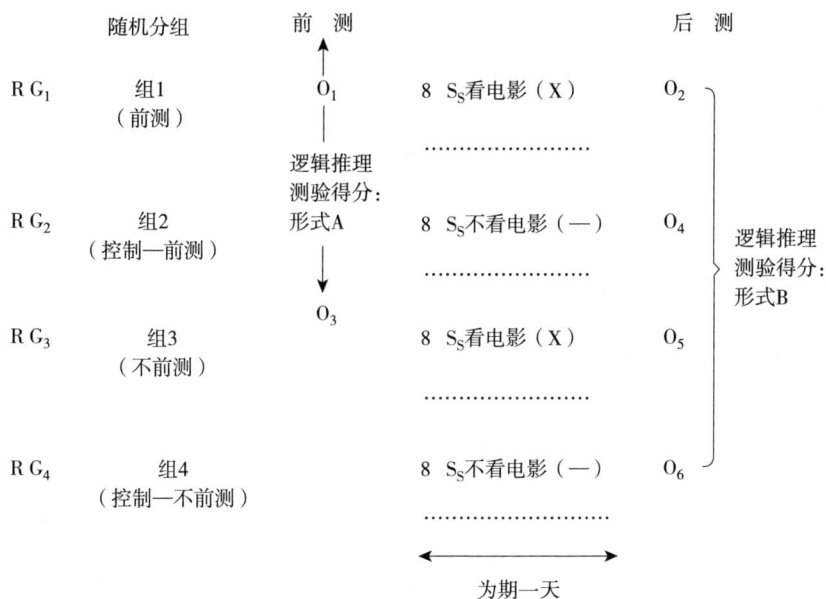

图 7.4 例 7.3 所罗门四组设计图

> 所罗门四组设计是仅施后测控制组设计和前测—后测控制组设计的组合。

因素设计

所罗门四组设计实际上属于**因素设计**的范围。因素设计通常包括两个或者更多的自变量，因此被广泛地应用于教育研究中。因素设计的基本构造在于，每一自变量的所有水平可以与其他自变量的水平结合使用（技术上称**全因素**）。设计至少需要两个自变量，每一变量至少有两种水平。这种最低限度的因素设计称为一个二乘二（2×2）因素设计。所罗门4组设计满足2×2因素设计的要求，因为它有两个自变量（实验变量和前测变量），每个自变量有两个水平。

从理论上讲，可以有任意数目的自变量，而且每一自变量可以有任意数目的水平。用数字来命名设计，如2×4，整数的个数表示自变量数目，整数的值表示具体的自变量的水平数。自变量数目不必与其水平数完全相同。一个2×3×5因素设计有3个自变量，相应的变量水平分别为2，3，5。符合该因素的例子就是：两种教学方法、3种能力水平和5个年级。上面那个2×3×5的例子需要30组。

在因素设计中，随着自变量和水平的增加，分组的数目也迅速增加。2×2因素设计有4个组。但若增加一个具有两个水平的自变量，就会使组数增加到2×2×2个，即8个（以2^3表示）。如果一个2×2因素设计，每个变量增加一个水平，则成了3×3因素设计，使组数增至9个。由于水平必须包含在所有的组合中，故而组的数目就是指定的因素设计中所有整数的连乘积。上面那个2×3×5的因素设计需要30个组。

与较简单的设计相比，因素设计的优点一般表现在三个方面：因素设计只需一个设计，经济方便，不必对每一自变量都提供不同的设计，且可以研究变量间的交互作用。就许多研究而言，研究变量间的交互作用非常重要，探讨交互作用的存

在与否是研究的重要目的。第三个优点是，通过计算增加的自变量与自变量之间的交互作用，可以降低随机误差。随机误差的降低可以提高实验效应显著性的几率。

交互作用是对因变量的影响，就是说一个自变量对另一自变量各水平的影响不能保持一致。当两个自变量的联合影响与它们分开的效应（增加的）不等时，便出现了交互作用。这就意味着一自变量本身的影响与它和其他自变量水平结合时是不同的。不同能力水平的学生从不同教学内容中受益不等，便是交互作用的实例。能力水平和教学内容为自变量。

交互作用最简单的类型是两个变量间的交互作用。（有时我们称其为**一阶交互作用**。）交互作用中可能包括两个或两个以上的自变量。然而，自变量越多，交互作用越复杂，解释起来也就越困难。

> 实验中的交互作用是对因变量的影响，比如，一个自变量在另一自变量的不同水平上的作用发生变化。

因素设计可以对不止一个自变量进行调节和控制。由此，它常常被用于加强控制的设计，其中相关因素作为自变量。从理论上说，因素设计可以扩展到包含任何有限数量的变量和水平。但是复杂的设计需要认真考虑，因为这样一项设计就其所需要的被试而言，并非经济可行。而且从实际看来，涉及两个以上自变量的复杂的交互作用有时也可能无法解释。例如，涉及 4 个自变量的交互作用——能力水平、被试的性别、教学方法以及教材类型时，结果就很难解释。

> 因素设计包含两个或两个以上的自变量，在单一设计中，自变量被称为因素。设计的单元取决于进行组合的自变量的水平。

正如上面提到的，如果加入其他自变量，因素设计会变得很复杂，需要的组数会很多。但是因素设计的概念很容易理解，在研究文献中，这种设计的确应用很广。下面的这个例子包括两个自变量，是一个 2×3 的因素设计，需要 6 组。

例 7.4　　　　　　　　　　　　　　　　　　　　　　　　　　　　153

一名教师想了解两种不同的美国历史教材的教学效果。一种图文并茂，另一种抽象，有详细的文字描述。参加实验的学生能力各异，并对学生进行了学业能力倾向测试。学业能力倾向作为控制变量，另外不同类型的教材对不同能力水平学生的效果也可能不一致。也就是说，教材的类型和能力水平可能产生交互作用。所研究的问题可陈述如下：

一项有关使用图文并茂的教材和文字叙述的教材对高、中、低三种能力水平的高中生的美国史学习成绩产生的效果的研究。

120 名学生根据能力水平随意分成三组：高、中、低。获得最高学业能力倾向测验分数的 40 名学生在"高能力"组，其次的 40 名在"中等能力"组，其余的 40 名在"低能力"组。再从每一能力水平组中抽取 20 名学生，随机指定使用两种教材中的一种，进行为期一学期的教学实验。因变量是涵盖实验教材内容的一次普通历史测验的成绩。设计图示见图 7.5。

图中因素设计的方案与前面的略有不同。实验组分布在不同的几个单元中，而非仅仅在几个行上，自变量的分布亦是任意的。该例中，教材类型是实验变量，用 M（指材料）取代 X，所有 6 个组均在学期教学结束时进行测试，Os 不在图表中。

该例中，随机分配仅用于给学生分配不同的教学方式，显然，不能对学生的能力水平随机分组，因为这是个体变量；能力水平也是主观确定的，以便 40 名学生在各类别都有分布。并不要求因素设计中的每个单元有相同数目的被试，但被试的数量往往相同，因为从某种程度而言，如果各单元所含数目相同，对数据的分析、结果的解释则更加简单。

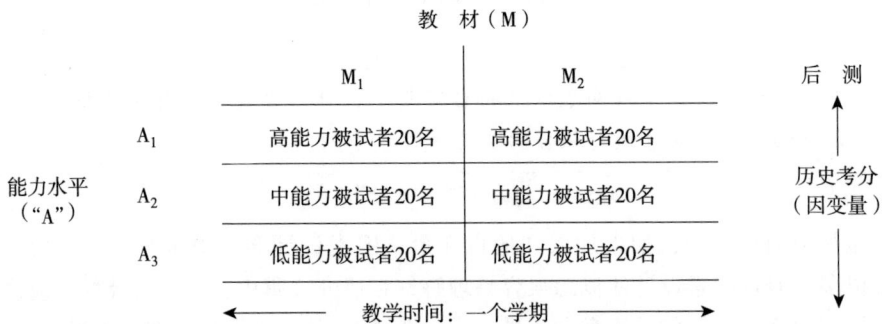

		教材（M）		后 测
		M_1	M_2	
能力水平 （"A"）	A_1	高能力被试者20名	高能力被试者20名	
	A_2	中能力被试者20名	中能力被试者20名	历史考分 （因变量）
	A_3	低能力被试者20名	低能力被试者20名	

◀——— 教学时间：一个学期 ———▶

图 7.5　例 7.4 2×3 因素设计

重复测量设计

154　　有时，在研究教育变量和行为科学中的一些其他变量时，很难预期变量产生作用的时间。对一些变量来说，作用的持续时间是不清楚的，因此应该扩展实验设计，以检验可能的延迟作用或者作用的持续时间。这可以通过增加观察次数，延长观察时间进行，这就是**重复测量设计**。如果我们通过这样的方式扩展后测控制组设计，那么该设计可以如下图所示：

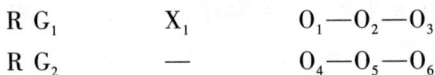

$$R\ G_1 \qquad X_1 \qquad O_1—O_2—O_3$$
$$R\ G_2 \qquad — \qquad O_4—O_5—O_6$$

在这种设计中，在完成对 G_1 的实验处理之后，可以对两组进行观察。在特定的常规的间隔之后，尽管没有进行其他实验处理，还是要对两组进行后续观察。观察间隔的时间长度取决于研究变量。

扩展设计容易受**多重观察**的影响，因为各组被测量了不止一次。早期观察会对后期的观察产生影响。是否会发生多重观察效应取决于研究变量。由于设计是随时间扩展的，因此实验结果特别容易受历史和成熟效应的影响，而这些效应会影响内在效度。

重复测量设计是指相同的被试在因变量上被测量了不止一次的设计。

例 7.5

有研究者研究三种锻炼方案（X_1，X_2，X_3）对静息心率的作用，在一次短暂紧张的锻炼之后，测量 1 分钟内的静息心率。要研究的问题陈述如下：

研究三种锻炼方案对年轻男性成人静息心率的作用和作用持续时间。

随机抽取了 60 个 18 岁到 22 岁的男性，每种锻炼方案组分配 20 个人。每天锻炼，持续两周，最后一天测量被试的心率。收集心率数据时，让被试进行 5 分钟的紧张锻炼并休息 1 分钟，然后再测量心率。两个星期的锻炼之后，不再对被试进行训练，并且告诉被试他们自己也不要锻炼。在锻炼方案结束后 3 个星期，再次测量被试的心率。这种设计见图 7.6。

155

	随机分配 （每组 20 个被试）	心率测量 （因变量）
R G$_1$	第 1 组：接受锻炼方案 A（X_1）	O_1————O_2————O_3
R G$_2$	第 2 组：接受锻炼方案 B（X_2）	O_4————O_5————O_6
R G$_3$	第 3 组：接受锻炼方案 C（X_3）	O_7————O_8————O_9
	←————— 2 周 —————→	← 3 周 →← 3 周 →

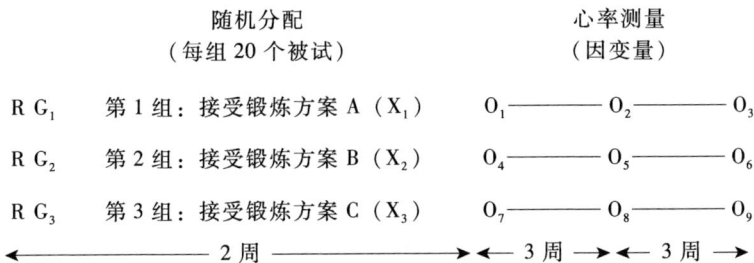

图 7.6　例 7.5 的重复测量设计图

在这个例子中，几乎不存在多重观察效应。3 周前对心率的测量对后续的测量应该没有影响。在锻炼方案结束以后，如果被试自己继续锻炼，会影响内在效度。在进行实验之前，我们必须得到被试的同意承诺，这样被试才会在为期 8 周的实验（包括所有的观察阶段）中按要求合作。

时间系列设计

坎贝尔和斯坦利（1963）把时间系列设计归类于准实验设计，是因为他们只在对未处理过的群体进行的实验中考虑了这一设计。然而在被试随机分组且能有效比较（如有控制组）的前提下时间系列设计也可以是一个"真"实验设计。时间系列设计包含有重复测量，通常在实验处理之前进行一些测量，并且在两次测量之间插入一次实验处理。

时间系列设计包含有重复测量，并且在两次测量之间插入一次实验处理。

---

156   例 7.6

一名大学教授给有 78 名学生的一个班讲授"教育导论"课。这些学生被分为两个讨论组，在为期一学期的这门课上进行每周两小时的讨论，小组讨论是从第 3 周开始，此后每隔两周对学生进行一次前两周内容的测试，在整个学期中共进行 7 次这样的测验，研究生被穿插在两组中参加讨论。

78 名学生被随机分为两组，每组 39 人，一组按传统的方法进行讨论，即只讨论已学习过的内容和可能提出的教育问题，这组为控制组。实验组除接受传统的方法外，在第 2 次和第 3 次考试间的讨论课上观看和讨论有关学校形势的录像带，录像带的使用就是实验处理，这一设计可图示如下：

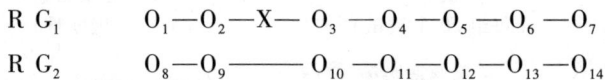

$$R\ G_1 \qquad O_1—O_2—X—\ O_3\ —O_4—O_5\ —\ O_6\ —O_7$$
$$R\ G_2 \qquad O_8—O_9———\ O_{10}—O_{11}—O_{12}—O_{13}—O_{14}$$

在上图中，两两相对的 O_s 表示测验同时进行，如 O_1 和 O_8 是相同的测试，字母的下标不同，表示测试来自不同的组别，O_s 间的水平线表示间隔为两周。

在这一例子中，人们的兴趣可能关注于 O_3 和 O_{10} 的不同，然而实验处理的迟滞影响也可能会检测出来。O_1 和 O_8，O_2 和 O_9 是在实验处理前测得的，且两组是随机分组，所以差别不应太大。

时间系列设计可扩展到多个组中，同时实验处理也可以多次插入。当然，时间系列设计可以随时间扩展。然而随着设计的扩展，偶然事件和成熟度对效度干扰的可能性也相应增加。时间系列设计在下一章中也将论及，因为它们在未处理群组中也是适用的，而单一被试设计可看做是时间系列设计在个体中的应用。

对实验结果的解释

如果一项实验有恰当的设计，研究就能得到有关实验的结果和实验效果的性质的结论。我们有很多具体的分析方法分析实验的数据。（分析方法将在后面的章节中讨论。统计的作用，包括描述统计和推论统计，在于提供了分析的方法。故而统计对研究工作是非常重要的。）然而，在解释结果时，我们要考虑数据（设计中的 Os）的模式以及这些模式揭示了怎样的实验处理。

对实验结果的解释可以通过两种方法来进行：（1）对于某一特定的实验结果（或 O_s 的模式），它的意义是什么？（2）怎样的比较可以确定是否存在某种影响？下面将列举一个设计实例并作简短解释，所用符号与前文一致。对结果的解释，主要借助于对各观测结果的比较。虽然 O_s 包括各种观察，如前测或后测得分，在设计中，它也代表各组数据的平均值或某组的测量分数。符号"＝"意为那些组近似于同质组；"≠"意为本质上的不同（本质上的差异可以通过推论统计得到确认）。在这些例子中，a，b，……等一系列结果是分别独立予以考虑的。

释例 7.1

一个包含 4 个组的前测—后测控制设计，采用了 3 个不同的实验处理 X_1、X_2 和 X_3 以及一个控制处理。对所有组进行了前测和后测。设计图示如下：

$$R\ G_1 \qquad O_1 - X_1 - O_2$$
$$R\ G_2 \qquad O_3 - X_2 - O_4$$
$$R\ G_3 \qquad O_5 - X_3 - O_6$$
$$R\ G_4 \qquad O_7 \text{———} O_8$$

a. **结果**：$O_1 \neq O_2$，$O_3 \neq O_4$，$O_5 \neq O_6$，$O_2 = O_4$，但 O_2、$O_4 \neq O_6$ 并且 $O_1 = O_3 = O_5 = O_7 = O_8$。

 解释：所有实验处理都有影响。X_1 和 X_2 的影响相同，但与 X_3 不同。

b. **结果**：$O_1 = O_3 = O_4 = O_5 = O_6 = O_7 = O_8$，但 $O_1 \neq O_2$。

 解释：X_2 和 X_3 不产生影响，仅 X_1 产生影响。

c. **结果**：$O_1 = O_3 = O_5 = O_7$ 并且 $O_2 = O_4 = O_6 = O_8$，但 O_1、O_3、O_5、$O_7 \neq O_2$、O_4、O_6、O_8。

解释：实验处理没有产生影响，但这可能是成熟效应导致的前测与后测间的变化。

d. 应作怎样的比较来确定独立于实验的被试是否有变化？

比较：O_7 和 O_8，若 $O_7 = O_8$，则没有变化；若 $O_7 \neq O_8$，则有变化。（比较也可在 O_1，O_3，O_5 和 O_8 间进行，因对被试进行随机分组，故而 O_1，O_3，O_5 和 O_7 被认为是对等的。）

应该说明的是，没有办法对该设计中前测的影响进行检验，因为是对所有组进行前测，不存在没有进行前测的比较组。如果有两个或更多的实验处理（该例中为3），区别它们也很重要，因为它们可能有不同的影响。该例中结果不会穷尽所有可能的模式，但他们描述了可能的结果。

释例 7.2

研究者使用3组设计。包括两个不同的实验处理 X_1 和 X_2 以及控制处理。对各组不进行前测，但对其进行两次后测，一次在实验处理完成后不久，另一次较晚，用来确定是否存在延迟的影响。设计如下：

$$R\ G_1 \qquad X_1 — O_1 —— O_2$$
$$R\ G_2 \qquad X_2 — O_3 —— O_4$$
$$R\ G_3 \qquad \quad\ — O_5 —— O_6$$

a. **结果**：$O_1 = O_3$，但 O_3 和 $O_1 \neq O_5$，而 $O_2 = O_4 = O_6$。

解释：立即产生了实验影响。实验处理 X_1 与 X_2 无差别。不存在长期实验效应。

b. **结果**：$O_1 \neq O_3$，O_1 和 $O_3 \neq O_5$，且 $O_2 \neq O_4$，且 O_2 和 $O_4 \neq O_6$，但 $O_1 = O_2$，且 $O_3 = O_4$，且 $O_5 = O_6$。

解释：实验既有短期影响也有长期影响。实验处理 X_1 和 X_2 影响有差别。影响有持续性。即短期影响与长期影响无差别。

c. **结果**：$O_1 = O_3 = O_5 = O_6$，但 O_2 和 $O_4 \neq O_6$，且 $O_2 \neq O_4$。

解释：无短期实验影响。实验处理 X_1 和 X_2 的长期影响有差别。

d. **结果**：$O_1 = O_3$，但 O_1、$O_3 \neq O_5$，O_1、$O_3 \neq O_4$，但 $O_2 = O_4$；O_1 和 $O_4 \neq O_6$。

解释：有短期实验影响。而且 X_1 和 X_2 的短期实验影响相同。也有长期影响，而且 X_1 和 X_2 的长期影响也是相同的。但长期影响与短期影响有差别。

e. 作什么比较才能断定是否存在长期影响，并断定 X_1 和 X_2 的长期影响是否一致？

比较：要有 O_2、O_4 和 O_6 间的比较。如果 O_2 和 $O_4 \neq O_6$ 说明有长期实验效果。然而如果 $O_2 \neq O_4$，就说明 X_1 和 X_2 的效果是不同的。

f. 作出何种比较可以确定时间的推移是否影响被试在因变量上的反应。

比较：要有 O_5 和 O_6 之间的比较。这些观测结果都是控制组方面的，是没有接受实验处理的。如果 $O_5 \neq O_6$，那就说明时间的推移产生影响。如果 $O_5 = O_6$，那就说明时间的推移并未产生任何影响。

g. 有什么办法可以确定三个组最初（实验前）是一样的？这一点有重要意义吗？有，为什么？没有，为什么？

回答：由于未进行前测，所以无法确定实验前的 O_s 是否一样。但有无这一点并不重要，因为被试是随机分配的（R），因此各组可以看做是相等的。

159

在先前的设计中可以进行其他的比较，当然，也会有其他形式的结果。这种设计和解释结果的一个重要特点是，必然存在一个用于对照的比较组，以检测可能存在的效应。所以，在第一例中，由于对所有组进行了前测，因此前测的影响无法查明。

对实验结果的解释是个最基本的过程。设计在结构上帮助研究者进行想要的比较和对比，以便确定有无影响。在任何一个具体的实验中，了解变量和有关的研究结果，也能帮助理解数据。

随机性和代表性

在本章描述的实验设计中，涉及一些对被试的**随机抽样**或**随机分配**，随机选择的样本能够代表所选的群体。如果对被试随机进行实验处理（还包括控制处理，如果有的话），那么在实验之前，被试组只会因为随机抽样的波动而有所不同，因为被试是随机分配的，所以实验组是同质的。这种特点构成坎贝尔和斯坦利（Campbell & Stanley，1963）所说的"真"实验设计。

然而，如果有大量的可得到的被试被随机分配到实验处理中去，这些被试代表什么样的总体？假定研究者使用报名听教育导论课的 120 名学生来做实验，学生被随机分布到实验处理中去，但这并非是从某一更大的总体中随机抽取的。如果对被试可以随机选择上教育导论课这一点无需争议，那么他们代表的是怎样的总体呢？这是一个有关外在效度的问题，只能由了解研究被试变量的研究者回答。这 120 名学生能代表在过去几年报名上教育导论课程的学生吗？他们能大体上代表学教育的大学生吗？或者他们能大体上代表年轻人吗？可能不是后者，但对其他而言可能会成立。

这样一种观点正渐渐形成，即代表性，进而是推广，当然需合乎逻辑。如果总是可以在所研究的总体中进行随机选择，那当然很好，但事实并非如此。该例中，如果 120 名学生参加一项学习实验，结果应该是有很大的可推广性的。这些结果是否可能被推广至其他年龄组，这依实验条件而定。

160   在有些教育实验研究中，使用的是未处理组。这些组不是随机选取，这些成员也不是被随机分配的，例如，当在实验中使用原生态班级的学生，这种情况就会发生。使用这种组时，我们称之为坎贝尔和斯坦利说的"准实验"设计（该设计在下一章中讨论）。如果从随机的角度而言，各组原先就不同质，那它就不仅会影响结论的可推广性，而且也影响实验的内在效度，因为各组在研究中的相关变量可能会存在原始差异。

总之，在设计一项实验时，能够随机是最好的，但并非总是可能的。即使用了随机分组，被试也可能不是从一些大的总体中随机选取的，在逻辑上的推广还是有争议的（随机取样和随机分配之间的差异在第 14 章"抽样设计"中有讨论）。当然，任何实验结果的外在效度必须根据具体变量的背景和实验条件来确定。

小　结

本章提供了一些在实验研究中较常见的设计。实验研究区别于其他研究的不同之处在于对变量的操控。实验设计为那些由研究者精心操作和控制变量的实验提供了实验的框架。可能会有这样的误解，以为一个老练的实验者会希望把实验设计得很复杂，其实一名真正成熟的实验者需要的仅是符合这项工作的实验设计——满足研究目的，能充分地检验假设。不管数据模型是什么，一个实验必须有明确的假设陈述，设计必须能检验这些假设，并为实验结果提供有意义的解释。

就这一点而言，读者应理解实验设计的本质所在和各种设计框架的逻辑。本章已介绍了有关良好的实验设计应具有的特征。一个构思精妙的设计并不能确保有效的结果；但是，一个不合理、不充分的设计必定会导致无法解释的结果和站不住脚的结论。设计需先于实验考虑，并对其进行缜密的计划和应用。没有什么实验后的处理、统计或别的什么方法能替代一个构思精妙的实验设计的作用。

核心概念

实验	实验处理	污染
实验变量	被试	省力
实验设计	实验控制	内在效度
外在效度	前测—后测控制组设计	多重观察
实验效度的干扰因素	所罗门四组设计	随机取样
仅施后测控制组设计	因素设计	随机分配
	重复测量设计	

161

练　习

7.1　给实验的内在效度和外在效度下一定义。为什么说对某些实验而言增加一种效度会干扰、削弱另一种效度？

7.2　一些教师想在学校里做一个有关班级大小对化学成绩的影响的实验。班级大小是自变量，有 4 种水平，分别为 10—14，18—23，26—31，34—38 个学生。参与研究的有 4 所高中，每所有 8 个化学班，每种水平各两个班。在本校内学生可以随机分布，在学校之间则不能。每个学校两名化学教师，每人教 4 个班。自变量是化学成绩，在一个学期的教学之后测验。举出一个或更多运用于该研究的实验设计。考虑可能的非控制变量和可控变量。是否存在对变量的混淆？列举可由该实验测得的一个或多个假设。

7.3　列举一个适用于仅施后测控制组设计的实验并详细讨论。考虑为什么不需前测以及需要的组数（可以将设计扩展到多于两个组）。在你计划的实验中如何增强控制？确定自变量、因变量和常量。

7.4　分析从前测—后测控制组设计到所罗门四组设计内在效度的提高。

7.5　一名教师要设计一个实验以确定辅助教材在高等代数课中的效果。因变量是一学期中代数学习的数量。该教师所教的 4 个高等代数班中共有 83 名学生，对他们进行随机分组，作为实验的被试。一组学生用辅助材料，另一组则不用。为该情景提供一个实验设计。教师需使用前测吗？怎样才可能增强内在效度？该实验有外在效度吗？若有，到何种程度？

7.6　对 5 个组使用仅施后测控制组设计，进行 4 次实验处理和 1 次控制处理。运用本章介绍的符号表示，图示如下：

162

$$R\ G_1 \qquad X_1 \qquad O_1$$
$$R\ G_2 \qquad X_2 \qquad O_2$$
$$R\ G_3 \qquad X_3 \qquad O_3$$
$$R\ G_4 \qquad X_4 \qquad O_4$$
$$R\ G_5 \qquad — \qquad O_5$$

a. 需要考虑各组在实验前是否相同吗？为什么需要？或者为什么不需要？

b. 能否确定从实验前到实验后各组在因变量上有无变化，而不依赖任何实验处理？为什么可以？或者为什么不可以？

c. 从以下结果和比较中得出什么结论？等号表示观察是相同的；不等号表示它们有根本的不同（注：只考虑已给的结果，不对不指定的结果作比较）。独立地考虑各组结果。

（1）没有一组 Os 相等；

（2）$O_1 = O_3$，并且 $O_2 = O_4$，但 O_1、$O_3 \neq O_2$、O_4；且 O_1、O_2、O_3、$O_4 \neq O_5$

（3）$O_1 = O_2$ 并且 $O_3 = O_4 = O_5$，但 O_1、$O_2 \neq O_3$、O_4、O_5

（4）$O_1 = O_2 = O_3 = O_5$，但 O_1、O_2、O_3、$O_5 \neq O_4$

7.7 一研究者运用下述实验设计，它包括 6 个组，实质上是模仿所罗门四组设计。只进行一次实验处理。

$$R\ G_1 \qquad O_1 \qquad X \qquad O_2$$
$$R\ G_2 \qquad O_3 \qquad — \qquad O_4$$
$$R\ G_3 \qquad O_5 \qquad X \qquad — \qquad O_6$$
$$R\ G_4 \qquad O_7 \qquad — \qquad — \qquad O_8$$
$$R\ G_5 \qquad — \qquad X \qquad O_9$$
$$R\ G_6 \qquad — \qquad — \qquad O_{10}$$

a. 由中间两组（显然）可以得到什么？

b. 可通过怎样的比较决定前测是否有影响？

c. 从以下结果和比较中可得出什么结论？

（1）$O_2 = O_9$ 及 $O_6 = O_8$，但 O_2、$O_9 \neq O_6$、O_8

（2）$O_2 = O_6 = O_9$，$O_4 = O_8 = O_{10}$，但 O_2、O_6、$O_9 \neq O_4$、O_8、O_{10}

（3）$O_1 = O_2 = O_3$，且 $O_3 = O_4$

（4）$O_2 = O_4 = O_9$，$O_6 \neq O_2$，且 $O_6 \neq O_8$

163 7.8 在下述实验设计中，3 组被试均进行一次前测和两次后测。运用 X_1 和 X_2 两次实验处理。

$$R\ G_1 \qquad O_1 \qquad X_1 \qquad O_2\text{———}O_3$$
$$R\ G_2 \qquad O_4 \qquad X_2 \qquad O_5\text{———}O_6$$
$$R\ G_3 \qquad O_7 \qquad \text{—} \qquad O_8\text{———}O_9$$

a. 从对被试进行一次前测而不是仅对被试进行后测可以得到什么？

b. 运用该设计能否确定前测影响，为什么能？或者为什么不能？

c. 如果有长期实验影响，通过怎样的比较可以确定？

d. 需要进行前测以确定实验前各组是否相同吗？为什么需要？或者为什么不需要？

e. 假定 $O_7 \neq O_8 \neq O_9$，对控制组进行观察，从结论中可以得到什么？

f. 从以下结果和比较中可得出什么结论？

(1) $O_2 = O_5$，但 O_2 和 $O_5 \neq O_8$，且 $O_3 = O_6 = O_9$

(2) $O_1 \neq O_2$，$O_4 \neq O_5$，$O_2 \neq O_5$，但 $O_7 = O_8$

(3) $O_2 = O_5 = O_8$，但 $O_3 \neq O_2$，$O_5 \neq O_6$，O_3 和 $O_6 \neq O_9$

(4) $O_2 \neq O_5$，O_2 和 $O_5 \neq O_8$，$O_2 \neq O_3$，$O_5 \neq O_6$，$O_3 \neq O_6$，O_3 和 $O_6 \neq O_9$，但 $O_7 = O_8 = O_9$

7.9 总结一下好的实验设计的总体特征，从这些出版物如《美国教育研究杂志》、《教育心理杂志》中，选择一或多篇涉及实验的文章，认真阅读确定其所用的设计和实验方法。实验是否有高度的内在效度？是否有迹象表明存在外在效度？

7.10 要考察受过培训的父母在指导一年级的孩子阅读方面的作用，请说明使用重复测量设计进行研究的三个优点。

7.11

	T_1	T_2	T_3
男　性	22	32	38
女　性	35	30	28

这是一个 2×3 的因素设计，通过计算任务时间来检测三种实验处理的作用，每 40 分钟观察一次，计算任务完成的平均时间。请描述其交互作用。

7.12 在练习 7.11 的设计中，如果实验处理和性别不存在交互作用，请填写女性完成任务时间的平均值。

	T_1	T_2	T_3
男　性	22	32	38
女　性			

164

注　释

① 水平（levels）一词来自于比如药物的剂量和化肥的浓度这样的实验变量；就是说，实验变量有数量上的水平。现在同样用于定性或类别变量以及定量变量中。

② 本章和随后一章我们使用的符号、术语和图表与坎贝尔和斯坦利在《教学研究的实验和准实验设计》（Experimental and Quasi-Experimental Designs for Research on Teaching）所介绍的相同。见盖奇（N. L. Gage）（编），《教学研究手册》（*Handbook of research on teaching*）（芝加哥：Rand McNally 出版社，1963，pp. 171 - 246）。最近这些符号被用于并扩展到更为复杂的设计中。见沙迪什和坎贝尔（W. R. Shadish，T. D. Cook & D. T. Campbell）著的《一般因果推论的实验和准实验设计》（*Experimental and quasi-experimental designs for generalized causal inference*）（波士顿：Houghton-Hifflin 出版社，2002）。

③ 如果推论统计用于分析这种设计的数据，与通常一样，根本性的差异将有统计意义。推论统计概念将在第 17 章讨论。

参考文献

Campbell, D. T. , and Stanley, J. C. (1963). Experimental and quasi-experimental designs for research on teaching. In N. L. Gage (Ed.), *Handbook of research on teaching* (pp. 171 - 246). Chicago：Rand McNally.

Cook, T. D. , and Campbell, D. T. (1979). *Quasi-experimentation：Design and analysis issues for field settings.* Chicago：Rand McNally.

Cronbach, L. J. , and Furby, L. (1970). How we should measure change—or should we? *Psychological Bulletin*, 74, 66 - 80.

Solomon, R. L. (1949). An extension of control-group design. *Psychological Bulletin*, 46, 137 - 150.

第8章

准实验研究

第 7 章所描述的设计具有一种常见的特征，即随机安排被试（组）进行实验处理。这样，实验对等组的获得及其在一定范围内的随机波动都归结于随机分配。然而，在进行教育研究时，被试的挑选和组合不可能总是随机的。举例来说，有些班级是随机形成的。例如，3 年级有 4 个班级，根据学生总名录，每隔 3 名学生抽出 1 名学生安置进一个班。有时大学的课可以分成几个上课区，这些上课区在白天的同一时间开课，这样就可以把学生随机分配到各上课区。如果随机分配实验处理，一个真实验设计就形成了。然而，在大多数情况下，如果研究者不能随机分配被试进入各组，那么这个原始组就会在某些因素上有所不同，并导致各组不对等。使用不经过随机分配的组是有风险的。一个准实验设计的被试组不是随机形成的，因此它只是接近真实验设计。这种准实验设计能够为教育作出有价值的贡献，但有一点很重要：研究者对实验结果的解释和推广应该特别慎重。

> **准实验研究**是指在实验中，使用原始组作为被试，而不是随机安排被试接受实验处理。

效度问题

缺少随机分组本身潜在地影响着实验的效度——无论是内在的还是外在的效度。在第 7 章中，我们就被试的不同选取方式对内在效度的影响作了说明。假设在一个实验中，采用 5 年级两个现成的教学班，其因变量是科学课的成绩，其操作性定义为一次科学课测验的分数。这些班级在先前已经按能力进行分班，一个班级属高材生班，另一个班属普通水平班。两个班级接受不同的实验处理。假如，一种实验效果产生在高材生班，就很难证明这个效果归因于实验处理。因为能力水平和实验处理是混淆不清的，我们就没有把握对其结果作出解释。

任何因素都可能对原始组起作用，同时我们无法证明这些组是否属于较大群体的随机样本。随机的选取或分配是一个过程（将在第14章描述），它或者做得到，或者做不到。对于准实验来说，它没有做到，由于缺少随机分配会降低对比组的同质性，而缺少随机抽样会损害结果的可推广性。

研究者使用原始组研究什么呢？为了实验的可推广性，必须在同一的逻辑基础上对实验组的代表性加以论证。出于对内在效度的考虑，研究者必须保证两个实验组间对等的程度，这需要认真考虑与所研究的变量有关的特征或变量。例如，假设要在现有的班级中进行一个数学教学实验，年级水平将很可能作为一个常量，或者作为一种需要控制的变量。研究者也想得到表明这些班级具有同等能力水平的证据。假如像 IQ 测验分数这样的实证资料可以提供的话，这会极有助于对等组的检验。实际上，这些资料有时可用于统计对照。即使采用实证性的资料，检验和确立对等组总不免带有某种基于有关实验条件和变量信息的主观判断性质。当我们解释实验结果时，必须对缺少随机性予以特别注意，因为它可能被抵消的程度也决定了实验的内在效度的可信性。

当考虑到准实验研究的效度问题时，应该对它的缺陷有清楚的认识，并对实验组间的对等性进行确定，同时在逻辑的基础上对其可能的代表性和可推广性加以论证。

仅施后测、非对等控制组设计

除了没有随机地将被试组成不同实验组外，许多准实验设计看起来非常像前章所讨论过的实验设计。当运用"非对等组"这一术语时，意味着从随机角度而言，它不是对等的，但并不是说实验组间不可能在相关变量或特征上具有相似点。的确，就准实验设计来说，对其结果效度的可信性，很大程度上取决于实验组间的相似性。

使用前章中所引入的符号，**仅施后测、非对等控制组设计**的最简单的形式可以图解如下：

$$G_1 \quad X\!-\!O_1$$
$$G_2 \quad\ \ -\!O_2$$

这种设计表示：一个实验组接受实验处理，同时另一个实验组作为控制组不接受实验处理。对实验组 G_1 完成实验处理不久，同时对两个实验组实施后测。这种设计可以推广为包括任意次的实验处理。对于 k 次实验处理，这种设计需要 K + 1 个实验组：

$$
\begin{array}{ll}
G_1 & X_1 - O_1 \\
G_2 & X_2 - O_2 \\
\vdots & \quad \vdots \\
G_k & X_k - O_k \\
G_{k+1} & \quad\ - O_{k+1}
\end{array}
$$

假如运用两次或多次实验处理而没有对控制组进行实验处理，那么这种设计就可以称作仅施后测、非对等多组设计。

仅施后测、非对等控制组设计包含与实验处理次数一样多的实验组，再加上一个控制组。使用原始组进行实验，仅在实验处理实施后测量被试一次。

任何实验的效度都依赖于特定的实验条件，采用仅施后测、非对等控制组设计的实验效度一般是较低的。这一问题可能产生于实施实验处理前，选取被试的偏差和缺少前测。除非能获得可以证明各实验组相似程度这样的现成资料，否则不应该采用这种实验设计。这些数据虽然不能消除被试选取上的偏差（假设它存在的话），但它们提供的信息可以避免对实验结果的错误解释。

例 8.1

一位初级中学的老师，教授 8 年级 4 个班的科学课，研究关注的是采用 3 种不同的新方法和 1 种传统方法（控制）对科学课实验室部分的教学是否存在不同影响。这位老师对 4 个班级分别采用一种不同的教学方法。因变量是对科学实验室教学内容实施期末考试的成绩。研究的问题可以陈述如下： 168

一项关于教学方法对 8 年级科学实验室考试成绩影响的实验研究。

实验设计的图解如图 8.1。

	原始教学班	实验变量	后　测	
G_1	1班	方法1（x_1）	O_1	因变量：
G_2	2班	方法2（x_2）	O_2	科学实验室
G_3	3班	方法3（x_3）	O_3	课考试分数
G_4	4班	传统方法（－）	O_4	

$\longleftarrow$ 一个学期 $\longrightarrow$

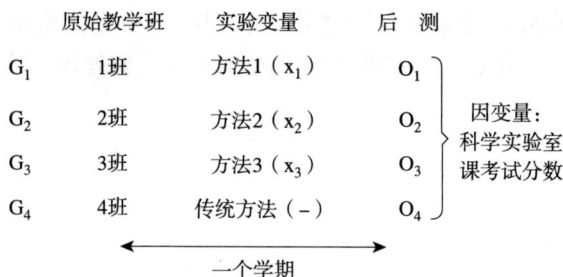

图 8.1　例 8.1 中，仅施后测、非对等控制组设计的图解，
包括 3 个实验组和一个控制组

没有实施前测，但为了检查班级的相似性，查阅了其他材料，获得了以下信息：

1. 在班级中，男生和女生的比例大略相等。

2. 学生在先前 7 年级时的科学成绩，1 班、2 班和 4 班的大约相同，而 3 班学生成绩稍微高些，对于诸如数学等其他学科，7 年级时的学生成绩情况与科学成绩的趋势相同。

3. 尽管这所学校大部分不是按学生能力分班，但有一个英语优等班；因为受课程安排时间的限制，3 班的许多学生也在英语优等班里学习。

在这项研究里，教学时间和教师是常量。1 班和 4 班上午上课；另两个班下午上课。

对于可能影响考试成绩的变量，1 班、2 班和 4 班看起来很相似，然而，3 班似乎是一个能力较强的班级，在解释实验结果时，这是不能不考虑的。既然任何一个班仅接受一项实验处理，那么实验处理和能力水平间可能存在着部分的混淆。

例 8.1 的实验结果及其解释

假设后测呈现出以下实验结果模式：$O_1 = O_2$，但 O_1 和 O_2 均大于 O_4，而 O_3 又大于 O_1 和 O_2。

解释

方法 1 和方法 2 都比传统方法更有效，而且方法 1 和方法 2 效果相同。

既然一班在上午教学，另外两班在下午教学，这些方法看来并不受一天中时间不同的影响。我们对于方法 3 无法得出确切的结论；实际上，它有可能不如传统方法有效，3 班后期测试的高分可能归结于学生的能力。

169

这个例子阐明了这样一个事实：根据实验结果的情况，准实验设计可以有多个解释。可能方法 3 是可以解释 O_3 的高分的有效方法，也可以将 O_3 的高分归因于实验组 G_3 的高能力。假设测试结果 O_3 比 O_1、O_2 和 O_4 都低，那么就可以毫无疑问地说：方法 3 不如其他方法有效，至少对能力较高的学生无效。1 班、2 班和 4 班的相似性使我们对用方法 1、方法 2 和传统方法得出的结论相对有信心。

前测—后测、非对等控制组设计

前测—后测、非对等控制组设计除了对被试实施前测外，其他方面与仅施后测、非对等控制组设计相似。假如有 k 次实验处理，其一般形式可以图解如下：

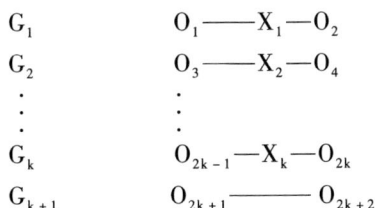

$$
\begin{array}{ll}
G_1 & O_1\text{——}X_1\text{—}O_2 \\
G_2 & O_3\text{——}X_2\text{—}O_4 \\
\vdots & \vdots \\
G_k & O_{2k-1}\text{—}X_k\text{—}O_{2k} \\
G_{k+1} & O_{2k+1}\text{————}O_{2k+2}
\end{array}
$$

这种实验设计的最简单形式仅需要两个组：一个实验组和一个控制组。假如不含有控制组，那么此设计称为前测—后测、非对等多组设计。

前测的结论对检测各实验组的相似性是非常有帮助的，因为前测的分数是与因变量有密切联系的变量。这种前测是在实验前在同样的条件下对所有被试都进行的测试，其分数也可用于统计控制，在有些情况下，可能会产生增益分数。

> **前测—后测、非对等控制组设计**有助于检测实验组间的相似程度，其前测的分数可用于统计控制或产生增益分数。

例 8.2

170

在 4 年级进行一项采用两种新的阅读方案的教学实验，研究各方案对学生阅读成绩可能产生的影响。这项设计的实验处理是新的阅读方案，传统的方案作为控制处理。同一学区的 30 所小学的 4 年级班级参加实验，不进行随机分配。每种方案都有 10 位教师报名参加，即两种新方案和一种传统方案各由 10 名教师来施行。当然，每位教师只能施行一种方案。先用阅读成绩测验 A 卷对学生进行前测；然后用这 3 种教学方案教学 18 周；随后对学生采用阅读成绩测验 B 卷进行后测。这项设计的图解见图 8.2。

前测分数有助于检测各班的相似性程度，但这并非是能够检查的唯一变量。由 30 位老师施行，且每位老师仅采用一种方案。在可能影响阅读成绩的因素方面，每 10 位教师构成的实验组是否相同呢？尽管各位教师间可能存在差异，但若从全体教师考虑，10 位教师一组的小组间则可能很相似，其中要检查的一个要素就是每位教师教学经历的长短。如果所有经验丰富的教师都集中到一个组里，那么在各组之间就会存在一种系统性差异。

如果 30 个班级所在的学校分别处于诸如社会经济条件差别很大的地区，那么这点也必须加以考虑。如果把一种方案限定在一种社会经济水平不同于其他地区的学校，实验将不会得到满意效果，因为这样会造成学校影响和阅读方案影响相混淆。理想的安排方法是：每 3 个社会经济条件相同的学校，各执行一种方案。某些学校将可能执行不止一个方案，尽管这种安排或许会因不同班级学生间的相互交往而导致实验数据的"污染"。

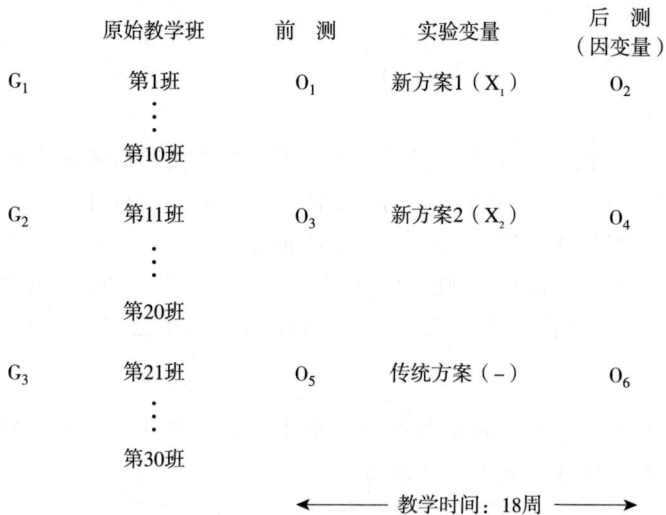

	原始教学班	前　测	实验变量	后　测（因变量）
G_1	第1班 ⋮ 第10班	O_1	新方案1（X_1）	O_2
G_2	第11班 ⋮ 第20班	O_3	新方案2（X_2）	O_4
G_3	第21班 ⋮ 第30班	O_5	传统方案（－）	O_6

◄──── 教学时间：18周 ────►

图 8.2　例 8.2 前测—后测、非对等控制组设计图解，
有两个实验组和一个控制组

171　　　图 8.2 中，虽然有 30 个班级，但仅有 3 次前测和 3 次后测。当我们分析实验结果时，首先要核对各组的结果。但对于像此例这样的大规模研究，

通过进行更为细致的比较，对实验结果进行分门别类的整理通常是有益而又必要的。

1. 假设一个方案（组）里的各个班级前测分数相似，比较这一方案内 10 个班级后测的分数，这些分数是彼此接近呢，还是差别很大？如果它们彼此相近，那么表明这个方案具有一致性效应；如果它们差别极大，那么其内在的差异超过了方案在同一组的各个班级中任何的效果，或者说方案对于各个班级的影响是不一致的。

2. 假如前测的分数变化不一，根据前测分数，将这一方案内的班级分成两个或三个类型（高、中、低）。接着检查每一类型的后测分数，来确定这一方案内各类型间和同一种类型各个方案间增益分数是一致，还是不同。例如，假设对于前测中得分高的班级，接受新方案 1 实验处理的增益远大于新方案 2 和传统方案的增益。这是一种同一类别内的跨方案比较，同时它表明第一种方案对于那些起初就有较强阅读能力的学生来说是最有效的。

3. 如果这些班级前测分数相似，比较同一方案内各班级后测分数。假如它们大略也相同，那么诸如教师和学校等外部因素的影响具有一致性；假如分数不相同，说明这些因素产生了不同的效应。

例 8.2 的实验结果及其解释

假设出现了以下结果：$O_1 = O_3 = O_5$，但 $O_2 \neq O_4$，而且 O_2、$O_4 \neq O_6$，但 O_4 大于 O_2，O_2 又大于 O_6。

解释

根据前测结果，一开始小组间看起来十分相近，实验后方案产生了效应：两种新方案都比传统方案有效，而且新方案 2 最有效。

在许多非对等组的实验中，实验设计尽量把控制变量作为自变量包含其中（上述的社会经济水平如果能以这种方式包括在内，那它将是一个控制变量的例子）。从本质上来说，这种设计可以扩展为一种因素设计。如果随机性的某个方面得以考虑，这种实验设计的效度会大大地提高。在上述例子中，如果让 30 个班级随机分配接受不同的方案，那么这种设计会很有帮助。如果 30 个班级随机安排不大方便，那么将 10 人一组的教师分组建立在随机分配的基础上均等地进

172 行实验，则是完全能办到的。这样的安排就可以使实验处理和控制处理中教师间的差异，趋于相等。当我们运用准实验设计的时候，一般都尽力让实验得到尽可能充分的控制。此外，要利用可搜集的信息来检查各组被试的相同性，对于实验结果的解释和推广应用，也应该根据这一信息的背景和实验条件来进行。

时间系列设计

在第 7 章，我们介绍了时间系列实验设计。在这种设计中，被试随机分配，有控制组作为比较的基础。然而，时间序列设计常常和一个或者多个原始群体组一起使用，在这种条件下，就变成了准实验设计。时间系列设计需要进行反复测量，并在至少一个实验组的两次测量之间进行一次实验处理。时间系列设计对那种过一段时间自然地周期性地对因变量进行测量的情景是有效的，如对一个班级的重复测试。测量在各次观察之间应该具有一致性，但因为存在多个因变量，要达到一致性可能是不容易的。

作为一种准实验设计，时间系列设计就是对一个或多个原始群体组进行重复测量，并在至少一个组的两次测量之间插入实验处理。

单组时间系列设计

一个单组时间系列设计可以简单地图解如下：

$$G \qquad O_1—O_2—O_3—X—O_4—O_5$$

我们已经指出，系列设计没有对被试进行随机分配。可以有任何可行次数的观察或测量，实验处理的插入应随机进行。观察可以与例行的测量合并进行，如在一个班级中每 4 个星期测验一次。

时间系列设计的一个特征就是可能的结果模式有很多。这就产生了一个内在效度的问题，尤其是仅有一个被试组的实验，对于实验结果可能有其他解释，而未必是实验处理的效果。图 8.3 表示了 3 种可能出现的结果模式。坐标中横轴上的 O_s 代表测量，纵轴代表因变量的数值范围。

对于任何一个特定的实验和一种因变量而言，只能有一种结果模式。对于 A 模式的解释是：这项实验处理显然是有效的。与实验处理之前相比分数稍有提高，但是在实验处理实施之后，分数提高很多，尤其是在第 3 次和第 4 次、第 4

次和第 5 次测量之间。随着时间的流逝，实验处理效应减弱，第 5 次测量和第 6 次测量之间的提高率降低。直线的倾斜度直到第 5 次测量和第 6 次测量之间才恢复到与实验处理前相近的水平。

表面上看，B 模式好像没有什么实验处理的效果。然而最后两次测量间出现的明显上升，则可能说明这一实验处理不是无效，而是出现了延迟效应。如果没有明显的外部事件造成这一变化，那么以实验处理效果来解释当然是合乎情理的。鉴于此，预见到实验处理的介入与实验效果的出现之间的间隔时间，是很重要的。对于某些变量，在 B 模式中的效果和它在 A 模式中的效果差不多一样明确。应该指出，随着时间间隔的延长，无关干扰事件介入的可能性也会相应增加。

173

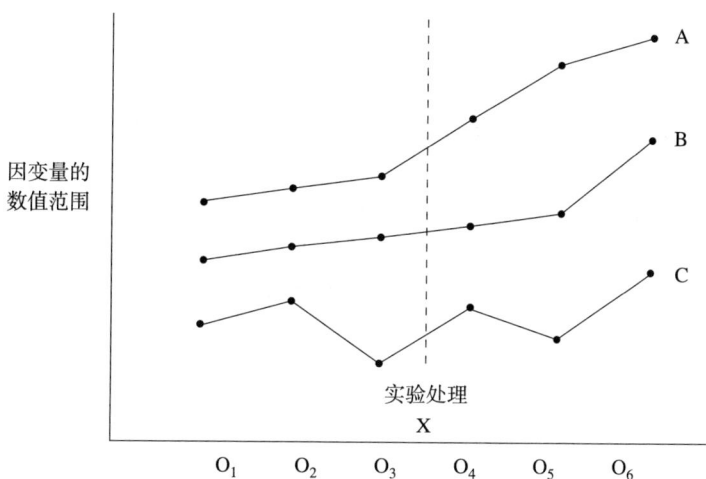

图 8.3　一个单组时间系列设计可能的结果模式

C 模式的不规则曲线，几乎排除了对实验处理效应做出结论的可能性。由于没有控制组，很难推断不受实验处理的结果模式会怎样。各测量点之间的波动可能表示有其他因素发挥了作用，而且其作用的强度超过了实验处理的效应。这时候，有必要对实验加强控制，直至它灵敏地反映出实验处理的效果来。然而，我们不能根据 C 模式的曲线得出实验处理无效的结论。

时间系列设计中的多次观测是颇有用处的，它不仅能使研究者据此确定实验处理的可能效果，而且在效果可能不出现时，使研究者避免做出草率的推论。思考一下 C 模式，如果只有 O_3 和 O_4 两个观测结果，那么研究者将做出结论：实验处理有效。但两次观测结果的差异可能更应归结于其他因素。对于 B 模式，如果只观测 O_3 和 O_4（甚至再加上 O_5），那么可能存在的延迟效应将会被忽略。因此，全面地考虑整个模式是很重要的。

例 8.3

一位理疗师在对 12 个人一组的病人实施一项为期 9 周的康复计划。小组成员每天都要接受治疗，在每周末进行一次体能测试。除了第 7 周（在随机的基础上决定的）期间施行一种实验治疗法之外，都采用一种传统类型的治疗法。此项设计可以图解如下：

G O_1—O_2—O_3—O_4—O_5—O_6—X—O_7—O_8

假设此项实验结果呈现如图 8.4 所示的模式，怎么解释这些实验结果呢？有力的证据表明：实验治疗法要比传统治疗法更有效。前 6 周身体改善状况的模式非常一致，但整个第 7 周，曲线呈现出急剧上升趋势。在第 8 周期间，身体好转的趋势又恢复到早期水平。这样，除非有某种其他因素影响，否则为何第 7 周期间体质测试成绩上升很快呢？这为解释实验效果提供了很好的例子。

在此实验中，保持观测的一致性是没有问题的，因为贯穿实验始终，都采用同一份体能测试。我们来看另外一种情况。一位小学教师运用时间系列设计来检验拼写练习中个别练习与小组练习的效果，他以所教的班作为实验组。每周这个班都在课外安排一定的时间（除教学之外）来进行拼写练习，而且每星期五进行一次测验。平时的练习方式都是个别练习，但 6 周后的一个星期，采用小组练习的方式，并作为实验处理来进行。

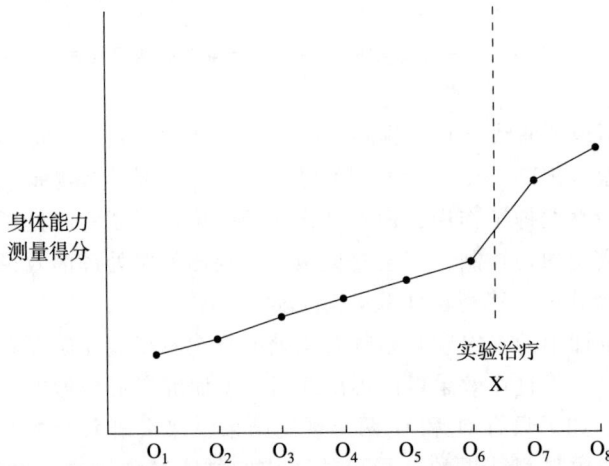

图 8.4 例 8.3 实验结果的模式，运用单组时间系列设计

这一实例中的一个重要问题，就是保持每周测验难度水平的一致。如果小组练习之后的测验比其他星期的测验容易，那么这一周班级的分数就会偏高，较容易的测试干扰了对实验结果的解释。当然，无论练习的方式如何，练习时间的长度应该是个常量。

多组时间系列设计

单组时间系列设计可以扩展，使其包括两个或两个以上的组。这种实验设计通常包括一个控制组，这种情况的设计例子可以图解如下：

$$G_1 \quad O_1—O_2—X—O_3—O_4—O_5—O_6—O_7$$
$$G_2 \quad O_8—O_9——O_{10}—O_{11}—O_{12}—O_{13}—O_{14}$$

此外，可以进行任意多次的观测，并且实验处理随机插入一个实验组，各组测量的次数也要相等。

多组时间系列设计包含两个或两个以上的原始群体组，其中一个小组可以作为一个控制组，应至少对一个被试组插入实验处理。

两个或两个以上小组得出的结果巩固了多组时间系列设计的地位，因为它为实验提供了比较，因而也就增强了实验的内在效度。例如，这种设计提供了一种检验伴随实验处理出现的一种外部事件是否起作用的可能性。假设在一个有控制组的实验设计中，对实验组实施实验处理之后，立刻进行观测所得的观测结果表明：两组都产生一个非常大的增长。既然在两组中都产生了这种增长，这就不能说是实验处理的效果（因为控制组没有接受实验处理），因此这很可能归因于同时影响两个组的某种外部因素。

在实验处理之前进行观测的结果可以用于检查小组间的相似性。对于任何多组准实验设计，小组间的相似性越大，从实验结果中得出的结论就越可靠。

例 8.4

一位老师教 1 年级 3 个班的代数，他决定进行一项研究，其研究问题可以陈述如下：

一项关于不同反馈类型对代数成绩影响的研究。

在这个学期中，这位老师进行了5次同等难度的1小时代数测验。尽管随着教学的进展，这些测验涵盖了不同的教学内容，但因为老师精心采用了难度水平大致相等的题目设计试卷，因而每次测验具有大体相同的难度。在第2次和第3次测验之间，教师给1班以积极反馈（X_1）；给2班以消极反馈（X_2），对第3班不作任何反馈（控制处理）。这项实验的图解如图8.5。

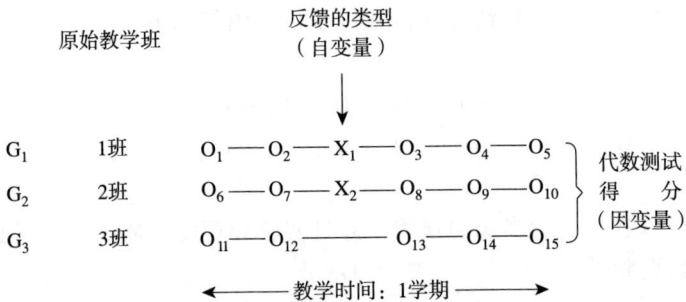

原始教学班　　　　　　反馈的类型
　　　　　　　　　　　（自变量）

G_1　　1班　　O_1 —— O_2 —— X_1 —— O_3 —— O_4 —— O_5　　代数测试
G_2　　2班　　O_6 —— O_7 —— X_2 —— O_8 —— O_9 —— O_{10}　　得　　分（因变量）
G_3　　3班　　O_{11} —— O_{12} —— 　　 O_{13} —— O_{14} —— O_{15}

◄—— 教学时间：1学期 ——►

图8.5　例8.4多组时间系列设计图解，包括两个实验组和一个控制组

176　　　　这一实验设计不但可以使教师在两个实验组间作比较，而且也可以在实验组与控制组间进行比较。注意到实验处理仅在两次观测之间实施，在这一点上，我们可以考虑可能的实验结果模式和可以作出的有关解释。因为有很多的观测值，解释结果就需要我们对之加以整理。我们可以独立地考虑以下模式。

例8.4 结果模式1

$O_1 = O_2 = O_5$，同时，$O_3 = O_4$，但O_3、O_4比O_1、O_2和O_5大；$O_6 = O_7 = O_9 = O_{10}$，但O_8比O_7要小；另外，$O_{11} = O_{12} = O_{13} = O_{14} = O_{15}$，而且$O_1 = O_6 = O_{11}$。

解释

积极反馈（X_1）提高了学习成绩，其效果持续到第4次观测O_4；消极反馈（X_2）降低了学习成绩，但它仅产生了一个短暂的影响效果。因为第3组G_3的学习成绩非常一致，看起来不像有任何外部因素导致成绩发生变化。尽管没有随机安排各被试组，但依据代数考试成绩，最初各班的考试分数是相等的，所以各小组在实施实验处理前看起来是大体相似的。

例 8.4 结果模式 2

$O_1 = O_2$，$O_3 = O_4 = O_5$，但 O_3、O_4、O_5 比 O_1、O_2 都大；$O_6 = O_7 = O_8$，同时 $O_9 = O_{10}$，但 O_9、O_{10} 又比 O_6、O_7、O_8 大；$O_{11} = O_{12} = O_{13}$，而且 $O_{14} = O_{15}$，但 O_{14}、O_{15} 要比 O_{11}、O_{12}、O_{13} 大，$O_1 = O_6 = O_{11}$，而且 $O_4 = O_9 = O_{14}$。

解释

因为在这种模式中第 3 组（G_3）和第 2 组（G_2）分数相同，说明消极反馈（X_2）无效。积极反馈 X_1 提高了学习成绩，至少显示了有直接的效果。因为所有的班级在第 4 次测验中成绩都提高了，所以很难对积极反馈（X_1）的长效性作出任何推断。各个班级代数成绩的一致提高很可能归结于一种外部因素。无论什么因素引起了这种增长，它都产生了一种持续到第 5 次测验的效果。既然各班开始测试的分数都相等，因此各班在实验开始时看起来是相似的。

当然，伴随大量的观察，像上面的事例，有可能出现大量不同的结果模式。假如这些模式都是无规则的，要得出一般性结论往往是困难的。如本例中，若各班的观测结果始终波动不定，就很难得出结论。另外，如果先于实验处理前的各班测试得分存在差异，那么就很可能存在一种选样的偏差。

时间系列设计的变型

前面的讨论集中在单组和多组时间系列设计——这是时间系列设计的基本形式。然而，有一些实验设计的变型也可归于这种设计中。在时间系列设计中观测的次数依赖于所研究的变量，但应该有足以建立结果模式的充分的观测值。其中一种变型是增加时间系列中观测的次数，对于长期的实验或对于那些观测点可以紧密排序的实验，观测的次数甚至可能达到 15 次或 20 次。但是如果实验时间被延长，增加观测的次数确实会增加外部因素产生作用的可能性。

另一种变型是在时间系列中插入多于一次的实验处理。如果时间系列被延长，这种变异是非常可行的。多次插入实验处理为这项实验效果（如果这一效果存在的话）的一致性，提供了检测的机会。有两种途径可以完成实验处理的多次插入：（1）以随机的方式插入两次或两次以上的实验处理；（2）一旦将实验处理插入，那么使它继续保持在实验的后续部分中。这两种方法可以图解如下。

1. 多次随机插入 X：

G　　O_1—O_2—X—O_3—O_4—O_5—X—O_6—O_7—O_8

177

2. 连续插入 X：

$$G \qquad O_1—O_2—O_3—X—O_4—X—O_5—X—O_6—X—O_7—X—O_8$$

这些方法中的任何一个都可用在上例代数班级的实验处理中。X_1 和 X_2 两种强化可以多次随机地插入时间系列中；或者在第一次插入后，让它们持续地保持在这一学期的后续部分实验中。

多次插入实验处理的变型可以归于时间系列设计中。

单一被试设计

教育研究中大多数实验研究涉及的是包含多组被试。换言之，我们试图通过实验获得可用于群体而不是个体的实验结果。然而，对于有些实验情境，采用个体被试是合适而且是必要的——从本质上讲，就是一个样本。在这些单一被试情境中，基本的实验方法是研究在实验条件和非实验条件下的个体。

单一被试研究有助于教师从事个别学生的研究（可能是行动研究）。以个体的方式对学生进行指导的辅导员，就可以使用**单一被试设计**。那些康复和理疗领域的研究者也可采用个别研究。一般来说，一个被试因为某种情况或问题参与一项研究，不存在随机选取或分配的问题。因此，单一被试设计通常被认为是准实验设计。

单一被试设计一般要进行反复观测，有时要对因变量进行好几次观测。而且观测要高标准严控制，这样，观测中的变异才不至于被解释为一种实验效果。我们必须对实验的条件加以详细描述，这样不但能加强实验结果的解释，而且有助于增强实验结果的可推广性。

单一被试设计具有常被称为**单一变量规则**的特征。其意思是，在实验处理实施期间，仅有一个变量（即实验处理）改变。在传统处理（或称基线处理）和实验处理期间，所有其他条件——诸如时间长度、观测次数等，都保持不变。为了避免把某种其他效应误解为实验处理效应，有必要对实验结果作出解释。

传统的处理或正常条件起作用的这段时间被称为**基线**，这段时间应该足够长以保证因变量得以稳定。假如一个因变量正波动不定时，实施了实验处理，那么就不可能判定因变量的变化是否归因于实验处理。

单一被试设计通常要进行重复测量，同时它还适用于**单一变量规则**——一次实验仅改变一个变量。

正如其他任何准实验设计一样，效度也是单一被试设计需要关注的一个重要问题。为了能够解释实验结果，研究者必须对内在效度加以确定。同时要考虑到对实验结果（非实验效果）的其他解释。正如我们所希望的，对这些解释要去伪存真。针对其他解释，有必要尽可能保持对实验的控制，同时要了解研究中可能起作用的其他变量的属性。外在效度依赖于该调查研究和其他情景的相似性，这必须在一种逻辑的基础上才得以说明。

A-B 设计

我们采用一组相当独特的符号来表示单一被试设计，A 和 B 用来代表实验条件：A 表示基线条件，B 表示实验处理条件。既然实验使用个体被试，就不需要被试组符号。

A-B 设计是最简单的单一被试设计。一般来说，这种设计可以图解如下：　179

基线条件（A）　　　　　　　　　　实验处理（B）

$$O_1 \rule{3cm}{0.4pt} O_k \qquad O_{k+1} \rule{4cm}{0.4pt} O_{2k}$$

$$\longleftarrow \quad X \quad \longrightarrow$$

$$T_A \qquad\qquad\qquad T_B$$

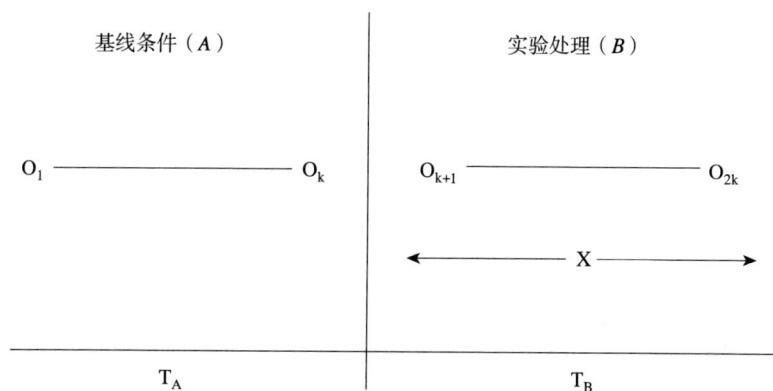

在这一设计中，研究者要在基线条件下观测单一的被试，直到因变量趋于稳定。接着将实验处理引入实验，再对被试进行相同次数的观测。图底部的 T_A 和 T_B 代表着实验设计中的时间段，并且 $T_A = T_B$。

对 A-B 设计实验结果的解释是建立在这样的假设基础上的，即如果实验处理没有引入的话，基线条件下的观测结果就不会发生变化。这种设计极易受其他变量的影响，这些变量可能与被试的经历和成熟有关，由它引起的效应可能会影响内在效度。由于两种条件之间产生的变化仅有一次，在某种意义上，就其内在效度而论，A-B 是最差的单一被试设计。

例 8.5

一位新教师陷入课堂管理的困境，而一位经验丰富的教师正在帮助这位新教师解决这一难题。这位经验丰富的教师对新教师进行了为期 4 周、每周两次的观测，采用的是一份教师表现观察记录表，诸如《有效研究的主要课堂观察表》（COKER）。这段时间属于基线时间（A），8 次观测所得的数据组成了基线数据。在这 4 周期间，新教师的课堂表现非常稳定。

实验处理（B）是两位教师半个小时的磋商，其间经验丰富的教师讨论了新教师的课堂表现并尽量指导新教师的行为向改善课堂管理的方向转变。这种磋商进行了 9 次，第一次是在实验处理条件 B 中第一次观测之前，随后每进行一次观测紧接着一次磋商。就像条件 A 一样，条件 B 也实施 4 个星期，而且 8 次 B 条件下的观测也是在与 A 条件相同的情况（同样的班级、同样长的时间、一天的同一时间等）下进行，唯一不同的是实验处理。这一研究的实验设计可以图解为图 8.6。实验数据来自 COKER 记录表。

180

例 8.5 结果模式 1

从 O_1 到 O_8 的观测值是稳定的，这使我们确信教师的目前行为不能改善课堂的管理。接着从 O_9 开始到 O_{14}，观测值呈上升趋势，说明教师的行为改善了课堂管理，然后从 O_{14} 到 O_{16} 观测结果又趋于稳定。这一观测结果见于图 8.6 中。

解释

这样一个结果模式，无可置疑地证明了实验处理取得了期望的效果。教师的课堂管理行为得以改善并处于一个稳定的状态。然而，这种实验结果也可能归因于新教师的自然成熟，尽管由于时间相对较短，把这作为实验结果的另一种解释未必是正确的。

例 8.5 结果模式 2

从 O_1 和 O_5 之间，曲线表现出较大的波动，但 O_5 到 O_8 较稳定。除了教师改善课堂管理的行为观测值稍高外，从 O_9 到 O_{16} 的曲线具有和从 O_1 到 O_5 一样的波动模式。

解释

对于这些实验结果几乎不可能得到确切的解释。新教师的课堂表现非常不稳定，尽管实验处理似乎稍微改进了教师的表现，但在整个 4 周的时间

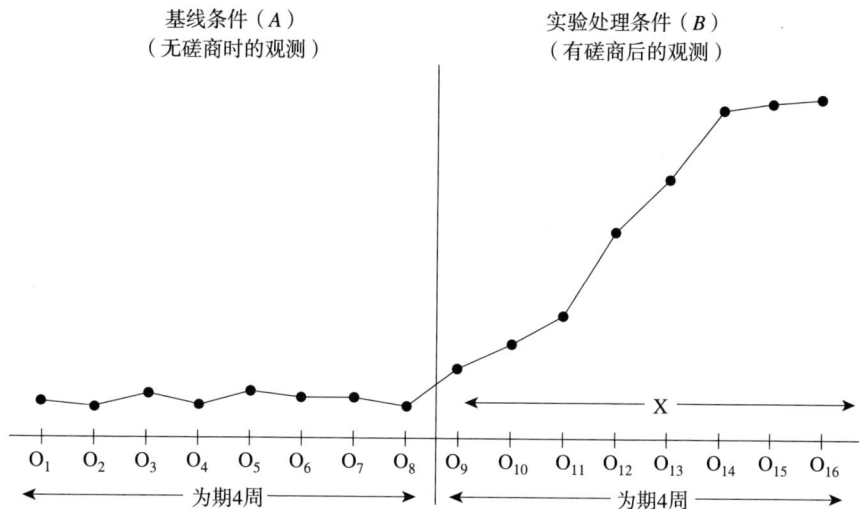

图 8.6 以例 8.5 结果模式 1 所做的单一被试 A-B 设计图

内，教师课堂表现的稳定性并没有提高。显然，存在着诸如课堂条件或教师
情感等其他变量的影响，并且其效果超过了实验的效果。

关于这项研究结果的可推广性如何呢？假如结果模式 1 恰是我们得出结论的
实验结果，那么这些结果将可以推广到其他新教师身上去，推广到那些具有和这
项研究的教师特征相似和在类似的条件下教学的新教师。可推广性必须经过详尽
描述才能确立，这样才能证明推广情境与实验情境的相似性。因为这些教师要竭
力解决的是一种即刻的、局部的问题，所以他们可能不太关心实验的可推广应
用性。

A-B-A 设计

A-B-A 设计是 A-B 设计的展开，它是紧接着实验处理之后又引入了一段基线
时间。此类设计因为实验处理在后期被取消，又可称为反转设计或删除设计，因
为撤销了实验处理。除了从基线条件到实验处理条件，再回到基线条件这一变
化，其他特征——像持续时间的长短、观测的次数，都保持不变。与 A-B 设计相
比，额外增加了基线条件的时间，实验结果模式得以扩展，因而实验的内在效度
有所提高。A-B-A 设计一般可以图解如下：

对这一设计还需说明：每一基线条件或实验条件期间，所观测的次数相同；
时间是个常量，$T_A = T_B$。

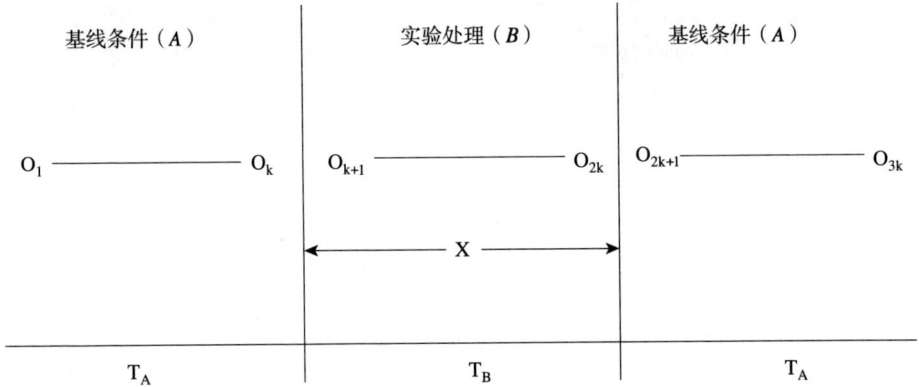

基线条件（A）	实验处理（B）	基线条件（A）

O_1 —————— O_k 　　O_{k+1} ———————— O_{2k} 　　O_{2k+1} —————————— O_{3k}

$$\longleftarrow \quad X \quad \longrightarrow$$

　　T_A 　　　　　　　　　　　T_B 　　　　　　　　　　　　T_A

例 8.6

　　一位教师有一个学生，这个学生的课堂行为极具消极性——表现为在课堂上连续而有破坏性地插嘴。这位教师对该学生引起的破坏性情况进行了每周一次的记录。这种行为持续了 3 个星期基本不变，这段时间可作为基线条件。接着 3 星期，教师对该学生进行每周两次的个别咨询，这些咨询作为实验处理，每周一和周四各进行半个小时。3 个星期以后，这种咨询暂时停止。随后的另外 3 周，停止个别咨询恢复到原来的基线条件，教师继续搜集有关因变量的资料（整个星期中该学生造成破坏性情况的次数）。在第一个3 周和第二个 3 周之间，没有其他明显变化，班级、所教学科等都保持相同。这项研究图解如图 8.7。

例 8.6 结果模式 1

　　（符号的使用与第 5 章所介绍的一致，" = "意思是大约相同。）$O_1 = O_2 = O_3 = O_7 = O_8 = O_9$，同时，$O_4 = O_5 = O_6$，但是 O_1、O_2、O_3、O_7、O_8、O_9 都大于 O_4、O_5、O_6。（注：因变量是学生在班级中造成破坏性情况的次数，因此低分者更能被选上）。

解释

　　个别咨询取得了满意的效果，但这仅仅是一种短暂的效果。当这种咨询停止后，学生的课堂行为又恢复到老样子。好像无关变量并没有与实验处理一起发挥作用。

例 8.6 结果模式 2

　　$O_1 = O_2 = O_3$，$O_4 = O_5 = O_6$，同时，$O_7 = O_8 = O_9$，但 O_7、O_8、O_9 比 O_4、

O_5、O_6小，而 O_4、O_5、O_6 又比 O_1、O_2、O_3 小。

解释

这一结果模式产生了多种解释；因此，我们无法确定实验效果。或许存 **183**
在一种实验处理效果，假如真有，它也是暂时的。但还有一种加速的持久的
效果，这一效果可能是难以解释的。有一种可能，就是某种与成熟相关联的
变量在起作用。如果从 O_4 到 O_9 曲线呈现出持续的下降，而不单单是 O_6 到 O_7
之间的降低，那么这种解释的可能性会更大。

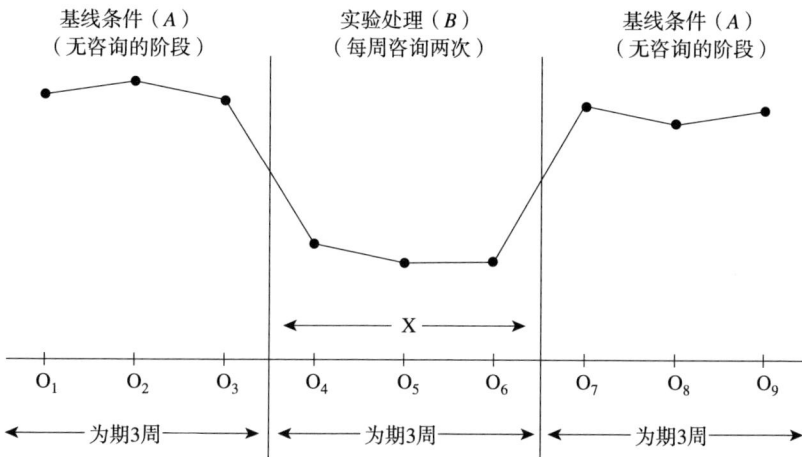

图 8.7　例 8.6 单一被试 *A-B-A* 设计，结果模式 1 的图解

当然，可能有许多的实验结果模式，例如从 O_4 到 O_9，实验结果产生剧
烈波动，那就不能做出有关实验效果的任何结论。实验处理可能与干扰变量
交互作用，或许学生的消极行为已经变得不稳定了，而这或许是、或许不是
由实验处理所导致的。

行动研究与准实验研究

在第 1 章中我们把行动研究定义为由地方教育工作者为解决一个特定问题而
进行的研究，而并没有把它作为一种像问卷或者实验那样的独立的研究方法。行
动研究的概念可以向外延伸，包括各种力量的合作，如地方教育者和大学教师之
间或者和一些地区教育试点单位的合作。如果要研究针对地方问题的教育方案，
那么行动研究可以在非学校系统内进行，如医院。可见，行动研究可以只是一个
人进行的研究，如一位教师在一个班级内进行的研究，也可以是几个人进行的研究。

　　行动研究可以使用定性或者定量任何一种研究方法，但是在实验法中如果包含行动研究，那么从本质上来说，这个研究基本上是一个准实验研究。教师、顾问和管理者基本上没有对被试进行随机抽样或者随机分配被试的选择。由于学生不能通过随机的方式获得，他们可能会成为行动研究的被试。少女妊娠研究的对象是那些怀孕了、可以参加并且愿意参加研究的女性。因此，行动研究的被试具有典型的"自我选择"参加研究的特征，而不是随机分配的。

　　本章中的很多例子都可以看做是行动研究的例子，尤其是所有的单一被试设计的例子。例8.4描述了一位教师在课堂上进行行动研究的情况。

　　下面这个例子展示了一位教师在一项行动研究中是如何应用准实验设计的。

例 8.7

　　威斯康星州的麦迪逊市的麦迪逊城市学校正在进行一个课堂中的行动研究项目，目的是为了提高教师的研究能力。一位高中教师法欣格-比特纳（Fashing-Bittner，2001）使用准实验设计方法来研究"学生对词汇表中单词的选择如何影响词汇的发展和理解？"这个研究分三步进行。

第一步

　　进行对比的两个组是两个班的高二学生，他们在学校接受正规学校教育。第一本书是约翰·斯坦贝克（John Steinbeck）著的《人鼠之间》（*of Mice and Men*）。控制组那个班在课堂上接受的是传统的词汇教育，教师选择并列出词汇表，学生给词汇下定义并在句子中使用。

　　另一个班，即实验组，教师教学生如何选择那些对于理解课文的意义有重要作用的词汇，也就是说，要选择的词汇：（1）还没进入学生的现有词汇里；（2）能在阅读中得到运用；（3）必须能够描述课文的一个特征、一个重要的观点或者主题；（4）在课文中重复出现。然后教师示范如何根据这些标准选择词汇表。

　　两组学生在对书的理解测试上差异很小，但是在词汇测试上差异很大。实验组的分数平均比控制组的分数要高20%。

第二步

　　第二本书是海明威著的《老人与海》。教师要求控制组学生选择那些全班学生都需要知道的词汇和故事中的重要段落，并要求实验组学生运用第一

184

步中提到的四个标准来选择重要词汇。教师检查学生的选择并要求学生对书的前半部分给出选择的理由，然后让学生自己把剩下的那半部分完成。测验结果相似，两组理解测试差异很小，但是实验组词汇测试的分数平均比控制组要高出 14%。

第三步

研究程序的第三步是让两组学生使用他们学到的方法读第三本书，由伊丽莎白·凯塔（Elizabeth Kata）著的《再生缘》（*A Patch of Blue*），教师不进行指导。读完后不进行词汇测试，但是理解测试的分数表明实验组比控制组平均高出 12%。

教师认为，"不论是我解释还是学生自己提出的原因，只要他们知道这个词汇为什么重要，那么他们就会从词汇教学中受益。"这项研究的意义在于从现在开始，"把那些词汇表、句子、纵横字谜、搜寻－发现（seek-n-finds）、星期五词汇测验（Friday vocabulary quizzes）、单词排序、前缀和概念环等放一边，为的是让学生从语境中了解到那些单词的重要性，这样学生不仅学会了词汇，而且还可以通过在更广泛的领域应用从而掌握词汇的意义。"（在线）

这项研究可以看做是非对等控制组、准实验设计，因为学生不是被随机分配到各组去的。有人会质疑实验组在测试中取得的优异成绩是由于实验组的构成引起的，而不是由于实验处理的结果。或许实验组的学生比控制组的学生聪明，不管使用怎样的教学方法，他们的成绩就是会比大多数学生好。在这种情况下，前测的使用可以确保各组水平在最初是否均等。不幸的是，在这项研究中并没有进行前测。如果在其他高中其他教师也能得到同样的结论，那么这个结论的可信性就更高了。然而，这是比较典型的行动研究，局限在一位教师在一个地点进行研究。尽管这项研究存在设计上的缺陷，但是根据数据得出的研究结论还是有道理的，教师改变了教学策略，这的确提高了她的教学质量，并使学生获益。

185

小　结

本章讨论了准实验研究，这种研究用于被试不是被随机地选取和分配的设计中。随机性的缺乏造成了确定研究效度的潜在问题。当我们使用原始的或自然形成的被试组时，有可能带来取样偏差，这样，小组间的相似性（或缺乏相似性）必须加以考虑。在单一被试设计中，被试的选择通常是因为某种问题或某种情境与这一被试有关。在单一被试设计使用的被试几乎都没有随机挑选过。

尽管使用原始组或指定被试可能会影响效度，但如果对研究的设计给以充分的关注，那么采用它们还是有效的。在教育研究中，不可能总是通过随机分配形成实验组。然而，假如实验结果可以解释，那么使用原始组也能产生有价值的实验结果。

当我们使用两个或两个以上的原始组时，研究的信度依赖各小组间在相关变量上的相似程度。相对于随机性来说，各组是非对等的，但它们之间的相似性是可以确定的。因此，适当地通过某种前测，掌握有关各实验组实验处理前的信息资料是很重要的。关于实验结果的可推广性要经过逻辑论证得以验证。

当研究集中于被试个体而不是被试群体时，我们采用单一被试设计，例如，在教师或辅导员对个别学生进行辅导时。这种设计需要多次的观察和测量，在基线条件和实验处理条件下进行。单一被试设计对实验处理的实施和对被试资料的收集控制严格，然而，因为这些常常是在自然背景下进行的，所以干扰变量可能会产生影响。这种研究通常涉及大量的资料收集，同时对实验结果的分析可能需要大量的数据分类和整理。把这些数据制成图表对鉴别出显著的结果模式是有帮助的。

行动研究的特征不是其独特的方法论，而是它的研究目的或者研究焦点——通常解决地方性问题。行动研究通常包括原始组、个体，或者至少是没有经过随机选取的参加者，可能还包括实验处理，这样的研究可称为准实验。例如，教师可以进行一项有关补习性教学和多样化教学对学生个体影响的行动研究，采用单一被试设计。当一个或多个教师在一个或多个班级进行实验时，最可行的设计是某种类型的仅施后测或者前测－后测准实验设计。我们常常认为行动研究的使用是有限制的，只是由一个或者几个教育专家使用。它可以和其他方法结合使用，应用的范围相当广，可以在非学校系统中使用。

本章和第 7 章介绍了最常使用的实验研究和准实验研究。然而，为了适应具体的研究情况，可以对这些实验设计进行一些改动。例如，一个时间系列设计，我们采用随机分配的方式进行分组，并进行某种形式的重复观测，这样我们就得到一种"真"实验设计。重要的是使我们的设计适合实验的目的。只有对一项实验实行充分的控制，实验的结果才能得到令人信服的解释，并可按照我们的意图加以推广。

核心概念

准实验研究	时间系列设计	单一变量规则
非对等组	单组时间系列设计	基线
仅施后测、非对等	多组时间系列设计	*A-B* 设计
控制组设计		

前测—后测、非对等　　　　单一被试设计　　　　A-B-A 设计
　控制组设计　　　　　　　　　　　　　　　　　行动研究

练　习

8.1　一项实验形成被试组的最理想的方法是随机选择和随机分配被试。然而，采用原始组进行准实验设计有时也是必需的。当我们采用原始组时，可能带来一些什么样的困难？

8.2　一位生物学教师现在有 3 套可利用的实验教材，他打算在 3 个班级分别使用一套教材，为期一学期。他所感兴趣的研究问题是不同的实验材料对于学生实验概念的获得是否有不同的影响，通过对学生进行期末考试来测量。测验分数是因变量。学生不是被随机地安排到各班，而各班学生在能力方面也是不同的。这位教师决定采用仅施后测、非对等控制组设计，请将设计用图表示出来。如果这位教师使用前测－后测、非对等控制组设计，他该怎么做？这种设计和仅施后测设计相比会有哪些优点？影响这项研究的内在效度的可能性因素有哪些？这项研究结果的可推广性如何？

8.3　3 所小学进行一项关于间断练习和集中练习对 5 年级拼写成绩影响的对比研究。每位 5 年级的教师被允许采用他们喜欢的教学方法，但每一位教师只准采用一种方法。8 个星期的实验期过后，对所有 5 年级学生进行一次统一的拼写测验。请给出解释这个实验的结果时可能存在的问题。评论其内在效度和外在效度。

8.4　一位老师在一个班级进行一项关于 3 年级阅读成绩的研究。采用两种教学方法，但并非同时进行。每一种教学方法的运用为期两周，学生每两周进行一次测试。每种方法被随机地穿插在每两周一段的时间里，研究持续了一个学期，18 周。最后，将这项研究作为一种时间系列设计进行图解处理。讨论这项研究的优点及潜在缺点。可能存在的一个特别的测量问题是什么？

8.5　使用原始组进行一项研究，以确定 3 种不同的训练方案所产生的效果。对各个小组实施前测，然后执行这些训练方案，为期 6 周。各方案完成后马上对各小组实施后测，6 个星期以后再进行一次测量。这项设计可以图解如下：

G_1　　O_1—X_1—O_2——O_3
G_2　　O_4—X_2—O_5——O_6

187

$G_3 \qquad O_7 - X_3 - O_8 —— O_9$

独立思考以下各组实验结果，并对之加以解释。

a. $O_1 = O_4 = O_7 = O_3 = O_6 = O_9$，$O_2$大于$O_1$，$O_5$大于$O_4$，$O_8$大于$O_7$，但$O_2$大于$O_5$，而$O_5$大于$O_8$。

b. $O_1 = O_4 = O_7$，而$O_2 = O_5 = O_8 = O_3 = O_6 = O_9$，但$O_1$、$O_4$、$O_7 \neq O_2$、$O_5$、$O_8$、$O_3$、$O_6$、$O_9$。

c. O_1、O_4与O_7互不相等，因为O_1大于O_4，O_4大于O_7；O_2大于O_5，O_5大于O_8，但$O_3 = O_6 = O_9$。

d. 假设方案实施以后，马上产生一种实验处理效果，我们要做怎样的比较才能决定是否产生了长远的实验处理效果？

e. 在这项实验设计中，有没有方法可以确定是否存在着前测的影响。如果有，那么如何确定？如果没有，为什么没有？

8.6　一项两组时间系列设计运用于一项健康教育研究中，两所高级中学的班级参与了这项研究。因变量是学生对健康的养成习惯的态度，在学期开始和在18周的学期中每3周进行一次态度测量。这样每个班级被测量7次。实验处理（X）包括放映一系列反映危害身体健康的不良习惯的电影，每3周被随机地插入到其中一个班级中。设计可以图解如下：

$G_1 \qquad O_1 - O_2 - O_3 - X - O_4 - O_5 - O_6 - O_7$
$G_2 \qquad O_8 - O_9 - O_{10} —— O_{11} - O_{12} - O_{13} - O_{14}$

解释下列可能的结果模式：

a. $O_1 = O_2 = O_3 = O_8 = O_9 = O_{10} = O_{11} = O_{12} = O_{13} = O_{14}$，$O_4$大于$O_3$，但$O_4$小于$O_5$，$O_5$小于$O_6$，$O_6$小于$O_7$。因变量的分数越高，学生健康态度越积极。

b. $O_1 = O_8$，$O_2 = O_9$，$O_3 = O_{10}$；从O_8到O_{14}都不相等并表现出分数持续上升的模式；O_4比O_3和O_{11}都大；O_5比O_{12}大，但$O_6 = O_{13}$，$O_7 = O_{14}$。

c. 作怎样的比较才能确定自变量 X 在一般的班级教学是否也起作用？

8.7　一位咨询指导老师在对一名高级中学的学生进行辅导。尽管根据学习能力倾向测验的结果，这名学生是一名有能力的学生，但他学习所有学科都有困难。咨询老师每周与这名学生进行一次会面已有4周，他

188

决定让这名学生详细地记录当他不在学校时，时间是如何度过的，并将这些记录运用到咨询中，尽量使学生把更多的精力集中到他的学科上。咨询老师每周从学生的各科老师那里得到报告，并将这些信息进行综合。所用的学生日记每 4 周为一个阶段，因此，这是一种 *A-B* 设计。以图来解析这一设计。实验处理（日记的运用）将预示着怎样的结果模式？假如存在一种实验处理的效果，如果这种实验效果是一次性的，那么相对于一致的、累积的效果，其结果模式将有什么不同？给出一个不能得到任何结论的实验结果模式。

8.8　描述一个你自己感兴趣的领域中的某一情境，进行单一被试设计。

8.9　前面的几个练习描述的是行动研究的情境，请指出哪些是行动研究的练习并说明它们为什么是行动研究的例子。当进行行动研究的时候，要考虑它主要是一个应用性研究还是一个基础研究？

8.10　在使用时间系列设计时，我们已明确了增加一个不接受实验处理组的优势。从实际出发，在大多数准实验设计中增加这样一个组的困难是什么？

8.11　行动研究通常被看做是在有限的范围内，由一个或者少数几个个体进行的研究。然而，它也可以看做是一个有相当广泛的力量加入的合作研究。例如，中小学学校的教师可以和大学的教育研究者合作进行研究。在研究文献中，要指明合作性的行动研究报告。要说明为什么这个研究是一个行动研究。是报告的作者确定它为行动研究的吗？

8.12　本章中，仅施后测、非对等控制组设计是一种最差的准实验设计。那这种设计还有用吗？假定在评价一个教师职业发展方案的有效性方面，这种设计有用吗？

8.13　从研究设计的容易执行和容易受其他结果解释的影响的角度，比较前一章的仅施后测控制组随机化设计和本章的前测 – 后测、非对等控制组设计的优点和缺点。

参考文献

Campbell, D. T., and Stanley, J. C. (1963). Experimental and quasi-experimental designs for research on teaching. In N. L. Gage (Ed.). *Handbook of research on teaching* (pp. 171 – 246). Chicago: Rand McNally.

Fashing-Bittner, M. C. (2001). *Vocabulary development and comprehension.* Retrieved May 1, 2007, from www. madison. k12. wi. us/sod/car/abstracts/110. pdf.

第9章

非实验性定量研究

189   前两章讨论了实验性研究。正如所说的那样，一个研究方案就是一项实验，至少一个变量必须由研究者根据事先构想的计划予以控制。可是，实际教育情境中的许多变量是不易于操纵的。例如智力、性向和社会经济背景，不可能随意分配给不同个体，或进行实验控制。

    一般来说，非实验的研究比实验研究更少控制。因此，对非实验研究结果的解释可能更少直接性而更多模糊性。但大量非实验研究是在自然条件下得出的结果，比在实验研究中控制一个或多个变量而得出的结果更具普遍适用性。非实验研究通常是在自然情境下进行的，其中的许多变量同时发生作用。不过，非实验研究也可精心设计，这不仅有助于研究的完成，还可提高其结果的可解释性。恰当的方法论是由研究的问题及条件决定的。

非实验性定量研究：范围和描述

    非实验性定量研究可能是在教育研究中单独使用得最广泛的一种研究方法。它涵盖了一个相当广泛的研究范围：从集中于探讨在自然情境下所发生的各种变量之间关系的事后追溯研究方法，到致力于确定现状中的某些变量、情形与背景的现状调查方法。事后追溯研究主要关注于发生在非实验情境下的教育的、心理的和社会的各种变量之间的关系。包括各个变量之间关系的研究常被称为相关研究。调查过去常用于测量态度、意见或成就——任何自然情境中的变量。调查研究已有相当长的历史，它的发展在很大程度上归因于社会学的贡献。

190

> 非实验定量研究是一种使用范围很广的研究，它包括对现状的研究，以及事后追溯研究，其本质为因果比较和相关。

事后追溯研究

事后追溯的意思是对已发生的事进行追溯。采用事后追溯研究，就是旨在追溯研究各种变量可能存在的关系和效果。研究者不可能对变量进行有意的控制。**事后追溯研究**历来有着不同的名称。克拉斯沃尔（Krathwohl，1993，p.514）把事后追溯研究视为一种事后的、自然情境下的实验研究。这种设计不是实验设计，研究者不能控制任何变量，但是在自然情境下，存在着可以发挥作用的自变量和因变量。因果比较研究是另一种可以用来指代事后追溯研究的术语。**因果比较研究**实质上是探索非实验情境中自变量的影响，与其说它是一种独立的研究方法，不如说是一种数据分析的方法。

相关研究（correlational research）就是事后追溯研究，主要研究自然情境中各种变量之间的关系。在下一章我们会看到，相关是一种分析方法，而不是某种具体的研究手段。不管怎么称呼它，由于事后追溯研究的数据收集方式和非实验性的本质，它可以被看做是问卷调查的一部分，从本质上而言，被试是"被调查的"。

因果比较研究举例。 在教育研究的文献中有着大量的事后追溯研究的例子，但是有些研究的报告太长而不可能在此作完整的介绍。然而，为了说明事后追溯研究的实质，对这种研究的案例进行评述还是非常必要的，下面我们就先来看两个因果比较研究的案例。

在第 2 章问题讨论部分提到了一项有关青少年自杀、辍学和阅读困难的研究（Daniel et al.，2006），它可以看做是因果比较研究的一个例子。研究者的目的是"与阅读能力正常的青少年相比，那些单字阅读能力（single-word reading ability）很差的青少年中，自杀行为和辍学的比率及二者的相互关系如何"（p.508）。根据被试在《伍德科克-约翰逊教育心理学成套测验》（修订版）（*Woodcock-Johnson Psychoeducational Battery-Revised*）字母 – 单词辨认子测试中的分数，把他们分成阅读能力差和阅读能力正常的阅读者。在其他几项阅读测试中的差异也支持这种分组。研究者分别使用《情感失调调查表》（*Schedule for Affective Disorders*）和《学龄儿童精神分裂症调查表》（流行病学版本）（*Schizophrenia for School-Age Children-Epidemiologic Version*）调查了 188 名学生的自杀意图和精神障碍。研究者通过对青少年和他们家庭的访谈获得了辍学和社会人口学变量的有关信息。

这种统计分析是相当复杂的，但是从本质上而言，它测量的是那些从来没经历过辍学或者自杀企图的被试在一个假设的测验中，遭受这些经历的可能性（p.511）。那些更有可能辍学的学生一般是低能力的阅读者，欧裔美国人而不是

191

少数种族，社会经济地位（SES）低，具有严重的抑郁和行为障碍的学生。自杀与这样几个因素有关：低能力的阅读者、欧裔美国人、比同班同学年长。自杀和辍学相关很高。丹尼尔等人（Daniel et al.，2006）发现，与那些阅读能力正常的同伴相比，低阅读能力的青少年表现出显著的自杀意念和自杀企图，并且很有可能完成不了初中学业。

需要注意的是，研究者不能把这项研究当成实验研究，因为你不能随机分配某些学生自杀，分配另一些学生辍学。这种变化在自然状态下发生，因而研究者在统计分析数据并对各个变量间的关系作出判断时会受到限制。

崔和马佐科（Tsui & Mazzocco，2007）通过计时和不计时的数学测验成绩考察了数学焦虑和完美主义对有数学天赋的 6 年级学生的影响。相关研究文献表明，学生的计时考试成绩要低于不计时的成绩，数学焦虑水平较高的学生考试成绩通常较差。但是文献中有关完美主义的影响并不清楚，因此研究者想知道在有天赋的学生样本中，这些变量是如何相互影响的。

研究中的自变量是数学焦虑和完美主义。根据被试在《数学焦虑初级评定量表》（MARS-E）和《多维完美主义量表》（MPS）中的得分对数学焦虑和完美主义进行操作性界定。因变量是计算测验中的分数，说得更清楚一点，是计时考试和不计时测验成绩的差异。一共有两种计算测验，而且计时和不计时测验的题目是不同的，采用哪种测验和计时、不计时测验的顺序是随机的。注意学生参加的测验是不同的，测验前没有进行干预或者实验处理。

给 226 名符合某重点大学天才研究标准的 6 年级学生发送了招募邮件，他们至少参加了一项由该大学组织的数学天才研究项目，他们的住址距离研究者的研究机构在 35 英里内。36 名 6 年级学生同意参加该研究。

该研究的研究结果如下：（1）只有当计时测验先进行时，计时测验的平均分数才低于不计时测验的分数。（2）较高水平数学焦虑和完美主义与计时测验和不计时测验分数的较小差异相关。研究者假设较高水平的数学焦虑会降低计时测验中的数学成绩，但是结果正好相反。（3）较高水平数学焦虑的学生在计时与不计时测验中的成绩接近。完美主义会影响天才学生，提高他们在计时与不计时测验中的成绩。完美主义会促进对优秀的正常追求。（4）本研究表明，完美主义和数学焦虑呈正相关。

192 尽管可以被称为自变量和因变量的变量很多，但是事后追溯研究设计的本质不允许研究者得出可靠的因果结论（Tsui & Mazzocco，2007）。研究者的结论只能说明他们在研究中发现了差异和相关，而且其中的绝大多数差异和相关与假设一致。

相关研究举例。 布雷斯、阿蒙森、艾布拉米（Bures，Amundsen，& Abrami，

2002）报告了一项研究，在这项研究中，他们调查了学生动机和学生对使用计算机学习的可接受性之间的关系。167 名被试注册了七门大学本科课程、一门大学研究生水平课程，和两个相当于学院水平的 12 年级的课程。所有的课程都使用普通的会议软件，但是不同的课程之间，尤其是授课教师不同，使用的计算机会议软件会有所变化。

在上课之前，研究者进行了一个关于计算机的态度问卷调查。该问卷也测量了一些特质类动机的特征，例如计算机会议的自我效能和特定任务动机，包括三个分量表：和人格相关的测验、主观能力、任务吸引度。课后研究者又进行了一个问卷调查，问卷包括三个子问卷，用于测量学生对使用计算机会议系统在学习过程和学习结果上所起作用的满意度，对于计算机会议使用过程的满意度，以及面对面教学的总体感觉。我们得到了最终等级和在线讨论提供的等级。来自不同研究机构的等级需要换算成一般的用字母标志的等级。

结果分析包括代表变量间关系强度的相关系数，副标题下面报告了相关变量的结果。下面举例说明要报告的结论：

从满意度而言，被试的满意度与计算机会议（CC）使用的满意度无关（r = 0.189），但是与对课程的满意度有关（r = 0.252）。在课堂上参与任务的动机与计算机会议使用的满意度有关（r = 0.327），也与所学课程的满意度有关（r = 0.365）（p.258）。

研究者通常会在表格中报告大量的相关系数，这种形式的报告也是很有效的。重要的相关系数会像上面那样报告出来，相关作为一种统计分析方法，在后面的章节里还会讨论。

在这项研究中没有可用于控制的变量。由于各个教师都开始使用计算机会议，计算机会议出现了。为了建立起使用计算机会议学习的模型，作者利用了各种变量之间的相关关系。

在另一项研究中，科克尔（Coker, 2006）求证了早期写作的预测因素。被试是 309 个来自低收入家庭的儿童，分别在 16 个城市小学上学。要求对学生从 1 年级到 3 年级的进步进行描述性记录，每年从中抽取部分学生的记录。研究者假设，学生背景、词汇知识、阅读技能、课堂文化环境和 1 年级教师能够预测学生的写作发展水平。对每一个变量的测量也是随机选择或者创建的。

该研究使用个体成长模型进行分析，这种分析方法的实质是研究每个学生的写作分数和单词量。首先，建立一个适合数据的无条件成长模型，然后把事先假设的预测变量加入模型中，检验新增变量是否能够解释时间带来的分数上的差异或者变化比率。如果这些预测变量具有统计显著性，那么就把它们保留下来。如

193

果一个变量有几个预测因子，如（1）可以使用的纸笔；（2）不同类型的班级图书馆，则需要使用多元分析方法。要独立分析多个预测变量之间的交互作用，主要结果都要呈现出来。

对于写作分数而言，1年级结束时在口语词汇上出现了差异，但这并不是个体成长的预测因子。在阅读技能上也出现了相同的模式（字母－单词辨认）。班级的文化环境（班级图书馆呈多样性）与个体成长有关，1年级教师也与个体成长有关。

词汇的研究结果与写作有些不同。学生性格、班级文化环境和一年级教师再次成为具有统计显著性的预测因子，但是学生的口头朗读技能和口语却不是。

研究结论是写作能力的发展同时受多种不同因素的复杂影响。这项研究是定量的追踪研究，前后共包括三个年级。在这种设计中，并没有可被研究者操纵并产生效应的自变量。

上面的四个例子介绍得很简单，如果有研究者对某个研究的某些方面感兴趣，可以查阅参考文献。非实验定量研究是描述性的、因果对比的、相关的。很多研究同时包括这三种取向。例如，在一个有关课堂欺骗的研究中，研究者想要（1）描述，描述欺骗发生的广度；（2）因果对比，找到在高、低欺骗者中欺骗流行率的差异；（3）相关，确认一系列能够预测欺骗可能性的预测因子。

调查研究

实际上，几乎所有的成年人都曾经参加过调查。比如我们非常熟悉的在大选之年几乎不断进行的政治性民意调查。人们常在有关态度、观点、思想等方面接受调查，也常被要求去评价某项事物。调查的对象包括一般公众和某些更为特殊的群体，如专业人士。

教育同样也会使用**调查研究**（**survey research**）。自从1969年以来，一种应用最广泛的调查每年都进行一次，它就是公众对公立学校态度的调查（phi delta kappa/gallup poll）。这是一个电话调查，电话号码随机产生，这样那些登记的号码和没有登记的号码都可以被联系到。下面是第38届年度调查的一些主要结果（Rose & Gallup, 2006）：

49%的受访者给他们所在社区的公立学校评了 A 或 B。64%的家长给他们最大孩子所在的学校评了 A 或 B。

21%的受访者给全国公立学校评了 A 或 B。

对教育券的支持正在下降，下降的幅度在35%左右。

194

　　这项近似普查的调查支持了一个观点，即学校所面临的问题是由于社会争议所引起的，而不是来自学校质量。（pp. 42 – 43）

　　这种信息非常重要，因为它的来源可靠，并能发现跨年趋势。它描绘了一幅有关公立学校问题的国家全貌。

　　地方学区也可以进行调查以收集信息，如对怎样办学有什么看法？如何理解社区对学区面对的各种争议的反馈？地方常常使用调查来获得需求评价的信息，如需要考虑哪些变化，或者什么样的需要目前不能得到满足。

　　学院和大学对毕业生进行调查的目的是为了获得毕业生对大学经历和已完成的学业的看法。教育专家可能会被调查他们对教育争议的看法。教育调查研究常常包括对被调查者或者来访者的调查，因此，对于教育的状况而言，调查研究是一种非常合适的研究方法。

调查设计

　　一般来说，**调查设计**分纵向设计和横向设计两种。这些设计一般用在样本中①，虽然它们也可以用在整个总体中（当调查运用于整个总体则称为人口普查）。区分它们的两个特征是：（1）收集资料的地点；（2）样本的性质。

纵向设计

　　纵向设计涉及随着时间推移收集资料的调查和在特定时间内及时收集资料的调查。有些纵向设计延续时间短，另一些则长，有可能是几年。但在任何情况下，这些数据都是在一定时间内分两次或多次收集的。

　　一种纵向设计是**趋势研究**。在此研究中，要对调查总体研究一段时间。要在该时间段内不同时刻进行随机抽样，而且，这些样本要不一样。但这些样本代表一般总体。趋势研究常常用于较长一段时间的态度和观点研究。例如，在一个社区对学校态度变化的研究中，一般总体将可能是社区成员。每次测量态度时（也许是每年）都要从一般总体中随机选择样本。有的个体可能会不止一次地被选为样本。对一场政治运动过程进行的投票调查，就是趋势研究的一个例子。

> 　　**趋势研究**是在一段时间内对研究总体的纵向研究，通常要从总体中取样，再测量随机样本。

195　　　　趋势研究的一个变通形式便是**群体研究**，它也是一种纵向设计。在群体研究中，通常是研究特定的群体，而不是一般总体。通常是在一段时间的不同时刻进行随机抽样，而不是包括总体。趋势研究和群体研究的区别可以通过一个例子来表示。一位研究者对研究 A 地区教师对待专业社团的态度感兴趣。在 15 年之中，每隔 3 年对该项态度调查一次。每一次都从教师总体中随机选择一组老师样本进行调查。总体中的成员可能和前一次不一样，至少部分不一样。但在任何特定时候，它都是属于教师总体（在这种情况下，叫做**一般总体**）。这种方式的调查就是趋势研究的一个例子。

　　　　如果研究者对 A 地区 2007 年的新教师对专业社团的态度感兴趣，这就牵涉到研究特定的人了。3 年之后，将会从这个群体里留下的教师中随机取样，这部分人在 2010 年时会有 3 年教龄。尽管原来的一部分新教师可能已不从事教学工作，研究只包括 2007 年开始教学的新老师群体的态度。以这种方式进行的调查就是群体研究的一个例子。

群体研究是在一段时期内对特定群体进行的纵向研究。

　　　　在一些变化很快的群体中，群体的实际成员随着时间的推移会发生很大变化。例如，在一所大学，每隔 4 年对本科生的态度进行调查，本科生的实际成员将会有很大变化。但是，在这段时间中，每一时段的本科生，仍然是研究的一般总体。

　　　　趋势研究和群体研究能够帮助研究者了解一段时间中的变化和过程。但是，由于每次收集数据时，都选择不同的随机样本，因此趋势是针对群体而言，而非针对个体。如果变化已经发生，研究者不能明确知道是哪些个体导致了这些变化。

　　　　纵向设计的另一个形式是**专门对象研究**（panel study）。它是指在不同的时间，对一些个体样本进行数据收集。这些个体样本叫做**专门对象**，它是在研究一开始就随机选择的。

　　　　专门对象研究是对同一样本进行两次或两次以上测量的纵向研究。样本可以代表一个特定总体或一般总体。

　　　　专门对象研究的一个优点是，不仅能够帮助研究者测出发生的变化，还能鉴别出变化是由哪些特定的个体导致的。专门对象研究还能提供关于变量之间时间
196　次序的信息。如果研究想建立因果关系，这些信息就很重要，因为结果不可能先于原因。假设我们对大学教授对待大学管理和晋升模式的态度感兴趣，如果一位

正教授的态度很好，这是由于晋升，还是由于晋升前的态度造成的呢？它对是否晋升会有一些影响吗？如果不对发生的情况进行排序，就不可能建立因果关系（排序并非建立因果关系，它仅仅表明因果关系是否可能）。

专门对象研究有一些缺点，明显的一条是收集数据的过程中专门对象的损耗。因此，和其他纵向研究相比，专门对象研究延续时间短。它的另一个缺点是，对专门对象和研究者提出了要求，要求研究者追踪并固定专门对象。如果专门对象所来自的群体变化大，最初的专门对象在以后的数据搜集中便不具有代表性。专门对象研究对于短期的、静态的群体研究是可行的。例如，调查一学年中每季度学校董事会成员，就可以采用专门对象研究。还有一个可能的缺点是，专门对象会对某些变量越来越熟悉。这样，他们就会在回忆和反应上更加熟练。这种情况还会以其他方式表现出来，使得专门对象变得疲劳、烦躁和粗心。

纵向设计通常是研究一段时间的变化和状态。一个特定的设计所需的时间和资料收集的数量，由研究的目的来决定。从取样的角度说，趋势研究是从整个总体中进行随机抽样，群体研究是从特定的总体中进行随机取样，而专门对象研究是对随机选取的单一样本进行一次或多次测量。

横向设计

与纵向设计相对，**横向设计**是指对一个代表总体的随机样本，在某段时间内，进行一次性收集资料。横向设计不能测量个体的变化，因为它仅测一次。但是，在横向设计中，不同被调查小组间的差异却代表了一个范围较大的总体的变化。请看下面的例子。

假定一名研究者正在对一个城市学校系统或地区学校系统的高中 9—12 年级学生的数学成绩进行调查。数学成绩的操作性定义为在综合标准数学测验中的成绩。我们选一个包括 10 年级、11 年级、12 年级学生的随机样本，每个个体都注明年级水平。另一种取样方法是从所有的年级中进行随机取样。随后对样本进行测试，这样，研究者获得了所有 3 个年级的数据。

即使数据是在同一时刻搜集的，由于 3 个年级都有代表性，所以，数据代表了高中数学成绩的模式。年级水平之间的差异代表了 3 个年级中数学成绩的进步情况。但是，我们不是用一组单一的某年级学生样本，对他们在每一年级上进行 3 次纵向测量，而是同时研究 3 个不同的年级水平。

197

> **横向设计**是指在某一时间对一个样本或者对一个以上代表两个或两个以上总体的样本收集数据。

从两个或多个总体中同时选择样本，并进行与同一个研究问题相关的研究，就叫做**平行样本设计**。平行样本设计常常表现为横向设计，尽管它们也可能是纵向设计。在后一种情况下，它们将进行两次或多次数据收集，中间有一个时间间隔。

举例来说，在一项关于教师、学校领导和校董事会成员对待专业社团的态度的研究中，采取了一个平行样本设计。这 3 种抽样被试所回答的态度调查表或问卷，如果不是相同的话，也是相似的。于是，不同样本的结果就可相互比较。

不同调查设计的特征概括于表 9.1 中。横向设计相对于纵向设计来说有一些逻辑上的缺点。与专门对象研究一样，数据的收集不必持续一段时间，对个人进行跟踪发送信函也是不必要的。正是由于这些原因，横向设计比纵向设计在硕士论文和博士论文的研究中更为实用。如果收集数据的时间间隔非常短——例如，少于 3 个月——纵向设计也可用于论文研究中。大多数纵向设计相对来说规模较大，而且许多纵向设计具有连续实施多年时间的特征。纵向设计和横向设计的特点可以综合到一个复杂的设计中，这是针对从两个或多个总体进行两次或多次取样而言。这样的话，可以把数据放在一个特定的时间内进行比较，也可以在不同的数据收集时间之间进行比较。

表 9.1　调查设计的特征

设　　计	研究的总体	如何取样
纵向设计		（两次或多次收集数据）
趋势研究	一般总体	每次数据收集时随机取样
群体研究	特定总体	每次数据收集时随机取样
专门对象研究	一般或特定总体	在整个收集数据的过程中，都用原始的随机样本
横向设计	一般或特定总体还可能包括亚总体[a]	从所有总体中同时随机取样

[a]如果同时研究两个或多个总体，这就变成了平行样本设计。

198　调查研究方法论

进行调查的方法论包括一系列详细步骤，每一步都应当仔细计划。最初一步是界定研究问题与开始形成调查设计。研究问题应当包括被研究变量的详细背景，无疑，它包括对文献的查阅。对调查变量必须给出操作性定义，而且调查者应当知道、了解有关的社会和心理变量之间关系的信息。这种信息对构建调查题目、选择测量手段，如测试，是有价值的。

如果决定进行抽样，而不是测量整个总体，下一步便是形成抽样计划。需考虑多种多样的因素。必须确定抽样总体，以及抽样的单元。所抽样本必须能对总体或任一亚总体作有效推断。抽样程序可能是非常复杂的，而且获取样本需要大量的精力和资源。

虽然有些活动可以同时并行，但是，下一个主要步骤便是为收集数据作准备。对于包括访谈或问卷的调查而言，这是一个重要步骤，因为调查工具必须结构化。当使用测验或量表收集数据时，诸如观察细目表，就不仅仅是应具备工具，还需要对观察者或测验者进行训练。

无疑，在问卷题目设计的早期就考虑确定问卷所产生的数据的具体类型是完全必要的。而且，考虑如何把数据进行列表、总结、分析也是必要的。用于分析数据的方法应予以明确。数据的定量分析可能被使用，由于很多调查包括定性数据，因此定量分析和定性分析都是必要的。调查所得到的数据必须能验证研究假设或回答研究计划中所提出来的问题。

特别是对于使用问卷和访谈法进行调查，有关答卷人的背景或人口统计的信息是重要的。因为在划分变量以进行数据分析时，它有利于分辨个体。例如，假如要对男、女的答案分别进行分析或要进行比较分析，那么，了解个体的性别便是重要的。调查随所需背景信息的数量而变。

最初的问卷或访谈应该"试一下"，也就是说要进行预试。预试对象应与准备研究的对象相同。预试的目的是纠正模糊、混乱或准备不充分的题目。预试的反馈对完善工具有很大的好处。预试一般在 5—10 名个体中进行，很少有超过 20 人的。

当测量工具被认为是令人满意的时候，收集数据便可开始了。研究者应按照抽样计划来收集数据。如果使用访谈法，要根据访谈的复杂性提供一些对访谈者进行系统检查的方法。这一点可以通过两个访谈者访谈同一个体来进行检查，这种一致性检验被称为**评估者间信度**。对于有些类型的访谈，也可以通过获得某一特定的访谈者访谈的一致性进行，这被称为**评估者内部信度**。这可以通过对访谈者两次独立的访谈录音和访谈记下的回答来完成。

数据，即对调查的反应，需要列表和综合。对于开放性问题，需对答案进行归类，而且分类系统必须按有利于列表和综合的目的来构建。这一系统建立在答案的内容分析或预先分析之上。数据的转化被称为**编码**。如果来自于问卷或访谈的信息能够直接输入计算机，这一任务会变得很容易。

数据分析有赖于数据的性质，在一定程度上，把答案量化、进行统计分析是合适的，而且也可作定量描述。分析最终必须通过验证假设和回答调查所要研究的问题的形式来体现。如果推断是对总体做出的，那么，这种分析就应当是为总体提供的。许多独立的分析通常是在单一调查所得数据的基础上的，而且独立分析与其他类型的分析应该有序进行。例如，有关事实信息题目的频数数据与态度

199

量表中的数据的分析是不一样的。前者可能牵涉比例，而后者更可能牵涉频数或平均分。那些教师感知到的与学生进行社交互动的访谈数据，可能会通过描述进行综合分析。进行调查的最后一步是准备汇报调查结果和结论。

图 9.1 总结了调查方法的步骤。图的左边包括了几个主要步骤，右边则展示了在每一步骤下的活动。在有些情况下，这些活动可以合成两步。对于某一特定的调查而言，并非所有的活动都是必要的。如访谈人员的培训，仅仅对与访谈相关的研究来说，才是必要的。

200

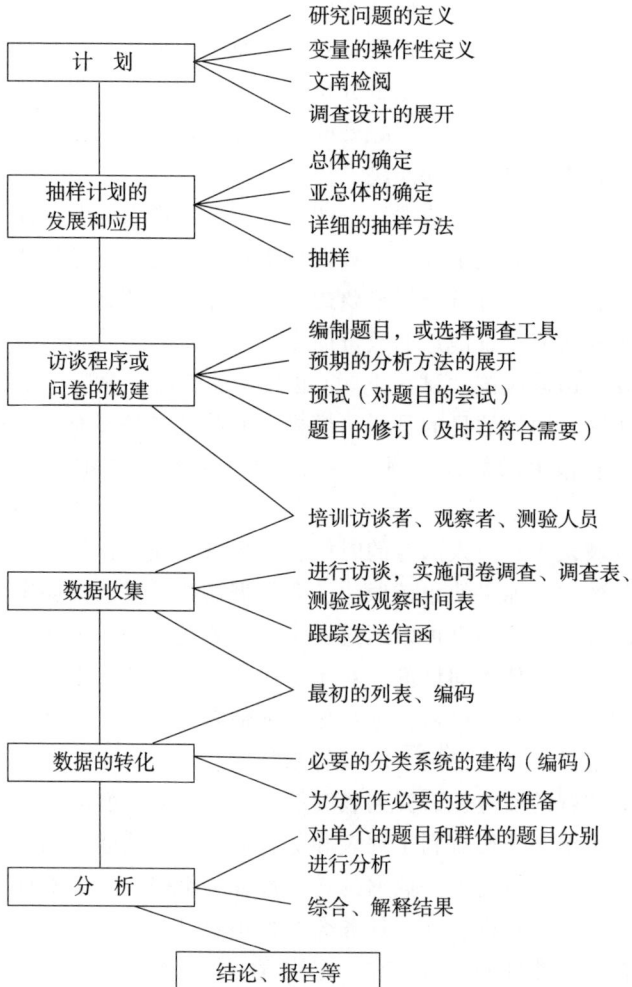

图 9.1 进行调查的步骤流程图

成功地完成一项调查不是一件简单的事：有几种可能的误区和问题可能会影响调查。不能为各个步骤保证足够的时间和资源，是一个普遍的问题。抽样的程序可能会被破坏，或者不可能有足够的资源对题目作出充分的测试和矫正。

问卷调查

　　能够有效区分各种调查的显著特征之一是数据收集的方法，当然，邮寄问卷就是一种使用得相当普遍的收集数据的方法。问卷被用于从地方到全国范围的各种调查，诸如对学校系统甚至是单个学校进行的社区调查。问卷的长度及复杂性也会变化。但是，无论情况如何，牵涉问卷的调查都需要一系列连续的活动。所有的这些活动列在图 9.2 中。正如在图的左边注明的，这一过程早期一些活动可能是同时进行的，或与后面的活动相重叠。

201

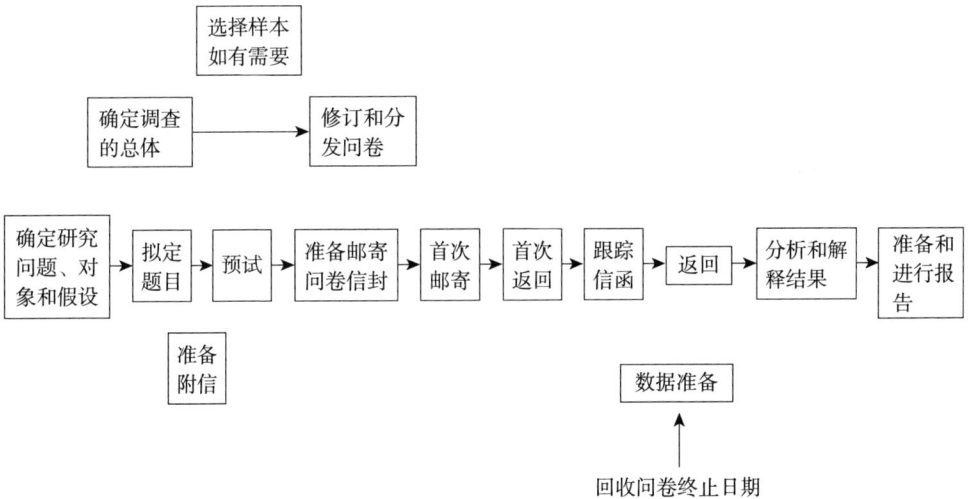

图 9.2　问卷调查的系列活动

　　进行问卷研究的不少精力都集中在编制良好的题目上，以及使答卷人完成问卷上。但是，所有的活动都是重要的，而且要注意细节。所有与研究相关的问题或假设都要清楚地界定。这将促进问卷题目的编制，防止包含无用的题目和遗漏必要的题目。 202

题目的编制

　　问卷的题目编制是一个简明的过程。但是，如不仔细注意细节，题目可能不能很好地排列在一起，不能为研究提供必要的数据。在讨论题目的形式前，我们先考虑一下题目编制的准则，它们是：

1. 除了少数几个要求提供背景或人口统计信息的题目外，其余题目要与研究的问题、假设直接相关。

2. 题目要清楚、不含糊，使用的术语要使答卷人能明白。避免使用模糊的、技术性的术语及行话。

3. 在一个题目中只准包含一个问题。违反这条准则的例子是："你赞同对学生进行竞争性较低的测验和实施教师的等级制度吗？"

4. 防止使用**导向性问题**。这些问题隐含着假设或期望的结果，这些题目常常暗含一种具有偏向性的回答。一个导向性问题的例子是："即使放松纪律会有损青少年的道德发展，你也赞同在学校放松纪律吗？"

导向性问题可能不会像上面的那个例子那样明显，莫（Moe，2002）发现，当卡潘/盖洛普民意测验（Phi Delta Kappa/Gallup）中有关教育券的问题发生变化时，即原来把教育券界定为"是国家资助的一个项目，家长们可以选择将孩子送到公立学校、私立学校或教会学校"，现在则变成询问受访者支持还是反对"允许学生和家长用公共经费就读私立学校"，赞成这种说法的百分比下降了（p.1）。

5. 避免那些带有社会赞许性或职业赞许性的问题。说到根本上就是不要问那些让答卷人自我否定的问题。如问一个老师"你对维持良好的课堂学习气氛感到困难吗？"就是违背这一准则的例子。

6. 避免问有关私人信息或微妙的问题。这些问题包括关于确定的收入、答卷人的年龄及卷入违法活动的程度等。

7. 所提问题应是答卷人能够提供信息的问题。所有的问题都要与答卷人的信息背景相适应。

8. 要能使答卷人读懂题目。在可能的情况下，要用柔和的词语而不是生硬的词语。如调查教师时，应使用"纠正"或"纠正性行为"，而不是用"惩罚"。

9. 问题短一些总比长一些要好，简单一些总比复杂一些要好。宁可用两个或更多的短一些的问题，而不要用一个详细复杂的问题。

10. 当收集定量的信息时，要求答出明确的数量（如实际频率）而不是平均数。例如，可以问"在前两个星期，你帮助你的孩子做了几次功课？"而不能问

"在一个月内，你帮助你孩子做功课的平均次数是多少？"

11. 题目的选择答案应当是可以穷尽的，选项应彼此排斥。对有些题目，为避免强迫答卷人作不愿作的回答而提供一种中立或中庸答案是必要的，例如"没有明确的态度"或"不确定"等。

12. 回答的选项应该符合出题目的。在设置回答的选项时，存在着过多使用非常强烈的同意和非常强烈的不同意的倾向。假设一道题想要测量对一种教育产品的满意度水平，题干是，"你对 A 产品非常满意"，使用"非常强烈的同意"到"非常强烈的不同意"的选项并不能很好地测量满意度水平。它测量的是对"非常满意"的同意程度。可以把这个题目改为，"评价你对 A 产品的满意程度"，选项可以设置为从完全不满意到非常满意。

13. 避免使用无根据的假设。例如，"你认为 A 学校的教师有能力实施教育改革吗？"这道题假设 A 学校的教师想要实施教学改革。

14. 尽可能避免使用否定性问题和双重否定性问题。使用否定性问题的例子如："下列教学策略你不用哪一种？"

这些准则可能有点太泛，但实际上它们是简明的。尽量使答卷人完成问卷的任务变得容易些，以使他们能够有效地完成，而且不致产生困惑。

> 拟定题目是一项基本的工作。简洁的法则是：为了获得必要的信息，题目越简单越好。

题目的格式

用做问卷的题目一般有两种类型：（1）选择题或迫选题，它要求答卷人从两个或更多的选项中选择一个；（2）开放性题目，它要求答卷人自定答案。**选择题**增强了调查对象回答的一致性。与开放性题目相比，对于选择题，把数据列成表通常比较简明、耗时少。选择题可能存在限制答卷者回答广度的缺点，但是，假如选择题能够提供所需数据，这就不是一个问题了。由于许多选择题需要涉及研究的主题、问题或假设，所以，充分地编制选择题通常需要更多的时间和精力。但是，这里所花费的时间是值得的，何况，在对回答内容作列表统计和解释时所节省的时间，足以弥补先前的损失。

204

在**开放性题目**的回答过程中，一些在回答选择题时没有出现的情感和信息可能会被揭示出来，所以，允许答卷人做更自由的发挥。开放性题目的缺点是，在不同的答卷者之间，回答的时间长短和内容是不一致的。问题与答案都容易受错误解释的影响。不相关的信息也有可能包含在答案中。在任何一份问卷中，对开放性题目的回答比对选择题的回答更难以列表、综合。在某种程度上，选择题应当用于取得相关信息的研究中。这些题目不需要花费答卷人太多的精力，因为这种题目不需要组织答案，而且在较短时间内便可做出。

> 题目格式的两种类型是，从两个或多个选项中选择一个的选择题和答卷者自定答案的开放性问题。

从调查的角度考虑一个非常简单的研究主题的出题形式，如小学生对数学的态度，样例见图9.3。

开放题格式允许回答的创造性、独特性、非预见性。有时在预测时会使用开放性问题，这样我们就可以在随后的调查中，使用这样最经常被提到的回答作为可供选择的选项。第2题看起来好像是一道开放性问题，但实际上是一道选择题，学生潜在的回答被限定了。这道题可以很容易作为一道选择题来重做。

如图9.3所示，评定量表经常被用于调查研究中，因为量表中的题目可以独立分析，可以把对属于每个维度或者主题的题目的回答累加起来，计算出整个量表的总分。当某些题目在表述上是积极的（1＝低，5＝高），而另一些是消极的，在对表述消极的题目计分时一定要反向计分（1＝高，5＝低），这样在计分时，积极表述的题目得分才能更高。图9.3显示，量表中选项数目是可以变化的。由于人们可以毫不困难地区分5级评定，因此5点量表经常被使用。当然对于年幼的儿童来说，3点量表可能更好。注意4点量表不允许被调查者保持中立，因为它强制被调查者要反对一方或者另一方，这对于还没有拿定主意的人来说可能会歪曲其反应。

如图9.3所示，对那些没有用过排序的人来说，排序具有吸引力。排序看起来很简单，通常要求被调查者在被评定的事物中作出选择，而且结果容易分析。但是如果被调查者没有准确地遵守指令，就会出问题，这种情况经常发生。如果被调查者觉得两个题目的等级非常一致，即使研究者期望评级不出现相持秩（tied-ranks），他们还是会给出相持秩。如果一个或者多个题目没有评定，也有问题。如何处理被遗漏的题目呢？你是否应该仅仅分析那些已经完成的评定而忽略剩余的呢？在分析数据的时候，最初的排序需要通常会降低。

205

开放性问题

当数学教师说，"现在拿出你们的数学书"时，你什么感觉？

可作为开放性问题的选择题

与科学相比，你觉得数学怎么样？

5 点评定量表

	非常同意	同　意	不确定	不同意	非常不同意
数学学起来很有趣。	1	2	3	4	5
数学很有挑战性。	1	2	3	4	5
我害怕学习数学。	1	2	3	4	5

4 点评定量表

	非常同意	同意	不同意	非常不同意
数学学起来很有趣。	1	2	3	4
数学很有挑战性。	1	2	3	4

排序

请按照最喜欢到最不喜欢的顺序，对以下学科进行排序。

语言艺术 ＿＿＿＿＿＿＿

数学 ＿＿＿＿＿＿＿

体育 ＿＿＿＿＿＿＿

阅读 ＿＿＿＿＿＿＿

科学 ＿＿＿＿＿＿＿

社会研究 ＿＿＿＿＿＿＿

图 9.3 以一项数学态度调查中的题目格式为例

题目的预试。 在问卷最后形成定稿之前，问卷的题目应在一小组人中进行一次**预试**。这是问卷的试测，其间，那些依靠简单的检查不能明确显示的不足这时可能会凸显出来。该小组成员不必是预期回答者中的一个随机样本，但该小组成员应对研究的变量比较熟悉，并能对题目作出有效判断。一个班的学生，也可能是研究生，常常就是一个有效的预测被试组。预试的结果应能鉴别出误解、含糊以及无用或不充分的题目，可能会觉得需要增加题目，还可能发现机械操作上 206

的困难，比如制表。完成问卷的指导语中的一些问题也可能出现。在预试结果的基础上，为问卷的最后形成做些修正是必要的。

除了排除模糊性和使指导语清晰以外，预试还可以避免没有提供信息或只是提供了极少信息的结果，下面便是一个例子。题目是从 25 个回答者中所获的预试结果，有下划线的数字为不同组别的回答频度。

请选择适当的一组（最接近整年限的），标出你的教龄：

0 – 10 21   11 – 20 3   21 – 30 1   超过 30 0

调查的结果只提供了极少信息，因为可选择的组类不能对回答者作出区别。可供的选择项可以改变一下，就会有这样的结果：

0 – 2 7   3 – 5 5   6 – 8 4   9 – 11 5   超过 11 4

现在，对答案的分类为研究者提供了被调查者经历的更确切的信息。预试的实施也为预试组各成员讨论题目提供了机会。这可以在问卷预试或者访谈题目中完成。这种讨论有助于完善调查题目。

题目的预试为研究者提供了鉴别出那些令人迷惑、模糊的术语的机会，并获得有可能出现的结果信息。

附　信

附信（the cover letter）在任何问卷调查中都是重要部分，它是向个体介绍问卷，并激励他们作答的工具。文字应直截了当，阐明调查的目的和潜在价值，并说明个体作答的重要性。附信中不要有任何能引起个体对调查目的或内容有所怀疑的内容。研究者向参加调查的个体作出保证，即研究者只是对群体的总体回答感兴趣，而不会把个体的回答单独挑出来。回答是匿名的，无论何时都要向回答者保证，所有的回答都是保密的。

谁在附信上签名也很重要。附信的抬头应该是回答者有可能知道的专业机构或者研究所，或者至少应该有所了解。如果有可能的话，最后的署名应该由具有专业职位、与回答者有某些联系的人来签署。例如，送给指导顾问关于指导机构的问卷，在附信上，可以签上管理该机构的大学领导人的名字。如果一名大学生

207

发出一份问卷，在问卷的附信中只写明数据收集的目的是为了写论文，那他只能得到有限的或令人失望的回答。

图 9.4 是对阿巴拉契亚教育实验室（Appalachia Educatoinal Laboratory，简称 AEL）进行外部评价所作的调查问卷的附信的内容②。这份附信写得相当好，因为委托调查的问卷总回收率达到 80%。这份问卷附信注意了以下几点：

1. 在第一段，陈述了有关调查的目的和这些被调查者被选中的原因是由于他们收到了 AEL 的产品。

2. 被调查者被告知对问卷中的有关内容应如何作答。

3. 说明确保调查的秘密性。

4. 每一份问卷在右上角都有一个代码。解释标注代码的目的，是为了便于对收不到的问卷进行跟踪发送信函。

5. 在第三段提及被调查者回答的重要性。

6. 对完成问卷提供了一个估计的大致时间。这里所给的估计时间必须是一个正确的估计。时间的低估会使被调查者感到厌烦，因为他们发现完成问卷所花的时间比所估计的时间要长得多。

7. 对问卷的回收指定了一个最后期限，通常以邮戳日期之后的 3 个星期为限。这个最后期限的确定是有些主观，但要注意该期限应该使被调查者有足够的时间来完成问卷，同时要注意该期限不能太长，以至于被调查者把问卷耽置在一旁甚至忘记了它。回收的最后期限在所有的问卷前言上都要明确说明。

8. 提醒被调查者用随问卷一起附上的、已付邮资的信封，装好问卷寄回。装入这样一个信封是非常必要的。

9. 表达对完成问卷的感谢之意。

10. 这份附信由负责外部评价的主管人签名。

11. 问卷附信的称呼应写上具体的人名，而不是统称为"客户"。对回答者的要求越个体化，回答率就会越高。对于是否需要花费大量精力去写明不同的称呼，需要研究人员作出判断。同样地，不要只是说"您收到了一个产品"，而是要说明产品具体的名称，这有助于提醒回答者。

12. 这份附信恰好用一页纸，实际上，这也是对于附信所允许的最大篇幅了。

调查问卷的附信值得关注，并要求进行斟酌和必要的修改。它应当向被调查者提供有关调查的信息，激发被调查者以正确的态度及时完成问卷。

208

教育学院
评价中心

卡拉马祖·西密歇根 49008 – 5178
616387 – 5895

西密歇根大学

2003.10.3

阿伦·巴拉德先生
斯科特大街 1516 号
科温顿，KY41011 – 3408

亲爱的巴拉德先生：

西密歇根大学评价中心被阿巴拉契亚教育实验室（AEL）聘请为它的外部评价者。作为我们评价工作的一部分，我们将对在过去的 15 个月内接受 AEL 的产品的人们进行一次调查。根据我们的记录，您收到了链环。现在请您完成这份有关您对该产品看法的简短的问卷。

通过问卷调查所获得的信息将会呈报给 AEL 委员会、联邦政府和 AEL 的全体工作人员，以便帮他们改进 AEL 的材料和服务的质量。您的回答是保密的，不会有任何人去鉴别您的或者其他人的回答。问卷右上角的数字是一个代码，以便我们能够检索哪些问卷获得了回收。这也是为了减少跟踪发送信函的费用，有助于消除对已回收的问卷还发送跟踪信函的混乱。

您的回答对于这项评价是否获得成功是十分重要的。您所提供的信息对于 AEL 的重要性，不仅体现在程序计划上，也体现在资金管理上。完成这份问卷所需的时间不会超过 10 分钟。对于您完成这份问卷，并在 2003 年 10 月 20 日之前封好已付邮资的信封返回这份问卷，我们万分感谢！

真诚的：

Hilliam Hierama

威廉·维尔斯马博士

AEL 的外部评价人

附件

图 9.4　问卷调查使用的附信

资料来源：《FY03 报告：阿巴拉契亚教育实验室的外部评价》（2003.12）Kalamazoo. MI. 西密歇根大学评价中心。重印时征得了阿巴拉契亚教育实验室和评价中心的允许。

问卷的格式

　　总的说来，调查问卷应具备吸引人和易懂两个特点。虽然多色排版对答卷人的动机和所产生的影响还没有被证实，但还是可以使用的。问卷不应太长，以免使回答成为一件艰辛的任务，且又花去了回答人大量的时间。其内容应在逻辑上相互联系，以便能激起答卷人回答的兴趣。

　　完成问卷的说明应是简明扼要的，对于复杂的、困难的内容，可举个例子加以说明。如果有多种格式的题目，将格式相同的排在一起，但是内容的逻辑联系应优先于格式考虑。即是说，在完成问卷的过程中，回答者的思想是有逻辑和层次的，而不是"跳跃式"的从一个概念到另一个概念。

　　前言应指明回答的步骤。问卷的前部分应与所探讨的问题紧密相连。大部分问卷包括答卷人的背景和人口统计学信息（如地位、职位、职称等），这一部分应出现在问卷的后一部分。不然，从前言到正式内容的连接便被隔断了。这部分内容应当是选择题，且所给选项应当是互不包容的、透彻详尽的。

　　所有开放性题目都应出现在问卷的后部，从某种程度讲，这并不会打乱问卷的逻辑顺序。有时，一份问卷涉及几个概念，开放性题目则可以分散在整个问卷中。无论如何，问卷都不能以要求大段书写的开放性题目作为开头。如果某些内容对于答卷人来说比较困难，这些题目就应放在问卷靠后的位置。

　　问卷的排列不能给人以拥挤的感觉，各种题目也要易于回答。题目应有序号，问卷应有页码。问题和它的选择项应在同一页上，而且选择项要适合于该问题。如还需什么特殊说明，比如要求回答得清楚、明白，以便机器批阅，这些说明就要清楚地强调指出。最后，在问卷末尾，这份问卷要交还给谁，其姓名、住地要写清楚，提醒答卷人将问卷装入贴好邮票的信封，密封后写上地址寄出。

> 问卷格式应能吸引人，并且一目了然，题目按逻辑次序排列。问题的回答应省力，没有混淆。

提高回答率的方法

210

问卷研究中一个持久的问题就是可能出现很高的不回答率。这里我们指的是整个问卷不回答的情况，也就是整个问卷没有收回。调查研究的有效性直接依赖于回答率和回答的质量。**回答率**是指回收答卷人提交问卷的比率，**回答质量**依数据的完成情况而定。由于答卷人可能并不代表想要调查的群体，因此不回答就有可能引起结论偏差。

> 不回答的可能性是问卷研究的一大问题，因为不回答可能导致数据的偏差。

无疑，回答率越高，调查越成功。许多调查也允许出现一些不回答的情况。但是，什么是可以接受的回答率呢？最严格的标准是，回答率必须足够高，高到即使那些没有回答的人全部按照相反的方式回答，其结论也不会相反。制卷人在最低回答率上的意见不一。回答率根据调查的总体也可以有所变化。但是，一般来说，调查一类专业人群，最低回答率被认为是70%。波特和惠特科姆（Porter & Whitcomb，2003）提出，现在教育研究者所使用的调查数据中，其回答率少于50%是很常见的（p. 389）。当调查一般大众时，回答率估计会更低。

研究者尝试了多种不同的方法提高回答率。尽管有时研究者会付给被调查者报酬，但是由于资金问题，通常看起来不是那么可行。霍普金斯和格利克森（Hopkins & Gullickson，1992）使用元分析的方法研究了报酬对提高回答率的作用，得出结论认为赠送礼物可以提高大概20%的回答率。礼物越贵重，作用越大，即使是1美元的礼物也可以提高约20%的回答率。附上礼物要比承诺赠送礼物有效得多。不管问卷的内容有多大差异，这一结论对一般大众和专业人士的调查都同样适用。赠送礼物甚至对发送跟踪信函也有积极作用（pp. 6 - 7）。

波特和惠特科姆（Porter & Whitcomb，2003）进行了一项研究，他们让被调查者登录参加一个抽奖的在线调查，他们有机会赢得 Amazon. com 网站价值50美元、100美元、150美元，或者200美元的代金券。他们调查了3 500所高中的9 000多名学生，结果回收率并不乐观，约有15%，该回收率在所有激励组都相似。结论是，那些激励对于该组学生没有产生作用。

我们有理由认为，一张富有吸引力的、看上很专业化的问卷能提高回答率。实际上，据专家克拉克和博塞尔（Clark & Boser, 1989）的调查研究表明，问卷的外观有 80% 以上的重要性。然而后来博塞尔和克拉克（Boser & Clark, 1992）又作了一项研究，通过邮寄问卷给师范教育课程的研究生，他们发现诸如足够的页边空白、将内容一览表分成两页以上等问卷外观特征因素，对于回答者来说并不显得重要。然而，如果花了精力，使问卷富有吸引力，看上去很专业化的话，这当然不可能降低回答率。

格林、博塞尔和哈钦森（Green, Boser, & Hutchinson, 1997）使用元分析 211
方法对 200 多项影响调查回答率的研究进行了分析，发现被调查群体的类型能够影响回答率。研究显示，对于邮件调查而言，消费者、教育者和学生的回答率要高于一般大众（高出大概 1/3）。解释这一结果的可能原因是较高的受教育水平以及比较熟悉这种问卷。在发送问卷时要考虑那些教育者的专业兴趣和活动，这是增加回答率的另一个因素。

提高回答率的又一个建议是，邮寄问卷前告诉答卷人将与他联系。可以用明信片或电话来联系。科尔顿和凯恩（Colton & Kane, 1989）进行了一次全国性的新近取得护士许可证的调查。它抽取了如下 3 组：（1）没有发给预约信的控制组；（2）收到了个人预约信的实验组；（3）收到了非个人预约信的实验组。后者没有写明内部地址和"亲爱的朋友"等问候语。预约信的主体内容是一致的。结果控制组的回答率是 51.4%，实验组的回答率分别是 63.3% 和 64.2%（p.4）。收到非个人预约信的实验组回答率最高。显然，预约信比单单邮寄问卷提高了回答率。这个研究结论与格林（Green et al., 1997）等人的研究结论一致，即预先联系具有积极作用。预告与答卷人联系是一件额外任务，但是，如果预计回答率不高的话，还是值得做的，况且它还可控制样本大小。

托尔夫森、特雷西和凯泽（Tollefson, Tracy, & Kaiser, 1984）使用 3 种时间暗示条件：（1）30 分钟；（2）15 分钟；（3）无时间暗示，要求答卷人在现场完成一份需 28 分钟才能做完的问卷。他们发现，回答率最高的为暗示条件是 30 分钟那一组。因此，他们断言："虽然时间暗示可以提高回答率，但时间暗示需要和完成问卷的时间相匹配。"（p.9）由此可以推断，答卷人不会被一个不真实的时间暗示所欺骗。尽管减少完成问卷的时间可能提高回答率，但任何时间暗示都应是现实的。

跟踪程序。　　**跟踪程序**对于几乎所有问卷调查都是必须的。跟踪发送的信函应在前言所定最后期限过后几天送到答卷人手中。连续发出的信函应是令人愉快的，但又应该是强有力的。杰克逊和斯凯勒（Jackson & Schuyler,

1984）发现，在研究生进行的调查中，从一些人那里收到的答卷要比从另一些人那里收到的答卷少，因为前者收到的是一些花里胡哨的信函，而后者所收到的信函则较朴实。另外，跟踪发送的信函应激励答卷人迅速做答。

> 跟踪程序对于问卷调查而言是非常必要的，而且应事先做好计划。

212　　如果经济上允许，把一份问卷的副本，连同一张贴好邮票、写好自己的地址的信封，一起放在跟踪发送的信函中。有时，也可使用一些有提示的明信片。但如果是这样，它就应该在最初的邮寄完成后7—10天内发出。当然，我们不可能和明信片一起邮寄另一张问卷，这是一个缺点。如果问卷就在手边，而不是必须从最初的信件中寻找，个体更有可能回答问卷。

有两种跟踪发送信函的方法：（1）只给那些没有回答的人寄一封信或明信片；（2）给每个人都发一个总括性跟踪信函。前者更受欢迎，因为它较便宜，而且排除了从同一个人那儿收到两张已做好的问卷的可能。后一种方法只有当鉴别不出不答卷人时才使用。如果使用后一种方法，那么就应该告诉答卷人，如果他们回答了第一次问卷，就不要做第二次了。

电话、电报或特殊的邮件也可以用在跟踪提醒工作中。但是，由于这些方式耗时长，花销大，因此，使用不是很广泛。可以反复发送跟踪信函，但是随着每次跟踪信函的发出，问卷回收的百分比逐渐降低。通常情况下并不反复发送跟踪信函，除非问卷的回答率很低或者对回答率的要求很高。

总之，为了提高回答率，建议研究者设计一张富有吸引力、简洁的问卷，而且应附有信息丰富的附信，提供适时的跟踪提醒服务。如果要给出时间暗示，时间应当是现实的。如果可以选择金钱作为激励的话，金钱可以起到激励的作用。根据实证研究的结果，用来提高回答率的跟踪发送信函、报酬激励等方法，都是很有效的。

鉴别不回答的原因

较高的不回答率所带来的困难是，数据可能具有偏差性。绝不可以简单地假定，回答者就是当初问卷调查对象的随机样本。另外，采取增大样本数目的方法也不能抵消偏差，这仅是增加了数据的量而已。

如果产生数据偏差，它们就不能代表研究的群体。下面的这个例子是对全州范围内的数学教师的需求量所作的调查，正好反映了这一点。几乎所有规模较大的学校系统的管理中心都作出了回答，但由于某种原因，那些较小学校系统的管理中心并没有送回问卷。因此，返回的数据表明，对数学教师的平均需求量要超过全州的大多数学校中每所学校对教师的需求总量。所以，不回答的结果就导致了一个数据差距，它明显地扭曲了现实。我们很难保证不回答者是在调查群体中随机分布的。

人口统计的信息对于鉴别由不回答而造成的可能的取样偏差是很有益的。而且，问卷中包括一些人口统计信息的题目，确实可以帮助确定不回答的对象。研究者应能根据与研究变量有关的回答者的特征鉴别出不回答的原因。是不是某个亚群体——例如，男人、初级中学教师、郊区教师、小型学校系统的管理人员——不回答率较高呢？通常，不知道交回了问卷的人是谁的调查方法，是不会令人满意的。我们可以通过分析回答率的人口统计变量种类，鉴别出不回答的对象——例如与小学教师相对的中学教师。

213

鉴别出具有较高不回答率的亚群体，并不能揭示答卷者的情感，但是，它却能鉴别出不回答群体。如果不回答是与答卷者对问卷的某种情感类型相联系——即不答卷者不喜欢它们——回答的样本就是有偏见的。因为回答与不回答和研究的变量有关。为了获得有关不返回问卷者的特征和原因的信息，可以与不答卷的样本进行访谈。虽然一个25人左右的样本通常已经足够，但检查不答卷样本总会投入额外的精力。

在一些研究中，不答卷者在情感问题或不感兴趣的问题上保持中立是可以的。如果这一假设能站得住脚，在解释数据的时候便可应用它，而且在核对不答卷之前，不回答率较高是可以容忍的。这一假设在调查一般公众总体时，比调查一个专业总体可能更为有效。

> 不回答这一现象是不可忽视的，研究者必须知道不回答的原因，确定不回答的原因是很重要的。

不完全的和可能不真实的回答

不回答的另一种形式是没有回答某些题目，即回答者没有回答一个或多个问卷题目。尽管要求问卷回答者要回答所有题目，但常常有一些回答者会漏掉一道或几道题目。被漏答的题目可能是该题目没被理解，也可能是回答者对该题目没有把握。如果整套问卷只有少数几道题目被漏答，并且对于这些漏答似乎没有任何统一的模式，那么省略几道题将不会带来什么不便。但是，如果省略频繁出现，那就值得对问卷作一些核实。

约翰逊、吉普斯和里奇（Johnson, Gips, & Rich, 1992）已观察到，当要求回答者对某个人或某件事作评价时，作消极评价比作积极评价更倾向于频繁地漏答一些题目。因此，如果一些评价试题频繁地被漏答，这可能要加以注意。开放性题目常被漏答，可能仅仅由于回答者不想花精力去回答，也许有某些别的原因。对此，可以对题目的回答进行内部核对，一种办法是把问卷分为两组，其中一组为被回答的题目，另一组为被漏答的题目。接着按两组分别对其他题目的回答进行分析。如果得到的结论不一致，那么漏答题目就与回答者对其他题目的回答方式有关。

214　　　　处理这些漏答题目，没有任何始终如一的既定的方法。有可能是由于题目难以理解。调查人员应当对漏答的内容进行检查。检查的结果看起来引人注意，那就要找到漏答题目的模式或者与其他变量的可能关系。例如，如果男性完成问卷都不回答某一道题（性别作为人口统计信息的一个题目），那么这个结论将值得注意。

　　　　漏答题目是一件麻烦事情，如果有一些值得注意的漏答现象出现，那么就有必要找到一些可以解释其原因的模式。漏答实质上是没有回答的题目，它可能使结论出现偏差。

　　当就敏感性问题进行调查时，回答者可能会有不诚实的动机。吸毒是一个敏感问题的例子。想要获得有关非法行为或危害社会的行为的信息总是希望渺茫，这类信息许多只能靠自我报告而获得。朗纳、桑伯恩和康斯坦丁（Wrona, San-born, & Constantine, 1992）讨论了4种方法来识别有关吸毒学生调查中的不诚实和粗心的回答者。这4种方法是：

1. 不可能的回答——回答者表示使用某种不存在的药物。
2. 药物使用的频率和范围难以置信。
3. 答案组合不可能——运用许多题目来进行题目之间的一致性检测。
4. 诚实性题目——要求回答者在回答题目时表现出的诚实性程度（pp. 3－4）。

　　制定一个稍带主观色彩的准则来剔除不诚实回答者的数据。例如，用以上4种方法中的任何一种皆可识别出不诚实的回答者，那么他的数据就应被排除。或者，如果回答者在诚实性题目中表现出不诚实，那么这足以反映出他的回答是不诚实的。当然，我们并不希望删除数据，但是，把错误的数据去掉而使一组数据减少，这与包含有错误信息的一组数据相比，则是一种改进。

　　对大多数教育研究中的调查而言，认为回答者会不诚实地完成调查是毫无道理的。这种情况，只有在对敏感性问题的回答会对回答者造成不利影响时才会出现。例如，涉及违反规定的行为的问题，诸如欺诈或非法行为。当陈述这些问题时，应当对不诚实和粗心的回答进行某种核对。

> 对问卷回答进行"诚实性检测"有许多方法。当在调查中要表述一些敏感性问题时，应当使用上述一种或多种方法。

网络调查

在线调查是可以代替邮件调查的另一种可行的方法。对于**网络调查**来说，大多数被调查的目标群体都有途径上互联网。当然，会有一些非常重要的群体并不适合采用在线调查，那么就不得不使用邮件或者电话进行调查。

相对于邮寄的问卷而言，在线调查有很多优点。可以极大地节约回答时间；在线的被调查者一收到调查，就可以回答；网络邮寄在时间上没有延迟，也没有打印和邮寄费用。然而，在线调查也有缺点，其中最重要的就是让被调查者认识到调查的合法性。假设调查问卷通过了垃圾邮件过滤器的拦阻，被调查者还是要仔细辨认邮寄者，否则邮件就会在被打开前删除。

海斯利特和维尔德穆特（Hayslett & Wildemuth，2004）比较了基于网络的调查和纸质调查的相对有效性。调查者比较了三种形式的调查，一种是纸质调查，通过邮件通知、邮递；一种是网络调查，通过邮寄信件进行事先通知；最后一种也是网络调查，通过电子邮件通知。被调查者由 300 个学术咨询图书馆员组成，他们对计算机很熟悉。调查结果非常有趣：

> 纸质调查回答的有效性为 42.3%，通过邮寄信件通知的网络调查的回答的有效性为 22.9%，通过电子邮件通知的网络调查的回答的有效性为 33.1%。（p.85）

> 三种形式的调查的平均回答时间依次为 13.41 天，6.74 天，4.20 天。（p.86）。

纸质调查的回答率最高，但是时间也最长。高回答率通常比回答时间短更重要。在线信息获得的快捷性往往不是很重要，因为不管怎样，数据的分析和报告还需要一段时间。不同方法之间存在 10 天的差距并没有实际意义。研究者指出，使用邮寄信件通知参加网络调查的混合方法是他们使用过的有效性最差的方法。

当然，关于在线调查和纸质调查有效性的研究很多，结果的差异性也很大。李、弗兰克、科尔、米克黑尔和迈尔斯（Lee, Frank, Cole, Mikhael, & Miles, 2002）作了一项研究，使用电子邮件对医学教育者进行调查，四个星期以后进行了总括性随访，其中包含一封简短的电子邮件进行提醒，结果得到回答率是63%。马茨（Matz, 1999）研究发现，网络调查的回答率为33%，同样的调查采用纸质问卷其回答率为43%。然而，默特勒和厄利（Mertler & Earley, 2003）对大学生进行调查，得到的结论却截然相反。那些收到电子调查的大学生回答率为50%，而那些通过常规校园邮件收到调查问卷的大学生的回答率为32%。也就是说，还有其他影响回答率的因素，例如调查内容对被调查者的重要性比调查方法更能够影响回答率。

216

> 网络调查回答率的差异很大，在回答率上，网络调查比邮寄问卷并不能显示出持续稳定的优势，反之亦然。

蒙特兹（Montez, 2003）对网络调查中没有回答的被调查者进行了一个随访。最初的样本是由400多位大学的院长组成，给他们发送了一份有关高等教育领导者能力的调查问卷，涉及的内容很广泛。回答率是51%，随后给那些没有回答的人发送了一封电子邮件随访。55%的人给予反馈，对没有回答调查给出了各种各样的原因，可以分为以下五种：

1. 拒绝参加——没有具体原因；
2. 由于回答问卷会花费他们的时间、精力和资源，因此拒绝参加；
3. 已经辞职；
4. 只参加某些特定的组织或者机构的调查；
5. 有意识地拒绝，并对他们的理由进行了解释（pp. 13 – 14，转述）。

正如蒙特兹所指出的，那些没有回答的被试在没有回答的群体中是否具有代表性还不确定，因为他们只占那个群体的24%。然而，在网络调查中没有回答的被调查者给出的原因，与没有回答邮寄问卷的被调查者给出的原因，基本相像。

> 不回答调查的具体原因很难确定，但是不回答网络调查与不回答问卷调查的原因类似。

在线调查的例子。 为了提高战略技术领域技术员的质量和数量，国家科学基金会支持了一项高级技术教育（ATE）项目。目前已经授予各个中心和项目的基金已达 230 项，其中大多数是在研究机构进行的为期两年的项目。这个项目编写了课程、模块和资料。教师参加专业化发展活动，学生来自各个技术教育领域。这个项目最初的一部分工作是一个年度评价，由西密歇根大学评价中心评价。评价的组成部分之一是一个在线调查，对各个中心和项目的负责人进行调查以获得关于学生、教育供给、学校与商业、工业合作的产品以及取得的成绩的信息。

在线调查的封面页见图 9.5。该首页附信要比邮寄问卷例子中给出的附信要短，因为基金代理人要求各个负责人完成调查，所以首页更直接。回答率几乎是 100%，这里要注意调查的目的以及如何使用调查获得的信息。有关调查的日期和截止日期等细节会给出。在结果部分，承诺会保证个人回答的机密性。在首页的底部，提供了关于如何作答的一般性指导。

2007 ATE 调查概况

这项调查有两个基本目的：（1）提供 ATE 项目的相关信息；（2）提供有关信息，以指导特定主题和现存问题的跟踪研究。

NSF 项目的人员将使用这项调查结果来准备他们的年度报告，并制定项目决议。ATE 项目、中心和合作伙伴可以使用这项调查结果来了解其他获得 ATE 资助机构报道的各种活动和发现，以满足自己的信息需要。有关 ATE 项目的其他信息，以及调查的 PDF 文件和在线版本，可以通过访问我们的网址 http://ate.wmich.edu 获得。

这项调查可以在 2007 年 2 月通过网络访问获得。在线调查和纸质调查回收的截止时间为 2007 年 3 月 16 日。我们将会通过我们的网站和电子邮件与 ATE 主要调查者沟通调查进度表，包括报告时间。我们不会报告每个人的回答情况，也不会把任何一个数据与某个特殊的被调查者联系起来。调查结果和各个项目及中心汇总的数据既可以在我们的网站上获得，也可以通过交互式的数据展示和递交给 NSF 的正式报告获得。

我们推荐您在回答之前阅读这份文件，这样您会获得完成这份调查所需要的全部信息。有关这份调查的任何疑问将会得到 Chris L. S. Coryn 的关注。

Chris L. S. Coryn
ATE 项目评价研究协会
西密歇根大学评价中心
269 – 387 – 5920
Christian. coryn@ wmich. edu

感谢您参与这项调查。

一般性说明

1. 所有的被调查者都要回答 1—3 部分。这一部分是有关参加者的性格、组织经验和合作活动的。

2. 4—6 部分是有关材料开发、专业化发展和项目进展的。如果您负责的项目或者中心有 100 000 美元的资助或者 30% 或者更多的费用用在了这些活动上，那么您需要完成 4—6 部分。

3. 您在回答时只需要关注最近 12 个月的情况。

图 9.5　网络调查的首页附信

资料来源：这部分资料是 ATE 07 – 08 项目开发的，由国家科学基金会资助，资助号 #0702981。

218　　　2007 ATE 调查的部分题目可见图 9.6。这些问题关注的是对数据的评价，项目和中心用这些数据来评价地方的项目方案。这部分题目由两部分组成，负责人首先要确认他们使用的是哪种类型的数据，然后根据有用性对各种类型的数据或者实践进行 4 点等级评分，每行只允许评价一次。题目很直接而且很容易回答。结果很容易制成表格，而且很容易计算不同类别回答者的总分，例如不同中心的、项目的总分，或者进行为期两年研究的学校、进行为期 4 年研究的学校的总分。

7. 请评价下列用于评估的各种类型的数据或者实践的有用性程度是多少？

用于评估的各种类型的数据或者实践	我们收集或者使用的数据或者实践	有用性程度			
	检查（√）那些使用的数据或者实践	没有用	有点用	有用	非常有用
商业和工业投入，以检验工业所需的各种材料的吻合度					
学生和工业标准或者指导方针					
由外部专家进行述评					
材料内部的领域测验（例如，在你的项目或者中心内部进行）					
材料外部的领域测验（例如在你的项目或者中心外部进行）					
评价学生的课堂表现（学习效果）					
评价学生的劳动表现（劳动效果）					
其他（描述性的）：					

图 9.6　网络调查的例题

资料来源：这部分资料是 ATE 07－08 项目开发的，由国家科学基金会资助，资助号 #0702981。

进行网络调查需要考虑的因素。 网络调查提供了一种可行的问卷调查的手段。然而，这种方法的确存在局限，而且只有满足某种条件才会提高网络调查的有效性，从而保证其有用性。需要考虑的因素包括：

1. 为了回答问卷，所有参加调查的人必须拥有电子邮件地址、便于使用计算机以及娴熟的计算机操作技能。任何一个没有电子邮件地址的人将被从样本中剔除。

219

2. 由于第 1 点的要求，在那些拥有电子邮件地址的、有限的、特定的群体中，网络调查可以很好地发挥作用。

3. 如果不能获得电子邮件地址，那么邮件列表管理程序就没什么作用了，部分原因是在某种程度上我们不能把握调查群体，这样邮件列表管理程序就不能邮寄有关信息了。

4. 参加调查的途径要简单，必须引导被调查者找到网址（URL）。这可以通过发送电子邮件或者通过一个简短的说明进行（Mertler & Earley，2003，p. 5）。

5. 由于要实施多个问卷调查，因此要计划并在合适的时间进行一个或者多个跟踪调查。

迪尔曼（Dillman，2000）撰写了适用于网络调查的一些指导方针。下面列举了一些例子，我们来看一下他是如何论述电子邮件调查的，在有关调查技术方面它们有什么不同。

原则 11.10　用易于激发动机的欢迎界面介绍网络问卷。

原则 11.11　提供一个 PIN 号码，仅限于样本中的人员使用。

原则 11.12　选择一个大多数回答者都会感兴趣的、容易回答的题目，放在问卷的欢迎界面醒目的位置。

原则 11.13　采用纸质问卷所惯用的形式，呈现每道题。

原则 11.14　禁止颜色的使用，以保证图或者背景的一致性和可读性，导航流畅性不受限，并保证对问题特点的测量。

原则 11.15　避免由于不同的屏幕外形、操作系统、浏览器、局部屏幕显示、环绕式文本等原因引起的视觉上的差异。

总之，如果网络调查能够得以充分实施，它的效果要优于邮寄的问卷调查。网络调查在费用、时间和数据的转换方面具有优势。然而，除了调查的实施过程之外，还有一些其他因素对回答率有重要影响。无论何时对网络调查进行反思，要认识到它存在一定的局限性。

220　访谈调查

对于进行人数较多的大范围调查来说，问卷调查的所需费用不大，但它也有一些缺点，诸如有不回答或粗心回答的现象。访谈是一种进行调查的又一有效方法，使用这一方法，相对于问卷调查来说，有如下几方面的优点：

1. 如果访谈被允许进行，就不会存在不回答的问题。
2. 如果必要的话，访谈可提供一个深入挖掘、详细阐述和澄清术语的机会。
3. 调查的完成可以做到标准化。
4. 由于开放性题目获得回答，调查显得更加成功。
5. 访谈有助于避免题目回答的遗漏。
6. 有时不通过访谈，一些有关个人的数据就无法取得。

这里与上面第 6 点相关的是，从那些没有接受良好教育的成人那里收集数据，需要进行访谈。因为即使题目明明白白地写出来，他们也可能由于缺乏回答的动机而拒绝作答。

然而，访谈在时间和精力上所花的代价是昂贵的。近年来，电话访谈得到了大面积使用，并作为面对面访谈的替代形式。电话访谈可以显著地降低调查的费用，同时它与面对面访谈相比，还有其他一些优点，这在以后要谈到。如果采取面对面的形式，访谈必须有计划，因为这涉及到两个人之间的互动。即使采用电话访谈，除非访谈非常简短，预先作好计划总是非常好的。

使用访谈比使用问卷有诸多好处，但在时间和精力上代价高昂。

访谈题目

访谈题目像问卷题目一样，分为选择题与开放性题目两种形式，而且它们在结构程度上亦可变化。然而，非结构性题目更常用在访谈中，原因是非结构性题目给回答人留下了大量可解释的余地。在访谈中，这种可解释性能够控制、掌握，在问卷中，则是不可能的。一般来说，在应用访谈法进行调查的过程中，每一个访谈对象都要被问及同样的一组问题。为了使不同的访谈对象配合工作，措辞可能要作轻微的变动。例如，假如学生、教师、校长都是同一研究的访谈对象，各种各样的题目格式都可用在同一访谈中，而且访谈者还要控制格式的转换，以免发生混淆。

无论访谈题目是要求做出开放性的回答还是选择回答，它们都应当完全以问题的形式，用富有意义的、清楚的术语向访谈对象陈述。而且术语对所有的访谈对象都应有一致的含义。访谈题目应给访谈对象提供充足的指示。有时，可供选择的措辞或追问会随同访谈题目一同给出，但这样做须小心从事。先来看下面这一开放性访谈题目：

221

你最喜欢设在这个社区的学校的哪一方面？

如果访谈对象犹豫不定，就可以给他提供一项可供选择的调查项目，比如：

我们对诸如学校的设备、教学质量、时间安排、管理等类问题都有兴趣。

如果使用了这一选择性的调查项目，那些犹豫不定的人所回答的内容就会和那些没有得到这一选择性说法的人的回答有所不同。至少那些犹豫不定的人通过提示而获得了更多的答题框架。一种较好的办法是为所有的访谈对象提供同样数量的答题框架。比如：

你认为下列各项中哪些项目是本社区的学校最有优势的项目？

a. 教学质量
b. 设备
c. 时间安排
d. 管理中心办公室
e. 学校（建筑）管理

在上述答题框架之外，也可请访谈对象排列其他因素。

最全面的一个教育调查是每年一次的公众对公立学校态度的民意测验［卡潘/盖洛普（Phi Delta Kappa/Gallup Poll）］。调查结果会在《卡潘》（*Phi Delta Kappan*）每年的第9期或者第10期上发表。现在，每年的春季，在美国所有地区和所有类型社区的调查中开始采用电话访谈。全国样本量的变化范围在1 000个到1 600个成人之间。

调查的题目集中在公众对学校现在正在做的工作的感知上。题目不仅包括学校所提供的有效的学习经历方面的表现，而且还包括学校在促进不同种族和民族的学生之间的相互理解与包容方面的进步。访谈的题目是结构化的，调查结果按照各种选项的百分比进行报告。有些项目在已被选定的年份里重复出现，这样就提供了一份跨年度的发展模式。美国人每年都会被要求对公立学校进行从A到F的等级评价。

公众对公立学校态度的民意测验（卡潘/盖洛普）提供了大量的有关公众对教育争议问题的感知信息。如果的确需要的话，《卡潘》允许学区使用地方的学校调查或者社区调查中用过的题目。通过这种方法，可以比较地方和国家的调查结果。《卡潘》专业发展和服务中心可以提供有关教育态度和教育观念的民意调查材料。

222

访谈的进行

正如任何一种数据收集过程一样，进行访谈也必须有所准备。为了进行确定的访谈，须对访谈人员进行训练，而且这些访谈过程必须"标准化"，以便回答者能够把访谈看做一件连贯、确定的事情。由于访谈需要时间，所以，除非调查有严格的限制，否则我们可以使用大量访谈人员。需要对他们进行训练，使之获得有关调查的专业知识。当使用问卷的时候，在访谈前应该预先测试，而且题目要修正到满意为止。需要训练访谈人员，直到他们在一系列访谈过程之中，不同访谈对象之间都能做到一致。

> 对访谈者进行训练是必要的。当使用两个或者更多的访谈者进行访谈时，一定要在访谈中检测他们之间的一致性。在任何访谈中，访谈者都不应影响访谈对象。

为了安排访谈时间，需要确定访谈对象与访谈者彼此都方便的时间。访谈者应当有一张弹性时间表，以便对访谈对象来说随时都方便、可行。例如，假如那些调查在白天不可行，把访谈集中在晚上和周末就是必要的。

在访谈时间安排好或访谈工作开始后，取得访谈对象的配合是必要的。一封告知访谈对象研究情况的预约信在取得访谈对象配合这方面是有效的。这封信不仅是通知性的，而且还能再次巩固访谈对象，特别是那些当接纳陌生人时为个人安全而担忧的人。应当让访谈对象了解研究的目的和其贡献的重要性。访谈对象不应受到访谈与其后的数据使用的威胁。使访谈对象了解访谈，并对访谈感到适意，对增强合作意义重大。

因为访谈是一项社会工作，所以，访谈人员和回答者建立良好的关系是重要的。方法应是实事求是的、有效的，态度友好但不能"好得像朋友似的"。要确保回答的机密性，而且回答者不应受到访谈问题的威胁。如果回答者有问题，访谈人员必须知道值得深入探索的程度及允许阐述的程度。除非回答者的回答内容与主题相关或者话题本身是探究信息的一部分，否则不应游离主题。

应当有效组织在访谈中使用的资料收集方法，以使访谈的进行不会受到干扰。一台录音机即可保留整个对话，但是，访谈者在使用前应征得访谈对象的同意。如果对访谈录音不现实或行不通，就必须运用速记。结构性问题可能只要求打一个"√"符号，表示选了几个选项中的一个；而对非结构性问题，则必须记录所有的主要观点，记录要既简练又完整。记录工作应当尽可能做得不露声色，不致引起访谈对象的怀疑。比如，如果访谈对象所做的回答简短，访谈者就

223

不应写得很多。

笔记本电脑可用于访谈记录。访谈者可以通过笔记本电脑以一种不易被人觉察的方式同速记下访谈对象的回答。在绝大多数情况下，笔记本电脑所记录的不会比访谈者的笔录更乱，而且它可以提供一个完整的回答记录。

访谈应准备好框架性提纲，在友好和实事求是的气氛中进行，以便获得有效的信息。如果可能，应对所做的回答的精确性予以核实。

错误的潜在原因

尽管访谈者会尽量与访谈对象的情感和观念相协调，但访谈题目本身却不能保证与此种情感相协调。个体必须自愿地正确地作出充分的口头回答，困难在于，假如个体不具备足够的知识来回答问题，或是不愿意泄露有关的信息，就会产生问题。有一种回答不精确或不正确的倾向被称为"**回答效应**"（response effect），如果存在这种倾向，那么实际回答与正确回答之间就存在差异。访谈者必须能够识别误解和不安的不同，当场作出是否需要进行深入了解的决定。

在收集访谈资料时可能存在潜在的错误。其中原因之一便是，回答者在回答中的某种倾向，实质上产生了一种"回答效应"。回答者可能缺乏回答的动机，因为受到了访谈的影响，或者把他或她自己理解为名人来回答，提供的是社会上普遍接受的或专业上具有优先性的答案，而不涉及任何真实的情感。还没有一种方法论上的技巧能保证资料的精确性，但是，强调回答的真实性和建立初始核对是可能的。访谈人员要注意不可暗示有无应优先予以考虑的回答，有争议性的问题应力求避免，直到合适的背景和信赖的关系建立为止。在访谈的过程中，访谈者可能想知道回答者说的是不是真话，从而设置相关的问题来核对各种回答的一致性。换言之，访谈包含了要提出内容相同，而形式与遣词造句及出现时间、地点不同的各种问题。

另一个可能的错误原因是，访谈人员对访谈对象的倾向性。举个消极的例子，如果访谈人员在访谈中心神不宁，居高临下地对访谈对象讲话，或者对访谈对象抱有成见，就不能和访谈对象建立和睦的关系。应仔细挑选访谈者以避免倾向影响。访谈人员应尽可能地在会影响反应的变量上与访谈对象相互配合。比如，如果访谈对象会因访谈人员是异性而对回答问题造成障碍，那就得确保访谈人员和访谈对象是同性。

第三个可能的错误原因与完成访谈的方法有关。在各种访谈之间可能存在不一致性。采访时间太长，就会使回答者不堪劳累而感到厌倦、疲惫。访谈的最长

224

时间应视回答者的特性及访谈内容的趣味程度而定。专业化的回答者的访谈时间可以稍长于普通回答者。一般来说，访谈过程不宜有其他人在场。访谈的地点，应对双方都适宜、舒服而又方便。

> 访谈中可能产生错误的原因有很多：访谈对象的回答效应，访谈人员的倾向性，以及进行访谈时不一致、不适宜的方法。

电话访谈[3]

正如前面所提到的，近年来，在调查研究中电话的使用增多了。如果使用恰当的话，可以提高效率。**电话访谈**相对于面对面的访谈，其最大好处在于，它的花费仅是面对面访谈费用的三分之一到二分之一。一般来说，访谈对象缺少电话机不是一个问题（在农村的用户可能是一个例外），对于职业性的访谈对象更不可能。然而在调查某一群体时，未列出的电话号码是个大问题。祖得曼（Sudman，1981）发现，电话访谈与面对面访谈的合作率差不多相同，只是电话访谈的拒绝率可能高一点。但是，对于居住在偏僻地区的访谈对象来说，电话访谈是更有效的。像教师、校长、学监等学校成员这类专业化回答者，通过电话通常比通过个直接访谈更容易接近。

电话访谈与面对面访谈相比，还有其他一些优点：

1. 由于到达访谈对象那里的时间被省去了，所以可以从更大范围的可获得的总体中抽取访谈对象。
2. 数据的收集可以集中进行，数据可实现自动输入。
3. 随着数据收集的日益便利，数据的质量控制变得更容易。
4. 数据收集和数据处理可以快速进行。
5. 如果入户访谈，一些访谈对象可能因为陌生人的造访而感到不安，而电话访谈则不会这样。
6. 如果一个访谈对象不能信守访谈的约定，通过电话联系，可减少此类的时间浪费。

面对面访谈比电话访谈具有更大的弹性，能获取更详尽的细节，访谈时间也可更长一些。大多数接受电话访谈的人在过了 25 分钟左右就会感到厌烦，而接受面对面访谈的人在长达 45 分钟，甚至 1 小时的访谈中也不会感到疲倦。诸如图、表之类可视性提示，都可在面对面访谈中使用。但是，如果研究项目要求被

225

访谈者对一些书面材料做出反应，这可能就要在使用电话访谈前，首先把材料送给访谈对象，然后通过电话获取答案。要求使用这种材料的调查很少用在一般公众身上，它们更适用于那些机关或专业人员。即使这样，调查者也冒着一定的风险：被调查者可能收不到必要的材料，或者根本就没有去看这些材料。

我们来看一个例子。假定要调查一个州的学校管理者的工作，调查对象是一群专业人员。要通过随机抽样的方法来进行访谈，而不是在全州巡回调查。预先把必要的材料送给挑选出来的学校管理者，然后在彼此方便的时间通过电话进行访谈。电话访谈应当比面对面访谈花费的代价少一些。

总结电话访谈和面对面访谈比较的结果，祖得曼（Sudman，1981）说：

> 电话访谈和面对面访谈区别很小，在大多数研究中可忽略不计。两种研究方法都需要使用适当的方法和经验丰富的访谈者，以及开始的良好配合。在电话访谈中，访谈对象拒绝回答、说不知道、对开放性问题会做更短的回答等的可能性都会稍微大一些。因为访谈对象的怀疑心理多了，他们讲话的动力自然不足（p. 8）。

所以，作为面对面访谈的可替代性选择，电话访谈值得考虑。它们在调查敏感的和有争议性的问题时，可能不是很有效的。但这一点可能会因考虑精力、时间、费用的节省而获得补偿。

电话访谈要比面对面访谈费用少。它可以在不要求面对面访谈的条件下有效使用。无证据表明，电话访谈和访谈对象之间的合作会明显减少。

小　结

很多教育研究是由非实验性定量研究组成的。在这种研究中，研究者关注变量，但并不去操控这些变量，因为它们在现实情境中的确存在。非实验性定量研究常被用于探索大量的研究问题，应用很广泛。

226　　　在本章中，我们讨论了事后追溯研究、因果对比研究、相关研究和调查研究。实际上非实验性定量研究可以适用于上述的一种或者另一种研究，而且这四种类型的研究之间也不是完全相互排斥的。例如，相关是一种统计分析方法，一些研究、调查、因果对比等，也要计算相关。从这个意义上讲，"相关研究"的说法有时容易误导读者，但是在研究文献中，它又是一种很常见的研究类型，在本章中，相关研究已经阐释得非常清晰了。

　　本章花费了大量的篇幅来论述调查研究，它是一种应用得非常广泛的非实验性定量研究方法。当我们谈及调查研究的时候，很容易想到问卷和访谈，尽管调查还包括其他的数据收集方法，例如使用正规出版的测验来测量学业成就。考虑进行访谈所需要的时间和努力，通过邮寄问卷进行调查可能要多于访谈调查。然而，有时也会使用电话访谈，而且也很有效。相对其他调查，网络调查具备一些优势，但是它的使用也有一些局限性，而且仅仅是在某种条件下才会出色地发挥作用。

　　问卷调查已经受到一些质疑和压力，其中的部分原因是由于问卷有时编制得较差，而且经常有大量的被调查者不回答。一个设计完美的调查问卷需要几个步骤，包括从对研究问题的界定到对数据的分析、解释。要注意细节，谨慎遵循程序，提高回答率，尤其是跟踪程序的实施，将有助于克服问卷调查中出现的各种问题。

　　与问卷相比，访谈有这样一个优点：如果准许访谈，而且访谈者访谈技能娴熟，那么就不会有任何遗漏或者无用的数据。如果需要的话，访谈应该提供进一步追问和阐释的机会。但是，访谈代价昂贵，而且需要对访谈者进行培训。在不同的访谈者之间，访谈必须具有一致性，有时又被称为评分者间信度（interrater reliability）。而访谈者在不同的访谈之间保持的一致性被称为评分者内部信度（intrarater reliability），是指一个访谈者对他所进行的两个或者两个以上的访谈，要保持一致性。在问卷或者访谈的题目定稿之前，应该进行预试。

　　我们讨论了调查设计，它基本上有纵向设计和横向设计两种类型。在纵向调查中，对研究群体的数据收集要在一段时间的两个或更多的时间点上进行。依据研究总体，纵向调查可变化为趋势设计、群体设计和专门对象设计。横向设计常常涉及两个或更多的总体或亚总体，在同一时间点上进行数据收集。

　　成功地完成一项调查不是一件简单的事，有几种可能的误区和问题可能会影响调查。不能为各个步骤提供足够的时间和资源是一个普遍性的问题。抽样的方法可能会被破坏，或者说不可能有足够的资源对题目进行充分的测试和修改。访谈或问卷所制定的题目可能是很糟糕的，并会产生无用的数据。在跟踪发送信函上的失败，是一个非常明显但又很普遍的问题。当问卷收回后，数据组合方法不当和列表方法不合适常常是调查无效而且混乱的原因。不考虑不回答的人可能会使结果出现偏差，并导致无根据的推广。最后，如果研究结果的报告是分割的，缺乏综合的分析，从调查中获取最大信息是不可能的。尽管细心计划不能保证调查的成功，达到这一目标还需走一段长路，但它对于一项成功的调查来说却是至关重要的。

227

核心概念

事后追溯研究	趋势研究	选择题
因果比较研究	群体研究	开放性题目
相关研究	专门对象研究	预试
调查研究	横向设计	附信
调查设计	评估者间信度	回答率
人口普查	评估者内部信度	跟踪程序
纵向设计	社区调查	网络调查
	导向性问题	电话访谈

练 习

9.1 在田纳西州进行了一项关于班级规模效应的纵向研究，佩特-贝恩、阿基利斯、博伊德-扎哈里亚斯和麦克纳等人（Pate-Bain, Achilles, Boyd-Zaharias, & McKenna, 1992）对研究结果进行了回顾。该研究实质上是事后追溯研究，它涉及了田纳西州的 72 所学校。当然，这里最主要的自变量是班级规模。不阅读该研究报告，请确定研究中的其他自变量和因变量。进行这样一项有关班级规模的纵向研究意义何在？（实际上，田纳西研究是一项 4 年研究）对于你所确定的因变量的有关数据要每间隔多长时间收集一次？在完成这道练习后，如果你把自己对该研究的设想与实际进行的田纳西研究作一个比较，也将会是十分有益的事情。

9.2 在一个拥有近 6 000 名本科生的人文学院，进行了一次学生对普通教育要求的态度的研究。研究者也对学生在大学生涯中这一态度的变化感兴趣。一种方法是设计一项纵向研究，从新生班级开始，每年一次调查这一总体中的一个样本。另一种方法是运用横向设计，从 4 个年级的本科班级总体中随机选择样本，同时对它们进行调查。讨论一下两种设计的优缺点。

9.3 假定在练习 9.2 中，决定在一个班的新生中进行一项研究。描述一下当这一调查要作为群体研究和专门对象研究时，应如何进行。对群体研究和专门对象研究的优缺点进行比较。

9.4 一个教育产品出版公司正在进行一个为期 5 年的教师意见和产品使用的纵向调查。这一调查在一个大城市进行，而且挑选出来的教师随机样本是为专门对象研究服务的特别小组。数据将每 6 个月从小组收集一次。当进行纵向设计时，使用小组调查可以获得哪些数据？讨论一下这一研究的优点及潜在的困难。

228

9.5　某大学进行制度研究的负责人对本科生为什么辍学表示关注。假定没有复学的学生一旦被知道，他们随即就会收到一张问卷，试制定这一问卷可以列出的题目。你是使用选择题还是开放性题目？不回答是否会是一个问题？为什么是，为什么不是？提出对不回答者跟踪发送信函的可能的方法。

9.6　一个州教育局的指导咨询处计划对该州的中学指导咨询人员在明确其岗位职责上所作的努力和每周花在其岗位上的时间进行调查。通过邮局将一份 3 页的问卷寄给每一位随机抽出的指导咨询人员。为这张问卷准备一个前言。你建议由谁（这里侧重职位，不是指个人）在这一前言上签名？

9.7　假定练习 9.6 中的随机样本容量为 100。在什么情况下，通过电话进行调查是可能的？通过电话进行调查的优点是什么？缺点呢？

9.8　某个州的学校中曾规定要实施一项水平测试方案。该方案对中学各年级的学业成就都制定了相应的标准，只有最终达到这些标准才可毕业。在所选择的各学术科目中都应表现出一定的学业水准。针对教育人员对该方案的看法与观点进行了一次调查。学校中的教育人员有不同的类型（如教师、校长等）。问卷是分发给教育人员中的随机样本的。问卷设计了 6 个左右的题目，以便确定测试的知识范围、了解人们对该方案的接受程度。除了不同类型的教育人员这一变量外，请确定研究中可能存在的自变量和因变量。按照自变量所确定的哪些不同组别之间的比较，会对有关该方案的政策制定有所帮助？

9.9　针对第 8 题所讲的调查，在通过发放问卷确定不回答的原因之前，请讨论一下所能采取的预备性措施。在这种情况下，哪些因素可以激励教育人员去回答问卷？（这里不讨论给报酬的方法）

9.10　一个地方学校的董事会想进行一次有关对学校了解程度的社区调查，特别是关于 5—12 年级的课程以及董事会有关诸如学生服装号码之类的问题的规定，制定 10 个适合于问卷调查的题目，你建议用选择题还是开放性题目？你让谁（是职位，而非个人）为这一调查在前言上签名？

9.11　在一个单轨制学校进行一次学生的父母对新的分级系统和成绩报告单的意见的调查。你认为在什么条件下，在进行横向设计期间，可采用纵向设计，反之亦然。假定这个学校有大约 350 个学生，你是建议挑选学生父母的随机样本呢？还是建议调查整个学生父母总体呢？为什么？

229 9.12 有一位健康教育工作者正在设计一项调查，其目的在于对一个有 6 所中学的城市的学校系统中中学生的饮食习惯进行调查。饮食习惯涉及这样的一些因素，如学生吃喝什么东西、什么时候进食等。为什么说进行这样一项问卷调查是一个很困难的研究？假设决定使用访谈法，对学生中的随机样本进行访谈，请为该访谈设计 3 到 4 个样题。你如何核对是否有粗心的或不诚实的回答？这样的回答是否可能就是一个问题？如果是，为什么？如果不是，那又是为什么？

9.13 假设州教育局教师资格和执照办理处对教师实践评价进行了一个全州范围的调查。全州从大城市到小城市，再到农村地区，大概有 600 所左右的学区都参加了调查。每个学区邮寄一份问卷。问卷邮寄给谁？为了提高回答率应该怎么做？在某种可能的程度上，我们希望使用选择题。请为这项调查设计 5 道或者 6 道题目。

9.14 检索一篇有关因果比较的调查研究的论文。指出这项研究的研究问题和研究方法。

9.15 使用相关调查研究重做练习 9.14。

9.16 第 38 届卡潘/盖洛普关于公众对公立学校态度的年度调查，包括与《不让一个孩子掉队法案》有关的几个问题，已经在《卡潘》（2006年 9 月）上发表。下面做一个练习，回顾和这些问题有关的结果，从中得出你自己的结论，并与已经刊发的报告的结论进行对比。看看你的结论和作者的结论是否存在不一致性，如果的确存在，这种不一致性可以解决吗？

9.17 在对 4 年级儿童进行的一项把学校和家庭因素联系起来的相关研究中，发现儿童房间中的书籍的数量与儿童的标准化阅读测验分数呈正相关。

　　a. 其他可以解释这种相关关系的因素是什么？

　　b. 我们能非常肯定地得出，增加儿童卧室中的书籍的数量，就会增加儿童的阅读测验分数这个结论吗？为什么？

9.18 从因果结论的强度、研究者的干涉程度（intrusiveness）、研究主题的广度、分析中包含的被试的数量等角度，比较实验研究和非实验性研究。

注　释

① 在第 14 章中，对随机抽样和抽样设计的许多变化作了讨论。

② 阿巴拉契亚教育实验室（AEL）是一个由联邦政府资助的、地方性的教育实验室。AEL 位于西弗吉尼亚州的查尔斯顿（Charleston，West Virginia）。为肯塔基、田纳西、弗吉尼亚和西弗吉尼亚这 4 个州服务。

③ 许多调查或民意测验机构现在借助于一些先进设备采用计算机辅助电话访谈（CATI）。然而，除非某人专门从事调查研究工作，否则，CATI 也不是什么可行的选择。

参考文献

Boser，J. A.，and Clark，S. B.（1992）. *Desirable mail questionnaire characteristics in teacher education research*. Paper presented at the annual meeting of the American Educational Research Association, San Francisco.

Bures，E. M.，Amundsen，C. C.，and Abrami，P. C.（2002）. Motivation to learn via computer conferencing：Exploring how task-specific motivation and CC expectations are related to student acceptance of learning via CC. *Journal of Educational Computing Research*，27（3），249 – 264.

Clark，S. B.，and Boser，J. A.（1989）. *Seeking consensus on empirical characteristics of effective mail questionnaires：A first step*. Paper presented at the annual meeting of the American Educational Research Association, San Francisco.

Coker，D.（2006）. Impact of first-grade factors on the growth and outcomes of urban schoolchildren's primary grade writing. *Journal of Educational Psychology*，98，471 – 488.

Colton，D. A.，and Kane，M. T.（1989）. *The effect of preletters on survey study response rates*. Paper presented at the annual meeting of the American Educational Research Association, San Francisco.

Daniel，S. S.，Walsh，A. K.，Goldston，D. B.，Arnold，E. M.，Reboussin，B. A.，and Wood，F. W.（2006）. Suicidality, school dropout, and reading problems among adolescents. *Journal of Learning Disabilities*，39，507 – 514.

Dillman，D.（2000）. *Mail and Internet surveys：The tailored design method*. New York：John Wiley.

Evaluation Center.（1998）. *FY 97 report：External evaluation of the Appalachia Educational Laboratory*. Kalamazoo，MI：Western Michigan University.

Evaluation Center.（2007）. *2007 ATE Survey*. Kalamazoo，Mi：Western Michigan University.

Green，K. E.，Boser，J. A.，and Hutchinson，S. R.（1997）. *Effects of population type on mail survey response rates and on the efficacy of response enhancers*. Paper presented at the annual meeting of the American Educational Association, Chicago.

Hayslett，M. H.，and Wildemuth，B. M.（2004）. Pixels or pencils? The relative effectiveness of Web-based versus paper surveys. *Library and Information Science Research*，26，73 – 93.

Hopkins，K. D.，and Guilickson，A. R.（1992）. *Response rates in survey research：A meta-analysis of the effects of monetary gratuities*. Paper presented at the annual meeting of the American Educational Research Association, San Francisco.

Jackson，E. E.，and Schuyler，N. B.（1984）. *Practice makes perfect? Skills gained in seven years of questionnaires*. Paper presented at the annual meeting of the American Educational Research Association, New Orleans.

Johnson，G. A.，Gips，C. J.，and Rich，C. E.（1992）. *"If you can't say something nice."Alternatives for dealing with survey item nonresponse*. Paper presented at the annual meeting of the American Educational Research Association, San Francisco.

Krathwohl，D. R.（1993）. *Methods of educational and social science research：An integrated approach*. New York：Longman.

Lee，C.，Frank，J. R.，Cole，G.，Mikhael，N. Z.，and Miles，C. H.（2002）. *Web-based surveys for data gathering from medical educators：An exploration of the efficacy and impact of follow-up reminders.* Paperpresented at the annual meeting of the American Educational Research Association, New Orleans.

Matz, C. M. (1999). *Administration of Web versus paper surveys: Mode effects and response rates.* (Masters thesis, University of North Carolina). (ERIC Document Reproduction Service No. ED/ 439694).

Merrier, C. A., and Earley, M. A. (2003). *A comparison of the psychometric qualities of surveys administered by Web and traditional methods.* Paper presented at the annual meeting of the American Educational Research Association, Chicago.

Moe, T. M. (2002, April). Biased questions in Phi Delta Kappan/Gallup Poll stack the deck against vouchers. Hoover Institution Online. Retrieved October 12, 2007, from www. hoover, org/publications/ednext/pastissues.

Montez, J. (2003). *Web surveys as a source of nonresponse explication.* Paper presented at the annualmeeting of the American Educational Research Association, Chicago.

Pate-Bain, H., Achilles, C. M., Boyd-Zaharias, J., and McKenna, B. (1992). Class size does make a difference. *Phi Delta Kappan, 74,* 253 – 256.

Porter, S. R., and Whitcomb, M. E. (2003). The impact of lottery incentives on student survey response rates. *Research in Higher Education, 44,* 389 – 407.

Rose, L. C., and Gailup, A. M. (2006). The 38th annual Phi Delta Kappa/Gailup poll. *Phi Delta Kappan, 87,* 41 – 53.

Sudman, S. (1981). *Telephone methods in survey research: The state of the art.* Paper presented at the annual meeting of the American Educational Research Association, Los Angeles.

Tollefson, N., Tracy, D. B., and Kaiser, J. (1984). *Improving response rates and response quality in educational survey research.* Paper presented at the annual meeting of the American Educational Research Association, New Orleans.

Tsui, J. M., and Mazzocco, M. M. M. (2007). Effects of math anxiety and perfectionism on timed versus untimed math testing in mathematically gifted sixth graders. *Roeper Review, 29,* Online. Retrieved October 12, 2007, from http://goliath. ecnext. com/coms2/summary_0199 – 6160675_ITM.

Wrona, M., Sanborn, J., and Constantine, N. (1992). *Identifying dishonest and careless survey respondents.* Paper presented at the annual meeting of the American Educational Research Association, SanFrancisco.

231

第 10 章

定性研究的研究设计

与定量研究一样，定性研究也有不同的方法论，但在定性研究的不同类型中，它们有共同的研究设计特性。然而，我们应该看到，与定量研究的设计相比，定性研究的研究设计在具体的研究中，其结构化的程度比较低。一般认为它更具灵活性。这并不是说哪种设计好或哪种设计不好，也不是说一种设计比另一种设计更好。研究设计因研究的背景、目的和性质的不同而不同。

定性研究的认识论

在讨论定性研究设计的组成部分之前，有必要先讨论一下定性研究的认识论问题。**认识论**是哲学的一个分支，它是研究人类认识的起源、方法和范围的学说。实质上，当我们论及定性研究的方法论时，我们就蕴涵着研究的基本假设和如何进行研究的基本思想。当介绍研究方法时，更倾向于关注开展研究的技术和程序，这虽然不错，但有一点很重要，即要认识到定性研究不只是技术问题，它有些基本理论不同于定量研究。

有关定性研究的认识论有必要进行详尽描述，其实已有人这么做了（例如Lancy，1993）。为了便于讨论，这里将主要观点总结为如下几点。

1. 应以整体论的观点来分析现象，复杂的现象不能被简化成几个因素或独立的几部分。

2. 因为关注背景，所以研究者需要在自然情境中进行研究，在可能的情况下对观察和收集的对象等要保持开放性，以免错过一些重要的信息，这将导致研究的设计具有灵活性，甚至研究设计可能产生的各种变化也将成为研究过程中的一部分。

3. 被研究对象的感受是重要的。为了获得一个对真实情况的精确"估计"

233　应尽可能地获取这些感受。"意义"是被研究对象感受到或体验到的，而不是研究者强加的。

　　4. 应避免前设假定和前设结论，以利于作出事后推论。随着研究的进展，假定和结论随着研究进行而发生改变。

　　5. 世界上的现象被感知为一种结构有些松散的模型，比方说这种模型在预测事物时具有灵活性，它也不是按一套规则以机械的方式运行。

　　当然，以上几点可以进行详尽的阐述，它们的主要内容与第 1 章有关定性研究的讨论有些重复。然而，重要的是无论所采用的具体技术如何，你会发现定性研究自有它的一套基本假设、观点和认识论。

> 　　定性研究的认识论说明了如何进行定性研究的基础理论——研究是如何收集和分析资料的，如何推导出结论的。

　　教育研究从不同的学科和传统中吸取内容和方法。我们通常把定性研究和历史研究，以及以现场调查为基础的研究如人类学，还有和人类学相关的人种学联系起来。我们常常把定性研究看做是那些以统一的类型、单一方式进行的研究，但是正如雅各布（Jacob，1987）在他的定性研究传统的回顾中所指出的，在定性研究中存在着多种多样的类型，这些类型可被看做是定性研究的各个分支。尽管在不同类型的定性研究中都能找到共同点，但是由于研究目标的不同，不同类型的定性研究还是有一些区别的。就这里的讨论目的而言，不需要对那些不同点进行分类和描述，再者，不同的作者使用的分类系统也不一样。然而还是有必要介绍雅各布所界定的两类定性研究，用来说明不同类型的定性研究之间的差异。下面探讨的是生态心理学(ecological psychology) 和整体人种学 （holistic ethnography）。

　　生态心理学被看做是心理学中由自然历史构成的那一部分。它主要研究自然产生的人类行为以及人类的行为与环境之间的关系 （Schoggen，1978，p. 33）。生态心理学认为个体和环境都由主观和客观两部分组成。因此，在详细描述自然状态下产生的行为时，生态心理学家在进行定量分析时通常也会应用更为主观的定性的分析。

　　雅各布 （1987）将整体人种学描述为：

　　　　整体人种学研究者通过描述被研究群体的信念和习俗，并展示各部分如何最终形成一个统一的、连续的、整体的文化，试图说明并分析一种文化或

一个社区的全部或部分内容。(p. 10)

　　文化有不同的定义方式，但在广义上，通常指人类已经后天习得的并对其行 234为有影响的事情。人们认为文化的不同方面是相互依存的，整体人种学研究者即对有特定边界的群体的文化进行研究。例如，在教育研究中，有边界界定的群体可以是某些特定的学生群体或教师群体。

> 　　尽管定性研究被认为是建立在它的认识论基础上的一种综合的研究取向，但我们还是能够区分出它的一些不同传统或分支学科，这主要是因为研究目的的不同造成的。

研究设计的组成

　　尽管在定性研究中包含着不同的分支学科，但这一章的目的是对定性研究的一般的组成要素进行描述。还有一点应该记住，根据特定的研究状况，这些组成要素应用时需作相应的改变。

　　在大多数情况下，定性研究者是在自然状态下进行研究的，他们对研究的情境不进行操纵或干预（除了因他们的出现而可能造成的变化）。因此，在研究过程中，要求研究设计具有调节的灵活性和余地。史密斯和格拉斯（Smith & Glass，1987，p. 259）把这称之为**工作设计**（**working design**），与麦克米伦和舒马赫（McMillan & Schumacher，1997，p. 393）说的**自发性设计**（**emergent design**）是同样的意思。在确定研究问题之时，就必须对研究如何展开做出决断。"工作设计"始终贯穿于整个研究过程中，但为了讨论的需要，我们可以将其分解为多个要素，尽管在研究活动中它们有很多重叠和彼此融合的地方。

工作设计

　　工作设计是最初的计划，通过它研究工作得以开展。其主要内容是关于研究的对象或场所的选择、资料收集的时段，以及确定可能的变量等方面的决策。例如，一个研究辍学问题的例子对此作了如下的说明：

　　　　一个关于学校环境决定正常学生与学习障碍学生潜在辍学因素的人种学研究。

　　为了进行这一研究，必须确定好具体的参与研究的学校。这些学校的选择不是随机的，而是依据它们的特性和便利性选择的。入选的学校是由于它们具有较高的和中等水平的辍学率。这是一个**有目的抽样**（或称目的性抽样）的例子。在该研究中，之所以选择那两所学校是由于它们具有与研究现象有关的特性，而不是随机的。此外，还要决定访问谁或观察谁。例如，学生、教师，或是指导咨询师。该研究将持续 2 个月、6 个月，还是 1 学年？至少首先要决定研究的大致时段。当然根据需要，以后可以作适当的调整，但在进行工作设计时，在占有文献资料和背景信息的基础上，应对研究的问题有个良好的估计。

235

工作设计是为了更好开展研究的一个最初的计划。

工作假设

定性研究采取归纳法，即是说，在没有预设的理论或假设的情况下就开始了资料收集。然而，所有的研究者都受其背景或经历的影响，而其中的一些信息对于研究问题很可能是有用的。前面我们已经介绍过预示性问题的概念。尽管在技术上这些并不是假设的命题，但这时候可以产生**预示性问题**，关于研究问题的疑问也可以提出来。也许会有许多问题、假设和预见，在资料的收集和分析过程中被论及、被删除、被扩展。

以辍学的例子看工作假设，也许会是：

> 咨询活动开始得越早、越直接，辍学率就越低。在努力降低辍学率方面，教师起什么作用？（问题形式）学校行政部门与学生的相互交流。（预见问题）

扎根理论（**Grounded Theory**）。 定性研究的一个重要特征就是自然发生性。这意味着，定性研究所得的理论来源于**扎根理论**的资料，而不是被预先提出并通过假说来验证的。研究者的任务是理解这个情境、参与者以及人际间的动态变化，完成这些需通过一系列交迭的步骤。关键要素有：（1）从观察、谈话和书面材料中搜集资料；（2）作记录以便抓住问题；（3）从不同的信息源对问题作持续地比较；（4）对信息中的主题或理念进行编码或分类；（5）在备忘录上记下代码间的联系；（6）为澄清理论，将信息、代码和备忘录排序；（7）撰写结论，并清楚地阐释从结论中总结出来的理论。

实际的操作并不按此顺序。在前 6 个步骤中有大量的反复，有很多类和亚类。要关注需收集多少资料、收集哪类资料以及何时停止收集资料等问题。把上述每一步做好都要有一定的技巧，如敏锐的觉察能力、有效聆听、和谐的人际关系以及组织。研究所得的结果是基于当地信息和经验的特定情境中的理论。

资料收集

当准备进行资料收集或处于资料收集阶段时，特别是如人种学研究那样在一种自然的条件下进行资料收集的时候，定性研究者要处理一系列事件。研究者必须能身临其境，这需要有精心的组织，如果一个研究者在他（她）自己的研究机构参与了研究工作，参与也就很自然，资料收集也就不显得唐突了。然而，大多数情况下，研究者需要正式地介入，并且承担一定的角色。研究者究竟应该是一个"参与式观察者"还是一个单纯的观察者？

资料收集可以是交互性的或者是非交互性的。顾名思义，这些专业术语的意思是：交互性的方法是指研究者与他的研究对象相互作用；非交互性方法则没有这种相互作用。在众多的资料收集方法中，最常用的有观察、访谈、收集和查阅有关文献、记录当事人档案和记录口述史资料。进行访谈是典型的交互性资料收集方法，查阅历史档案是一种非交互性的方法。

在辍学问题的研究中，研究者也许会采取以下的行动，当然资料收集肯定不局限于此：

1. 访问学生、教师、以及学业指导咨询师；
2. 观察学生之间、学生与教师之间所发生的相互交往；
3. 查阅和辍学有关的学校记录，比如评分方式；
4. 如果可行，与最近辍学的学生交谈。

通过收集访谈记录、观察记录、档案信息等，定性研究的资料会很丰富。正像一些作者（Bogdan & Biklen，2003）所强调的那样，研究者应该保留他们所认为的应该收集的文字记录。这些记录可能包括个人的偏见、工作设计中的变更、以及由资料所引发的新的假设。史密斯和格拉斯（Smith & Glass，1987，p. 270）也指出，1 000 页或更多的资料记录并非是少见的。对于研究者来说，多些复印件也许很有用，例如，他可以用一份作为年代的记录，用另一份作分析之用。

> 　　根据研究者是否与他的研究对象相互作用，可以将资料收集方法分为交互性的或非交互性的。在定性研究中观察、访谈和收集、查阅档案是常用的方法；记录当事人档案和记录口述史资料也是可能采用的方法。

因为当事人档案和口述资料不像观察、访问和文献收集那样被人们所熟悉，所以有必要对它作一些解释。肖金（Schoggen，1978）将**当事人档案**（**specimen record**）定义为：

237
　　一个熟练的观察者在一段较长时间内，对身处自然的、非人为控制的环境中的一个人，通常是一个儿童，所作的叙事性描述。（p. 43）

首要的任务是记录下行为的趋向，然后将趋向分解成单元，再对单元进行分析。在某种程度上，记录当事人档案是观察的一种特殊情况，因为在观察过程中，行为是被记录的。在生态心理学中，最经常采用的研究方法是当事人档案法，当然研究者也使用其他的定性研究方法，比如人种学研究。

典型的**口述史**（**oral histories**）是利用录音机在访问中进行录音。采用这种方法在访问中不需要做笔记，同时它记录下了全部对话（过程）。通过录音，还可以捕捉到任何影响谈话内容和被试特点的因素。口述史强调开放式问题，允许研究对象在提供信息时有广泛的自由度。分析访谈内容最有效，肯定也是效率最高的方法，就是去听这些磁带，而不只是去将录音带的内容转写成文字。

资料分析和解释

在定性研究中，收集资料开始以后不久，就应进行资料分析，因为研究者要借此检验工作假设、预期结果等。实际上，资料收集和资料分析通常连在一起；随着研究的推进，收集资料会越来越少而分析资料会越来越多。实际操作中，这些步骤往往是交叉重叠的。例如，莫斯科维奇（Moscovici，2003）研究了学校的权利关系的动态，她的信息资料来源于紧急许可项目里将要成为初中科学教师的人。她的资料包括 90 多份关于学校权利关系的学生作业，超过 75 份的公文条目（portfolio entries），以及对权利关系进行的超过 30 次的半结构化访谈记录和 50 次的非正式讨论记录。已建立起来的模式（工作假设）得到了参与或没有参与该研究的人证实。对不同来源以及不同资料收集方法所得到的论断进行比较。也有多个研究参与者对同一校长、秘书、家长、督导进行观察的情况，这样就可以对观察结果进行综合和对比。在研究的不同阶段都会得出一些暂时性的研究发现，目的是要得到一些反馈和评论用来计划下一步研究步骤。

定性研究的资料分析要求有信息的组织和资料的归类。从这些数据中可以发现用以信息归类的类别。从最初的理论或工作假设开始就可以进行比较。初期的资料可能会支持一个假设或理论，之后收集到的更多资料则可能继续支持，也可能质疑或拓展假设或理论。这样，关于原因和结果的最初的原则得到了发展；可能的内部和外部的检验也在进行。总而言之，定性研究中的资料分析是朝向对研究的现象作精确的描述和解释的持续过程。研究报告在本质上是描述性的，包含的技术语言很少。从某种程度上讲，它的重点在于描述现场发生的事情，并在此基础上对描述性资料进行解释。

编　　码

定性研究通常会得到大量的信息，例如从现场笔记或访谈资料中得到信息。238 这些信息需要被编组，通过编组使资料归并。这一过程被称为编码。在有些研究中，确立编码的标准可能先于查阅资料，但通常是从资料中产生特定的类型。研究者要搜寻那些经常出现的，或者因某种原因而令人关注的思维或行为、词组或短语、事件的模式。描述这种现象的词汇成为编码的类别。例如，在辍学率的研究中，资料分析肯定要把与教师访问所得的信息进行归类。教师很可能对可能辍学学生的特征的理解存在差异。教师可能已注意到某些行为方式，社会的和学业的因素。假如，有三种或四种行为方式明显与辍学有关，那这些就可以作为对可能辍学学生的行为进行编码的标准。

> **编码**是对资料进行编组和归并的过程。实质上，它是定性研究者们"从资料中发现他们有了什么研究内容"的过程。

可能性编码。　研究中可以采用任何数量的可能性编码，这些编码的类型数量是根据研究项目特定的。研究的问题和研究目的影响着实际的编码系统。例如，在有关辍学的研究中，教师对可能辍学学生的特征的认识就提供了一个编码依据；另一个依据是有关辍学学生对学校的认识；第三个依据是可能辍学学生的学业成绩（行为）模式。编码系统并不要求彼此独立，事实上它们也很少是这样。在一个设计比较好的定性研究中，如果被试对研究情况的认识是一个重要因素，那么编码系统应该捕捉这些感受。事实上，在研究中被试对研究现象的认识是一种常见的编码。

背景或环境编码是另外的常见的、有用的编码。因为编码名称反映了环境和背景中所观察的现象。在研究辍学的例子中，学校环境将适合一种背景编码，而编码类别可能包括职业学校的环境、综合高中的环境等。编码类别可能还包括类似学校规模这样的一些因素。

另一种常见的编码是被试对人或事的认识，它可能属于被试的认知编码的一部分。在辍学的例子中，可能辍学学生对他们的教师有不同的看法，而这些观点可能不同于其他学生的观点。

过程编码，它注重的是事情的顺序和变化是如何发生的。这也是可以使用的编码。同样在辍学的例子中，学生们退学可能有不同的情形，有一点似乎是合乎情理的，那就是一个学习不良学生将先于其他学生退学。如果存在这样的顺序，它们可从资料中捕捉到并可以进行编码。

239　　　上述的讨论无意详尽所有可能的、常用的编码系统。一个编码系统的重要特征是：（1）这个系统准确地捕捉到被编码的资料中的信息；（2）捕捉的信息有助于描述和认识研究中的现象。

> 在定性研究中，资料分析是一个分类、描述、综合的过程。为了描述和解释研究中的现象，归并资料是必要的。

在定性研究中研究设计的组成部分可以用图 10.1 进行概括，这些组成部分与进行研究的过程非常一致。需要强调的是，各步骤是高度综合和相互依赖的。定性研究是"研究者依赖型"的研究。例如，有一种说法是，对于资料收集来说研究者就是研究工具。也就是说，研究过程的资料收集开始后，以及在整个研究过程中，研究者将决定收集什么资料、访问谁等事情。在定性研究中，访谈和观察的内容比起定量研究来更少结构性和标准化，因此研究者的观点对定性研究

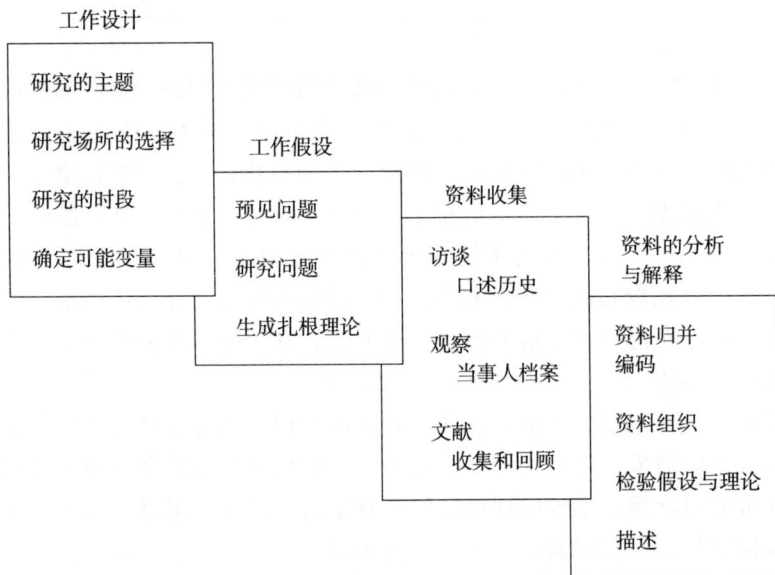

图 10.1　定性研究中研究设计的组成

就更具影响作用。

编码举例。　为有利于了解这一研究方法，下面列出两个编码案例。埃文斯（Evans，2007）研究了郊区学校在面对增长了至少 20% 非裔美国学生时，学校发生了怎样的变化。她作了一个多情境的个案研究。她和三个郊区高中的督导、校长和老师进行了 90 分钟的访谈。她也收集了学校为适应非裔美国学生的增多而修改或采纳的有关方案、政策和实践方面的文件和资料。单一情境分析（within-site analysis）将信息归纳为以下几个类别：

课程和教学
职业发展
纪律
学校重构
学校职员
学生支持服务
学生安置
其他（p. 328）

在这些分类资料中，一些主题和理念会持续重复出现，因此模式和关键事件会从中显现。编码是必须的，否则，大量的信息会干扰模式的形成。用交互情境分析（cross-site analysis）方法比较单一情境分析得出的结果。这样，影响学校信念、行为和决策的反映更多主题的模式就出现了。

斯克里布纳、索耶、沃森和迈尔斯（Scribner, Sawyer, Watson, & Myers, 2007）调查了一所公立中学两个教师团队的领导权利分布情况。资料包括现场记录和录像。研究者首先浏览一遍资料，这些资料关注的焦点是确定团队成员间对话的类型，以将对话分解成构成要素。他们很快就确定他们自己拟订的编码类型与瑟尔（Searle）的演讲行为分类一致。他们并没有使用他们自己的编码类型，而是用了瑟尔的系统，后者在文献中得到了说明。有五大类讲述类型得以确定：

陈述性话语，用以传递信息。
表达性话语，反应说话者的内心状态。
引导性话语，指导听者去行动或做某事。
使命性话语，表明发言人将来要做的行为。
宣布性话语，表明事件的具体变化状态。

这个编码系统能够使研究者理解团队成员间的相互作用，并产生了三个重要的结构：目的、自主性和对话模式。这个研究的价值在于它采用了与自己的资料相匹配且已被认可的编码系统。

撰写结果——深描

撰写定性研究的结果与撰写定量研究的结果有明显不同，主要是因为定性研究中包含的信息需要进行**深描**（thick description）。定量研究的结果在表征事实和验证假设方面常具有局限性，然而定性研究很关注潜在的结构、事物间的关系、影响因素，甚至事件和经验的意义。深描具有解释性；研究者试图解释个体或群体的行为是怎样的，以及为什么这样。例如，在一个研究中学校长和教师对学校督导态度的案例中，深描不只是报告校长和教师在一些量表上的平均分的差异，还包括校长对"作为一个中学校长"的看法，以及这种看法怎样影响他们的态度。深描努力探究某一情境的潜在动态变化，而不只停留在对情境的表面理解上。

定性研究的设计类型

个案研究在定性研究中被广泛应用。个案研究会深入考察某些事物，如特定事件、一个组织，或一个学校系统，以上只是偶举几例。追踪一个组织或改革的历史发展叫做"历史组织个案研究"（historical organizational case study）（Bogdan & Biklen，2003）。现在举一个康罗伊和赛普尔（Conroy & Sipple，2001）所作的历史个案研究的例子。他们研究了康奈尔大学里原来两个独立的教师教育项目，即农学和数学/科学的合并情况。他们回顾文献并对参与者进行访谈。他们发现，农学教师认为自己被数学/科学教师看做二等公民，两个群体对教师教育课程中的重点有着不同的理念。合并使农学教师和科学教师一起工作并欣赏对方和对方学生的优点。旧的假设受到挑战，整合式的教师教育项目得到了发展。

在对当前现象进行个案研究时，如果把观察作为文献和访谈的补充手段，这种个案研究就被称为观察性个案研究（observational case study）。乔布和波普（Jobe & Pope，2002）用观察性个案研究方法考察了实习教师在英语教学实习中对在大学方法课上学到的原则和方法的运用程度。他们录下每天的英语方法课并对其进行观察，还对其中的 4 名目标学生进行观察。访谈教授，并让他们预测目标学生的教学成功性。在目标学生教学过程中，观察目标学生并在不同时间进行访谈，同时访谈这些学生的合作教师。教授在课堂教学中有多个主题：如"使英语课堂成为特殊的地方",鼓励学生参与到写作中。和他们的教授一样,实习教师在教学过程中也体现了这些主题。有时,实习教师在开展这些主题教学时有一定的程度限制,这是因为实习教师本身要受到约束,或是因为实习教师选择像他的合作教师那样进行教学。多现场个案研究的结论是:教授以及方法课对实习教师采用的教学方式有决定性影响。

波格丹和比克伦(Bogdan & Biklen,2003)对个案研究的外延性进行了定义:

> 当研究者研究两个或更多的被试、情境或资料保管处时,他们实际上作的是多个案研究(multi-case studies)。(p. 62)

多个案研究最初从单一个案研究开始,然后扩展到两个或更多的个案上。增加的情境或个体可以提高研究的普及性。多个案研究的另一个目的是为了比较,这样两个或更多个案的结果可以用来比较和对比。为提高概括性,增加的情境或个案可能包含一些变异,以扩展观察的范围。如果个案是用来作比较或对比时,可能增加的情境或个案会有一些特征的缺失或变异,这就应对情境或个案进行挑选。

个案研究的名称不只是上面所提到的几种。例如社区研究是对社区、小镇或邻里的个案研究。历史学家有时会研究一个人的历史(知名的或不知名的),这被称为生活史个案研究。因此,个案研究有很多术语,但是,个案研究通常关注的是个案研究中个体的历史发展或个体被观察到的任何事情。

个案研究被广泛应用于定性研究中,历史组织个案研究和观察性个案研究是最常用的两种设计。

另一个定性研究方法是"多情境研究"(multisite study)。确切地说,这些研究中有多个情境或被试。与多个案研究的区别在于,这个研究关注一个共同点,但是所研究的场所或对象需要数个或多个,而不止两个或三个。科尔宾和斯特劳斯(Corbin & Strauss,1990)认为多情境研究和多个案研究的区别在于前者更倾向于发展理论。尽管两者在研究目的和研究焦点方面存在差异,但是,研究程序,如资料的收集和分析,通常是相似的。

243 透视定性研究

至此，我们已确定了研究设计的组成部分，并且描述了一些定性研究中普遍用到的设计类型。因为研究是一个过程，因此考虑研究设计，即在研究过程中开展的活动或任务是有益的。定性研究有不同的类型，每一种都有自己特定的研究目的和条件，在我们这一概述性的章节里无法描述每一个可能的类型。但我们还可以从两个途径来了解定性研究，这些特色的差异，也说明了可以怎样开展定性研究。一个途径我们称之为**漏斗法**；另一个，借用波格丹和比克伦（Bogdan & Biklen，2003）的术语，被称为**修改分析式归纳法**。这后一种方法被用于总结出一个普适性结论，但它并不与漏斗法完全相反。

漏斗法从一般性的研究问题开始，这些研究问题是进行研究的切入口。研究者考察可能的研究情境、研究对象、资料的来源和资料收集的程序。在最初收集资料结果的基础上，对研究的群体、情境、条件作更明确的确定，因此使正在研究的现象的重点更集中，这一过程使资料收集范围更狭小，集中收集那些能反映已出现的特殊现象的资料。这个过程可以重复进行，使范围越来越集中，直到最后集中于一个特定的组成部分或研究中的有限的成分。研究从一个一般性问题开始，但随后研究过程中，资料收集、分析和解释变得更集中、更直接或范围变小。

与漏斗法不同，修改分析式归纳法从更为特殊的研究问题或论点开始，然后试图去覆盖研究现象中的所有情况，得到综合的描述性模式。按照"案例"收集资料，其中有些案例符合这一模式，另一些与最初的模式不相符。研究过程中，对模式进行修改，使之能容纳所有个案，能收集更多的资料，包括寻找不符合被修改过的模式的资料。资料收集过程和修改模式过程是连续的，直到获得一个能对研究现象进行令人满意的、合适的解释为止。

在图10.2中，将漏斗法和修改分析式归纳法进行了比较。请注意，这两种方法的说明都与研究的重点有关。它们没有说明具体的资料收集程序。这两种方法都要使用观察、访谈等方法。

> 漏斗法和修改分析式归纳法是两种不同的方法，通过这两种方法，我们都能认识定性研究中研究设计的主要问题。

这里描述的两种方法可以通过假设的但又是可能发生的研究例子来阐明。我们举一个在小学2—4年级使用建构主义的方法进行阅读和数学教学的例子。

漏斗法

研究的一般性问题

↓

可能的研究情境
可能的研究对象

↓

潜在的资料来源和资料
收集过程

↓

最初的资料收集

↓

修改——向特定的群体/
地点/情况靠近

↓

使研究的现象和对象
更集中

↓

收集资料的范围更狭小

↓

特殊的现象和
被关注的结论

修改分析式归纳法

专门的研究问题或议愿

↓

最初的资料收集——说
明能涵盖研究现象所
有情况的模式

↓

继续的资料收集——符合研究模
式的个案和不符合研究模式
的个案

↓

修改模式

↓

必要时继续资料的收集和
修改模式

↓

综合的描述模式，这模式
对研究现象有广泛的解释

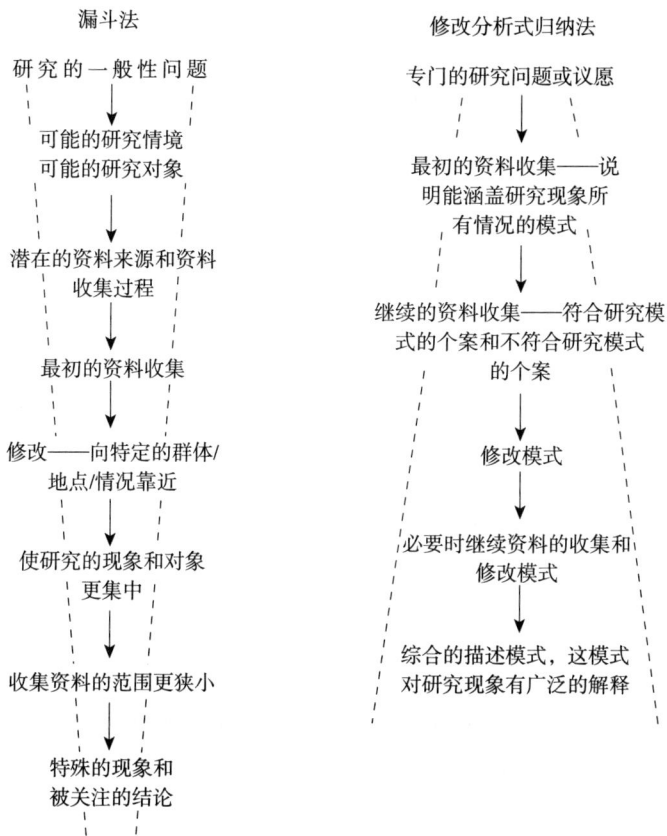

图 10.2　漏斗法与修改分析式归纳法的对比

例：漏斗法

该研究的主要目的是考察采用建构主义教学法对 2—4 年级学生进行阅读和数学教学的特点。引发该研究的三个问题是：

1. 学生的学业成功模式是什么？
2. 教师和其助手怎样做教学计划？
3. 教学过程中，教师和学生的互动模式是怎样的？

研究在包括 8 所小学在内的学校系统中进行。然而，这 8 所学校中，有 3 所学校的教师已经决定使用建构主义教学法，并且他们以前的职业发展也指向这种教学类型。这 3 所学校是可能的研究情境，被试为这些学校里 2—4 年级的教师、教师助手和学生。在某种程度上，这些学校的校长也可能会成为被试。

研究通过访谈、观察和考察学生记录收集数据。通过对3所学校的访谈完成最初的资料收集，在此基础上，作了如下修订：

1. 只选取其中一所学校作为研究点，因为这所学校2—4年级的教学最接近建构主义教学的概念模型。

2. 要研究的现象是：在阅读和数学教学中，教师（或其助手）与学生的互动。

3. 通过观察教师的教学计划会议确认可能影响互动的因素。

4. 通过访谈校长确认他/她对建构主义教学的理解和对建构主义教学的可能影响。

资料的收集变得重点更加突出。对课堂教学和教学计划会议进行观察。访谈教师、教师助手、挑选出的学生和校长。资料收集针对正在发生的互动，尤其是教学过程中教师和学生的互动，结论重点关注互动。然而，学生的数据，尤其是阅读和数学成绩将作为评价教学方法的成果指标进行考察。

应当注意的是，对该研究的描述不是一步就能完成的。在本例中，我们的描述从对3所学校教学观察资料的收集开始，再到从一所学校收集更多的资料，最后是研究的结论。这个过程包括一系列连续的不很精确的结论。例如，我们可以推论说，对校长进行深入的或追加的访谈，对研究的焦点问题几乎提供不了信息。

例：修改分析式归纳法

接下来，我们来看在一所小学中进行建构主义教学的例子。研究问题是"当使用建构主义的方法时，哪些因素影响教学的有效性？"研究者的观察对象有4所小学的教师、教师助手、校长和学生。研究关注2—4年级的阅读和数学教学。过程如下：

1. 以开放式的方式访谈三个年级的教师各1名，以及3所学校中的校长一名。从访谈资料中研究者勾勒出一种可操作的、描述性的建构主义教学模式。访谈重点在于建构主义教学的特性。

2. 根据步骤 1 的模式，设置了访谈阶段，访谈另一所学校的校长、每个年级的 2 名教师和 3 名 4 年级学生。从这些访谈中得到的信息有些与先前的模式相符，有些与先前的模式不相符，在此基础上对模式进行修改。

3. 对最初确定的 4 所小学追加访谈。访谈在 9 名追加的教师、4 名教师助手，以及 12 名学生中进行。因为认为访谈更多的校长不会提供更多的信息，所以没有追加对校长的访谈。在每一次访谈的基础上，根据需要修改模式。

4. 研究者在所有的 4 所学校中观察每个年级的教学。观察间隙中进行访谈。

5. 观察教师的计划会议，每所学校至少一次，包括所有的年级。

6. 查阅学生的阅读和数学成绩。

7. 基于收集到的资料，研究者建立了一种描述性的模式，从总体角度去解释可有效促进 2—4 年级学生学习的建构主义教学的影响因素，尤其是在阅读和数学上。本质上这种全面的描述就是一种模式。描述关注的是教师和学生在教学过程中的交互作用，但也包括其他因素，比如教师间的教学计划的类型。

对于这两个例子，可能会出现疑问：“何时才能收集到足够的资料来结束研究呢？”有时，定性研究的资料收集看起来没完没了。事实上，研究可能要求大量的时间和精力，但是，大多数研究者能够判断出他们是否到达或是已经过了**资料饱和**点（data saturation）。这是一个可以停止资料收集的点，不必浪费时间和精力再收集额外的资料。现场记录和其他的资料可能有好几百页，就像前面提到的，甚至超过 1 000 页。出现这种情况时，很可能已经过了资料饱和点。当时间或其他资源缺乏而无法分析资料时，收集资料就不再有意义。

定性研究的信度和效度

有关研究的**信度**和**效度**的传统概念可能会给定性研究者带来一些困难。因为定性研究是在自然的环境中进行的，重复研究是极其困难的。然而，一个组织得很好的，完全具有说服力的研究程序，提高了研究结果的外在信度。读者应当获得对研究的充分的认识，这样他们能够对在一个受限于自然条件中研究的可重复性作出一个判断。

内在信度，也就是研究过程的一致性，可以用多种方式表明。许多定性研究至少在资料收集时需要多种观察人员的观察。通过适宜的培训，观察者之间的一致性会得到提高，但在通常情况下，观察者中总会有不同的意见。取得对一致性的测定的一种方法是测出赞同的人数与总人数的比例。兰西（Lancy，1993）称这为**一致性**。另一种方法是请第三方观察者独立分析产生不一致的材料，为了对记录的资料进行再次分析，录音磁带有特殊的效用。如果两位或更多的研究者独立分析相同的资料并得出相似的结论，这是对内在一致性的强有力的证明。

波格丹和比克伦（Bogdan & Biklen，2003）对定性研究的信度评价如下：

> 定性研究者倾向于将信度看做所收集的资料与研究情境中实际发生事件的吻合程度，而不是不同研究者之间的一致性。（p. 36）

从本质而言，两个或更多的研究者从相同的情境中会获得不同的资料和结论。只要结果不相互矛盾，所有的情境都是可信的。

当研究者对研究的现象进行描述时，内在效度依赖于对结果的逻辑分析。因为研究是在自然环境下进行的，常常伴随着复杂的现象，存在着无法控制的变量，比如无法像在实验中那样控制变量。从两个或更多方面的资料或观点来核实结果，这样可增强内在效度。因此对任何研究来说，注意细节对作好整个研究是重要的。

波格丹和比克伦（Bogdan & Biklen，2003）提出了这一问题：

> 定性研究的结果是可推广的吗？（p. 32）

这实际上是外在效度问题，当运用到具体研究时必须考虑到外在效度的条件。在进行定性研究时，研究者实际上不关心结果的可推广性。相反，外在效度更关心研究的可比性和**可转化性**。**可比性**是指所使用的理论建构和研究方法的适宜性程度，以确保其他的研究者能够理解研究结果。

对一些定性研究来说，定性研究外在效度的争议留给了研究报告的读者。从本质而言，使结果能够解释所有涉及的事物，是其他人的工作。如果情况如此，研究必须充分说明自身的各种内容，这是必须的，以使读者对情境、被试等的理解没有困惑或模糊的地方。例如，个案研究通常不试图去做广泛的推论，甚至对推论有限定，但是读者还可能发现结论在其他情境的适用性。

在定性研究的一些专题研究中，有很多对定性研究效度和信度的广泛深入的讨论。例如，任何使用定性研究方法做博士论文的人，都会看米勒和丁沃尔（Miller & Dingwall，1997）所著的书。这本书里有关于效度、信度的完整介绍。

> 　　定性研究的效度多半是建立在合乎逻辑的基础上的，对效度提出的争议
> 要求有大量的实证材料和全面的描述。

技术在定性研究中的运用

　　本章到目前为止讨论主要聚焦在定性研究的概念和描述定性研究设计的组成部分上。但定性研究经常包括大量的定量资料，需要进行深入的分析。分析要求得到满意的说明和解释。特性、争议和变量需要进行归类和编码，分析和相应的写作过程也同样需要反复整理和核实，以得到总结和解释。尽管所有这些都需要经研究者概念化和下定义，但仍可以通过现有技术来帮助解决大量的机械性的任务，度过机械化的阶段。

　　20 年前定性研究能够利用的工具有录音机、剪刀、磁带和复印机。访谈用磁带记录，然后转录分析。相关文献需拍照，有关的页码要剪下来，排序，或者还需用不同颜色编码。这些分析包括确定能够支持或反对工作假设的确切证据和主题。在对资料反复的分析中会得出一些结论。

　　计算机文字处理程序的发展使定性研究有了重大突破。这些性能超过了"电子剪刀和磁带"。这些软件使研究者可以拷贝段落，在文档内搜索单词或段落。它们能够计算术语出现的频次，并且突出重要部分或对所选择的段落编码。有了文字处理软件，可以对大量的信息进行管理。

　　技术的发展对该领域的研究者有所裨益。现场记录可以采用笔记本电脑或使用可将信息读入电脑的手写电子设备。可以在不被注意的情况下收集大量资料。

　　专门的资料分析程序被开发出来，用于帮助定性研究者。定性研究的一些常用任务也可以用计算机程序完成，如：

1. 编码。韦弗和阿特金森（Weaver & Atkinson，1994）将编码描述为：

> 　　根据研究者对意义单元的定义，发展出对资料进行划分和命名的策略，把具有共同或相关意义的单元放在一起，以用于分析。（p. 31）

　　编码不只存在于定性研究中。同样的，为使资料具有结构性便于分析，定量研究中也存在编码。编码要求基于特定的原则组织一系列类别。编码的"主题"或类别通常是从资料中提取的，通常是从初期资料，比如早期的现场记录中提取的。

2. 词汇检索。编码是根据分类对资料进行检索及对已编码部分进行修订的

一种形式。另一种检索方式是查找特定的单词、段落、组合或单词串。这种对资料的直接探索，即词汇检索，展示了用以描述所研究的现象的主要术语。

3. 超文本。这是定性研究软件的一个新功能。超文本本质上是一个灵活的数据管理系统。储存研究资料的文本片断通过电子链接组合在一起。超文本建立在多维几何学（超空间）的概念基础上。这个概念延伸到超文本上意指多维度的文本。人类心理过程是多维度的，超文本通过不同的链接提供结构化的资料表征来模仿这一过程。可以从多个侧面来分析资料，就像人在探究有关信息时，有时也会跑题想一些其他有意义的事情。从这个意义上讲，超文本比典型的编码或检索更接近思维过程。

定性研究中计算机软件的功能

对于定性研究者而言，主要的是要了解计算机和软件包能做些什么和不能做什么。正如上面所提到的，计算机可以处理机械性的任务，但它不能执行需要定性研究传统分析技术的概念化任务。计算机程序不能完成解释、综合和假设检验这些关键性任务。实质上，任何要有概念化和系统判断的任务都超出了计算机的能力范围。

当然，计算机可以用于定性研究中的文字处理工作，因为它可以用于完成任何研究形式的写作工作。计算机可以用于对信息编组，在这方面，它发挥数据库的管理系统的作用。它基本上能够记录下经过分类和保存的信息。除此之外，一般情况下计算机能够搜寻、修订、处理、安排和重新整理那些已经经过研究者编码或确认的描述性资料，计算机快速高效地完成这些工作，例如，通过软件，计算机在研究者的指令下可以加快完成原本需要花费很多时间的内容分析，内容分析包括将被访问者对某一问题提出的次数量化。

> 计算机用于定性研究时，对处理机械性的任务如查寻和整理描述性资料是有帮助的，但是它不能完成概念化的任务。

250 定性研究中的计算机软件

有几个计算机软件可以帮助定性研究者组织、分析和综合研究中的大量信息。我们介绍两个最常用的程序。

Atlas. ti.　接下来对 Atlas. ti 的介绍来源于 www. Atlasti. com 网站。Atlas 产生于德国，但可以在包括英语在内的多种语言环境中使用。Atlas 提供交互作用和自动编码。研究者输入想要分析的主要文档如文本、图表、语音或录像文件。文本水平的活动包括对主要文档分段，在每节上增加评论，对每节进行编码以便于提取。也具备检索、提取和浏览的功能。

这个软件允许编辑、拖放链接，利用超文本对谈话内容进行分析。研究者可以利用 Atlas 根据资料间的联系作图表，图表可以显示主题和理念间的联系。代码、文本章节、研究者的记录间的关系可以用图表以视觉形式展现出来。

NVIVO7.　一个早期的定性研究分析程序是 NUD*IST，而后衍生出 N6，即第 6 版软件。现已升级为 NVIVO7。以下的描述来源于 www. qsrinternational. com 网站。NVIVO7 可以在准备输入分析的文本或微软 Word 文档中插入表和图。研究者可以对资源文档作注释，也可以对研究者的备忘录进行编码、检索，与其他的项目建立联系。研究者可以探索概念和理念是如何相关并对表明相关关系的事实证据进行编码。可以进行文本检索，也可以图表形式呈现各种关系之间的视觉模型。

从更大的角度而言，应用什么软件并不是关注的重点。重要的理念是，研究者可以利用软件进行组织并利用大量信息。而在过去，定性研究者往往需要和手稿打交道，手稿常有多个副本，它们被用彩笔作了标注、剪贴，以多种方式进行分类，封面上贴着便条，被放在文件夹里，甚至被随意堆在地板上或贴在墙上。计算机可以对信息进行有效的分析。信息检索不再通过手工进行，最终产品也不会因研究者的体能耗尽而不得不终止。

小　结

本章概述了什么是定性研究设计[①]。定性研究设计不像定量研究设计那样有预测性和结构化。在研究过程中，作决定需要有适当的灵活性，特别是关于如何进行研究的决定可能会影响到研究后面的阶段。

然而，反映整个研究活动的主要研究设计组成部分，是可以确定和说明的。在定性研究中，各组成部分形成一个整体，相互重叠。在本章，从最初的工作设计，到对资料的分析与解释，讨论了定性研究的 4 个组成部分。接着，用对照的方式描述了两种可供定性研究者选用的基本方法。

本章以进行定性研究时对计算机使用的看法作为结尾。计算机程序（软件）对完成一些技术性的任务是有帮助的，特别是那些对描述性资料的分析任务。然而，软件不能执行"思维"的任务，即无法从事概念化和解释的工作。后面这

251

些工作必须由研究者来完成，而这些任务，特别是概念化，与研究设计有最直接的联系。

下面两章将要详细讨论定性研究的两种类型，历史研究和人种学研究。尽管这些议题可能有争议，但这两种研究类型可能是在教育的定性研究的各种研究类型中最常用的。

核心概念

认识论	当事人档案	资料饱合点
生态心理学	口述史	信度
整体人种学	编码	效度
工作设计	深描	一致性
自发性设计	漏斗法	可转化性
预示性问题	修改分析式归纳法	可比性
扎根理论		

练 习

10.1 用人种学研究方法为下面的主题进行研究设计："研究小学校长在校本管理中的作用。"以在研究设计的最初阶段可能产生的具体决定为出发点，制定出这一问题的工作设计。

10.2 根据练习 10.1 中的研究问题，制定出 3 个或更多的工作假设。它们可能包括的预示性问题和研究问题。

10.3 当开始练习 10.1 中的研究时，毫无疑问，应该访问教师和校长，也应获取其他信息。确定（在学校中）可能收集到的文献资料。什么样的具体情况将有助于观察，至少作为观察的起点？

10.4 有一定性研究，要在一个大城市的某学区内考察情境式管理的本质特点、效益和影响。此学区中有 70 多所学校。请确定或描述下面的每一方面：

　　a. 引发研究的一般性问题；

　　b. 研究的可能的场所，被试和潜在的资料来源；

　　c. 如何使用漏斗法使这一研究的重点更集中；

　　d. 通过漏斗法可能出现的特定的"现象"。

10.5 在小学低年级针对有阅读障碍学生开展的补偿性阅读计划常常看重的是在标准阅读测验中的得分，以得分的改善作为衡量计划成功的标准。因此，计划的重点倾向于数量上的成果。然而，质的变化，例如参与计划的态度、动机和社会心理因素等的变化，也是非常重要的。假定一个补偿性计划被实施，在实施过程中，阅读障碍学生小组（最多是 6 人）在学校中每天得到一小时的特殊指导。一个学生每周两天加入这一教学计划。在一特定学校系统的小学中，有几个这样的小组。假定有一个定性研究项目要考察计划的本质特点，以及参加这一计划的学生对计划的看法，制定这一研究计划，并对图 10.1 的 4 个组成部分作详细的说明。比如说明研究场所的选择，要考虑到有几个小组，可能出现的研究问题，将来收集的资料的类型，如何获得资料，等等。

10.6　有一个研究是讨论教师对有效、公平、适切的教师评价模式的理解。研究在一所有 218 名教师、12 个年级的学校中实施。学校的教师是这一研究的被试。说明将如何利用修改分析式归纳法，对不同教师所理解的教师评价模式进行整合，形成一个综合性的描述模式。访问所有的 218 名教师这将是不可能的，或者是不需要的。说明需要访问多少名教师，尤其是哪些教师将被访问。扎根理论与这一情境有关系吗？如果有，是怎样的一种关系？

10.7　为进行练习 10.6 的研究，提出 5 个特定的研究问题以开展研究。

10.8　通过互联网，从专业杂志如《人类学与教育季刊》（*Anthropology and Education Quarterly*）或《教育史季刊》（*History of Education Quarterly*）中挑选出一篇有关定性研究的文章。在阅读这篇文章后，确定被用于这一研究中研究设计的特点。文章是怎样说明研究结果的外在效度或可推广性的？

10.9　有人认为"对变量的研究最好使用定量研究方法，对过程的研究最好使用定性研究方法"，你是否赞成这一观点，为什么？请举出实例。

10.10　通过访谈、焦点小组以及对已有文献的回顾获得不同群体的观点和看法，定性研究可以为教育问题和专题提供不同"视界"（sight lines）。一些人将这一点看做是试图记录不同的"真实"。你认为"多元化真实"的概念是定性研究和定量研究间的基本区别吗？请对您的回答作出解释。

注　释

①为了综合性论述，读者可以看《定性研究手册》（*Handbook of Qualitative Research*），由登青（N. K. Denzin）和林肯（Y. S. Lincoln）编辑（加拿大千橡：圣贤出版社，2000）。这本手册包含一些在教育中进行定性研究的领军人物编写的章节。

参考文献

Bogdan R. C. , and Biklen, S. K. (2003). *Qualitative research in education: An introduction to theories and methods* (4th ed.). Boston: Allyn & Bacon.

Conroy, C. A. , and Sipple, J. W. (2001). A case study in reform: Integration of teacher education in agriculture with teacher education in mathematics and science. *Journal of Vocational Education Research*, *26*, 206 – 243.

Corbin, J. , and Strauss, A. (1990). Grounded theory method: Procedures, canons, and evaluative criteria. *Qualitative Sociology*, *13*, 3 – 21.

Evans, A. E. (2007). Changing faces: Suburban school response to demographic change. *Education and Urban Society*, *39*, 315 – 348.

Jacob, E. (1987). Qualitative research traditions: A review. *Review of Educational Research*, *57*, 1 – 50.

Jobe, L. G. , and Pope, C. A. (2002). The English methods class matters: Professor D and the student teachers. *Reading Research and Instruction*, *42*, 1 – 29.

Lancy, D. F. (1993). *Qualitative research in education: An introduction to the major traditions.* New York: Longman.

McMillan J. H. , and Schumacher, S. (1997). *Research in education: A conceptual introduction* (4th ed.).

New York: Addison Wesley Longman.

Miller, G. , and Dingwall R. (Eds.). (1997). *Context and method in qualitative research.* Thousand Oaks, CA: Sage Publications.

Moscovici, H. (2003, Spring). Secondary science emergency permit teachers' perspectives on power relations in their environments and the effects of these powers on classroom practices. *Teacher Education Quarterly*, *30*, 41 – 53.

Schoggen, P. (1978). Ecological psychology and mental retardation. In G. Sackett (Ed.), *Observing behavior: Vol. 1: Theory and applications in mental retardation* (pp. 33 – 62). Baltimore: University Park Press.

Scribner, J. P. , Sawyer, R. K. , Watson, S. T. , and Myers, V. L. (2007). Teacher teams and distributed Leadership: A study of group discourse and collaboration. *Educational Administration Quarterly*, *43*, 67 – 100.

Smith, M. L. , and Glass, G. V. (1987). *Research and evaluation in education and the social sciences.* Englewood Cliffs, NJ: Prentice-Hall.

Weaver, A. , and Atkinson, P. (1994). *Microcomputing and qualitative data analysis.* Aldershot, England: Avebury.

第 11 章

历 史 研 究

历史研究已有很长的历史，可能比其他大部分类型的研究要长得多。当我们254提起历史研究的时候，脑子中就会出现从过去探索、总结和解释信息的过程。过去是一个时间模糊的概念：既可以是刚刚逝去的岁月，或可以上溯到几个世纪之前。非常明确，历史研究是个建立在信息基础上的对过去的描述、分析和解释的系统过程，这些信息是来自于与研究主题相关的材料。

> 历史研究是一个寻找事实，然后使用这些信息去描述、分析和解释过去的系统过程。

在很大程度上，历史研究者使用定性研究的方法并沿袭定性研究的传统推理方式。因为在得出结论时采用了**逻辑归纳**，所以历史研究具有分析性质。埃德森（Edson，1986）总结了历史研究与其他定性研究方法之间的相似点，包括情境的重要性和对整体经验的研究。历史研究是对自然情境中的现象的研究，而不是针对理论的或实验的情境。但是，并非所有的定性研究都具有历史性。尽管历史研究主要依赖定性研究方法，但有时也会应用定量研究方法。因此，历史研究和定性研究绝不是同义词。

历史研究可能有不同的中心点，在教育中，我们可以把中心集中在教育的问题、运动和观念方面。美国师范学院的发展史可以集中在教育运动或观念上。然而，我们可以研究专门的师范学院，然后重点研究专门的学校。教育家传记也会涉及历史研究。这样，当我们从教育的角度考察历史时，历史研究会有很广泛的研究范围。

历史研究是研究过去的事件，在很大程度上，这些事件是自然地发生而非人为干预的结果。在解释历史时，必须强调事件发生时的情境。在历史研究中，解释非常重要，因为事件已经发生，并且发生在决定要研究它之前。当文献产生时，解释就已经发生了，就像记者准备新闻稿一样。当研究者使用文献时，解释255

又出现了。

情境和解释是历史研究的基本要素。埃伦伍德（Ellenwood，2007）认为：

> 历史需要认识到了解事件全部背景的重要性——更深层次的原因和更广泛的后果。当然，过去存在许多版本，现实要求我们必须静下心，仔细思考各种版本的真实性和随后各种行动的含义（p. 23）。

解释是历史研究过程的核心。

历史研究的资料是研究者通过文献和其他资源获得的。这和实验研究形成对照，例如，实验研究中，研究者创造研究资料。这就要求历史研究者对相关材料的存在特别敏感。有人说历史研究是科学也是艺术。科学体现在系统的过程之中，即研究方法的使用。但是，像卡斯特（Kaestle，1988a，p. 61）指出的那样，抽象更是推理过程并且需要创造性的解释，它不可避免地要反映研究者的价值和兴趣。这样，在某种程度上，历史研究便是主观的，历史研究的过程主要是定性研究。

历史研究的价值

历史研究即是对已结束和已发生事情的处理，那么还有进行这种研究的必要吗？原因在于，对教育来说，历史研究在很多方面非常有用。斯特里克（Stricker，1992）探讨了历史研究的重要性和有用性的 12 条原因。虽然他只从中学和学院的层次上进行了历史研究，但其中的有些原因是直接与历史研究的价值相关的。这些原因可以概括为：

1. 历史是伟大思想的贮存库（p. 296）。
2. 过去可以成为一道防止现代发生混淆和杂乱的坚固壁垒（p. 298）。
3. 过去的知识对于我们理解和判断现实事件及参与讨论都是十分必要的（p. 302）。
4. 历史可以预示出什么是可能的，什么是不可能的，因而，历史知识可以为人们，特别是决策者提供帮助（p. 305）。

以上可以说明：通过历史研究而获得的大量史实能为教育问题的决策提供蓝图，且有助于理解事情本身。教育改革，甚至社会改革也常通过对历史的研究而

服务于现在。如果了解历史图景，那么问题常可以得到更好的理解，并有可能更
圆满地解决。历史研究对于预测未来趋势也是有用的。有这样一句历史格言：
"谁不了解历史上的错误，谁就注定要重蹈覆辙。"因此，历史研究可以提供得
以避免错误的有用信息。

256

历史研究在辨别过去的趋势且用此信息去预测和此有关的未来模式和含义方
面都是有价值的。托马斯和莫兰（Thomas & Moran，1992）为此目的提供了一个
很好的历史研究的例证。研究中他们对那些特别容易受到各种不同利益群体攻击
和压力的管理者们的理念进行了测验（p.22）。从 1914 年到 1922 年，他们一直
对一位换了三个城市工作的学校主管进行跟踪研究。在报告的结论部分，作者总
结了研究成果，并应用于当今的教育领域，特别考虑到学校的改革。在结论中有
这样的陈述：

> 事情远非人们想象的那样脆弱，哈特韦尔（Hartwell）（即被研究者）
> 在那些兴趣相投、有影响力的职业管理者及那些保守的工商企业和专家群体
> 中找到了支持……在改革阶段的情境中，因为常受阻于管理员工的管理压
> 力，学校主管们就组成了一个执行者们的强有力的网络。在校董会的大力支
> 持下，他们可以不为那些不同利益群体的不同意见所扰，包括教师和那些竭
> 力想参与教育决策过程的劳动阶层的公民。（pp.48－49）

然后，他们再把研究成果用于今天的教育情境中：

> 发生在 20 世纪早期的保罗（St. Paul）和布法罗（Buffalo）事件对当
> 代学校管理者仍有重要意义。当学校主管们学习更好地控制学校事务时，这
> 些问题和参与者们仍与发生在改革时期的情况一样。（pp.49－50）

在以后的讨论中，他们阐明了这一结论，承认在 1914—1922 年和现在之间
是有改变的，并接受了那些变化的含义。

格雷厄姆（Graham，1980）曾经研究过历史研究对政策制定的价值，原则
上说，**政策制定**关系到两个问题，"什么是正确的？""什么是有用的？"（p.21）
对这些问题的回答——也就是说，政策的形成——常常通过带着英明决策愿望的
决断性命令完成。格雷厄姆总结说："我相信，历史也许能比其他学科作出更为
有价值的贡献，虽然是不全面的……我认为，历史的贡献是两重的：期望和预
防。"（p.22）从这个意义上来说，历史研究对于决策制定的贡献，与它对已形
成有关教育问题的信息决策的价值是一致的。

> 历史研究的价值非常广泛，从通过精确的描述提供对过去的理解，到为作决定和形成政策提供视角。

257 历史研究中的信息来源

因为历史研究涉及对一个已知的历史片段批判性的评价和解释，获取要研究阶段的历史记录是必要的，通常的**原始资料**是书面记录，像书、报纸、期刊、日记、信笺、有组织的会议记录，等等。然而，书面材料并非唯一来源。物质的遗迹和物体（遗物）也是可能的资料来源，信息可通过像口头的媒介如民歌得到，传奇和画片、记录以及其他各类听觉媒介传播的信息也可作为资料来源。

对近期历史进行研究时，可以对特定事件的实际参与者进行访谈。1950—1980 年间学校种族隔离的行为和问题研究就是这样的一种历史研究，可找到其中的参与者，就他们的亲身经历进行访谈。

历史研究的资料通常划分为第一手资料和第二手资料。**第一手资料**就是原来的或该事件或经历的首次记录。**第二手资料**是一个至少被转手一次的关于该事件的叙述。一个法院反种族隔离听证会的记录就是第一手资料的最好例子，如果你去研究种族隔离问题的话，报纸上对此事件的评论就是第二手资料。

在研究 19 世纪末美国南方妇女到北方高校学习时，约翰逊（Johnson，2007）采用了多种不同的第一手资料，包括北方高校女毕业生的注册簿、给父母和姊妹及其他亲属的信函、结婚的次数、孩子的个数、有酬劳动、志愿者劳动和主要住所的位置。通过这些资料，她研究大学教育是怎样改变这些妇女的，以及这些妇女又是怎样改变她们原来的文化。这些资料是第一手资料。而另一位作者撰写的同一主题的报告就是第二手资料。约翰·杜威的著作是关于其自身思想的第一手资料，而他的学生对其思想的解释就是第二手资料。

> **第一手资料**是关于要研究的事件或经历的第一次描述；**第二手资料**是对事件或经历至少转手过一次的资料。

历史研究的方法论

埃德森（Edson，1986）得出结论说："历史研究中没有唯一的、确定不变的方法"（p. 29）。卡斯特（Kaestle，1992）支持这一理论，他认为历史研究还没有发展出取得一致认同的理论，历史学家还在不断吸收其他领域中的方法或理论（p.362）。当然，不同的研究者使用的研究方法也各不相同。一些对历史信息的探索往往直到所有的资源被穷尽之后才开始组织和解释大量记录。另外一些研究则是"边搜索边写作"的循环方式，从两个或多个方面探究所研究的问题。每一种研究方法还会出现许多变化。历史研究倾向于全局性的过程，在其过程中各种活动会有一定的重叠。例如，解释贯穿于整个过程之中，不仅在对材料来源的真实性作价值判断时，而且在决定材料的相关性时也是如此。

258

虽然如此，为了增加对历史研究过程的理解，把整个方法分成 4 步是非常有益的。重要的一点是牢记这些步骤之间可能会有很多重叠，尽管能对 4 个步骤分别进行定义，但在研究中，它们常连在一起。

第一步，确定研究问题，任何研究的开头均是如此。第二步和第三步分别是收集和评价材料来源，综合信息。这些步骤紧密结合在一起，还包括不断地形成假设并修改假设。最后一步是分析和解释，形成结论，包括得出一般结论。4 个步骤如图 11.1 所示。历史的研究方法叫做**历史图解法**。

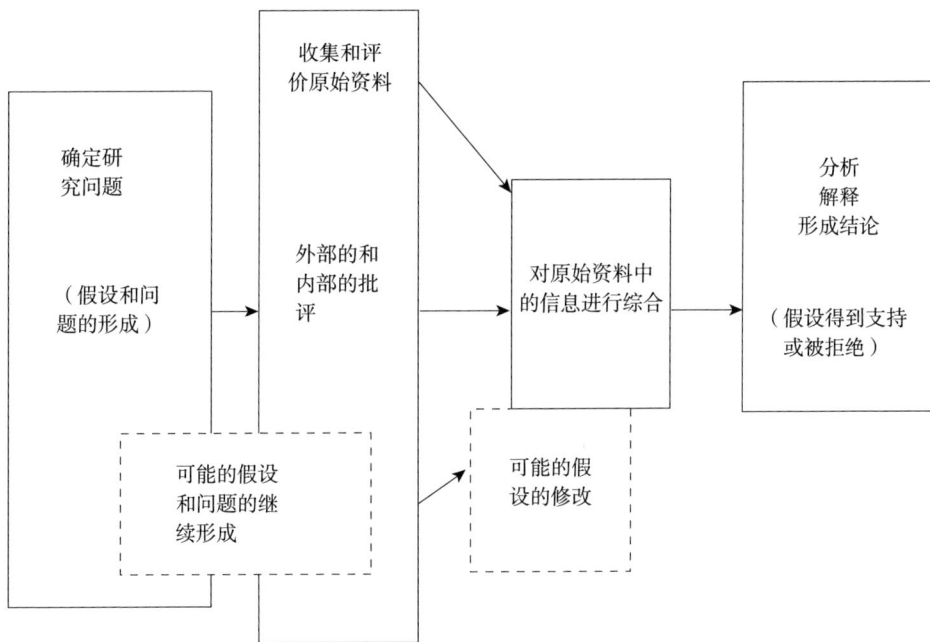

图 11.1　历史研究方法论的 4 个步骤

确定研究问题

研究问题的陈述可以是和问题一起形成的假设或议题。如果研究对假设加以陈述，它们可以被看做是对暗含的（或明晰的）问题的回答；或者说，研究问题可以作为研究目的加以陈述，而不需要任何明确陈述的假设或议题。

259 　　　　约翰逊（Johnson，2007）的研究可以看做是后者的例子。这项研究的题目是："工作市场还是婚姻市场？1875—1915 年就读于北方高校的南方妇女的生活选择。"这是一项关于就读于北方著名高校的南方妇女怎样受到不同的北方文化影响的研究。下面的段落中给出了引发此项研究的问题和一些粗略的研究发现：

　　　　为什么这些南方妇女去寻求一种声望显赫和严格的古典教育？当一些学生渴望从事一种专门职业时，大部分人缺乏实际目标，这表明她们在追求一种不可捉摸的自由教育：一个更全面更好的自我，锻炼敏锐的思维，塑造品格以及发展她们的最大潜力。简而言之，许多妇女认为大学教育将使她们变得更好。因此，对很多人来说，这场革命是无法预期的：她们没有意识到这种受教育经历将在多大程度上影响传统观念对"南方妇女"的理解。尽管许多大学表示要培养"具有女性气质的妇女"，也就是培养一个富有魅力和顾家的妻子和母亲，但是由于南方妇女受到了女权主义教授和渐进式改革的影响，她们扩大了自己的视野，知道了对于妇女来说哪些是正确和适当的行为。（p. 151）

推动此项研究的潜在问题至少包括以下 5 个：

1. 为什么南方妇女选择就读于北方高校？
2. 北方妇女和南方妇女在角色上有怎样的区别？
3. 高校培养目标和实际教学分别是什么？
4. 这些妇女离开高校后做了什么？
5. 她们对南方社区的影响是什么？

卡特勒（Cutler，1989）在美国教育中校舍的研究中，报告开头就列出了 5 个问题，这些问题是：

1. 美国教育中，何时校舍设施变得重要？

2. 为什么它变得如此重要？

3. 它已经变成我们民族理想的象征了吗？

4. 它使我们感到这关系到环境或教育的重要性了吗？

5. 它实现了它所承诺的事情了吗？（p.1，按顺序排列但没有编号）

然后，基于历史的角度，对这些问题展开回答或辩护。该报告包括 80 多种参考资料。用问题指引研究的开展，对组织报告的内容和增强观念间的连续性非常有效。

纳尔逊-罗（Nelson-Rowe，1991）在其有关 20 世纪早期美国的办学及其与工业贸易教育有关问题的研究报告中，所陈述的研究目的如下：

> 这篇论文重点研究 20 世纪早期美国的办学教育与劳动力市场之间的关系。特别是要探讨劳动力市场关注的问题，即雇佣者创办这些学校对毕业生的劳动产出和工资收入有什么影响，以及学校对赞助公司需求的满足程度。（p.30）

260

这篇报告的内容集中在这些问题上，同时提出证据，并据此得出结论。这项研究有 43 个作为参考资料的脚注。

在一个包含很多定量分析的研究中，加伦森（Galenson，1998）提出的研究目的是：

> 这项研究从两个方面扩充以前的定量分析，探索在环境和邻里关系方面可能存在的种族差异对芝加哥早期学校学生出勤率的影响（p.18）。

这项分析报告提到了某种族男孩的学校出勤率是他邻居特定种族构成的函数。这个分析采用了 1860 年联邦政府人口普查的数据。以前的分析集中研究爱尔兰移民的后代。加伦森将该分析扩充到影响土著美国人和德国人后代的学校出勤率的决定因素上，并再次使用了 1860 年联邦政府人口普查的数据。此项研究的研究问题同样没有陈述任何具体的假设。

历史研究可以通过多种方式来陈述要研究的内容，它们可以包括，也可以不包括具体的假设和/或问题。

当陈述假设时，它们通常不是在统计学意义层面被陈述的，尽管以往的统计

信息可以用来支持或推翻假设。但是在历史研究中，假设是对特征、原因，或者环境的影响、主题以及被研究现象的推测。

假设要研究 17、18 世纪人文课程的衰落，毫无疑问，这种衰落是由多种原因造成的。一个假设可能是普通人地位的提高以及通过工业革命而引起的本国语地位的上升，降低了人文学科作为通向文化之唯一路径的重要性；另一个假设可能是科学的发展使得原来的课程不再那么受到欢迎，这对人文学科是个打击。

应该注意到这些假设建立在这样的事实假定之上，也就是说，在这个时代中，人文科目委实衰落。如果这个假定不成立，该假设便失去依托。如果已经建立了必要的事实或假设，或陈述了该假设，下面研究者就要着手去收集必要的材料去支持或反驳假设。在以前的例子中，当要验证最初的假设时，研究者会去寻找本国语言在课程中应用的增加。在那个时代人们要成为受过教育的人，已经有了不同的途径，要调查不同的途径和人文课程之间的关系。在事实的基础上，假设或被保留或被抛弃。

261   另一个例子是美国职业教育历史发展的研究，特别是中学教师的研究。无疑可有好几种假设，一个可能是，由于大学和学院培养的师资不够，造成师范学院发展成为普通学校发展的副产品。研究者然后去收集各方面影响师范学院发展的可能因素。需要了解中学教师的供求关系和该关系与高校培养出的师资之间的关系。该假设是建立在这样的推测之上的，即师范学院是普通中学快速发展所引发的结果，它不仅把供求不足作为原因，而且作为主要原因。

虽然基本的假设应建立在精确的推测这一点上似乎很明显，但这一点常常不能做到，虚假的推测常导致错误的结果。例如，19 世纪后期，许多文学艺术学院不批准授予职业培训学校毕业生以学士学位，该立场是基于下述推论：在传统的高等教育的意义上，不能向师范学校这样的职业培训学校的学生授予学位。通过细致的历史研究，将会发现中世纪大学的文学学位与教学目的完全不相干。

卡斯特（Kaestle，1988b）提出了 4 个带有普遍性的方法论上的问题，其中之一即是界定关键术语，用以确定研究问题。有些术语一般情况下总有些模糊不清。那么如果术语没有被特别加以界定，在讨论和结论中就可能会造成误解。术语"教育的改革"由来已久，且普遍存在，但在特定的背景中，它的意义必须是具体的。

与关键术语相关的第二个潜在问题是卡斯特（Kaestle，1988b）所描述的"现时主义"的危险：

> 把过去的术语赋予现在的含义，或与之相反，用现在的术语来说明过去，但在过去这些术语从未存在或在当时有其他含义，这些都是危险的。
> （p. 41）

人们或许会争论，**学校选择**、**教育目标**和**调查**是不是术语，这些词语的意思在这些年里发生了变化。当你在进行关于 19 世纪 40 年代教育问题的历史研究时，如果遇到这些术语，在当时的环境中它们可能具有与目前教育背景极其不同的意思。人们或许会争论，以能力为基础的教育及相应的能力测试已有些时日了，但是这些术语可能直到最近才被使用。如果这些术语一直在使用的话，那么这么多年来其操作性定义可能在不断改变着。

在分辨研究问题，且在报告这一研究的过程时，避免关键术语使用的模糊和不一致是很重要的。

收集和评价原始资料

262

收集资料并不是简单地收集与研究问题相关的能够得到的文件。历史研究的基本规则是，只要有可能都尽量使用第一手资料。研究者必须确定什么是第一手的，什么是第二手的，这要求对资料来源进行分析。

外在批评（external criticism）。　资料必须服从于**外在批评**。外在批评是确定文献效度的工具，它要回答的问题是，"文献真实、可靠吗？它看上去是什么？"

历史研究中的**外在批评**是这样对文献的有效性进行评价的——文献在哪里产生，什么时候产生，谁记录的。

确定资料的效度涉及到几方面的因素，任何一个方面都可能导致文献无效。就记录文献而言，作者在事件发生背景中的地位很重要。如果文献以第一手资料的形式出现，作者是现场观察者吗？一些因素诸如时间和地点与已知内容相符吗？

因为使用一些代笔人来写作非常普遍，一个好像是由直接观察者写出的作品实际上可能是第二手资料。代笔人的独特贡献可能会有意或无意地降低文献的效度，而且还有可能出现许多因为疏忽而造成的技术上的错误。可能会出现文字上的错误或抄录中的错误。因为原始材料产生于印刷出现之前，文献产生过程中抄写不可避免。印刷不可能消除此类错误，但可以减少它产生的可能性。

内在批评（internal criticism）。　批评性评价的第二方面是**内在批评**，它确立材料的意义和可信程度。内外批评之间也许会有交叉，但它们强调的重点不同，外在批评考察资料的真实性，内在批评考察资料内容的本身。在一定程度上，就结果而言，外在批评先于内在批评，因为处理资料时先要碰到这个问题，如果它的真实性尚未确定就考虑内容的话是没有意义的。然而，考虑到外在批评针对那些看起来像历史文献的作者，在确定作者地位之时，有必要评价一些文献内容。这从本质上又变成了内在批评。

内在批评在历史研究中评价文献内容的意义、精确度和值得信任的程度。

263　　在评价文献内容和确定文献真实性程度时，作者都是一个重要因素。与内在批评相关的问题是作者是否有什么偏爱，因为作者的地位会给出一种偏见而不是客观描述。传记或自传可能把重点由事移到人，由于一些人为因素，小说般的细节可能被写进去。一个对现行教育政策持反对意见者强调的因素，可能和赞同者不同。考虑到诸如此类的情况，作者的位置或地位，在赋予文献内容以意义的时候就非常重要了。

对内在批评而言，作者风格和写作技巧的分析非常重要。作者是否有为使作品增色而使词语失却原意的倾向？此部分作品是否是比喻性的文字，而不是真实事件的记录？如果提出比喻和真实事件之间的问题，研究者必须对此作出区分。作者写作时大量地借用了他那个时代已有的文献么？如果这样，该文献是重新客观地陈述事实呢，还是作者加进去的许多自己的解释？在研究中，情况可能是后者。为了同原资料相一致，研究者应该检查作者的报告。这个过程将有益于把事实和解释分开。

对精确度的关心是所有内在批评的基础（外在批评也如此），对某一具体作者的精确度有两方面的问题：作者有没有作出精确报告的能力？如果有，这样做时有没有偏向？由于某些原因，一个有才能的作者可能作出扭曲的事件叙述。通过对几位作者的检索，可能会发现甚至像具体事件发生日期这样一类的事实也不一致。在这种情况下，研究者必须权衡各种证据然后决定哪一个叙述更精确。

一份文献，即使为第一手资料，也很少能自己证明自己。内在批评需要几份文献之间进行大量的互相验证。如果某些事实从某一文献中删去，这并不意味着作者没有意识到或者它们没有发生。每一个文献都应按时间顺序来评价，也就是说，按照出现于它之前的文献，而非它之后的文献去考虑。如果几个文献出现相同错误，他们的错误来源可能相同。如果两个相矛盾，至少有一个一定有错，也有可能两个都错。一个叙述有误并不能说明另一个叙述的真实性。某一专门文献可能对全部研究问题的某一部分有价值，但对其他部分可能无用。

　　内在批评和外在批评对确定资料来源的可信性和可利用性都是非常必要的。如果资料来源不真实，是不能被运用的。即使内容真实，但与研究问题无关，那也是无用的。图 11.2 总结了内在批评和外在批评的作用。

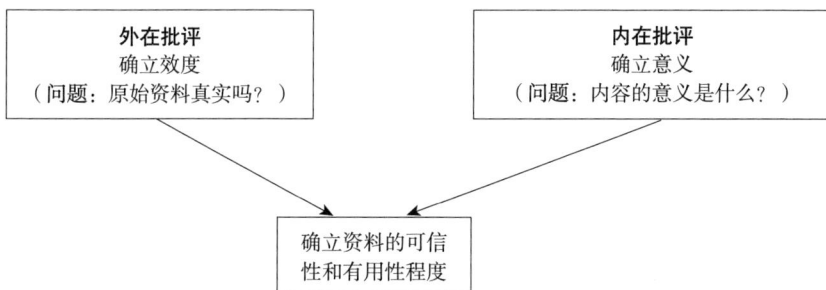

图 11.2　历史研究中评价原始材料的内在批评和外在批评

综合信息

　　内在批评与该方法的第三步——信息综合相连接。现在，材料已反复研究过并且认为它真实可靠，至少令研究者满意了，于是必须考虑不同来源材料的相关价值，例如，原始材料可能被认为比第二手材料更重要，如果发生矛盾，这种不一致性必须予以解决，因为它可能会要求抛弃其中的某一部分内容。

　　中心观点或概念必须放到一起并看出它们的连续性。如果研究持续一段时间——比如几年，这些观点就可按时间顺序排列起来。实际上，为避免发生事件过程中因果关系上的混乱，时间顺序常常是需要的。同一材料来源可能包含对同一事件的多个叙述，如果这些叙述一致，它们就给研究提供了历史证据，研究者就能够从与要得出论点相关的叙述中总结出一些信息来。

　　当研究者反复研究原始材料并从中提炼出信息时，进一步形成假设或对原假设的重新审视也许是必要的。现有的证据可能拒绝原假设，原来不曾预料到的信息可能支持新假说：从材料中也可能得出与研究问题相关的新问题。如果假设或问题没有被包括进去，研究仅仅根据研究目的进行，那么当对信息进行总结的时候，可能有益于引导出假设。无论如何，应当提出假设，当它们被证明有用，特别是当它们为研究提供了方向或有利于综合信息时。

分析、解释、形成结论

　　历史研究方法的最后一个步骤是，做出与研究问题相关的结论。历史研究在很大程度上依靠对从文献中得来的信息进行逻辑分析。在最后一个步骤，结论形成了，任何早先的假设，要么得到支持，要么被拒绝。当然，对信息作出解释是必要的，而且研究者应该注意到对结果不同解释的可能性，如果这种解释合理的话。对研究案例应当采用最可能发生的解释，但如果存在其他解释的可能，它至少应被提到。对于所有的解释，作者应尽可能保持客观。

前面提到过，卡斯特（Kaestle，1988b）认为有 4 个方法论的问题，并且最基本的问题之一就是研究问题的确认。而其他 3 个问题与解释和结论有直接关系。它们是：

1. 混淆相互关系（联结）和原因；
2. 在有关人们应怎样行为与普通人事实上是怎样行为的观念之间缺少区别；
3. 人们不能分清意图和结果。（pp. 40 – 41，转译和编码）

第一个问题常与定量研究相联系。就是解释两个变量之间的联系或相互关系，诸如原因—结果之间的关系。或许有某种关系，但简单的联系事实不能建立起这样一种关系。

有关人们实际上如何行为的证据可能缺乏历史文献。如在一定时期通过了大量立法，并不能推断出人们对法律是满意的，甚或说他们是遵守法律的。

我们倾向于认为，知道了事情是如何呈现的，则对于预测某事物有一定的优势，但是把这些结果归因于意图的话，可能是不行的。对于过去失败的学校改革，简单地把失败的原因归结为教育者意图是站不住脚的。许多时候，是那些教育者几乎不能或根本不能控制的因素导致了失败和变化。同时，在许多情况下，人们也可能根本没有意识到自己的行为造成的潜在结果。

在分析和解释中，历史研究者不能消除所有潜在困难。然而，研究者应该对潜在问题有所警觉，并且在解释结果和得出结论时把这些问题考虑进去。

在此处援引一份历史研究报告的整个结论是不切合实际的，它们一般是很长的叙述，有时这些结论散见在全部报告之中。偶尔，作者在报告中会连标题也不用，因为在叙述中能够清晰呈现结论。

作为从历史研究中得出结论的一个例子，这里摘录了劳斯马尼尔（Rousmaniere，2007）所作的关于北美中小学校长的社会历史研究：

> 正如教育历史学家长期争论的那样，19 世纪末 20 世纪初学校官僚政治系统的发展给北美学校机构造成了巨大的变化。在这篇报告中，我追踪了校长在大量的教育变革中的作用。我认为，校长的特殊位置使其成为一个具有"双重人格"的中层经理人，他处于教室和学区之间，因此他可提供新的视

角透视学校系统是怎样缓慢变成当代这种模式的。校长反映了中央和地方管 266
理之间，政策的制定和政策的执行之间，学校管理中正规的官僚的一面和学
校日常生活中随意性、关系性、突发性之间持续的矛盾。然而，目前很多做
法将校长和教师隔离开来，校长成为权威和专门的职业，校长的权力范围仅
剩下教室和教师。因循历史，校长的工作还包括将督导教师的职责转变为一
系列任务：教学设计、学生纪律、社区关系、犯罪管理。因此，不要惊讶于
缺少校长，也不要惊讶于少有女性和有色人种对这一职务感兴趣。学校组织
和文化中的校长是边缘性和中央性的奇怪混合体，很多对校长的历史研究可
以进一步提供有关观点来透析这一现象。(p. 22)

结论表明，她得出的成果在 19 世纪末 20 世纪初是真实的，而且在今天也是
真实的。校长一脚踏在管理中心办公室，一脚踏在教室。存在一种维持这一位置
的合理平衡的张力。

历史研究中的定量方法

在前面我们曾说到，历史研究一般被认为是定性研究，但是也会用到定量研
究。确实，近年来，定量研究方法的运用逐渐增多，部分原因是计算机能总结资
料并对其进行定量分析。教育上的历史研究能够使我们接触学校过去的实际情
况，卡斯特（Kaestle, 1988a）将此称为"定量教育历史学的重大优势"（great
virtue of quantitative educational history）（p. 65）。这种描述有助于了解一些事实，
如教师的奉献和需求、学校在社会中的作用以及学校对个体的影响。定量方法有
助于描述学校过去的实际情况。

描述统计经常出现在历史研究中。这些统计可能是简单描述一些变量分布情
况的百分比、比例或平均分，如某一特定时期高中毕业生中年龄为 18 岁和 19 岁
学生所占的百分比。但是，还可以应用更复杂的定量方法。加伦森（Galenson,
1998）使用了 Logit 回归方法，其中存在一个二分变量，即土著美国人的后代在
1960 年人口普查之前的 12 个月里是否上学，是 5 个其他变量如孩子的年龄和其
父亲的职业的函数。

有时候，过去的资料容量很大，这时必须取样。林格（Ringer, 1978）在他
的研究报告中，从德、法、英、美各国主要流行的人物百科全书中选出了一个随
机的词条样本。这些词条是记载生于 1810—1899 年间，可能在 1830—1930 年间
进入高等学校学习的男性公民。珀尔曼和马戈（Perlmann & Margo, 1989）在他
们的研究"谁是美国的教师？"中使用了两阶段随机抽样法。在第一阶段，他们 267
从 1860—1880 年的缩微胶卷中选出 50% 的样本，接着，在第二阶段，他们从每

一副胶卷中又挑选出几张。所以，有效地使用随机抽样可以保证资料处理的质量。

> 从本质上说，原来历史研究被视为定性研究，但对某些研究来说，特别是那些涉及许多组资料（如人口调查资料）的研究，定量方法也可以有效地使用。这些资料可以利用计算机进行处理。

对历史研究报告的评论

实验报告或调查研究报告多是典型的被普遍接受的标题，而历史研究报告的标题，倾向于采用多种形式。一种形式是进行完整的叙述，可突出观点的内容。在斯坦福大学医学院 1908—1990 年医学教育改革的研究中，库班（Cuban，1997）以问句的形式提出了研究问题：

> 为什么重新改革课程和教学？为什么这些改革没有改变 2 × 2 模式？（p. 83）

2 × 2 模式是指先进行两年的基础医学教学，接下来在医院和门诊进行两年的临床实践。

然后，库班采用一系列的标题来描述斯坦福大学的医学教育，而且最初是按照年代顺序对 1908—1990 年间的情况进行了纵览。接着，这些标题聚焦在特定的课程新设计或改革上，如 5 年计划或所有的选修课程。这些内容非常多，是按照年代顺序列举的。最后一个题目是"矛盾：没有改革的变革"，这一部分篇幅较长，给出了前面研究问题的答案。

加伦森（Galenson，1998）的研究在初期采用了与库班（Cuban，1997）研究完全不同的标题。加伦森先给出一个概述，然后以下面四个题目引出四个章节：数据、邻里效应的统计估测、种族划分与早期芝加哥学校系统、结论。除了对数据的描述仅有三段之外，其他章节的篇幅都很长。加伦森的研究集中针对一段非常有限的时期（1860 年），而库班的研究则覆盖 80 年左右的时间。

就标题的数量和内容来说，不同历史研究报告中的题目大不相同。一个重要的特点是标题有助于内容的组织和观点表述的连续性。总的说来，研究问题通常在报告开头提出，并带有支持性的背景。假设或问题可包括在其中，观点（基本假设）也会呈现，它们会被支持或驳斥。然后，给出论据，并对多种来源获得的信息进行综合。最后，在论据基础上提出结论。

268

> 不同的历史研究报告在题目的数量和内容方面是大不相同的。

专业杂志上的报告

　　一些专业期刊至少拿出一部分版面供刊登历史研究的报告。可能最著名的杂志是《教育史季刊》(*History of Education Quaterly*)，由教育史学会出版发行。大量的其他杂志也刊登教育史研究的报告，虽然它们的内容不限于这个领域。这些杂志包括：

《教育研究》(*Educational Studies*)，由美国教育研究会发行
《比较教育评论》(*Comparative Education Review*)，由芝加哥大学出版社发行
《哈佛教育评论》(*Harvard Education Review*)，由哈佛大学出版社发行

有一些杂志不是专门的教育杂志，但也报告历史研究和包括一些教育方面的研究，这些杂志有：

《历史研究》(*Historical Research*)，历史研究所出版发行（一个设立在伦敦大学研究生历史研究中心的机构）
《历史》(*History*)，历史学会出版
《历史学方法》(*Historical Methods*)，芝加哥伊利诺伊大学历史系编，HELDREF 公司出版

后者是一本定量的、多学科的历史性杂志。
　　海因斯（Hines，2003）的一个研究是描述历史研究过程的有趣的例子。其中，她研究了消除性别隔离对 PLT（Pi Lambda Theta）和 PDK（Phi Delta Kappa）两个组织的影响，这是两个致力于提高教育专业化的荣誉组织。她所研究的时间是 20 世纪 60 年代末和 70 年代初，当时社会非常关注妇女问题。她在报告开头先描述了这两个组织：

　　　1910 年，大学教育学院的院长创办了 PDK（Phi Delta Kappa），给接受大学教育的教育学专业的男性提供了与女性相隔离的社团组织。两年内，这些院长中的一些人又创立了 PLT（Pi Lambda Theta），给那些接受过大学教育的女性提供与那些接受名气较小的师范教育的女性相隔离的社团组织，以避免 Kappa Delta Pi 社团在这所男女合校的大学校园内扩散。Kappa Delta Pi 是教育学领域另一个有名气的专业的社团组织。从它们成立，PDK 和 PLT

在大学里作为独立又平行的社团合作共存。(Hines，2003，p. 196)

269　　海因斯获得的第一手资料来自于两个组织的记录，其中包括所有解散了的地方分会给 PLT 总部递送的全部记录、委员会会议记录和两个机构之间的通信。她按年代顺序整理了这些资料。

海因斯描述了当时出现的多种压力，包括出现的妇女权力运动、PLT 年轻成员与领导之间的"代沟"，以及废除性别歧视的法律与政府行动。她描述了 PDK 独立地方分会怎样发动妇女进入组织以示向 PDK 章程挑战，以及关注这些制度的 PLT 成员怎样由 PLT 转向 PDK 的。

委员会会议记录记载了该组织领导是怎样应对这些压力的。他们就合并这些团体、接纳男女学生和继续当前的状态进行了激烈的争论。海因斯阐述了每一条建议的依据。

> 在 1971 年两年一次的会议上，PDK 的代表发出了支持性别隔离的明确讯息。与会代表不仅投票反对男女混合教育的措施，还通过了一项措施允许国家官员惩罚违反组织规定的地方分会。(Hines，2003，p. 204)

接下来的诉讼检验了 PDK 的规章是否符合宪法。加入反对 PDK 分会的 PLT 的成员认为不需继续男女分校。更为有意义的是，联邦政府禁止资助存在性别歧视的机构。高校管理者对此的回应是检查学校中的单一性别的组织，有时不允许他们使用校园设施。

这些机构仍然反对同时接纳两性，它们开展了合作活动，随后开始了多方式的合并活动。PLT 成员认为合并会使她们丧失权利，不符合社团利益，因为 PDK 的组织远大于 PLT，这会消减她们的认同感。合并应当确保女性的地位。

经过广泛的讨论和考虑，各地方分会可以选择接纳女性成员。1973 年，PDK 两年一次年会用投票方式确立了全面接纳女性。两个月后，PLT 通过邮件投票来决定接受男性成员。有趣的是，海因斯在 PLT 的档案文件中见到了这些选票，能够记录下这些选票上的评论。

经过对投票以后的变化进行讨论，海因斯得出以下结论：

> 对于 PLT，提升职业的目标远比以女权主义为目的的个体或个人目标更为重要。PLT 并不繁荣，并经历了一段时期的成员流失和资金短缺。在很多方面，女性认为进入男性组织就是成功。PLT 认为，随着职业地位的获得和性别隔离的终结，该组织失去了继续存在的重要意义。PLT 很难继续维持它的市场和使命。(Hines，2003，p. 223)

海因斯从大量的资料中给出了 48 条脚注，用以支持她的结论。这些资料包 　270
括主管委员会的会议记录、地方分会通信文件、委员会报告、设计报告、书籍、
杂志文章、时事通讯、报纸、学术演讲、电话交谈记录、内部报告、PDK 两年
一次的会议通报和保密提议。这份研究报告是清晰的，而且备有佐证文献。她的
结论是建立在她给出的论据基础上的。

在专业杂志上出现的历史研究报告常常倾向于比实验或调查报告更长些，因
为历史研究需要不同来源的信息，这些信息包括大量的细节。这些信息不能用一
两句话概括或陈述。历史研究通常要覆盖几年的时间或更长，或者要解决涉及大
量信息的问题。有效地运用这些信息，使观念呈现有连续性，就可能增加报告的
长度。历史研究中引用的参考文献非常多，在一些案例中，一份 30 页的报告或
专业期刊中的参考文献就会超过 100 个。

小　结

像其他类型的教育调查一样，历史研究有一些独特的特点。它研究的是过去，
历史研究探索资料而非产生资料，过去的变化已经产生，人们无法去操纵它们。

历史研究的方法覆盖教育问题研究的许多领域：一般教育史，教育专题史，
教育法史，学制史，还有许多。在某些方面，这一研究方法用于政策研究或实际
研究。历史的特性和历史调查给历史研究带来了一些局限。在某种意义上，历史
研究的一些问题一般具有连续性的特征，许多重要教育问题的研究首先要依靠历
史问题提供的观点去研究，课程改革常以过去的哲学、观念、发展和课程情况为
根据。历史研究对于确定过去的形势及其对现在问题的意义是必要的，因此，在
历史研究基础上产生的解释有助于确定一个研究现在教育问题的行动路线。

历史研究遵循系统的过程，叫做历史图解法。从确定研究问题到形成结论，
该过程联结为一个整体，从原始材料中综合信息是它的基本特征。内在批评和外
在批评被用于确定材料来源的效度。总之，历史研究是重构过去发生过的事件和
解释事件意义的系统过程。

在任何时代，都有一些教育问题摆在专业人士和公众面前。历史研究能为教
育中的问题提供观察的角度，包括一些可用来避免错误的信息。而且，对过去教
育的趋势进行研究，有助于预测未来类似的或相关的趋势。在制定决策时任何决　271
策者无论处于何种层次都能从历史研究中获益。

核心概念

逻辑推断　　　　　第一手资料　　　　　外在批评

政策制定　　　　第二手资料　　　　内在批评
原始资料　　　　历史图解法

练　习

11.1　从专业杂志上挑选一篇历史研究的报告，仔细评论这篇文章，重点是看做者收集信息的方法。考虑该研究是否用了第一手资料？观点之间有没有足够的联系性？作者用了假设吗？假设是明确陈述在研究问题中的，还是暗含其中的？如果是，它们是什么假设？用来作关于假设或研究问题的证据看起来充分吗？

11.2　实验、调查或历史研究法分别最适合于下列各项中的哪一项：

　　a. 关于学区联盟提案通过可能性的指标。

　　b. 练习对数学学科计算技能发展的影响。

　　c. 学校按年龄分级的基础。

　　d. 智力技能与学术成就之间的关系。

　　e. 拟订衣服编码的示例。

　　f. 学校的态度对科学成就的影响。

　　g. 参加科学课程学习学生对学校的态度。

11.3　假设你对小学毕业生的毕业条件的发展史感兴趣，该研究涉及通过某一类普通考试。时间跨度为 1900—1940 年，是对某一个州的研究。在某种程度上说，它是研究过去的能力测验，尽管那个时候不用这个词。你将利用什么材料去获得信息？第一手资料和第二手资料可能会是什么样的材料？研究在这一阶段通过的教育法有价值吗？

11.4　找出 3 个或 4 个教育的关键术语，这些术语在今天的含义和 50 年或 70 年前的含义可能存在定义上的问题。会因为术语的模糊性或基于现时主义（Presentism）而产生定义上的困难吗？

11.5　假设已经有历史研究讨论过教师联合会形成早期的历史。当区分我们对人们行为的解释和人们真正的行为时，是否会出现问题？这一领域的研究对意图和结果之间可能出现的混淆会有所发觉吗？如果会，是怎样的？

11.6　回顾专业杂志如《历史学方法》上的一篇文章，要涉及量化方法的使用。分辨所使用的方法，且注意这些方法是怎样为研究的最终结论服务的。

11.7　海因斯所作的研究依靠 PDK 和 PLT 的档案和文献，你怎样用口述历史法设计一个同样主题的研究？你会采访谁，会遇到怎样的困难？你将揭示何种与书面记录不同的信息？

11.8　延续海因斯（2003）的研究，设计研究方案了解在同时接纳男性和女性进入组织后，PLD 和 PDK 会发生什么？你会考虑选择哪个时期进行研究？你会使用什么资料？你有哪些具体假设？

11.9　寻找能够用来研究 20 世纪 60 年代亚拉巴马州学校去隔离化运动的第一手资料和第二手资料。

11.10　作近代教育主题研究的历史研究时，如《不让一个孩子掉队法案》，会遇到什么困难呢？

参考文献

Cuban, L., (1997). Change without reform: The case of Stanford University School of Medicine, 1908—1990. *American Educational Research Journal*, *34*, 83 – 122.

Cutler III, W. W. (1989). Cathedral of culture: The schoolhouse in American educational thought and practice since 1820. *History of Education Quarterly*, *29*, 1 – 40.

Edson, C. H. (1986). Our past and present: Historical inquiry in education: *Journal of Thought*, *21*, 13 – 27.

Ellenwood, S. (2007). Revisiting character education: From McGuffey to narratives. *Journal of Education*, *187*, 21 – 44.

Galenson, D. W. (1988). Ethnic differences in neighborhood effects on the school attendance of boys in early Chicago, *History of Education Quarterly*, *38*, 18 – 35.

Graham, P. A. (1980). Historians as policy makers. *Educational Researcher*, *9*, 21 – 24.

Hines, L. M. (2003). When parallel paths cross: Competition and the elimination of sex segregation in the educational fraternities, 1969 – 74. *History of Education Quarterly*, *43*, 196 – 223.

Johnson, J. M. (2007). Job market or marriage market? Life choices for Southern women at Northern colleges, 1875—1915. *History of Education Quarterly*, *47*, 149 – 172.

Kaestle, C. F. (1988a). Recent methodological developments in the history of American education. In R. M. Jaeger (Ed.), *Complementary meth-ods for research in education* (pp. 61 – 78). Washington, DC: American Educational Research Association.

Kaestle, C. F. (1988b). Research methodology: Historical methods. In J. P. Keeves, (Ed.), *Educational research: Methodology and measurement: An international handbook* (pp. 37 – 42). Oxford: Pergamon.

Kaestle, C. F. (1992). Standards of evidence in historical research. *History of Education Quarterly*, *32*, 361 – 366.

Nelson-Rowe, S. (1991). Corporation schooling and the labor market at General Electric. *History of Education Quarterly*, *31*, 27 – 46.

Perlmann, J., and Margo, R. (1989). Who were America's teachers? Toward a social history and a data archive. *Historical Methods*. *22*, 68 – 73.

Ringer, F. K. (1978). The education of elites in modern Europe. *History of Education Quarterly*, *18*, 159 – 172.

Rousmaniere. K. (2007). Go to the principal's office: Toward a social history of the school principal in North Americal. *History of Education Quarterly*, *47*, 1 – 22.

Stricker, F. (1992). Why history? Thinking about the uses of the past. *History Teacher*, *25*, 293 – 312.

Thomas, W. B., and Moran, K. J. (1992). Reconsidering the power of the superintendent in the progressive period. *American Educational Research Journal*, *29*, 22 – 50.

第 12 章

人种学研究

273   人种学研究在传统上是与人类学联系在一起的，它的出现已有很长时间了。最近的二三十年，人种学研究日益引起教育研究者的重视。毫无疑问，这种重视，部分源于学术界对定性研究的逐渐接受和不断增长的兴趣。另一个使人们对人种学产生兴趣的因素是因为人种学研究也许是解决教育中存在的某些问题的最好方法，也可能是唯一方法。人种学研究有时还被冠以其他名称，如**现场研究**或**定性研究**。可是，虽然在一定程度上，这些词语描述了人种学研究，但它们与人种学研究的含义并不完全相吻合。本章主要讨论人种学研究的性质和步骤，还将讨论教育研究中应用人种学方法的例子。

教育人种学的性质

    人种学这一概念，既指研究过程，又指研究过程的结果，这一结果是指人种学研究的书面报告，即被研究事物的人种学报告。人种学的概念源于人类学。在《兰登书屋英语词典》（*Random House Dictionary of the English Language*）中，人种学的定义为"人类学的分支学科，主要对个体文化进行科学描述"。人类学被认为是一门科学——特别是探究人类的起源、发展和特性，主要涉及社会习俗，信仰以及文化发展的学科。

    如果我们把人种学的定义引入教育研究，我们可以这样描述人种学的过程：

> 为特定情境中的教育系统、教育过程以及教育现象提供全貌的和科学的描述过程。

    这种定义的意义较为宽泛，这是必要的，因为人种学研究可以应用于各种情274 境。正如沃尔科特（Wolcott, 1988）所指出的："没有一种特别的研究技术专属于人种学。"（p. 191）在人种学研究中应用了许多程序，而且这些程序能被描述出来，但这些技术本身并不能产生预计结果，即尚不能形成被研究对象的人种学。人种学的研究是在研究环境中所获经验指导下的探索过程。

虽然人种学研究有时会涉及定量的程序，但它被认为是定性研究的一部分。在这个意义上，它的认识论，即它的起源和方法是建立在定性研究的方法论基础之上的。

现象学特征

现象学是对现象的研究：它强调从经历这些现象的角度对现象进行仔细描述。现象学家不是想当然地认为他们知道的事情对所观察的人们意味着什么。如果观察某一行为，现象学家不仅注意某一行为的发生，而且尽力去理解这些行为对行为人意味着什么。这种方法强调行为的主观性。

因为人种学研究的本质是现象学的，它呈现出现象学的研究特征。这些特征包括下边讨论的人种学研究的整体的和自然主义的特征。上述两种特征本身是交叉的，此处分开来讲是为了强调人种学研究的特征。就实质而言，现象学的研究方法建立在下述观点之上，即现实由被研究者经历的意义组成。一个好的能说明该观点的例子就是对学校里的教学研究，该研究至少应该部分是人种学研究。以4 年级的数学教学为例，现象学方法的重心是理解数学教学对经历它的 4 年级学生的意义——他们如何看待它。重点不是放在教育者的思维如何进行上；而是放在从学生的角度出发理解他们如何经历这些事上。

就其本质而言，现象学的方法是强调，在"亲历者的眼睛和头脑里"现象意味着什么，强调被研究者看待他们经验的方法。

人种学研究的现象学特征对如何进行研究有一定的意义，现把这些列示如下：

1. 尽可能避免对被研究的现象形成先入之见。
2. 现实被整体地看待，复杂的现象不能被缩减为一些变量。
3. 资料收集的程序和工具，虽然有一定结构，但应把其对被研究现象的影响缩小到最小限度。
4. 要开放地接受对现象的不同理解，这可能会产生另外的或改变现实的观念。
5. 有效的理论应该是来自于对资料的扎根理论分析，而不是臆想的理论。　275

针对最后一个特点，兰西（Lancy，1993）曾举出一个很好的例子，即**扎根理论**出现的例子。在一个研究父母对孩子阅读故事书的影响的例子中，研究者用录像记录了 32 对父（母）子互相读给对方听的场景。兰西对这个确认或形成扎根理论的过程总结如下：

> 我们几乎没有期待发现什么的先入之见，只是希望会发现不同的模式，而这会与孩子学会阅读的难易相关。我花了很多时间看录像，发展、运用和抛弃了很多分类直到我们找到两类特征，我称之为"归纳主义者"和"扩充主义者"，这能解释大部分父母读与听风格的不同。（p. 10）

因此，扎根理论是来自于资料，且形成扎根理论需要远见和理解，也可能要求重复审视资料。很显然，这不是容易的任务，这样的理论不会像地面上的金块那么容易发现，它可能需要艰辛的提炼。

自然主义的特征

人种学研究总是在某一自然情境中进行：一间教室，一所学校，一所学院，或某一在自然情境下产生的团体。研究者观察在自然情境下正在发生的情况，不用控制变量、模拟或从外部强加一种结构于其上。因此，人种学研究又具有**现场研究**（field research）的典型特征，"现场"也就是研究得以进行的自然情境。例如研究综合学校（即容纳不同种族及社会阶层学生的学校）学生间的社会交往的人种学研究，有必要对学生的在校行为进行观察。这样得来的资料就不会被教师的观点所局限，可能会应用到的社会心理学理论也将在资料基础上产生。

与此相关的人种学研究的另一特性是**情境性**（contextualization）。它要求所有的资料都必须在收集资料的环境和情境中得以解释。尽管其他教育研究方法也或多或少强调情境性，但人种学研究对情境的反映可能比其他方法更灵敏。这就意味着研究结果的推论性不强。人种学学者并不时常关心推论性，对他们来说，准确而又充分地描述研究情境尤为重要。当然，结果的推论性还有赖于研究情境与其他情境的相互关系。

人种学研究涉及现场调查，并强调"**情境性**"——对结果的解释依存于收集资料的情境。

整体和全局的视角

传统的实验法和调查法是事先形成假设，然后设计特殊程序来检验假设。与此相反，人种学研究注重随着资料的收集而产生假设。这对于资料分析意味着，资料分析是归纳的而不是演绎的。观察者努力"悬置"任何先入为主的观点或观念，因为这些先入为主的观念可能会令人生厌地影响到对被观察现象的阐释。观察者希望重点关注整个情境，并由此形成整体观念，而不是把注意力分散在细枝末节上。如果假设是在资料收集中形成的，他们会暂时得以保留。但人种学学者常放弃那些不被后续资料支持的暂时性假设。先前研究的结果将被暂时搁置，直到研究者发现了这些东西与手头研究情境的相关。

> 人种学研究以整体的、全局的视角看问题。假设更可能来源于资料而不是在研究之前就产生。

鉴于这些特点，人种学研究含有强调整体的自然主义研究的特征。这是一种现象学研究取向的方法，强调研究对象行为的主观感受。人种学认为环境影响人们的解释、思想和行动，所以人种学研究在实地情境中开展。研究者努力从被研究个体的观点解释情境，而他是以参与观察者的身份进入情境的。格尔茨（Geertz, 1973）把人种学的任务概括为"深描"（thick description）。

在某种意义上说，人种学研究的方法是贯穿在研究的过程中的。如前所述，没有任何一种特殊的研究技术专属于人种学。但研究的技术方法可以是多种多样的，为了给人种学研究提供一个整体轮廓，有必要把这些技术放在一个概念框架之中考察。

人种学研究的概念图式

什么样的研究问题、论题或主题可以运用人种学的研究方法？[①]典型的教育人种学可以有下列的研究陈述：

1. 一所城区（学校）教室内的（日常）生活研究。
2. 一所中心城区高中的决策研究。
3. 法律学校学生的（日常）生活研究。
4. 一所综合学校的学生关系研究。
5. 一所不分种族的城郊高中课堂里的同辈群体互动研究。

277 　　6. 一所私立预备学校中教师互动模式研究。

　　　7. 初等学校写作教学研究。

　　　8. 一所乡村高中内部的社会化研究。

　　注意以上研究课题的表述都是概述性的。其中既没有像"某某的影响……"之类的句式，也没有暗示任何必然的因果关系。作为研究课题的陈述，它们缺乏具体性，这恰是实验或调查研究所忌讳的一点。但人种学研究并不开始于具体的、预设的假设；它主要依靠随着研究深入而展开的描述。上面陈述举例，清楚地显示了描述在人种学研究中的分量。

　　如果人种学研究具有这些特征，那么，人种学研究的基本要素是什么呢？各种人种学研究的一个共同点是对**组织**或社区的关注，通常是对其社会性的关注，或是社会组织或团体的一些组成部分的关注。我们可以将组织和社区区分开来。我们通常认为组织有一种等级结构，范畴可能比团体要大，它一般是在共同的价值、信仰或需求的基础上形成的。为了进行讨论，组织或团体都可作为起点。

　　我们把组织定义为以有规律的、结构化的方式互动的群体。群体间存在集体的社会行动，其行动又依靠共同舆论导向下的规则和关系来约束。同时，每一群体的行为受该组织与其他组织的社会互动关系的影响。进一步说，组织中的每个人都努力以其所属群体的成员的方式行事。学校是一个社会组织，就像班级是学校中的一个组织一样。

人种学研究重点关注**组织或团体**，它们是以有规律的、结构化的方式互动的群体。

　　根据人种学的这一概念框架，可以具体深入地考察组织内部的构成。根据不同的标准，可以采用不同的方式来解构组织。我们主要考虑两个因素：文化和观念。

　　一个组织可以看成是不同**文化**的结合体。文化是一种情境，在这种情境中，组织中的成员相互作用和联系。例如，学校文化根据下列要素进行定义：

　　1. 人们可进行有效的学习的概念/观点

　　2. 可对教与学过程产生影响的环境

　　3. 可作为学校重大事件的标志的典礼或仪式

　　4. 可作为榜样的男英雄/女英雄

　　学校有学校文化，如果此学校足够大，学校内就会有学生文化（可能有多种学生文化）、教职员工文化、行政管理文化。总的来说，文化包括组织的各成

员间形成的与各自的特定角色相关联的集体理解。无论文化由哪几部分构成，它
们之间必须具有一致性和连贯性。我们称构成一种文化的各部分为文化**观念**。 **278**

观念引导个体和群体的行动。在人种学研究中，通常更关注群体观念。个体
对付环境时，所采用的一套一以贯之的思想和行为系统为个体观念。因此，观念
总是与具体环境相对应的。群体观念是指群体面对某一共同的问题情境时的思想
和行动，其中思想包括信仰、态度以及处理问题的概念图式。

> 组织可以看做是由**文化**组成的，而文化是由**观念**构成的。

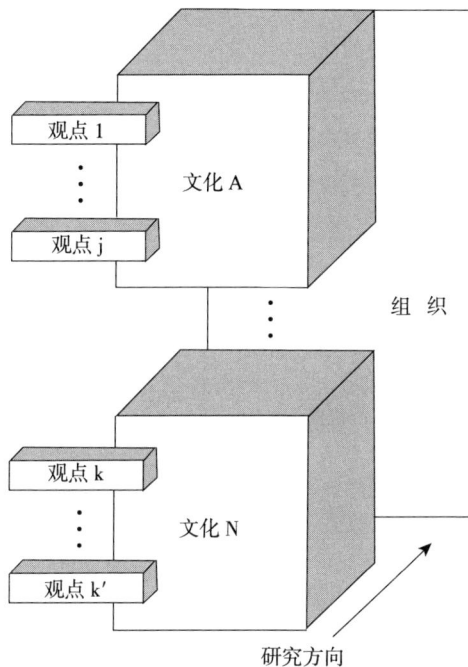

图 12.1　进行人种学研究的一般概念框架

为了理解某一组织或其构成部分，人种学研究遵循先进入情境再超越情境的
原则。也就是说，研究者以某个或某些特定群体的既定观念为出发点，用这些观 **279**
念来描述他们的文化。人种学研究的主要目的是描述构成组织的某种文化或某种
文化的某一侧面。一般来说，描述整个组织是难以做到的，除非这一组织很小或
其社会构成较简单。在前面所列的研究课题中，课题 1 是对整个组织的描述，即
城区课堂。课题 2 集中精力于决策，这是高中跨文化研究的一个侧面。课题 3 关
注学生文化。

观念、文化、组织三者关系如图 12.1 所示。观念构成文化，文化形成组织，箭头指示研究方向，即由观念到文化描述，由文化描述到组织或其部分的描述。

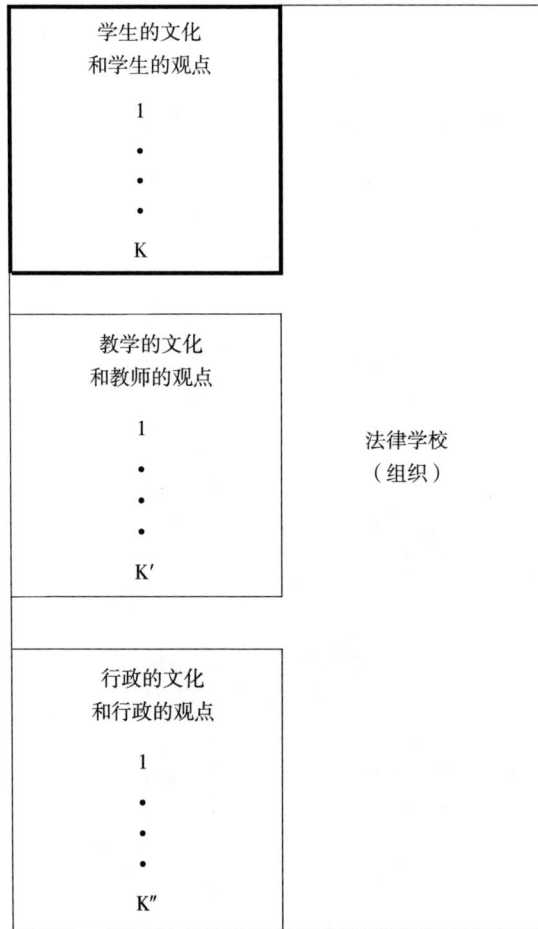

```
┌─────────────────────────┐  ┌──────────────────────┐
│ ┌───────────────────┐   │  │                      │
│ │   学生的文化        │   │  │                      │
│ │   和学生的观点       │   │  │                      │
│ │                    │   │  │                      │
│ │      1            │   │  │                      │
│ │      ·            │   │  │                      │
│ │      ·            │   │  │                      │
│ │      ·            │   │  │                      │
│ │      ·            │   │  │                      │
│ │      K            │   │  │                      │
│ └───────────────────┘   │  │                      │
│ ┌───────────────────┐   │  │                      │
│ │   教学的文化        │   │  │    法律学校           │
│ │   和教师的观点       │   │  │    （组织）           │
│ │                    │   │  │                      │
│ │      1            │   │  │                      │
│ │      ·            │   │  │                      │
│ │      ·            │   │  │                      │
│ │      ·            │   │  │                      │
│ │      K′           │   │  │                      │
│ └───────────────────┘   │  │                      │
│ ┌───────────────────┐   │  │                      │
│ │   行政的文化        │   │  │                      │
│ │   和行政的观点       │   │  │                      │
│ │                    │   │  │                      │
│ │      1            │   │  │                      │
│ │      ·            │   │  │                      │
│ │      ·            │   │  │                      │
│ │      ·            │   │  │                      │
│ │      K″           │   │  │                      │
│ └───────────────────┘   │  │                      │
└─────────────────────────┘  └──────────────────────┘
```

图 12.2　人种学研究的理论框架在研究一所法律学校学生生活中的具体应用

图 12.2 说明的是人种学的概念框架在研究一所法律学校学生生活中的具体应用。如图所示，我们需要考虑三种文化。这些文化由不同的观念构成，分别用 K，K′ 和 K″ 表示。此项研究主要考察某种特殊文化即学生文化，图中由粗线来表示。其他两种文化，尽管不是考察的主要对象，因其很可能影响到学生文化，也在考察之列。

到目前为止，我们已经概述了人种学这种研究的本质，也间接提到了其研究过程，但具体程序尚未涉及。下面我们将转而讨论人种学研究的操作过程和方法。

人种学研究的过程

　　人种学研究过程的特点之一是，其活动或方法比其他的研究更具整合性。在第 1 章里，我们讨论了研究所要开展的活动的系列模式。整个活动过程非常清晰。一般来说，总是从确定研究问题到得出结论。在人种学研究中，尽管我们可以确定具体研究步骤，但在整个过程中，这些步骤往往是并列或交叉进行的。例如，假设可能在资料收集的整个过程中反复出现，而不是事先假设，再收集资料来验证假设。因此，人种学研究对具体程序的顺序几乎不关注。

> 人种学研究的过程是整合的过程，各种研究程序在过程中是并行不悖的。

　　图 12.3 显示了人种学研究的过程，这一过程中的活动既可交叉也可同时进行。尽管人种学研究没有明显的连续活动，但这种研究还是有起点和终点的。起点是研究现象的确定，终点是结论的得出。这里以一个假设的研究为例，来说明其操作过程。

281

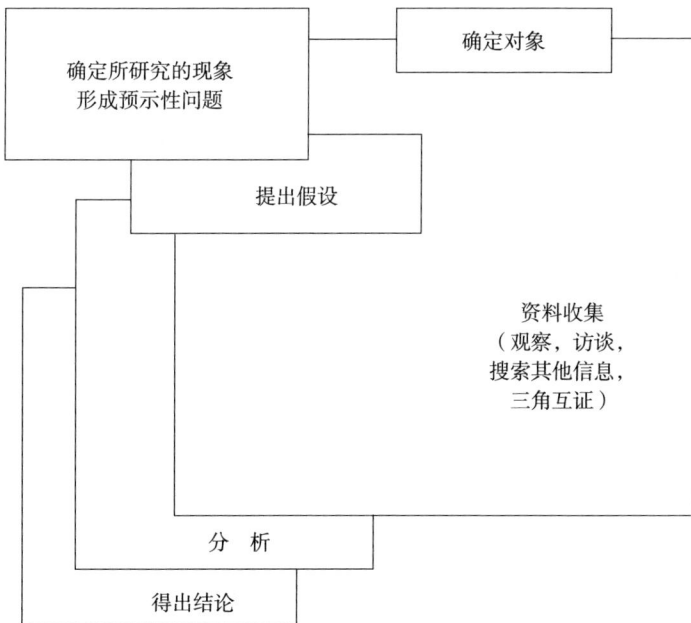

图 12.3　人种学研究的活动过程

确定研究的现象

假设一项研究的课题是：

一所种族混合的城区高中学生的社会互动。

这种表述首先确定了研究的现象为高中生的社会互动，具体在一个种族混合的城区高中。这是几乎不带限定性的总括陈述，但它为研究确定了出发点。用问题的形式表述即为："在种族混合的城区高中学校里，学生间存在怎样的社会关系？"

这种表述通常暗示了**预示性问题**，即研究此现象时要具体探讨的因素和议题，以及研究的焦点问题。实际上，预示性的问题的多寡是由研究的本质和外延决定的。上面陈述所暗含的预示问题可以有：

1. 不同种族学生间的社会互动；
2. 不同性别学生间的社会互动；
3. 教师的社会系统；
4. 教师在学生社会互动中的作用；
5. 为促进或消减社会互动的影响而制定的政策；
6. 学生间可接受的社会行为准则。

282　　　预示性问题为研究者提供所要探询的事实，同时指明研究方向，但不应该被视为一种限定。例如，随着研究的推进，围绕教学目的形成的群体模式和研究的关系变得明显。因此，研究将展开对群体模式的分析和讨论。

> **预示性问题**从被研究现象的更为一般性的陈述得出；预示性问题为研究者提供关注焦点。

确定对象

因为上例中考虑的是学生间的社会互动，所以学生成为关注的对象。但是，由于学生选自于一所学校中，这所学校之所以入选，是因为它的特性以及可得性。研究的结果可能能够推广到城区其他相似的高中学校，但肯定不是所有这样的学校。应该在逻辑的基础上进行讨论研究的推论。

我们回到观察学生，不可能也无必要观察高中的每个学生，所以需要对条件和限制予以考虑。观察将：

1. 对一个班进行 4 年跟踪，还是对 4 个班同时观察？
2. 观察他们从早晨入校到晚上离校，还是仅观察他们在一天某个时间段里的活动？
3. 观察他们的所有课内活动，包括俱乐部和体育活动，还是仅观察他们特定的学业活动？
4. 仅在教育情境以及午餐或走廊散步情境中进行观察，还是对学校一天中的所有情境进行观察？

以上问题都是收集资料时所必须考虑到的问题。决定在何种条件下开展研究或多或少带有武断性。研究必须具有可行性，但可行性往往带来不利的限定性，这种限定性有可能会歪曲或遮蔽研究现象。例如，对 4 个班观察的话，需要同时进行；而对一个班级的 4 年跟踪则周期很长。对学生的观察应在与社会互动有关的各种情境中进行。应在大群体活动和小群体，甚至一对一的交流的情境中观察学生。为了有效地收集资料，可以选定学生群体（或个体），在一定时间，例如一天或一周内，对他们进行观察。

观察所有的学生也许是不大可能的。虽然学生或学生群体可以是随机选择的，但研究一般多采用目的抽样。将在第 14 章中进行更多讨论的有目的抽样，是选择个体或小组（比如在此案例中选择小组）的一种方法，选择的对象应与被研究现象的特征有关。例如，一个小组被选择是因为它包含了与信息的采集有关的几个种族的男生和女生。

在这个示例中，尽管学生是考察的主要对象，对其他对象，例如教师，也要进行观察或面谈。教师可能影响学生间的社会互动，也可能成为信息来源。而且，在有目的的取样中，可能会对教师进行选择。相对于其他人，教师处在更利于观察社会互动的位置。实际上，虽然研究的是学生文化，关注的主要是学生间的社会互动，但学校中的其他文化，无疑会有助于提供相关信息。

283

> 研究的对象需要予以确定，通常还需要明确提出实施研究的条件和限定性，以保证研究的可行性。

假设的生成

在人种学研究中，随着资料的收集，可能会不断形成和修正假设。在一项研究之初就预设假设的情况即使有，也很少。假设是隐含在随着研究的推进而收集资料的过程中。人种学研究者很易于引进新的假设，并乐于放弃被随后事实证明不可靠的假设。对于假设的数量和性质，也没有任何先入为主的限定。

在社会互动的例子中，可能会形成这样的假设："随着学生年龄的增长，不同种族的学生间社会交往会加强。"最初的资料可能证实这一假设，但随着研究进展，可能需要不断修改这个假设。例如，随着学生年龄的增长，他们间的社会互动加强的现象仅出现在同性之间。不断修改假设的过程，可能就是向准确描述研究现象的不断逼近的过程。

在人种学研究的整个过程中，随时可能提出假设。这不同于实验或调查研究，因为这两种研究是先提出假设再验证假设。而在人种学研究中，并不预设假设。在研究的整个过程中，假设随时可能形成，也随时可能被修改。

收集资料

在人种学研究中，收集资料的主要途径是通过参与式观察者的观察得到的，资料的基本形式是现场笔记。观察者可以公开也可隐瞒其真实身份。沃尔科特（Wolcott，1988，p.194）把参与式观察者分为几类：积极的参与者、特权的观察者、限定观察者。作为一个积极参与者，观察者实际是活动中的一员。在贝克尔、吉尔、休斯和斯特劳斯（Becker，Geer，Hughes，& Strauss，1961）的研究中，观察者实际上扮演的是医科学生的角色（这里指不仅观察，还动手参与医疗）。在大多数人种学的学校研究中，观察者是**特权观察者**。也就是说，观察者并不具备参与者的身份，但可以进入与研究相关的活动。**限定观察者**的角色出现在观察的机会受到限制，而其他收集资料的方法成为主要的研究方法时。限定观察在教育人种学研究中，应谨慎使用。沃尔科特（Wolcott，1988）认为，在教育研究中积极参与的观察运用还不够充分，研究者应努力成为更积极的参与者而不是被动的、特权的观察者。

在人种学研究中，并不是所有的资料收集都必须通过参与观察法。也可进行与主要人物的访谈或由调查统计所得，这种方法得来的信息有可能与观察得来的信息一致或相左。书面文献也有可能提供资料，如档案。同历史研究者一样，人种学研究者重视第一手资料甚过二手资料。实际上，因为人种学调查的是正在发

284

生的情况，所以很少需要二手资料。非书面的材料，例如影像、照片和人工制品也可能提供资料。

人种学研究包括多种资料收集方法，其中最基本的方法是观察。

观察。　无论观察者以何种身份出现，他们都应尽量做到虚怀若谷，以免干涉正常的活动。与观察相关的一个重要概念是情境化，也就是说，为了理解行为，观察者必须理解个体于其中进行思想和行为的情境。观察者有权阐述事件，因此，观察不仅仅是事件的客观记载。**参与式观察者**需努力进入被观察个体的角色，去研究并体验他们的思想、感情和行为。

参与式观察者应努力从被研究个体的角度去概括资料。

人种学研究中的观察是综合的，也就是说，是连贯的和整体的。观察者试图忠实地记录下所有有关的信息。这样，观察就是相当无结构的。观察者在进行人种学研究时，通常是没有观察计划的。重点是获得被观察个体的观念，这需要细心地倾听以捕捉细微的线索和微妙的差别。观察是一个持续的过程，它不局限于一个或两个阶段。在社会互动的例子中，观察者可能每天全天生活在学校的情境中，持续很长一段时间——可能是整个一学年。

在社会互动的例子中，观察者以学生的角色出现是困难的，所以通常观察者是以特权观察者身份进入。观察者可能会以教师的角色出现，这使他或她成了文化的参与者而不是对此问题感兴趣的人。然而教学的任务可能把其精力从研究的努力中转移开去，而且可能限制研究者在学校中活动的灵活性。

观察者实际观察时的记录被称为**现场笔记**，主要有两种：**描述式**和**分析式**。如同字面的意思，**描述式现场笔记**记下了当时的情境和发生的事件。这种现场笔记需要描述事件、地点和观察者所处的状态。叙述式现场笔记的内容在一定程度上是未经组织的、粗糙的。它们通常以叙事体撰写，可能包括一些缩写、一些速写形式和一些惯用语。如果被试的观点和活动很重要，则现场笔记可能包含一些带有箭头的图。观察后不久，在一些细节忘记之前，研究者需要整理和总结描述式现场笔记。

分析式现场笔记包括推论和解释，这些推论和解释都是针对观察做出的。例如，描述式现场笔记可能记下某一特定学生重复举手，相应地，分析式现场笔记则记下重复举手可能的原因，如引人注意、澄清的需要或者参与讨论的意愿。分析式现场笔记也包括提出的问题，这些问题将在以后的观察中重点强调。

285

图 12.4 是社会互动实例中的部分观察记录。

> 在人种学研究中，**观察**法是一种连续的综合方法。它是相当无结构的。观察之后，必须及时对笔记进行整理小结。

时间：2007 年 4 月 12 日上午 11 点 45 分
地点：学生自助餐厅，9 年级学生午餐时间

描述：

孩子吃午饭时以性别为界线的分组：男孩组和女孩组。只有三组由两人组成，两组是白人，一组为西班牙裔。女孩小组中没有种族的混合，男孩小组中有个别种族混合在一起。在种族混合的男孩小组中，男孩是一个队的运动员而彼此认识。孩子们的交流倾向于关注社会而不是学业问题。每一桌的孩子之间也几乎没有交往。无论是哪一个小组的学生，都在有条不紊地用餐。

分析：

吃午饭的座次安排是自我选择的而且是高度结构化的。显然，男孩比女孩更有可能进行跨种族间的社会交往。由两人组成的小组数量少，说明许多学生并没有把餐厅当做交往的合适场所。尚不清楚一桌与另一桌学生之间所发生少量的交往，是取决于学校纪律规定还是学生的选择。问题：在其他场合，女孩的分组是否不同？……

图 12.4　部分观察记录实例：描述式和分析式现场笔记

录像。　这些年来，录像在收集资料中的使用逐渐增加。使用录像技术有明显的优点，主要是为了获取更多信息可以反复观看当时情形。在上文说过的兰西（1993）的例子中，录像对于扎根理论的产生是非常有用的。它使研究者反复观看和比较父母和孩子的阅读情形。如果由个人亲临每一个现场去观察，这样得出扎根理论可能更为困难。

如果采用焦点小组，则录像是很有效的。观察者很难记录下所有的讨论，因为发言频率非常快。而且，录像可以察看非言语行为。

但是，录像也有一些明显的缺点，它不可能没有人为介入，仪器的出现和录像过程可能影响当时的情境。录像的另一个缺点是可能会错过一些发生在镜头场景以外的事件。为此，录像在相对较紧凑的场景中更能经得起检验，如 6 人左右的焦点小组，在这样的小组里各成员身体移动的场景是有限的。举例来说，记录下教室或自助餐厅所有事物的全部图像，是非常困难的。要录像首先要有录像设备，这就需要一些经费。

录像能减轻现场记录的负担。实际上，当观看录像带时，可以很从容地做现场笔记。要考虑到观察环境的条件，录像只是一个选择，要决定是否可以选用录像，是否值得录像。

访谈。 访谈可以非常开放和随意，也可以很结构化。但是它一直遵循现象学的取向，至少访谈的一部分应是非常开放和非正式的。在观察法中，当有偶然因素致使访谈成为必要时，就可以进行随意的、非正式性的访谈。为了辨清所发生的情况或为了捕捉观察对象的情感，可以围绕观察到的事实进行提问。

关键线人的访谈是从人类学中来的技术，沃尔科特（1988）把**线人**②定义为"在他身上花费特别多时间的人，这种人消息灵通、能说会道、易于接近或富有成效"（p.195）。沃尔科特还指出，教育人种学不可能从关键线人者那里获得最大的收获，这部分是因为真理存在于众人的观念之中，部分是因为对于教育的熟悉，研究者倾向于让自己成为关键线人。

访谈关键线人也适用于前面社会互动的例子。某一学生可能对相互关系的信息特别灵通，或对此特别敏感。某些教师比如指导顾问也可能成为关键线人。管理纪律的校长或副校长是另一个关键线人的候选人。

可以进行带有预先拟定好系列问题的正式的、结构性的访谈。例如在前面所说的社会互动的例子中，部分学生可能会成为访谈对象，教职员工和行政人员也在访谈对象之列。至于其他人员，例如食堂师傅，午餐厅服务员和看门人，也可以列入访谈计划，以便获悉他们对学生交往的了解情况。这种访谈有助于决定学生社会交往的基调。这些东西通过观察行为可能不能明显看到。

重要的是，观察者要是个好的听众。无论何时，访谈者都要表明他看重对方的回答。一个对所说内容感兴趣的真诚的表情应始终保持着。信息提供者会感到很舒适并且容易自由交谈。观察者应灵活敏感地对能产生有用信息的情况作出反应。

查阅其他资料来源。 被研究的问题，还可能反映在其它来源的资料中。所谓其他来源资料经常来自于被研究组织中的记录保存，来源于标准化考试，学术性的记录，心理测量，职业性的记录等资料也可能有用。事实上，这些手段能够与研究联系起来；虽然使用一些现存的资料更普遍，但非文字资料如照片或电影胶片会提供更多信息。

例如，在此例中，研究者特别关注学生违纪事件的记录，这类记录可能牵涉到两个或两个以上学生间的交往情况。观察法得来的资料以及研究者的洞察力，可能会被这类记录证实，也可能被推翻。学生可能被要求填写一张态度量表以测量对种族和社会化的态度（这个态度量表可能要组织一下，以利于这个研究）。学生在社会情境中的互动录像带也是非书面资料的例子。

　　三角互证法。 　三角互证法是资料收集部分的方法，它用于两个或两个以上的技术或资料。从本质上说，三角互证法是定性研究效度的交叉验证。这种方法可以用来检验不同的资料来源或不同的资料收集方法。正如登青（Denzin，1978）所指出的："三角互证法可以有多种形式，但它的根本特点是，在研究同一实验单元时，采用两种或两种以上的研究策略"（p. 308）。

　　图 12.5 是两则三角互证法的实例，一则是指资料来源，另一则是指资料收集方法，此图来源于社会交往的例子。

　　基本上，三角互证法是比较法——比较不同来源的信息，以确定它们是否相互证实。它是一种在共同发现或概念上寻求信息会聚的方法。在广义上，三角互证活动是为了评价资料的真实性。如果资料不一致，或无法进行聚合，说明资料可能不真实。研究者将面临不知相信哪种资料来源的困境。

　　三角互证法是定性研究效度交互验证的方法。它根据多种资料来源或多种资料收集方法的一致性，来评估资料的真实性。

　　我们仍以社会互动的课题来说明三角互证法。通过观察我们获得了图 12.4 中的资料，该资料涉及 9 年级的学生。由观察所得出的初步假设是：处于 9 年级年龄段上的男孩比女孩更易于进行跨种族间的社会交往。下面来看看通过访谈法所获得的部分信息：

288

多种资料来源的三角互证

咨询员 ←——————→ 教师
　　　　↘　　　　↙
　　　　学生

- -

多种资料收集方法的三角互证

查阅学校记录 ←——————→ 会见教师
　　　　↘　　　　↙
　　　　观察学生

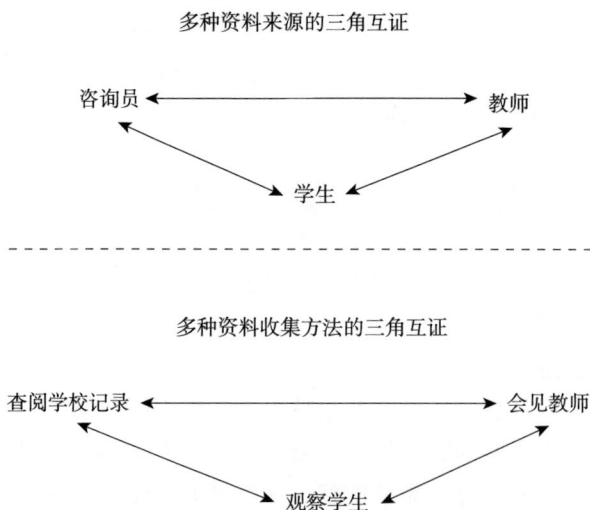

图 12.5　社会交往事例中的三角互证法
（定性研究效度互证过程）

9 年级男生：是的，在学校我与非裔美国学生和白人学生一起活动。我们一起打篮球，有时也一起吃午饭。我们在走廊里的谈话，多半是关于体育运动的。在我的邻居中，白人小孩不多。但有时星期六，我们聚集在附近大公园里的运动场上玩投篮时，白人小孩也过来参加。有一次我们一起去看教练让我们看的一部电影，那次只有一个白人男孩一起去了。

9 年级女生：学校里，非裔美国女孩总是紧紧团结在一起。我们并不抵触白人女孩，但她们做事与我们不同。如果我们开晚会或有其他校外活动，参加的几乎都是邻近的非裔美国人。有时，如上科学课时，教师让我们一起做习题，我可以跟白人女孩或男孩一起做，那没什么。

这则访谈信息，支持了基于观察所提出的假设。

在查阅学校记录时，核实的一种信息类型是，在学生课外活动中，例如体育和俱乐部活动中种族的构成。从 9 年级学生的活动情况看，黑白种族男生一起参加"男性"活动的比例高于黑白种族女生一起参与"女性"活动的比例。尽管这则档案只能对假设稍作证实，但没有材料能推翻假设。也就是说，通过三角互证法的研究结果是一致的。

分　　析

在人种学研究中，分析包括从观察、访谈和其他资料来源中整合信息。通常，人种学研究不使用统计方法，而这些方法在实验研究和调查研究中经常用到。可是，也要用到一些定量计算，比如根据访谈、活动类型以及观察事件的分类要求，需要计算比例和百分比。 289

要分析的材料数量似乎多得吓人，至少开始时如此。有来自于观察、访谈的现场记录，还有其他记录资料等。为了着手工作，对资料作一些分类以便于了解资料包括什么内容可能非常有益。贝克尔等（Becker et al.，1961）建议采取如下途径对信息进行分类：

1. 区分在观察者组织的活动引导下所获得的信息与被研究对象主动提供的信息。
2. 对直接提问作出回答的次数。
3. 区分仅有观察者在场收集的信息与还有其他人在场收集的信息。
4. 计算从观察活动得到的信息与从研究对象陈述中得到的信息的比例。

以此种方式对材料进行分类远远不是彻底的分析，但它提供了一种方向。用表格方式表现结果也许很有益，无论是频率还是比例。图 12.6 给出了一个研究社会互动的格式。

陈　述	自愿的	引导的	总　计
仅对观察者			
有观察者在场时对其他学生			
有观察者和教师在场时对其他学生			

活　动	同一种族	不同种族混合
与另一个学生		
与另一些学生		
与一个或更多教师		
同时与其他学生和教师		

图 12.6　社会互动研究中分析给出结果的示例

波格丹和比克伦（Bogdan & Biklen，2003）提出了两个分检资料的程序。第一个是给所有的材料依次标上页码，极可能是按日期顺序。数码号可以按照不同类型的资料分门别类，如观察资料、访谈资料，等等。页码号有助于确定资料的位置。第二个步骤是花费一个整段的时间连续读资料至少两次。这个方法会使你对资料的整体性质和范围有一个感性认识。通过复读，一些怎样编码的初步想法会出现，也许会有一个暂时的编码表。因为资料数目之大，做一些资料笔记非常有用。

> 给资料的页码编号和至少读两次资料是进行分析的两个步骤。

编码。　　实际上，对任何定性研究而言，对资料的分类编码都是必不可少的分析任务。第 10 章已经讨论过这个问题，但重温这些章节对读者也许是有用的。编码是主观活动，但编码规则基本来自于资料本身。第 10 章还提出了其他编码方法，如按情境编码或按过程编码。

在分析过程中，可能会对编码分类进行修改，有可能用到主要编码和次属编码。编码或分类数量应限制在一个系统里使用，但这并不意味着仅仅只能有少量编码。波格丹和比克伦（Bogdan & Biklen，2003 p. 173）提出把编码数目限制在30 个至 50 个之间。编码应覆盖整个资料，但提供一个有意义的信息分类也很重要。

　　适合于社会互动例子的编码可能是"关系编码"。关系包括朋友关系、小集团关系、领导/群众角色等，从本质上说正是这些群体以及他们之间的互动组成了学校的社会结构。因为这所高中是种族混合的，所以，人际关系中的种族要素，如同人际关系中的性别要素一样，受到人们关注。

　　编码可以分为主要编码、次属编码、附录编码。主要编码是较为宽泛的分类，次属编码把主要编码分为更详细的分类。附录编码是对研究重心而言多少有点不重要的分类，但不管怎样，它对被研究的现象有影响。

　　在社会互动的例子中，一个主要的关系编码分类是朋友关系。次属编码在同一种族和同一性别内，还可能有更小的分类，如黑人、西班牙人和白人学生。附录分类编码会是生/师关系。这种编码和学生互动没有直接关系，但它有可能影响学生互动。表 12.1 包括了学生互动研究的关系分类。这不是一个详尽的清单，但它说明了以研究问题的分析为中心的编码。

　　编码用于对资料中的信息进行分类。可能会运用到主要编码、次属编码以及附录编码。

　　编码是达到目的的一种手段，不是目的本身。编码应有利于组织和分析资料。在分析过程中会对它作必要的修改。尽管有些编码体系会因为研究现象本身的缘故显得很清晰，但资料本身，比如现场笔记，暗示了可能出现的编码体系和类型。

291

表 12. 1　学生互动研究中的关系编码

主要编码：朋友关系

次属编码：　　1. 同一种族，同一性别

　　　　　　　　1a. 黑人女学生

　　　　　　　　1b. 黑人男学生

　　　　　　　　1c. 白人女学生

　　　　　　　　1d. 白人男学生

　　　　　　　2. 不同种族，同一性别

　　　　　　　　2a. 女学生

　　　　　　　　2b. 男学生

　　　　3. 同一种族，不同性别

　　　　　3a. 黑人

　　　　　3b. 白人

　　　　4. 不同种族，不同性别

　　　　　4a. 黑人男学生，白人女学生

　　　　　4b. 黑人女学生，白人男学生

主要编码：小团体

　　　　（采用相同的次属编码体系，对所有的主要编码采用相同的次属编码体系）

附录编码：良好的生/师关系

　　次属编码：　　1. 同一种族，同一性别

　　　　　　　　　1a. 黑人女教师，黑人女学生

　　　　　　　　　2b. 黑人男教师，黑人男学生

　　　　　　　　　3c. 白人女教师，白人女学生

　　　　　　　　　4d. 白人男教师，白人男学生

　　次属编码可以和上述的编码一致。第二个附录编码类型可以是非师生关系的师生友谊。

　　运用数字。　　人种学研究中，像"多数"、"很长时间"、"相当快"等词语经常用来表述现象。但对某些现象，如时间的长度，数量化的量度是可以用的，而且它可以增加表述的精确度。比如说观察的时间平均 3 小时就比"相当长的时间"或"差不多整个下午"更精确。在对高中的研究中，如果描述到班级规模的特征，平均数的使用就会比一般的描述语言提供更多的信息量。

　　人种学研究者致力于有时被称为**估约**（ballparking）的工作——对现象提供一种非常粗糙的估计。估约的一个例子是："很多男同学和女同学在房间里谈话。"对一些活动或情境，不大可能也无必要估算出数字，而估约却是合适的。然而，如果具体的数字只是表明事实上的一种估约，就会造成错误。研究者必须明确数字是确切的数字还是估约的。如果是估约的，那它只能表明级别顺序。

　　研究者在按照变量对个体变量分类时需小心谨慎，因为变量的出现和出现的频率具有主观性。斯科菲尔德和安德森（Schofield & Anderson, 1984, p. 13）举了一个种族认同的例子："总的说来，种族认同就是与主观自我感觉有关的一种结构，它不是某种生理的或文化的标准，而是一些人用某种标签把自己归属于某个特定的群体。"

　　如果根据操作性定义产生的某种分类与被研究个体对之的理解不同，问题就会产生。比如，"办公室人员分类"可能不符合被研究对象对自己的看法，根据办公室人员的概念得出来的个案数量就可能有误。

> 人种学研究中运用数字可以比单纯地使用描述性语言提供更具体的信息。研究者必须清楚数字中包含的精确性层次的差别。

人种学研究中的分析极大地依赖于描述，即使使用了统计也是如此；它们倾向于使用描述性统计，而不是推理性统计。如果对被研究的事件或特征进行随机抽样时，也可能使用推理统计。但我们不期望研究的对象是一个大范围对象总体中的随机样本。也许人种学研究者比其他类型的研究者更愿意接受研究对象和条件的唯一性。

得出结论

实验法和调查法通常在研究的最后得出结论。而人种学研究的结论往往与研究的其他部分融为一体，特别是现场研究。实际上，尽可能地把书面报告带入实地去做是很好的策略，甚至可以在现场研究中起草一个初步方案。

现场研究中可以提出暂时性的假设、理论和阐释，但人种学研究不主张过早下最后结论。因此，在进行人种学研究时，在得出结论之前，有一个连贯的逼近过程。我们在分析和写作上花费的时间与在实地中花费的时间一样多。是分析和报告形成人种学研究，而不是现场调查形成人种学研究。只有当研究者赋予所说所做以教育学的、心理学的、社会学的或其他的意义，研究才会具备相应意义。写人种学报告要求具备洞察力、反思力，还包括对最初结论进行再思考的能力。

293

> 人种学研究的概念构架有助于明晰具体研究的组成要素，有助于确定研究的焦点。

教育人种学研究举例

在教育中进行人种学研究已有一些经典的例子，例如贝克尔等人（Becker et al., 1961）的研究："穿白大褂的男孩：医学院中的学生文化"。然而，很多教育者并不愿意进行如此宏大的研究——即使是为了博士学位论文。经典式的大型研究能为方法论提供有用的资料，但目前，考虑一下在范围上稍逊一筹的例子应该是大有益处的——那些对实践的教育者和研究生适宜的例子。从例子本身来看，它不可能提供一个完整的报告，但下边的讨论能够提供对人种学研究性质的概览。

例 12. 1

创造班级文化：一位教师，两类课和一次高风险测试

瓦利和钱布利斯（Valli & Chambliss，2007）对同一位教师所教阅读课的两个班的班级文化进行了对比。一个班教授的是普通阅读课，另一个班教授的是补充阅读干预课，旨在帮助学生通过高风险的国家级测评。他们发现，教师在第一个班级中塑造了以学生为中心的文化，在第二个班级中塑造了以测试为中心的文化。

目标教师拥有 35 年的教龄，正在教授 5 年级。研究者对教师在两节课上的行为和教育过程中所体现出来的有关教学、测试和文化方面的观念非常感兴趣。

研究者致力于他们称之为"可解释的现场调查研究"的目的，是为了理解教师和学生在有文化性的组织活动中的"意义获得"，以及该意义与更广泛的社会和政治背景之间的关系。他们在研究中之所以选择这所学校，是因为这所学校处于中等贫困到相当贫困的经济水平，取得了超出预期的成绩。教师被认为是模范教师。

资料的采集按照一年 6 次的时间取样标准进行，包括进行现场笔记、课堂录音和课堂录音后的访谈等形式。课堂录音在将近学年末时进行。录音磁带可记录上课说什么、按什么顺序说以及说话对象是谁。现场笔记描述了课堂组成、组织、互动、活动和肢体语言。现场笔记还包括对教师的印象及教师与学生关系的描述。访谈问到怎样分组、课文和讲课内容。

资料分析揭示教授普通阅读课的班级是以学生为中心的，因为它以学生的体验为基础，扩充他们的知识，鼓励他们进行分析和元认知思考。采用阅读干预课的班级则大相径庭。在追寻差异的过程中，研究者各自独立分析了磁带的转录内容、现场笔记和讲义。通过使用回归循环编码、备忘录记录和对课堂分段进行深描，他们找到了两类课之间不同的文化行为：课文选择和词汇、理解和写作指导。

下面是对他们结论的简短概括。研究者认为：

> 尽管 Ms. G 的热情和投入在两类课中都是一样的，但两类课的指导目标与任务、课堂讨论和师生角色与关系是截然不同的。这在词汇、

理解和写作等活动方面很明显，从而在我们的心中产生了截然不同的课堂文化印象。（p. 62）

在阅读课中，教师选择了学生喜欢的书籍做阅读课材料，学生认同其中的人物并向他们学习。课本要与学生的英语熟练程度、原先的知识和文化背景相匹配。在阅读干预课中，教师选择的材料适合提出学生能作简短回答的问题，问题的格式是学生将要在国家级测评中遇到的类型。这些课反映了国家级测评的主要内容：文章的中心思想、先后顺序、原因与结果、推论、事实与观点、作者的目的、形象语言和总结。

两类课的词汇活动也是不同的。阅读课上，学生选择他们不认识但看起来对课文意思很重要的单词，在每一页上进行标注并在上下文中阅读，而且在章节组织和词汇网中使用。他们在字典中寻找这些单词的定义，找到同义词和反义词，并分别在句子中应用。然后，集体探讨这些单词。而阅读干预课中的词汇活动变成了对应试策略进行指导的过程。教师教学生在多个选择项中剔除不正确的选项，直至获得正确的答案。

当比较理解和写作活动时，研究者发现，学生在阅读课中学会使用背景知识理解情境、角色和情节。而阅读干预课中的指导则注重学生对测评问题的理解和评价学生答案的质量。

分析还给出了一个额外的结果，但这里没有呈现。两类课之间的比较很好地支持了整个结论。研究者的确发现，同一位教师在两类课上采用了非常不同的方法。阅读课上的活动是以学生为中心的，这在报告中得到足够的支持。干预课上的活动是以测评为中心的，不代表最好的教学实践。

例 12. 2

学生为耶稣服务：理解大学校园里学生亚文化的角色

马戈达和埃本（Magolda & Ebben, 2007）对"学生为耶稣服务"（SSC）的学生组织进行了研究，以考察学生亚文化在高等教育中的作用。他们研究了亚文化是怎样形成和维持的，在亚文化中什么被看成是正常的，学生进行抵制的不同形式，以及亚文化中的压力和矛盾。这是一个非常有趣的研究，因为它清楚地显示了研究者是怎样融入研究情境中的，这种方式与其他定量研究的做法大不一样。

研究者对福音学院教徒的无知和好奇促使他们对该组织进行人种学研究。他们这样描述他们的研究：

295

第一，我们将"权力"灌注于解释架构中；特别是这篇报告关注亚文化的权力关系，以揭示权力在 SSC 背景中是怎样运作的。第二，我们对自身的存在、政见和主观性有所了解，并且，在产生这种了解的过程中我们密切地置身于研究情境和 SSC 参与者中。第三，当我们在分析组织概念时，我们利用分歧和冲突，而不是相似点和一致性。（p. 141）

研究者是参与式观察者，他们观察了超过 35 起的事件和方案；实施了 20 多次正式访谈或焦点小组；进行了大量的非正式访谈；查阅了文件、出版物、SSC 网站和给成员的电子邮件公告。

一个研究者描述了他在做研究时发生的一件有趣的事：

我想知道马休（Matthew）是不是知道我不是基督教徒，当他讨论非基督教徒和不信神的人时，他有意地看着我，我回想起了电影《出租车司机》中的一个场景，被疏远的特拉维斯·比克（Travis Bickle）独自站在房间里，大喊："你在和我说话？……我是这里唯一的非基督教徒。"我控制住我的冲动，努力地回想经典诗句，思考马休以耶稣的名义提出的争论。（p. 139）

定量研究者不作这样的评论。但它是很有用的，因为这样强调了人种学研究者看待研究情境的个人的独特视角。

研究者对 SSC 组织内部的运行、活动、交谈和互动进行了描述。参与者的语言将被逐字地记录和报道，从而给读者身临其境的感觉。研究者将观察与有关亚文化的专业文章结合起来，以促进和支持研究者的解释。

结论不是根据假设或研究问题逐步呈现的。它们需要从讨论中提取，是非常简化的语言，如：

1. 亚文化在应对优势群体的霸权中形成。边缘团体在抵制优势群体对他们正统化的期望中形成了支持团体。

2. SSC 反对公立高等教育禁止宗教教学，也反对大规模的、使用高科技的基督教组织。

296

3. SSC 成员发展了属于他们的语言，例如，他们将"信徒"用做动词。他们创造了一种具有自己的意义和结构的语言风格。

4. 尽管存在压力和矛盾，但 SSC 将它们置身于外，而且基督教是大学生最受欢迎的信仰偏好。尽管与非基督教徒接触是真诚的，但基督教徒与非基督教徒，或基督教的追随者与不信神的人之间的对立破坏了他们的和解议程。

报告人种学研究或相关研究的一项任务是整合资料，使其在数量上易于管理。在人种学研究中，由于收集资料的庞大数量，使得这些工作成为一项大量和艰巨的任务，可能比调查或实验研究的工作量更大。期刊中的人种学研究报告篇幅一般非常长，有时超过 20 页，报告的特征是长长的叙述和表格的有限使用。

人种学研究的信度和效度

正如第 1 章所指出的，研究的**信度**包括研究能被重复的程度，这既适用于研究的方法，也适用于研究的结果。如果一项研究可靠，运用同样的方法、变量、测量手段和条件的其他研究人员也应当得到相同的结果。研究的**效度**包括解释研究结果的可信度和研究结果的可推广性。前者称为内部效度，后者称为外部效度。信度和效度影响到研究的可信程度和研究结果中包含的可信度。

> **信度**涉及研究步骤和研究发现的可重复程度，**效度**指研究结果的可解释性和可推广性。

第 10 章从总体上对定性研究的信度和效度进行了讨论，这些概念同样适用于人种学研究。下面对这些概念在人种学研究中的应用作进一步的说明。

信　度

戈茨和勒孔特（Goetz & LeCompte，1984）区分了两种类型的信度——外在信度和内在信度。外在信度包括在多大程度上不同的研究者在相同或相近的情境中，研究会得出一致的结果；内在信度包括在多大程度上，研究者在匹配相同资料和结构时会得到的一致性程度。因为人种学研究都在自然情境中实施，并常关注于过程，所以它们的可重复性是很令人怀疑的。然而人们已经注意到了上述这些问题，并提出了一些方法来避免引起这些问题。

通常人种学研究并不关注把事件或行为的频繁程度制成表，而关注对所研究的现象进行精确描述。在一项特定研究中，内在信度依赖于在多大程度上两个或两个以上的观察者在所看到的事情上达成一致并如何阐释所见现象。如何才能使

297

观察者意见一致呢？根本上说，提高人种学的信度（效度也一样）的方法和任何同类研究中的方法毫无二致——即通过运用恰当的方法论。

人种学研究者可能不能在一开始时就有像其他研究那样设计好的具体研究内容，但研究的情境和所提的问题整体上应尽可能地详细。然后，如何得到资料是个重要因素，不仅要考虑资料的可获得性，还要考虑研究者的身份。作为研究工作的一个潜在问题，埃里克森（Erickson，1986）认为研究者之所以会在获取资料时受到限制，是因为没有为进入研究现场作充分的磋商。研究者必须发展同被研究者的关系，被研究者可以从他们的角度为研究提供材料。

运用多种方法收集资料和三角互证法，可以提高内在信度。有许多资料来源，观察、访谈、现场记录、文献，还有其他能够提供资料的来源。资料必须数量足够以保证每一个论断都是可信的。当能够使用时，录像是有用的，它使人能重复观看情境或要研究的现象，直到潜在的概念能被研究者一致地确定下来。而且如果有两个或更多的研究者参与，重复观看能够检查不同研究者之间解释的一致性程度，并且提供了一个解决分歧的机会。

人种学研究中运用的丰富描述，对提高内在信度是有益的；如果观察者意见不一致时，我们可以从描述中找出意见不一致的原因。如果研究者意见不一致，应该有讨论的机会，以便消除这些不一致。人种学常常是几个人之间的合作研究。大家一直有机会交流观点，讨论对问题的阐释和评论他人的描述。

外在信度是一个程度问题，有人会说没有任何东西能被完全重复。很多人种学研究者并不十分关心是否其他人会复制他们的研究。但因为人种学研究的方法有不同，这些方法适用于复杂程度不同的情况，所以人种学研究者必须要特别全面地对研究方法进行描述。简单地描述方法后就开始详细地去说资料收集和分析如何进行是不够的。戈茨和勒孔特（Goetz & Lecompte，1984）这样总结了这一点：

> 研究者必须清楚地辨别并详尽地讨论资料的分析过程，并对资料是如何被分析和综合的作出回顾性的描述。因为信度依赖于后来的研究者重新构建出原始分析策略的潜在可能性，只有那些进行详细描述的人种学研究才是可以重复的。（p. 217）

效　度

298　　研究的信度的实现并不能确保研究也具有效度——无论是内在效度还是外在效度。例如，观察者都同意研究结论，但研究结论可能还有错误。如果研究者对所得出的研究结果没有把握，那么就说明研究方法有缺陷，研究则缺乏内在效度。如果研究的结果不能被推广，那么即使研究结果具有内部的一致性而且研究也是可重复的，研究仍然缺乏外在的效度。

一项研究可能同时具有内在信度和外在信度，但仍然缺乏效度。

让我们首先考虑内在效度。在实验设计中，我们尽可能地控制无关变量——例如，通过使自变量随机化或把额外的自变量纳入设计之中等方法。人种学的研究是在自然情境中进行的，它不可能用这类控制方法。但是，资料的自然属性提高了效度。史密斯和格拉斯（Smith & Glass，1987，p.278）认为鉴定自然性研究质量的方法之一就是资料的自然属性。研究的自然状态应当是没有人为激活和修饰，观察者效应最小。而且，应当对可能的观察者效应进行抑制。

人种学研究经常跨越一个相当长的时间，这也增加了外在影响的可能性。然而，长期研究也提高了其中对原因和结果的探究。各种事件的发生顺序，对各种来源信息的看法，以及各种混乱的变量的可能影响，这些都是会影响到内在效度的因素。但是长期置身于同一情境中，可能会有助于更好地理解它们。不可避免地，为了获得足够的资料，资料收集周期非常长。人种学研究并没有设定的时间周期，某一特定研究所需要的时间将随着调查现象的范围和复杂性而变化。总之，确立内在效度是一个既包括归纳也包括演绎的过程；研究者通过资料的可能来源进行有步骤的推理。

与外在效度相关的是可推广性：对什么人、什么条件、什么背景和什么情形下结果可以进行推广？勒孔特和戈茨（leCompte & Goetz，1982）把这个问题看做是一种证明，是"一种现象的典型性，或者是在相关的维度上与其他现象进行比较和对照的程度"（p.51）。研究的推广不存在困难，困难在于在讨论中使用随机抽样或正式的数学模型。后者既不是被故意也不是随意地使用。外在效度就像研究本身，在人种学研究中是基于现象学的方法论，而不是定量研究的实证方法。

那么，我们怎样看待人种学结论的普遍性？采取一种极端的观点，不具备推广性的研究就不具备可操作价值。波尔金霍恩（Polkinghorne，1991）在两种推广类型之间作了区分：

　　聚合型——推广限于对作为一个整体所描述的群体。

　　一般型——推广中断定某些事物为真，这些事物对群体的每一个成员都是真的（p.5，还有解释）。

定量研究使用**聚合型推广**，不过，有时候会产生混淆，集体结果被视做个体

299

结果。人种学研究使用**一般型推广**。

后一推广类型建立在所谓**肯定判断**的基础之上（Polkinghorne，1983），这样的判断建立在论述合理性基础之上，只要是研究的假设理论和证据是可接受的。肯定判断接受所有的合理性，例如，推广可以建构在相同与不同的逻辑基础上，在这一基础上，对事物的理解或多或少像原型。事物的意义存在于逻辑中，情节中事件关系的逻辑可通过它与预想结果之间的关系来理解（Polkinghorne，1991，p. 7）

> 人种学研究中的外在效度是建立在肯定判断之上的一般型推广。

如例12.2所述，"学生为耶稣服务"亚文化的研究（Magolda & Ebben，2007）对其普遍性进行了讨论。其中，所选取的亚文化是一种有目的的样本。此次选择受到了研究者对 SSC 组织的无知和好奇的影响。

> 这些故事能够给读者一些间接的经历，可接触这些大学生的学校生活和精神领袖。这种解释阐明了一种基本的价值观，这种价值观引导这个独特的组织，并影响该组织成员如何看待其他人，反之亦然。尽管我们没有把 SSC 的实践和价值观推广到其他基督教学生组织上，但这些故事和此次分析使得读者对大量基督教徒（和其他被忽视的团体）将在每天的大学教育中遭遇和搏斗的问题变得更加敏感。（p. 154）

虽然作者没有使用**肯定判断**的概念，但实际上在使用它。文章的开篇说明不使用取样性判断，但后来作者还是对结果的普遍性举出了一个合逻辑的个案。

在人种学研究中，另一个考虑外在效度的方法是通过**后设判断**建立外部效度，也就是把判断建立在实际观察之上。在这种类型的推广中，判断就是结果代表着适用于其他情形的合理可能性。在结果得到在相应情境应用检验之前，对结果的判断并非是终结性的（这有时叫做推广检验）。这告诉我们另一个观点，阅读人种学著作的读者有建立外在效度的责任。林肯和居巴（Lincoln & Guba，1985）在评论定性研究结果的转化时说：

> 证明的责任（对结果的普遍性来说）很少在于最初的调查者，而多在于寻求适用于其他地方的人……最初的调查者的责任结束于提供丰富的描述性资料以便能够作出类似的判断（在"新"的形势下）。（p. 298）

因此，对人种学研究——其他定性研究也如此——阅读者，或可能的使用者有解释结果和对结果的普遍性作出判断的责任。该责任比在定量研究中要大得多。然而，研究者的责任就是设定研究环境和方法的条件，以便能建立起比较的基础（或因此缺乏）。

> 人种学研究的外在效度通常是基于后设判断的标准之上来讨论的。

从程序上看，多情境研究可提高研究的外在效度。如果一个现象似乎在很多研究中都显得一致，那么它的普遍性就提高了。甚至即使这个现象在不同场所不一致，对不同场所中出现的不一致进行研究也可看出推广的局限性或特定条件。当然，并非所有的教育人种学研究都可在多个场所进行；事实上，很少可以做到。但是，在相同研究中把各种研究情境都包括进去，会提高研究的外在效度。例如，如果研究一所小学的写作教学，在这个研究中把两个或两个以上的小学课堂包括进去，研究的外在效度就会提高。

不论研究类型如何，在任何研究中都不可能达到绝对的信度和效度。然而，通过合适的研究方法和把各种结果之间谨慎地平衡对照，研究者便建立了研究的信度。这种一般策略也适用于人种学研究。而且，大部分外在效度也就合逻辑地建立起来了。

人种学研究的作用

考虑到教育中的灵活性和适用性，人种学研究应包括多种方法，人种学研究注重事件的发生情境，这对教育问题的调查特别适用，因为这种调查就是建立在情境的基础上的。许多重要的教育观点和问题也都依赖于情境，至少它们产生于学校的教学情境。例如，当地的教育改革成果受限于客观的教育水平。因此，人种学研究不仅有助于解决问题，而且有助于确定最重要的应当被关注的观点或问题。

因为大量的丰富的描述来自于人种学研究，这样的研究提供了良好的潜在的理论上的贡献，当然包括理论的发展，在某种程度上，还有理论的检验。大量的描述提供了事实的宝库；如果进行了现场研究，仅就它的原始资料说，就提供了有关教育现象的宝贵资料。人种学研究特别适合于大规模的教育特征的研究。

然而，不能得出论断说，人种学研究仅适用于大规模研究或大量资金投入的研究。被研究的现象需要观察才能得以理解；教师的部分任务就是课堂上的观察者。这使他在学校进行研究方面处于有利位置，坎特、柯比和戈茨（Kantor, Kirby, & Goetz, 1981）表达了这个观点，还说明了教师和研究者之间的合作。

301

有经验的教师了解孩子和课堂环境，这使他们可能成为最有力的研究者，人种学允许他们使用这种知识并且给他们和研究者对话的机会，特别是促使教师和研究者共同努力。（p. 305）

约翰逊（Johnson，2000）给出了一个教师参与的教学研究的案例。

对于教育家来说，一个克服过度依赖大规模研究的结论的替代方案就是承担研究者的角色。通过研究自己的学生，教师能够获得真实的学术成果，并能够发现什么在特定的课堂上起作用。苏珊·布莱克（Susan Black，1996）将教师所作的研究等同于人种学家或人种学者所进行的工作。"他们能够近距离地观察文化情境……可对人员、位置、事件和物体，以及人员内部的互动与反应做研究记录。"例如，通过将课堂用做实验室，教师能够获悉多学科教学对于需要补习的学生和高学业成就学生是否同样有效。（在线）

瓦格纳（Wagner，1990）给出了一个案例，指出学校管理者能进行有效的人种学研究，特别是在和其他教育研究者共同研究时。在这篇论文中，作者比较了几部有关教育管理者和教育人种学的著作，这些著作所引的一些成功的合作案例中，教育管理者起着人种学家的作用。接受教师和教育管理者参与人种学研究的观点意味着这个研究领域是从属于行动研究的。人种学研究就它的本质来说，需要花费大量时间，但教师和教育管理者在参与研究方面处于有利位置。

然而，像所有研究都具有局限性一样，人种学研究也不能适用于所有的研究、所有的人。正如沃尔科特（1988，p. 203）所指出的，人种学研究侧重于事情是怎样的和它们怎样进行的。人种学本身并不指出活动的原因；这由研究者去发展，并且人种学的解释对探究活动原因可能有帮助，也可能没有帮助。人种学研究倾向于揭示教育现象的复杂性，从长远观点看，这将有益于教育工作的改进。随着人种学研究的增加，教育团体会变得越来越了解教育研究中情境的重要性，而且更加敏感。

302

> 人种学研究通过对现象的经验性描述，对教育、理论发展和理论检验作出贡献。人种学研究侧重于事情是怎样的和为何如此。

小　结

本章讨论了人种学研究在教育中的运用，包括基本理论和方法论。人种学研究运用于自然的教育情境，强调从被研究者的角度来理解所研究的现象。人种学研究的产品是人种学报告，差不多是对文化素描式的或肖像式的描述。人种学是对文化的描述和阐释。

现场调查在人种学研究中是一个重要概念，包括观察、访谈等。前现场研究阶段包括集中研究问题和选择研究地点。在现场研究开展之前，人种学研究无需形成具体的问题或假设，但与问题有关的有用知识是必要的。研究地点的选择不是随机的，它是根据适合于研究的特征选择的。

资料在实地收集，这需要运用现场本位（Field-based）的技术进行观察。观察的结构性可强可弱，观察的结果记录于现场笔记中。作出假设、收集资料、得出结论的过程是高度整合的。研究过程是努力进入被研究者的概念世界，以理解他们怎样构建被研究的现象和该现象是什么意思。目标是得到对所研究现象的整体描述。

本章也讨论了人种学研究的理论框架，包括观念、文化和组织的概念。这样一种理论框架有助于理解研究方法的一般特征。人种学研究方法的步骤包括通常进行的一般活动，与在其他类型的研究中相比，这些步骤或活动更易于互相交叉，更具整体性。例如，一般说来，实验总以一组详细说明的假设作为开始，这些假设将在实验进行中被检验。但人种学研究与此相反，它先确定要研究的现象，然后再通过收集资料来提出假设。因而，假设有可能被保持、修改或舍弃。理论有可能由资料中概括而出，即扎根理论。

人种学研究通过"丰富"的、经验性描述对教育产生贡献。通过这种描述加深了理解，并有潜在的理论贡献。作为一种调查方法，人种学是归纳的，这意思是说，分析是基于从资料中得来的信息，而不是基于先前的理论或假设强加在资料之上的。人种学注重事件发生的情境，因为大量的教育现象都是在特定的情境中呈现的，所以，人种学研究在教育中有广泛的应用。

303

核心概念

人种学	限定观察者	效度
现象学	参与式观察者	聚合型推广
扎根理论	现场笔记	一般型推广
现场研究	描述式现场笔记	肯定判断
情境性	分析式现场笔记	后设判断
组织	关键线人	肖像法
文化	三角互证法	
观念	编码	
预示性问题	估约	
特权观察者	信度	

练 习

12.1　比较人种学研究法和实验研究法的性质。区别二者的指向和方法论上的差别。每种方法适应于哪些情境？

12.2　确定两个研究问题，以证明用人种学研究比实验或准实验研究能更好地阐释这两个问题。

12.3　如果我们把人种学研究的理论框架的构成要素确定为观念、文化和组织，描述这些要素的内在联系或关系，选择一个人种学研究运用于教育的例子（真实的或假设的），在例子中确认这些元素。

12.4　说明三角互证法的步骤。如果某一研究者对初中数学教学进行人种学研究，描述如何运用三角互证法进行此项研究。

12.5　如果对私立住宿学校里的预科学生（假设是9—12年级的学生）的生活进行研究，确定此项研究中的观念、文化与组织。在观察的基础上，提出可能出现的两项或两项以上假设。

12.6　一个4年级的教师对研究感兴趣，特别是行动研究，比较算术教学和语言阅读教学的性质，该研究从学生的观点出发，研究在该教师所教的班中27个学生之间进行，从4月持续到次年9月。作为一个人种学研究，确定其组织、文化和可能的观点。在教学中能观察到什么现象，将进行面谈吗？如果是，那么什么类型的人将被问到？评价该研究的外在效度。结论普遍性的重要程度如何？外在效度建立在什么基础之上？

12.7　在12.6例子中，假定教师设计每一个星期在每一个对象身上花费1个小时的时间观察，在观察结束之后，教师作观察到的有关教学的现场记录。想一下可能出现的对现场记录中的信息进行分类的编码系统，在算术和阅读课的教学中使用同一编码系统有必要吗？

12.8　比较单个研究者进行人种学研究的过程与一组研究者进行同一研究的过程。例如，在研究中，单个研究者何时需要向其他人寻求反馈和评论？当向研究小组各成员分配任务时，要考虑什么？单个研究者或一组研究者进行研究的优缺点分别是什么？

12.9　描述参与观察者、特权观察者和限定观察者之间的差异。每一个提供一个适用于教育人种学的例子。

12.10　一位人种学者正在一所高中进行一项有关"外语教学指导"特别是有关法语、西班牙语、德语教学指导的研究。在一学年内，研究者观察每种语言的进展情况，对每种语言的教学每周至少观察两堂课。描述研究者可能产生的现场笔记的内容，提出3—4个可能用来与学生

304

访谈的问题。以同样的内容进行一次教师访谈。

12.11　区别人种学研究的信度和效度。

12.12　当我们说外在效度以肯定判断和一般型推广为基础时，这是什么意思？把它同运用在大多数定量研究中的确定外在效度的聚合型推广相比较。

12.13　为何在人种学研究中，有时难于建立外在效度？如何提高外在效度？

12.14　在专业期刊中选一篇关于人种学研究的文章。仔细对文章作出评论，确认研究问题和提出的假设，是否足够详细地对方法论进行了描述，以致读者知道研究的操作过程？普遍性问题是如何解决的？结论能根据结果得出吗？

12.15　当人种学者对学龄前儿童进行"提前教育计划"（Head Start program）研究时，与研究一组成年人（如实习教师）项目相比，人种学者可能要面对什么问题？

12.16　与定量研究相比，人种学研究读起来更有趣，什么要素在其中起作用？这些要素使得人种学研究缺乏科学性吗？

注　释

① 本章所讨论的理论框架，主要基于贝克尔等人（Becker et al.,）在《穿白大褂的男孩：医学院中的学生文化》（芝加哥：芝加哥大学出版社，1961）中所讨论的概念。虽然他的著作是以广泛的研究为基础的，超出了以一个主题或难题进行研究的范围，但所强调的概念对于具体的研究来说，在把人种学研究概念化方面是非常有用的。

② "线人"一词不是在警察询问的意义上使用的，只是表示他的信息比别人的多。人种学研究者从他们那里获得知识、意见及解释。

参考文献

Becker, H. S., Geer, B., Hughes, E. C., and Strauss, A. L. (1961). *Boys in white：Student culture in medical school*. Chicago：University of Chicago Press.

Bogdan, R. C., and Biklen, S. K. (2003). *Qualitative research for education：An introduction to theory and methods*(4th ed.). Boston：Allyn & Bacon.

Denzin, N. K. (1978). *The research act：A theoretical introduction to sociological methods* (2nd ed.). Chicago：Aldine.

Erickson, R. (1986). Qualitative methods in research on teaching. In M. C. Wittrock(Ed.), *Handbook of research on teaching*(3rd ed., pp. 119 - 161). New York：Macmillan.

Geertz, C. (1973). *The interpretation of cultures*. New York：Basic Books.

Goetz, J. P., and LeCompte, M. D. (1984). *Ethnography and qualitative design in educational research*. New York：Academic Press.

Johnson, J. H. (2000). Data-driven school improvement. *Journal of School Improvement*, *1*, Online. Retrieved July 22, 2007, from www. ncacasi. org/ jsi/2000vlil/data_driven

Kantor, K. J., Kirby, D. R., and Goetz, J. P. (1981). Research in context: Ethnographic studies in English education. *Research in the Teaching of English*, 15, 292 – 309.

Lancy, D. F. (1993). *Qualitative research in education: An introduction to the major traditions*. New York: Longman.

LeCompte, M. D., and Goetz, J. P. (1982). Problems of reliability and validity in ethnographic research. *Review of Educational Research*, 52, 31 – 60.

Lincoln, Y. S., and Guba, E. G. (1985). *Naturalistic inquiry*. Beverly Hills, CA: Sage.

Magolda, P., and Ebben, K. (2007). Students Serving Christ: Understanding the role of student subcultures on a college campus. *Anthropology and Education Quarterly*, 38, 138 – 158.

Polkinghorne, D. E. (1983). *Methodology for the human sciences: Systems of inquiry*. Albany, NY: State University of New York Press.

Polkinghorne, D. E. (1991). *Generalization and qualitative research: Issues of external validity*. Paper presented at the annual meeting of the American Educational Research Association, Chicago.

Schofield, J. W., and Anderson, K. (1984). *Integrating quantitative components into qualitative studies: Problems and possibilities for research on intergroup relations in education settings*. Paper presented at the annual meeting of the American Educational Research Association, New Orleans.

Smith, M. L., and Glass, G. V. (1987). *Research and evaluation in education and the social sciences*. Englewood Cliffs, NJ: Prentice-Hall.

Valli, L., and Chambliss, M. (2007). Creating classroom cultures: One teacher, two lessons, and a highstakes test. *Anthropology and Education Quarterly*, *38*, 57 – 75.

Wagner, J. (1990). Administrators as ethnographers: School as a context for inquiry and action. *Anthropology and Education Quarterly*, *21*, 195 – 221.

Wolcott, H. F. (1998). Ethnographic research in education. In R. M. Jaeger (Ed.), *Complementary methods for research in education* (pp. 187 – 210). Washington, DC: American Educational Research Association.

第 13 章

混合法、建模法和德尔菲法

此前的 7 章总体介绍了定量和定性研究设计，以及与这两类研究设计相关 306
的、有代表性的具体研究方法。本章将介绍几种通常较少使用的方法，这些方法
不能被精确地归入定量或定性研究的范畴。很多教育研究，或者说大多数的教育
研究都是相当复杂的，可能会包括多种测量，涉及两个或更多的群体。这可能是
通常被认为是定量研究的问卷调查，但如果问卷中包括了一个或多个开放性问
题，那么就会收集到一些定性的资料。在人种学研究中，尽管大部分现场观察记
录都是由定性信息组成，但也可能收集到一些定量的数据。这些情况下的数据并
非全是定量或定性的。为了满足这些研究的要求，两种类型的数据都需要收集。

混合法

混合法是用来描述包含两种或多种研究方法的简便术语。这个术语用在评价
中可能比用在教育研究中更为普遍。在学校情境中实施的研究，尤其是那些涉及
多种多样学校的研究，可以使用混合法。当要同时研究很多问题时，就需要使用
多种方法。与综合的学校改革项目有关的研究就是常用到混合法的研究范例。

> 混合法指的是同一研究中包含两种或两种以上的方法。

几乎所有指向学校改进或改革的研究都要测量学生的学业成就。提高学生的
学业成绩是终极目标，也是研究的底线。为了改进学业成就而设计的干预，其表 307
现形式就是接受某种实验处理。该研究的这一部分是一种实验，或更像是准实
验。这个研究的另一部分针对的是教师对干预的看法。假设干预的实施阶段为一
个学年，在学年结束时，调查教师对这一干预的看法，调查的问题涉及实施这一
干预的难易程度等因素。因此，这样的研究既包括实验法，又包括调查法。

混合法研究可能既包括定量方法，也包括定性方法。在肯塔基州的一项研究计划——"肯塔基州学校的写作教学研究"（Coe, et al., 1999）中，学生的写作成绩是因变量，它受写作教学的影响。通过写作教学实验，结果表明 42 所学校的学生写作成绩得分持续提高，18 所学校的学生写作成绩得分持续下降，学生的写作成绩表现了两种不同的"水平"。这部分研究具有准实验设计的特点。

对那些写作成绩提高和退步的两类学校进行现场探访，这就包含人种学研究。研究者在教室中花了几天时间观察这种强化写作的教学课程。

另外，对教师、学生和管理者进行抽样访谈。这些访谈从不同的视角关注其对写作教学课程的看法及其实施。这是一个持续多年的大范围研究项目。该研究就包含了上面讲到的混合法。

混合法研究指在同一研究中，可能既包括定量方法，又包括定性方法。

混合法举例：准实验和调查

AEL 公司是肯塔基州、田纳西州、弗吉尼亚州和西弗吉尼亚州的地方教育实验室，该公司设计了一项研究和评价，用来减小非裔美国学生和全体学生间的学业成就差距，该研究考察针对学生学业成就实施的补充课程的效果。研究中包括的学生不是随机选择的，而是按照正常的班级分组的，所以这是准实验设计。研究阶段是整个学年，因变量是对学生学业成就的多种测量，测量在接近期末的 5 月份进行。学生学业成就用已出版的标准化测验来测量。该课程在 4 所学校实施，还有 4 所作为对照的学校不参与该课程。

为了更好地理解这个课程的成功（或不足），对参与的学校的教职员工在学年初实施 AEL 学校改进能力测验（Measure of School Capacity for Improvement, MSCI）。MSCI 是一个用来测量教职员工能力改进的调查工具，由很多分量表（如，教师集体效能）组成。当在学年初施测时，它可以被看成是"为改进所作准备"的测验量表，通过分量表来测量准备的多个因素。在这种情况下，MSCI 的分量表的得分很重要。如果这个课程不成功，可能是因为教职员工改进教学的能力较弱。分量表的得分提供了教职员工可能缺少的因素的信息。

另外，给学生施测一份包含 27 个题目的学生调查问卷，测量他们对学校的看法。这个调查问卷施测两次：分别安排在课程实施前和学年末。这样，就可以测得接受此计划的学生对学校感知的变化。

这个研究包括调查法和准实验法。课程的实施，许多学校的参与，以及对教师和学生进行的各种测量，都使得该研究具有相当大的复杂性。在这样的复杂状况下，通常会使用混合法研究。图 13.1 提供了该研究基本设计的图解。

混合法的优势

混合法研究有很多优势，它避免了可能出现的单一方法的偏见。每种研究方法都有其优势和弱点。比如，实验法被认为是能够提供强有力的因果证据，但是有时候实验条件的人为性较强。自我报告调查法能够得到仅有反应者知道的信息，但得到的信息不总是真实的。在同一研究中，使用多种而不是一种方法可以让研究者充分利用每种方法的优势。

混合法的另外一个优势是它对不同的听众都具有吸引力。一些人只能被"严格的"实验研究的结果说服，而另外一些人则相信人种学研究提供的丰富信息。使用混合法将会使更多的受众认为结论可信并增加使用这些结论的可能性。

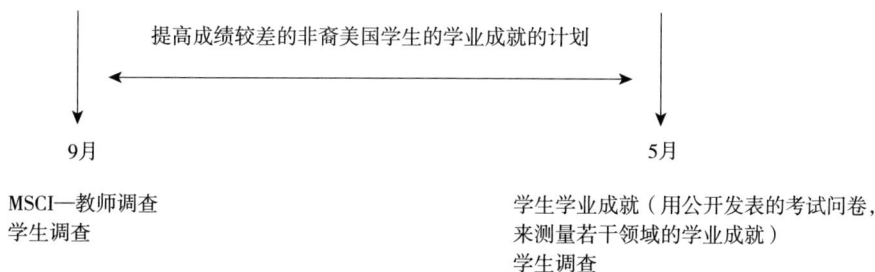

提高成绩较差的非裔美国学生的学业成就的计划

9月　　　　　　　　　　　　　　　　5月

MSCI—教师调查　　　　　　　　　　学生学业成就（用公开发表的考试问卷，
学生调查　　　　　　　　　　　　　来测量若干领域的学业成就）
　　　　　　　　　　　　　　　　　学生调查

图 13.1　混合法研究的设计

混合法提供了不同的视角，也就是说，它让研究者能够从不同的视角看待某件事情，能够获得更全面的理解。教育成果很复杂，常常受很多因素影响。有限制的研究设计可能只提供了部分情况的探究。混合法可以为要研究的现象提供更加完整的理解。

可能混合法的最大优势是，它能解决多种多样的问题，而这常常是教育研究的实际情况。定量研究法适用于回答有关变量的问题，比如，"使用直接教学法的 2 年级学生是否比接受美国选择性阅读课程的相似学生，在阅读理解上得分更高？"而关于过程的问题，比如"教师如何在课堂上使用直接教学法？"则更适合使用定性研究方法。使用混合法可以让研究者探究各种不同的问题。

考虑到很多教育研究的广度和深度，在单独一个研究中需要使用混合法就不奇怪了。与学校改革和改善成果有关的评价研究，通常需要使用混合法来达成研究目标，但是混合法不仅限于评价研究。很多研究中包含多种测量，有些研究提供定量数据，另外一些研究提供定性结果。所以，任何条件的整合可能都需要研究者使用混合法。

建模法

　　建模（**Model building**），或者叫**模型法**（**modeling methods**），最近几年在教育研究领域越来越受到关注，尤其在社会科学研究中得到了更为普遍的应用。经济学家有时候会用**模型**（**models**）来试图确定如货币供应、利率和经济增长等大量经济因素间的关系。从本质上讲，模型是对很多变量间关系（联系）的假设和概念的描述。模型旨在解释现象；当应用在教育研究中时，模型被用来解释在某个情境中，最有可能的是教育情境中发挥作用的教育变量。

　　但是，仅仅将一个模型概念化，作为研究来说是不够的。模型必须根据变量进行设定，并用观测数据来进行检验。建构模型的这些部分需要统计模型与概念化的理论拟合。统计模型通常由表示变量间关系的**线性方程组**（**linear equations**）或附加方程组构成。这一过程涉及的统计分析很复杂，超出了本书的范围。[①]这里的讨论聚焦于使用建模法进行研究时的基本概念。

　　建模法指的是将很多变量间的关系概念化，并把统计模型与概念化的理论拟合。

---

310 *建模的步骤*

　　建模法的目的是获得表示一系列观测变量的假设结构的模型。这些变量可能包括**潜变量**（**latent variables**），也就是那些存在的（或潜在的）但尚未观测到的变量。在学业成绩的研究中，潜变量可能是父母对学习活动的态度。将理论和统计学方法结合起来可生成和检验一个模型。建模法包括下面描述的这些步骤。[③]

　　生成概念化模型。　建构模型的初始步骤是根据现有理论生成一个或多个模型。模型必须是清晰明确的，从理论假设展现出潜在的因果结构或至少一系列变量间的关系。可以画一个路径图来表示变量间的理论关系。路径图里展现的关系必须是经过理论证实的。

　　模型界定。　假设观测数据可以被一个线性方程表示，那么就用一个联立线性方程组系统来表达概念化模型，有时被称为"结构方程组"（structural equations）。在这时作两类假设：

1. 关于观测检验变量和潜变量（非观测）间关系的假设，和
2. 潜变量和观测变量间因果关系的假设。

当然，方程组可以相当复杂，这依赖于被研究的现象，但是线性方程组有其一般形式：

$$X_1 = A_1 Y_1 + A_2 Y_2 + \cdots + A_k Y_k + e_1$$

K 是与变量 X_1 有关的变量的数量；e_1 是误差成分。

就像弗格森（Ferguson，1997，p. 877）描述的那样，建构模型过程中重要和通常很复杂的一部分是认定所提出的模型。模型认定需要证明，线性方程中代表模型的那些部分能够从观测的变量所得的数据估计出来。进行模型认定可能需要有些特定的条件，比如与观测变量的数量有关的所要估计的成分的数量。

模型拟合。　接下来是把数据和所提出的模型进行拟合。这时候统计分析变得比较复杂，使用相关和偏相关方法，并且使用某种算法的计算机程序来估计方程组中各成分（系数）。当应用算法时，可能需要对观测变量的分布作一个假设。

模型拟合包括的下一个步骤是检验数据与模型拟合的良好程度。在这个时候，可以拒绝不拟合的模型。拟合良好或至少足够好的模型，是与数据一致的。它可能不是对于数据唯一合适的模型，但至少它可以通过与数据一致性的检验。

模型评估。　模型本质是一个统计模式，要完整地评估它，不仅仅需要数据和模型足够拟合。弗格森（Ferguson，1997）总结了模型评估的要求：

它需要表明，在可获得证据和知识有限的情况下，所提出的模型应该是所能建构出的，能对数据作出最好或包含信息最丰富的解释。这一要求把结构方程置于更为广阔的实证和理论背景中，以检验模型的可靠真实性（p. 877）。

下面是依照顺序排列的建模法的步骤：

1. 生成概念化模型
2. 模型界定
3. 模型拟合
4. 模型评估

建模法举例

昂劳和施拉克曼（Unrau & Schlackman，2006）实施了一项结构模型研究，探讨中学生动机及其与阅读成绩的关系。他们构建了一个基于研究的理论模型，即学生的种族、性别、年级水平、内在和外在动机与阅读成绩有关。应用自我决定理论将变量间的内部关系概念化。这一理论的主要内容是，每个学生的个人发展需求和自我调节影响着他（她）的阅读动机。内在动机由个人兴趣和自我调节活动引发。外在动机起源于参与时为了获得奖励或从某些外部社会要求中诱发出来，比如教师或家长的指责等。图13.2表示了昂劳和施拉克曼模型中内在和外在动机是如何彼此相关并与阅读成绩有联系的。需要注意的是，模型通常都是从左到右流动，从学生特征到因变量阅读成绩。内在和外在动机因素被置于模型中间，因为它们可能会或可能不会作为理论框架中的中介变量。

作者使用结构方程模型（SEM），一种复杂的统计方法，来估计模型中各个变量间的直接和间接关系。SEM的计算方法大大超出本书范围，但是该技术可以让研究者检验以下问题：

1. 对于中学生来说，内部和外部动机在多大程度上与阅读成绩有关？
2. 性别、年级、内部和外部动机与阅读和阅读行为间的关系如何？
3. 源于问题1和2的结构模型中的变量及它们之间的关系，在西班牙裔和亚裔学生间差异是否显著？
4. 内部和外部动机跨种族、学校、年级和性别的差异是否显著？（p. 85）

建模法产生出很多有意思的结果。与西班牙裔学生相比，亚裔学生内部动机与阅读成绩间的正向关系更强。随着中学年级的升高，整体阅读动机显著下降。

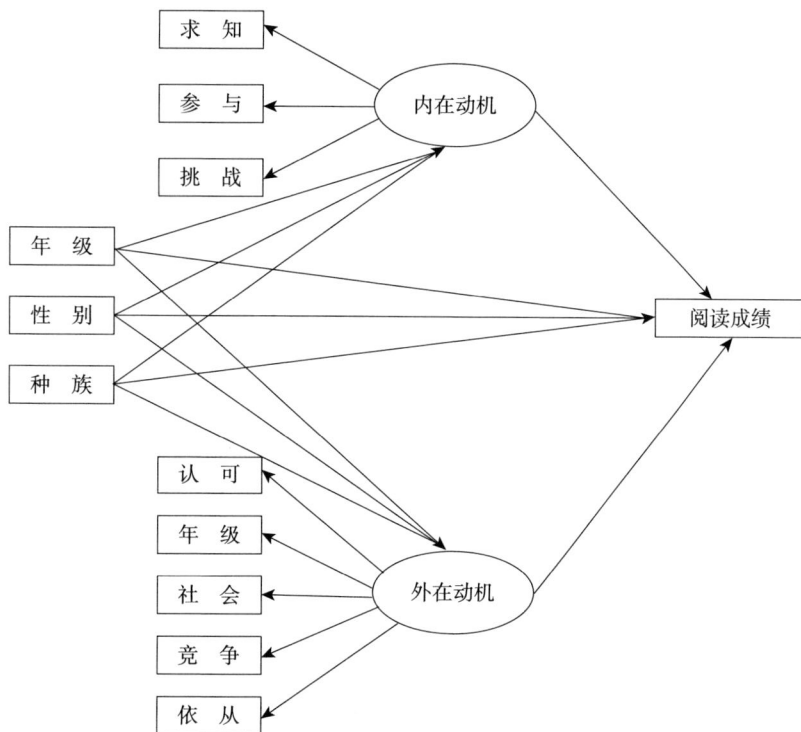

图 13. 2　昂劳和施拉克曼（2006）动机和阅读成绩的理论模型

资料来源：*Journal of Educational Research*，*100*，81－100，2006. 经海伦·德怀特·里德（Helen Dwight Reid）教育基金会许可复印. Heldref Publications 出版，1319 Eighteenth St.，NW. Washington. DC 20036－1902. Copyright © 2006.

建模法总结

建构模型是研究复杂教育现象时一种有用的方法。上面描述的例子就是关于研究阅读成绩的。对于某些情况，可能适合使用多层模型。一般来说，层次是人或事被以某种"从低到高"的方式评定或排序的系统。教育中的多层模型指的是班级中的学生、学校中的班级和学区或系统中的学校。比如，一个学区可能会对接受直接指导教学法的学生与接受其他教学方法的学生的阅读成绩进行比较。他们可能仅仅比较接受直接指导教学法的学生和其他所有学生。但是，学生在不同的教室中，甚至分布在不同的教学楼里。多层分析会比较学校和班级间的差异，还会比较学校里班级中的学生的差异。这样，这一分析就更可能提供对复杂情况的理解。多层回归分析不在本书探讨范围内，但它更适合这一情况。该分析方法基于概念或理论生成模型，并使用联立线性方程进行统计分析。统计和基础运算是复杂的，但可以通过计算机实现。然而，计算机不能解释模型。这一任务，连同理解部分和完整模型一起，都留给了研究者。

德尔菲法

有很多教育学方面的争议和问题不适于使用典型、明确的方法，诸如实验法或人种学研究法来研究。课程研究通常具有这一特点。比如，大学预科课程对数学能力有什么要求，这些要求如何衡量？我们不可能设计一个实验，在4年的中学阶段，把学生随机分配到不同的数学指导水平上。为了开展这类领域的研究，我们需要该领域专家的洞察力和明智的判断。

有些研究情境中，缺乏足够的信息和/或数据，包括缺乏足够的理论。与政策有关的研究就是这样，一些争议或研究问题仅仅是因为缺乏足够的信息作为基础，而无法开展研究。对于这样的情况，就可以使用一种被称为**德尔菲法（Delphi method）**或德尔菲技术的研究方法。

有些教育研究情境，无法使用常用的方法来开展研究。这其中包括那些缺乏足够资料的情境。

在文献中有很多种对德尔菲法的定义，它们与期待的一样，在本质上是相同的。德尔贝克、范德维和古斯塔夫森（Delbecq, Van de Ven, & Gustafson, 1975）提出了一个好的定义，在一段时间内流传广泛：

314

[德尔菲法] 指的是这样一种方法，它通过一系列精心设计的序列问卷，系统地引发和收集对某一专题的判断，该序列问卷渗透着总结性信息和从先前反应得来的反馈观点。（p. 10）

这个定义简洁地概括了使用德尔菲时包括的步骤[④]。这是一个结构化的过程，包括从一个专家组中收集和整合信息。

德尔菲常常被看成是一种定性研究，确实在很大程度上，它的本质是定性的。它包括应用专家的观点来生成研究数据。这一过程和获取的数据本身就是主观的。但是，在总结数据的过程中，通过客观的方法也可以获得定量的结果。所以，如果要界定德尔菲法作为研究方法的类别，它可能更接近定性研究的范畴。

德尔菲法的过程

　　德尔菲是 20 世纪 50 年代兰德公司实施的一项空军赞助计划的名称，这一方法也因此而得名。德尔菲是一个小组沟通的过程，小组成员不面对面接触，而是通过一系列相互作用的过程，也就是几轮问卷来进行沟通，成员们在问卷中接收到的是对群体反应的有控制的反馈。小组成员被称为德尔菲专家组，他们被认为是所研究问题的专家。

　　德尔菲是采用控制性反馈的小组沟通过程，但小组成员间不发生面对面交互作用。

　　尽管依据不同的研究情境，有很多种的德尔菲法，但我们可以描绘一个大概的过程。我们将用威廉（Wilhelm，2001）对各步骤的界定来描述：

1. 问题界定
2. 组成德尔菲专家组
3. 第一轮问卷：对主题最初的意见
4. 第一轮分析：资料整合
5. 第二轮问卷：主题探讨
6. 第二轮分析：资料整合
7. 第三轮问卷：达成一致意见或结论
8. 第三轮分析：得出结论
9. 准备最终报告（pp. 13 – 21）

　　上面一系列步骤包括三轮问卷。尽管如果需要的话还可以额外增加若干轮，但一般很少多于三轮。在某些研究中，研究者会对研究的疑问和重点作详细的界定，所以就没有必要进行第一轮了，整个过程会开始于第二轮的主题探讨问卷。这种情况下，这一过程通常被称为修正的德尔菲法。 315

　　问题界定。　这一步骤是由研究实施者完成的，也是整个过程的起点。要研究的问题就是在这时被确定下来的。研究者收集关于被研究问题的哲学和理论基础的信息，并加以整合，使其适合在专家组中循环沟通。可以通过访问那些可能会用到研究结果的人，来确定哪些信息会是有用的。这些信息应该是可供专家组成员评估并提供见解、批评和任何其他相关意见的。

组成德尔菲专家组。 专家组（panel of experts）对问卷进行回答。应该设立清楚的标准来规定专家组成员的资格，并坚持依据此标准遴选专家组成员。鉴于专家组成员应对研究问题有相当程度的见解，所以这种选择不能基于个人熟悉程度。通常的情况是，一组同质的专家构成专家组。但是，在有些情况下，比如政策研究中，比较理想的是有些专家对政策持反对意见。如果可能的话，最好找些持不同观点的专家组成员。比如，对资产评估研究来说，在专家组中包括一些能够用到研究结果的股东将会是很有用的。专家组中可能还有其他与研究的理论和应用有关的专家。对课程研究来说，专家组中最好既有执行这一课程的教师，又有该领域中的课程专家。

很难过分强调专家组遴选的重要性。杜博夫和斯佩思（Duboff & Spaeth，2000）指出，应选择那些被称为领先用户的人。他们是那些研究所关注的使用者，他们应用产品或服务来满足自身需要。他们是用户中的先行者，比如，在教育研究中，就是那些课程改革者和教育改革者。

> 选择专家组应该基于特定的标准。在所有标准中，最核心的要求是专家组成员必须是该研究领域中的专家。

关于德尔菲专家组的最佳人数并没有定论。专家组需要在该领域专家中具有代表性，但是从所需时间和精力来讲，人数必须具有可行性。帕朗泰和安德森-帕朗泰（Parenté & Anderson-Parenté，1987）提出，专家组成员最少要10人，而同质性的专家组有10—15名成员就足够了。其他作者（比如，Delbecq et al.，1975）认为，专家组成员最多应为20—25人。随着专家组规模的扩大，信度提高到某一点就不再增加了。在默里和哈蒙兹（Murry & Hammonds，1995）的研究中，专家的总体为906位社区学院和专科学校的校长，研究者从中随机选择了35位校长担任专家组成员。其中最初选择的人中有3人拒绝参与，所以又选择了其他人来接替。帕克、阿基拉和科根（Parker, Akira, & Cogan, 1999）进行了一项包括很多领域的跨国课程发展研究，他们确定了由182位成员构成的跨国专家组，专家组成员是他们各自领域的学者、从业者和政策制定者。由于研究范围相当广，所以专家组规模异常大。与此相反，麦科伊（McCoy，2001）为了确定商业教育教师应具有的计算机技术能力水平，使用了仅包括23位专家的专家组。对于那些具有充实的资源且包含领域广泛的研究，可能大规模的专家组是必要的，但对于大多数研究来说，适度大小的专家组就足够了。

316

> 没有固定的专家组人数适用于所有的研究情境。尽管某些研究中专家组人数相当多，但一般认为10—30人之间为宜。

研究实施者应单独联系可能成为专家组成员的人，以确保（1）他们有足够的动机成为专家组的一员；（2）他们了解专家组成员需要付出的时间和精力。整个过程可能需要好几个月，每个可能的专家组成员都应承诺全程参与。我们当然不希望专家组成员流失，但这种情况确实会出现，而且在出现人员不足的危险前，少量人的流失是可以接受的。

当然，研究者知道专家组成员的身份，因此与专家组成员沟通时应该对个体进行反馈。但是应告知专家组成员小组的保密性程度，即他们的个人反应不会被其他成员知晓。

首轮问卷：对最初主题的意见。　问卷循环的第一轮具有一定程度的开放性，提供给专家组成员一些初步生成的信息。这些信息包括与有待解决问题有关的争议背景信息、目标、理论和解决方案等。本质上来说，要求专家组成员基于他们的专业知识来扩展这些资料。反馈被用来生成后续问卷的内容。在每轮问卷中，如果得当的话，都应给予专家组成员完成任务的指导和反应的指南。应提供给专家组成员一个电话联系方式，这样一旦执行过程有问题需要澄清，就可以进行联系。

后续问卷及反馈分析。　首轮问卷应提供关于被研究问题的大量观点。专家的反馈既反映了他们个人的观点和概念，也代表了更多人的想法。第一轮反馈应涵盖关于研究问题的全部观点，这一范围中应包括所有不同意见。

在分析时，需要对第一轮的反馈进行整合，这将为后来问卷的内容提供基础。这一分析需要为后续的问卷提供整体性的反馈，包括一致和分歧的具体领域，也就是来自第一轮反馈中同意和反对的领域。

每一轮后续问卷都从前一轮问卷的反馈通过整合构建而来。第二轮被称为"主题探讨"阶段，专家组成员对特定项目作出反应。一般来说，要求他们对项目进行评分和排序，通常使用利克特量表（Likert-scale）反应选项。在每一轮中，根据适合程度，为专家组成员提供他们个人反应与群体反应的总体对比。这样单个专家组成员可以了解到他们的观点与整个专家组是否一致。当观点不一致时，要求专家组成员解释自己的看法，或为他们提供修正自己观点的机会。专家组成员会详细阐述基于他们立场的假设。

任何一轮对反馈的总结都应包括统计学信息为宜。均数、中位数和对评定变

317

异性的测量都会呈现出来。直线图、曲线图和图表都可能用到。这些不仅有助于交流结果，还能激发反应者思考这些问题。

> 第二轮调查问卷是主题探讨阶段，其内容基于第一轮的反馈。所有后续调查问卷的内容都是基于对先前调查问卷的反馈。

这里必须提到的是，只有那些对先前问卷作出反馈的专家组成员才能收到后续的问卷。我们不希望看到专家流失，所以当遴选专家组成员时，获取他们的承诺是很重要的。

第二轮问卷的数据经过再次总结和整合，进入下一轮。再次使用相似的程序，比如统计分析等。第三轮通常是最后一轮，所以第三轮问卷的内容应该促成最终的评分和排序。每个专家组成员应清楚地理解他（她）在每个项目上的立场与整个专家组间的区别。任何最终反应仍然与共识不同的专家组成员应该在第三阶段证明自己观点的正确性，这一阶段是"达成一致意见或结论"的阶段。

第三轮问卷的反馈为得出研究问题的结论提供了基础。德尔菲小组中产生的一致和不一致观点被确定和解释。当然，最终的报告包括结论。但是，最终的报告应该是综合性的，应当描述了研究问题、目标和假设，以及整个过程。一般来说最终的报告中包括文字、统计分析和图表的呈现。对一致或不一致观点的解释也非常重要。在最终报告中，单个专家组成员的反馈依然是匿名的。

> 第三轮调查问卷是达成一致意见或结论的阶段，结论建立在这一轮的反馈基础之上。

318   德尔菲在沟通和分析中包括较为复杂的过程。它是专家组成员之间非面对面的沟通过程。所以，研究者的责任是要与专家在各问卷阶段充分沟通。德尔菲的过程可总结为图 13.3 的流程图。这个图里包含了 3 轮问卷过程，这对于大多数德尔菲研究来说是足够的。但在某些情况下也可以包含额外的若干轮，比如当没有达到充分的共识时。额外的问卷内容应基于先前的问卷。只有必要的时候，才能增加调查轮数。这一过程会使研究耗时延长到令人不快的程度，对专家组提出额外的要求，会增加专家组成员流失的可能性。

在表明各轮问卷的方框下，提到了各轮所要分析的要点。当分析问卷反馈时，研究者感兴趣的是反馈的一致性和稳定性。一致性指的是专家组成员们的反应达成一致，也就是他们达成共同结果的程度。比如，成员的反馈围绕一个中值，很少有分歧。稳定性指反馈不变的程度，也就是专家组成员的立场趋于稳定。比如，两个或更多专家组成员间彼此不赞成，但他们不改变自己的结果。当达到一致性和/或稳定性时，德尔菲问卷循环就结束了。

因为问卷需要周转，专家组成员需要付出努力，所以实施德尔菲研究需要相当多的时间。有时一个或两个专家组成员提供反馈较迟，将会耽搁整个研究过程。先前提到的默里和哈蒙兹（Murry & Hammonds，1995）的全国性研究花了大概 6 个月才完成。很少有研究能够在更短的时间内充分完成，而且实际上，德尔菲的一个缺点可能就是时间跨度长。

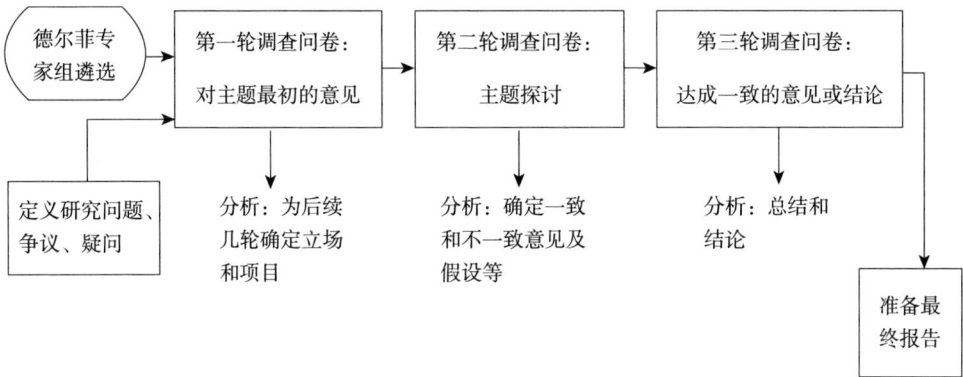

图 13.3　德尔菲法步骤的流程图

德尔菲法的变式

传统的德尔菲是一种纸笔问卷过程，倾向于专家们意见的集中和一致。这种共识式德尔菲法（consensus Delphi）是在教育研究中应用得最多的。

政策研究领域中可能应用到比吉尔（Bjil，1992）提出的**政策德尔菲法**（**Policy Delphi**）。这种情况的目标不在于集中和一致，而是旨在形成反对观点，目的是揭示各种不同的立场。这个过程应展示每种观点的利与弊。

与政策德尔菲在某种程度上相似的是**对抗式德尔菲法**（**Adversary Delphi**），这种方法是赫尔默（Helmer，1994）提出的，该方法并不一定寻求一致。就像名字显示的那样，这种德尔菲用来在对抗情境中做决策。这两种或多种立场背后的原因也同样极为重要。如果无法达成一致，那么做出决策时以多数人的观点优先。

最后一种德尔菲的变式不是概念上的变式，而是研究实施方法的变化，**e-德尔菲法**（**e-Delphi**）或实时德尔菲法（Real-time Delphi）。e-德尔菲不再使用纸笔的方法，而是用计算机来实施。问卷建构和专家组成员间的沟通都是通过网络进行的。如果能正确使用的话，这种方法能切实提高使用德尔菲的效率。要获得更多有关 e-德尔菲系统的知识，可以阅读舒（Chou，2002）的书。

> 德尔菲有很多种变式，这些方法不一定需要达成一致意见，而是朝向相反观点或立场的。德尔菲还能通过 e-德尔菲法实现电子化操作。

德尔菲法举例

巴尔杰和豪斯纳（Bulger & Housner，2007）实施了一项修正的德尔菲研究，调查体育教师培训的课程中需要包含哪些必要的运动科学能力。他们的目的是为了确定，在美国运动医学会 2000 年为运动科学领域工作人员制定的能力列表中的知识、技能和能力，有哪些被判定为在理论上是重要的，并和体育教师的教学相关。

这是一项修正的德尔菲研究，因为参与者不生成所评定的能力列表。相反，他们依据提供给他们的能力列表进行评定。该研究由两轮组成，对应着图 13.3 的第二轮和第三轮。

专家组包含 10 位运动科学专家中的高校教师、7 位体育教师的高校培训者和 3 位通过了最佳身体健康素质指导员认证的体育老师。另外一个可能已完成的研究是由 3 个不同的专家组分别进行德尔菲研究，然后看这 3 组是否认可相同的能力。

预研究中，与专家组成员相似的专家对问卷里的项目进行评价，以考察其内容是否有效和完整。一些项目被删除，并生成一些新的项目。有 222 项能力最后被分给专家组来进行评定。

第一轮过程包括邮寄问卷，并附送写好地址的回邮信封和邮票。对没有回复的人，在最初发信的两周和四周后分别再邮寄一次。之后再通过 e-mail 和电话催促。当第一轮问卷返回时，记录反馈并计算每个项目的均值。

在第二轮中，给专家组成员邮寄他们自己对项目的评分和小组的平均评分，然后让他们基于小组均值重新进行评定。邮寄和追踪与第一轮中所做的一样。

对反馈进行逐项的分析。一种能力如果在 5 点量表上被评定的均值达到 4 分或更高的话，那么它就是重要的和相关的。此外，还可以是某种能力被至少 75% 的专家组成员评定为 4 或 5。在 222 项能力中，有 109 项达到了这些标准。值得注意的是，德尔菲过程完成了两个目标。首先，减少了被认为是重要和相关的能力的数量；其次，形成了对这些能力的"共识"。

使用德尔菲法时需要考虑的问题

与其他任何研究方法一样，实施德尔菲研究需要关注细节。当研究问题被确定后，就要进行专家组的遴选，并且选择一个恰当的专家组至关重要。一个可能的问题就是，专家组成员不是这一领域的专家。专家通常被认为是那些有特定技能和知识的人，他们能够确定自己专业领域的问题，且如果问题可解决的话，能提出可能的解决方案。

如果专家组成员在首轮或后来的几轮中退出，那么专家组成员流失就成为一个问题。如果某个专家组成员错过了某轮，那么他就无法再加入了。必须让预期的专家组成员充分了解任务量、大约持续的时间，他们应当承诺完成这个任务。

> 专家组遴选是非常重要的。专家组成员必须是该研究领域的专家，他们必须承诺参与德尔菲各轮调查的全部过程。德尔菲调查问卷反馈的质量依赖于专家组成员的素质。

实施德尔菲的研究者对其成功运用负有主要责任，从专家组遴选到整个过程，包括准备报告，都要全面负责。林斯通和图罗夫（Linstone & Turoff, 1975）列出了可能导致德尔菲法失败的一些困难：

由于对德尔菲的结构过分细化，使对问题的主导性观点和预想强加给反应群体，不允许其他与问题有关的观点出现。 321

认为在特定情况下，德尔菲法可以替代所有其他的人类沟通。

缺乏总结和呈现小组反馈，以及确保对所使用的评定量表产生共性解释的技术薄弱。

忽略和不探讨异议，结果是气馁的，反对者都退出了，从而形成了虚假的共识。

低估了德尔菲的苛刻本质和反馈者应被看成顾问的事实，如果德尔菲不是他们工作职责的一部分，就要恰当地补偿他们的时间。（p. 6）

无论如何，尽管有可能的困难，但恰当实施德尔菲法是一种可行的研究手段。该方法有一些明确的积极特点，比如为无法会面的专家提供了参与的机会。尽管专家组成员都致力于同一个问题，但他们不会被团体交互作用的动力影响，比如某个强大的人格成为主导。德尔菲聚焦在研究问题上。最后，这一过程在通过形成共识达到最终结论的同时，也提供了完整的反馈材料等。所以，最终的研究报告应该是丰富和完整的。

德尔菲法是一种专家组单独工作并匿名提供数据的研究方法。这种方法应用于诸如课程研究和政策研究领域，这些领域的大部分工作是在专家（或可能不那么专业）观点引导下进行的。德尔菲的过程有很多步骤，通过连续的信件或电子邮件发放问卷，一轮一轮地推进。尽管某些情况下可能包括一些不同的观点，但对于教育研究中使用的大部分德尔菲来说，最理想的结果就是达成共识。对专家组反馈的总结可能是定量的，但对于德尔菲法来说，至少在第一轮中，可以被看成是定性研究。

小　　结

本章介绍了三种研究方法，它们无法恰当地归入传统的研究方法，如实验法和调查法。由于一些教育研究涉及范围很广，在单个研究中发现不止一种研究方法而是使用混合法的情况是常见的。建模法越来越受重视，尤其是可以使用复杂的计算机程序来进行异常复杂的模型拟合运算。线性方程模型是一种先进的定量分析。

最后，本章中大部分内容都用于介绍德尔菲法。这一方法已经产生了将近半个世纪，但它最近才在教育研究中被大量应用。德尔菲法有时被用作初始的研究方法来生成数据，之后再使用其他的方法，比如调查法。与所有研究方法一样，322　这些方法只有当它们满足研究目的和需要时，才加以使用。

核心概念

混合法	潜变量	政策德尔菲法
建模	德尔菲法	对抗式德尔菲法
建模法	专家组	e-德尔菲法
模型	问卷循环	
线性方程	共识式德尔菲法	

练　习

13.1　在某大型学校系统里，在中学推行了一种新的数学课程。在学年的第二学期，要对这一课程进行评价研究。这一研究将关注三个问题：

　　a. 新课程如何影响学生的数学成绩？

　　b. 这一新课程中，教授数学的特点、特征等是什么？

　　c. 教师如何看待这一新课程及其实施？

　　描述这一研究应如何使用混合法。确定要用到的每种方法，将在第二学期的何时使用，并举例说明每种方法中数据该如何收集。

13.2　一所大型大学（校园有超过 30 000 名学生）的一位历史学家正在进行一项历史研究，考察 1945 年至今的足球活动。研究关注如运动员费用、地位和支持等因素，并关注大学社区中的运动。除了研究历史的部分，这位历史学家和他的两位同事还对现在大学教师对足球运动的看法感兴趣。

　　a. 确定完成两部分研究所必须使用的研究类型。

　　b. 描述要完成第二部分，必需使用什么方法？假设这所大学的教师和管理人员超过 1 400 人，你将如何实施这项研究？特别是，确定如何从大学教师那里收集数据。

13.3　在教育研究中应用线性模型涉及精细的概念和复杂的统计分析。为了探讨多层线性模型的应用，建议读者阅读此文：Bryk，A.，and Raudenbush，S. W.（1987）. Application of hierarchical linear models to assessing change.　（"运用多层线性模型评价变化"，*Psychological Bulletin*，*101*，147 – 158）如果你对这一主题有兴趣的话，请阅读这篇文章，并和其他熟悉这一主题的人讨论其内容。

13.4　假如你想要确定学校校长的有效学校领导特质，描述你将用来遴选"专家"的标准，作为选择德尔菲专家组成员的原则。你将为专家组选择多少位成员？描述你将向专家组提供的第一轮问卷的信息。

13.5　防止辍学对于大型学校系统中的教育者来说，是一个重要的议题，尤其是对于那些市中心学校或少数族裔学生比例较高的学校，更是如此。假设你要设计一个德尔菲法研究，旨在确定预防辍学的措施的有效性。你打算如何选择德尔菲的专家组成员？你将对专家组成员应用什么标准？应有多少人参加专家组？

13.6　指出使用包括定量和定性研究技术的混合法，与仅仅应用定量或定性方法相比，具有的三个优点。

13.7　构建一个假设概念化模型，用来理解一个小型农村学区的辍学现象。提出一个能够接受检验的因果结构。用图来描述你的模型。

注　释

① 卡诺瓦非裔美国儿童学业成就最大化项目（MAACK）。AEL 公司实施的项目，该公司位于查尔斯顿匡瑞尔街（Quarrier Street，Charleston）1031 号，WV 25301 – 2314。各种关于该项目的论文都描述了这一研究。

② 有很多教科书介绍了涉及的统计方法。比如：K. A. Bollen，*Structural equations with la-*

tent variables (New York：John Wiley, 1989)；A. S. Bryk and S. W. Raudenbush, *Hierar-chical linear models：Applications and data analysis methods* (Newbury Park, CA：Sage Publications, 1992).

③ 步骤顺序和对步骤的描述总体来说依照下文：D. M. Ferguson, Annotation：Structural equation models in developmental research, *Journal for Child Psychology and Psychiatry*, *38*, 877－887 (1997).

④ 我们将使用大多数作者的约定俗成的习惯，把德尔菲方法简称为德尔菲。

参考文献

Bjil, R. (1992). Delphi in a future scenario study on mental health and mental health care. *Future*, *24*, 232, 250.

Bulger, S. M., and Housner, L. D. (2007). Modified Delphi investigation of exercise science in physical education teacher education. *Journal of Teaching in Physical Education*, *26*, 57－80.

Chou, C. (2002). Developing the e-Delphi system：A Web-based forecasting tool for educational research. *British Journal of Educational Technology*, *33*, 233, 236.

Coe, P., Keyes, M., Meehan, M., Orletsky, S., Lewis, S., Rigney, S., Runge, C., and Whitaker, J. (1999). *Development validation of successful writing program indicators based on research in continuously improving and continuously declining schools. Report of the Kentucky state writing project：A study of writing instruction in Kentucky Schools.* Charleston, WV：AEL, and Frankfort, KY：Kentucky State Department of Education.

Delbecq, A. L., Van de Ven, A. H., and Gustafson, D. H. (1975). *Group techniques for program planning：A guide to nominal group and Delphi processes.* Glenview, IL：Scott Foresman.

Duboff, R., and Spaeth, J. (2000). *Market research maters：Tools and techniques for aligning your business.* New Yourk：John Wiley.

Ferguson, D. M. (1997). Annotation：Structural equation models in developmental research. *Journal for Child Psychology and Psychiatry*, *38*, 877－887.

Helmer, O. (1994). Adversary Delphi. *Futures*, *26*, 79－88.

Linstone, H. A., and Turoff, M. (1975). *The Delphi method：Techniques and applications.* Reading, MA：Addison-Wesley.

McCoy, R. W. (2001). Computer competencies for the 21st century information systems educator. *Information Technology Learning and Performance Journal*, *19*, 21－35.

Murry, J. W., and Hammonds, J. O. (1995). Assessing the managerial and leadership ability of community college administrative personnel. *Community College Journal of Research and Practice*, *19*, 209－218.

Parenté, F. J., and Anderson-Parenté, J. (1987). Delphi inquiry systems. In G. Wright and P. Ayton (Eds.), *Judgmental Forecasting* (pp. 129－156). New Youk：John Wiley.

Parker, W. C., Akira, N., and Cogan, J. (1999). Educating world citizens：Toward multinational curriculum development. *American Educational Research Journal*, *36*, 117－145.

Unrau, S. M., and Schlackman, J. (2006). Motivation and its relationship with reading achievement in an urban middle school. *Journal of Educational Research*, *100*, 81－101.

Wilhelm, W. J. (2001). Alchemy of the oracle：Delphi technique. *Delta Pi Epsilon Journal*, *43*, 6－26.

324

第三部分

研 究 工 具

第 14 章

抽 样 设 计

前几章讨论了各种类型的研究设计，也不时涉及了样本和样本的随机分布。 有时，一项研究可以包含全部总体中的所有个体，但是在很多教育调查研究中这几乎不可能做到。时间和工作精力就是限制条件，而在调查研究中又往往涉及大容量的总体。因此，样本就用得比较普遍了。这一章讨论随机抽样的方法。

样本是总体的一个子集，研究者往往从样本特征推断出它所属的总体的特征。为此，研究者就需要一个样本，或研究中实际包含的个体，以代表一个较大容量的总体。选择的样本要保证从数学的观点看具有代表性。但是，为所有可能的教育调查研究选取随机样本是不可能的。因此，有时会用到有目的抽样。一个样本要么是随机的，要么不是随机的。随机的样本必然体现随机样本的某些特征。获得一个随机样本的方法可能是相当复杂的，特别是从一个大的（可能是不同的）总体中抽取样本时。本章的第一部分讨论随机抽样的方法，接下来第二部分讨论有目的抽样。

随机样本的概念

随机样本往往涉及**概率抽样**（**probability sampling**）的概念，也就是说，总体的每个个体被选入样本的概率都不为零。换句话说，总体的每个个体都有机会被选入样本中。在复杂的抽样设计中，每个个体被抽入样本的概率可能不相同，但都不为零。当选择使用简单随机抽样时，总体的每个成员被选入样本的概率都相等。[1]

随机样本（**random sample**）是一个无偏样本，也就是说，由于随机变化的原因，样本中的个体成员是变动的。此样本中不存在系统变量而导致此样本与其他样本有所不同的情况。当然，一个随机样本总是代表着它所属的总体。

326

> **随机样本**就是概率样本，总体成员被选入样本的概率都不为零。在简单随机样本中，总体各成员被选到的概率相等。

随机选择和随机分配

随机选择和随机分配不完全同义，但它们都用于获得样本的代表性和消除可能的偏差。当个体被随机选择为总体的代表时就用到**随机选择**（random selection）的概念；**随机分配**（random assignment）的概念通常用在实验中，总体中的成员被随机分配到不同的小组或不同的处理中，他们可以是，也可以不是直接从一个较大总体中选择出来参加实验的，看下面的实例。

一所大学内的研究机构的一位研究人员，从容量为 6 821 名新生总体中随机抽取了 250 名组成了一个随机样本，用来进行关于他们对大学生生活某些方面的态度的调查。这个例子就牵涉到随机选择。250 个样本成员就代表了 6 821 名新生。

一位心理学家为大学 2 年级学生开设的心理学课有 90 名学生注册，这位心理学家用 3 种不同的学习材料进行一项学习实验。90 名学生全部参加，每 30 人被随机分配在一个组接受某一种处理。用这种方法，3 组学生分配到的不同学习材料也是随机分配的。也就是说，每个学生被分布到 3 种学习材料中的任何一组中学习的概率是相同的，也就是三分之一的概率。

在后一个例子中，这 90 名学生代表什么总体？他们不是从一个较大容量的总体中随机选择出来的。他们参加实验的理由是他们注册选修了心理学课程，从某种意义上说，他们进行的是自我选择。在这种情况下，心理学家可能会认为这 90 名学生可代表整个大学总体。如果这所大学的 2 年级学生与其他大学的 2 年级学生特别相似，那么此实验结果就可以推广到其他大学的 2 年级学生总体中去，但推广到所有的青年人总体是不可能的。在这种研究中，对实验结果的代表性的争论是在逻辑基础上展开的，依赖于实验涉及的个体和变量。

随机选择和随机分配之间的比较见图 14.1。当用到一个确定的组（如心理学班）并且各个体成员是被随机分配到某一处理组时，分配的无偏性和推广到所涉及小组的实验结果的普遍性就不会有疑义。但若在逻辑基础上把实验结果推广到更大总体范围，就会产生实验结果是否有代表性的问题。当然，这只是一个外在效度的问题，代表性大小及与此相应的推广性总是一个"度"的问题。在教育研究中随机分配常常是这样被使用的。对研究个体和变量的了解就可被用作进行有效推广的依据。

另外一种情况是一个小组内的个体数目与实验所要求的不相符，多出的个体就要被随机去掉（在概念上，这与随机选择哪些个体参加实验相同）。如在上述

327

的心理学学习实验中，若全班有 94 名学生而只需 90 人参加实验，其中有 4 个人就要被随机选择出不参加实验。为避免引起心理负担，心理学家可让 94 个人全部参加实验，然后随机去掉 4 个个体的实验数据以确保每种学习材料仍只有 30 个人学习。

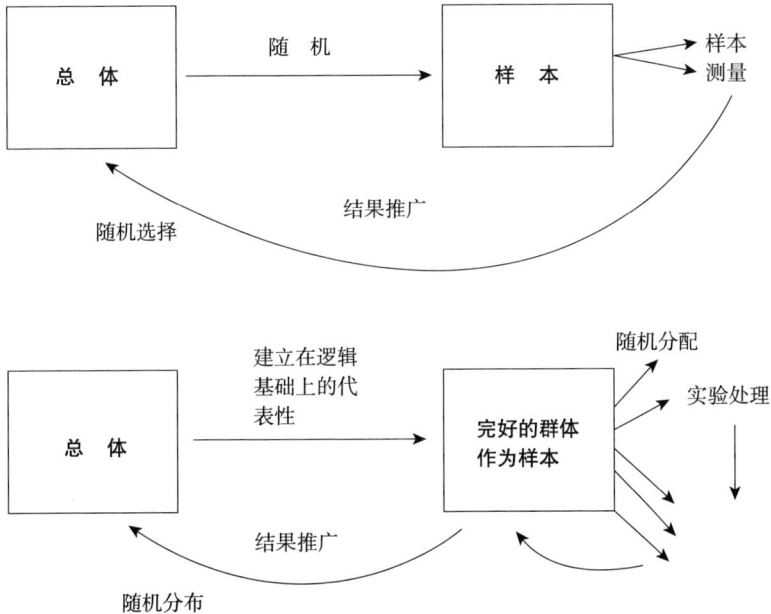

图 14.1　随机选择和随机分配之间的比较

随机数字表的运用

利用随机数字表可生成一个简单随机样本（表 14.1 是从随机数字表中摘出的一个样页）。在一个有限总体中的每一个体都被分配了一个数字，然后根据样本容量大小从随机数字表中选择出同样数目的个体。假如要从容量为 70 的总体中随机选出 10 个个体组成样本，70 个成员的每一个都被分配了 1 到 70 的任一数字。无论第一个样本个体从表的哪一位置开始选择，最先出现的 10 个数字就可决定 10 个样本成员。因为总体中只有 70 个个体，需要使用两位数字。从表 14.1 的第一行开始，按横行的顺序选择两位数字，可选出以下 10 个数字。

59，39，15，80（略去，因超过 70），30，52，09，88（略去），27，18，87（略去），02，48。

表 14.1　随机数字表样页

	50 – 54	55 – 59	60 – 64	65 – 69	70 – 74	75 – 79	80 – 84	85 – 89	90 – 94	95 – 99
00	59391	58030	52098	82718	87024	82848	04190	96574	90464	29065
01	99567	76364	77204	04615	27062	96621	43918	01896	83991	51141
02	10363	97518	51400	25670	98342	61891	27101	37855	06235	33316
03	86859	19558	64432	16706	99612	59798	32803	67708	15297	28612
04	11258	24591	36863	55368	31721	94335	34936	02566	80972	08188
05	95068	88628	35911	14530	33020	80428	39936	31855	34334	64865
06	54463	47237	73800	91017	36239	71824	83671	39892	60518	37092
07	16874	62677	57412	13215	31389	62233	80827	73917	82802	84420
08	92494	63157	76593	91316	03505	72389	96363	52887	01087	66091
09	15669	56689	35682	40844	53256	81872	35213	09840	34471	74441
10	96116	75486	84989	23476	52967	67104	39495	39100	17217	74073
11	15696	10703	65178	90637	63110	17622	53988	71087	84148	11670
12	97720	15369	51269	69620	03388	13699	33423	67453	43269	56720
13	11666	13841	71681	98000	35979	39719	81899	07449	47985	46967
14	71628	73130	78783	75691	41632	09487	61547	18707	85489	69944
15	40501	51089	99943	91843	41995	88931	73631	69361	05375	15417
16	22518	55576	98215	82068	10798	86211	36584	67466	69373	40054
17	75112	30485	62173	02132	14878	92879	22281	16783	86352	00077
18	80327	02671	98191	84342	90813	49268	95441	15496	20168	09271
19	60251	45548	02146	05597	48228	81366	34598	72856	66762	17002
20	57430	82270	10421	05540	43648	75888	66049	21511	47676	33444
21	73528	39599	34434	88596	54086	71693	43132	14414	79949	85193
22	25991	65959	70769	64721	86413	33475	42740	06175	82758	66248
23	78388	16638	09134	59880	63806	48472	39318	35434	24057	74739
24	12477	09965	96657	57994	59439	76330	24596	77515	09577	91871
25	83266	32883	42451	15579	38155	29793	40914	65990	16255	17777
26	76970	80876	10237	39515	79152	74798	39357	09054	73579	92359
27	37074	65198	44785	68624	98336	84481	97610	78735	46703	98265

	50 – 54	55 – 59	60 – 64	65 – 69	70 – 74	75 – 79	80 – 84	85 – 89	90 – 94	95 – 99
28	83712	06514	30101	78295	54656	85417	43189	60048	72781	72606
29	20287	56862	69727	94443	64936	08366	27227	05158	50326	59566
30	74261	32592	86538	27041	65172	85532	07571	80609	39285	65340
31	64081	49863	08478	96001	18888	14810	70545	89755	59064	07210
32	05617	75818	47750	67814	29575	10526	66192	44464	27058	40467
33	26793	74951	95466	74307	13330	42664	85515	20632	05497	33625
34	65988	72850	48737	54719	52056	01596	03845	35067	03134	70322
35	27366	42271	44300	73399	21105	03280	73457	43093	05192	48657
36	56760	10909	98147	34736	33863	95256	12731	66598	50771	83665
37	72880	43338	93643	58904	59543	23943	11231	83268	65938	81581
38	77888	38100	03062	58103	47961	83841	25878	23746	55903	44115
39	28440	07819	21580	51459	47971	29882	13990	29226	23608	15873
40	63525	94441	77033	12147	51054	49955	58312	76923	96071	05813
41	47606	93410	16359	89033	89696	47231	64498	31776	05383	39902
42	52669	45030	96279	14709	52372	87832	02735	50803	72744	88208
43	16738	60159	07425	62369	07515	82721	37875	71153	21315	00132
44	59348	11695	45751	15865	74739	05572	32688	20271	65128	14551
46	12900	71775	29845	60774	94924	21810	38636	33717	67598	82521
47	75086	23537	49939	33595	13484	97588	28617	17979	70749	35234
48	99495	51434	29181	09993	38190	42553	68922	52125	91077	40197
48	26075	31671	45386	36583	93548	48599	52022	41330	60651	91321
49	13636	93596	23377	51133	95126	61496	42474	45141	46660	42338

　　资料来源：G. W. 斯内德克，W. G. 科克伦（G. W. Snedecor & W. G. Cochran）：《统计方法》（第 6 版），美国艾奥瓦州立大学出版社 1967 年版 [*Statistical Methods*（6th ed.），1967 by the State University Press, Ames, Iowa.]，此处引用已得到授权许可。

　　如果数字超过 70 就略过不选。如果数字出现重复也跳过不选，因为总体中的一个个体不能被选两次。随机数字表中的数字次序是随机的，故没有必要跳行　329

选择。选数字可以按列也可按块（区块、方块）进行。在表 14.1 中，每 5 个数字为一个组合很便于使用。

随机数字表也可用于随机分配。如果有 10 个个体要被随机分布到两个不同的实验处理组，每个处理组要 5 个人，只用一位数字就可以了，因为"0"（代替"10"）可以被分布为一个个体数字，运用表 14.1，如果从由 5 行组成的第二大区块的第一行开始，选取 5 个数字作为第一处理组的成员，这 5 个数字是：9，5，0，6 和 8。那么剩下来的五个数字就是：1，2，3，4，7。它们所对应的 5 个成员就是第二处理组的成员。如果数字出现重复就跳过不取，因为一个个体只能算做其中一个处理组的成员。

> 随机数字表可以用于随机选择和随机分配。

运用计算机进行抽样

在讨论计算机的运用之前，需要界定一对术语。一是**抽样框**（**sampling frame**），它是指包含所有抽样个体或基本要素的名单。例如，一项对学校的调查，抽样框可由该地区所有登记注册的选民组成。在实施调查时，抽样框可以被称为调查的总体。

第二个术语是**抽样比率**（**sampling fraciton**）。抽样比率是样本容量与总体容量之比值，用 n/N 表示。因而，如果从容量为 2 000 人的总体中抽取容量为 300 人的一个样本，抽样比率就是 300/2 000 或 3/20，等于 0.15。抽样比率也可以用百分比表示，上述抽样比率即为 15%。对于简单随机抽样来说，抽样比率等于总体中的每个成员被随机选入样本的概率。

> **抽样比率**是样本容量与总体容量之间的比值，用 n/N 表示。

有几家网站可以为研究者生成随机数字。其中，最好用的网站是：www. randomizer. org 该站点可以帮助研究者解决诸多问题，比如要生成多少随机数字，应该限定的数值范围，以及要产生多少批随机数字等。

许多统计软件包里都有随机抽样的程序。Windows 版 SPSS 15.0（SPSS, Inc., 2006）就是这样的统计包。当然对任何程序而言，抽样框（它可能是一个大的数据集）必须能够进行分析。抽样框也可以是由名字转换成的数据清单。每个数字代表一个名字。如果一个数据集包括几千名 9—12 年级高中生的学习成绩，抽样框可以界定为所有 10 年级的学生。SPSS 程序有一个"数据—选择个案"对话框，通过这个对话框你可以指定自己想选择的随机样本。通过该对话框可以描述抽样条件。抽样条件可以是任何已有的变量名或常数项，例如数据集中所有 10 年级的学生。

SPSS 有两个抽取随机样本容量的选项：

- **近似的**。由用户指定百分比。SPSS 生成一个与指定的百分比相似的个体组成的随机样本。
- **精确的**。由用户指定个体的数量。你也可以指定个体数量从中生成样本。该数量应该小于或等于数据文件中所有个体的数量。如果指定的数量超过数据文件中个体的总量，那么样本所包含的个体数量也要按比例少于所要的数量。

第一个选项是确定抽样比。上述所有 10 年级学生中，20% 的学生会被抽取。也可根据某一指定数目来抽取，比如从 1596 名 10 年级学生中抽取 200 名学生。

第二个选项可以从分小组中进行抽样。假定在上述实例中有四所高中，但是我们只想从两所学校中抽取 10 年级学生。我们可以先在数据库中列出这两所学校，然后从所列出 10 年级学生中选出需要这两所学校选取的学生总数。

当确定样本容量以后，点击"继续"键，进行样本抽样。有两种方法指出样本中哪些个体没有被抽取。第一种方法叫"过滤法"，在没有被抽取的个体前画"/"。第二种方法叫"删除法"，将未抽取的个体删除。在 10 年级学生样本中，可能选择使用"过滤法"，因为有必要保留整个数据库以备将来使用。在进行学校调查时的被试抽取，我们可以将没有抽取到的个体删除，因为以后不再需要这些信息。通过以上两种方法，随机样本由保留的个体或没有画"/"的个体组成。

其他软件包有抽取随机样本的程序，可能有附加条件确保抽取的样本是随机样本而不是简单随机样本。不管使用何种程序，都会有软件手册对过程进行说明。

抽样误差与抽样偏差

抽样误差（**sampling error**）和**抽样偏差**（**sampling bias**）是与抽样有关的两个术语，尽管它们的意义完全不同，但有时还是会被混淆。抽样误差与随机抽样相关，**误差**这个术语并不意味着犯错误。假定我们要从总体容量为 1675 的 5 年级学生中选出一个容量为 150 的随机样本。此样本被用来进行科学成就测验，测验的平均成绩为 86.3 分。我们难道可以说总体的平均分正好就是 86.3 吗？不

331　可以！但我们可以相信总体的平均分大约在 86.3 左右。不管总体的平均分和样本的平均分 86.3 之间的区别是什么，这都是一个抽样误差的例证。抽样误差与变量有关，"变量"这一概念在本书第 6 章已介绍过，在有关统计分析的章节里也经常讨论到。因为随机波动的原因，抽样误差是一个变量。在运用统计分析的特殊情况下，我们能够获得一个对抽样误差的估计值。一般来说，随样本容量的增加，因随机波动而产生的变量及抽样误差会逐渐减小。

> 当随机样本被用来代表总体时，抽样误差是指由随机波动产生的变异。

　　抽样偏差完全不同。当一个样本未能代表它所要代表的总体时，偏差就出现了。偏差可能是由多种原因造成的。只要使用了非随机（或非或然性）抽样，或者随机抽样使用有偏差源时，抽样偏差就会发生。

　　再回过头来考虑一下前面提到的 5 年级学生总体的例子。我们来假设如果选择一个非随机样本，我们从 5 所学校里分别选出 1 个班级，每个班级平均有 30 名学生，于是我们就选出了 1 个容量为 150 的样本。但是被选的班级都是各校能力比较高的班，因为这个样本的科学成绩测试平均分是 103.8。这个平均数能够代表总体的科学成绩水平吗？绝对不能！这样抽样偏差就发生了，并且这个样本是一个有偏差的样本，因为抽样的方式是一种非随机方式。

　　如果我们利用的是一种有偏差的抽样源，即使是随机抽样，抽样偏差仍会发生。通常引用的一个例证是 1936 年《文摘》（*Literary Digest*）上的一项民意调查，该调查预告阿尔夫·兰登将在总统选举中获胜，而富兰克林·罗斯福将落选。抽样过程是随机的，但样本却主要是从电话簿和汽车登记册中抽取的。在 1936 年，这些抽样在投票人群中就没有代表性。

　　再如，有人想选择一个能代表一般美国成人的样本，国家俱乐部会员册被用作抽样源，随机样本从会员册中选出。这个样本也没有代表性，因为它是从一个有偏差的抽样源中选取的。

> 　　抽样偏差会造成失真，这是由选择或形成样本的方式引起的，所以样本对总体也就不具有代表性。

　　正如第 9 章所讨论的，问卷无法回收可能会造成抽样偏差。即使最初的样本是随机选择的，但从根本上说，回答者是自我选择进入样本的，因此回答者也可

332　能成为一个有偏差的抽样源。这可能导致由应答者组成的样本对总体不具有代表

性。这也是一个抽样偏差的例子。

抽样设计的原则

有许多理由可说明为什么一个研究者撇开简单随机抽样不用，而去运用比较复杂的抽样设计。最普遍的原因大概是用以抽样的总体容量太大而无法实行简单随机抽样。总体组成可以是多样化，也可以由几个子总体构成。对经过分群或分组的总体进行抽样比直接对由个体组成的总体进行抽样容易得多。如果总体构成是异质的，采用简单随机抽样以外的备选方案更利于控制抽样变异。

不管采用更为复杂的抽样方案的理由是什么，一个优秀的抽样设计都应符合某些要求。基什（Kish，1965）指出，一个优秀的抽样设计应满足 4 个方面的标准：（1）目标定向、（2）可测性、（3）可行性和（4）经济性。

目标定向标准是指对抽样方法进行设计时要以研究设计和研究目标为依据。以研究的问题为出发点，为获取数据和进行预分析进行必要的测量，在抽样活动中也有重要的意义。在决定哪种抽样设计最符合研究目的时，这些因素都会被考虑到。

可测性标准是指抽样设计要为必要的分析提供数据。如果一个抽样设计有可测性，那就能作出对推断统计非常有用的样本变量的有效估计（推断统计将在第 17 章讨论）。可测性使研究者能通过样本数据有效推断出总体特征。

在理论上设计抽样方案和在实际中执行该方案是两码事。可行性标准就是指应用某一抽样设计的实际活动已被证明在现实情境中是行得通的，它也意味着企图预料所出现的问题并设计出避免或应对这些问题的方法，这需要作出与实际情况相吻合的概念设计。

经济性标准主要在于自我解释。教育研究的经费往往是有限的，经济性原则就要求研究目标要与可得资源相吻合。资源包括：时间、财力、人员等。由于获取研究方案所要求的数据是以时间和金钱为代价的，一个优秀的抽样设计就不该存在无效的数据收集问题。

同时最大限度地满足以上 4 个原则是不可能的，所以为制订一个抽样设计而作的为满足以上 4 个原则的努力就常常成了一个平衡的问题。举例来说，为加强可测性，研究者可把样本容量增至最大但同时却牺牲了经济性原则。预期所有问题是不可能的，但即使有问题，该研究设计也可以行得通并获得足够的可行性。最重要的一条总体原则就是抽样设计应是可行的并能充分包括所要研究的问题。

分层随机抽样

333　　在有些情况下，被抽样的总体不是同质的，而是由几个子总体组成，这时，研究人员可以把一个母总体分为两个或更多的子总体叫做"层"，然后再从每层中抽样，而不是直接从母总体中随机选择。因为母总体被分为子总体，所以这种抽样方法叫做**分层随机抽样**（**stratified random sampling**）。所有的层在样本里都得以代表，并且样本成员从每个层中随机选取。因此，在层中取样时也需要符合随机抽样的条件。

层中样本容量的分配

　　一个总体经过分层后，就要决定从每层中抽取多少个体组成样本，也就是样本容量的分配方法。有一种方法叫**平均分配**（equal allocation），就是从每层的子总体中选择相等数量的样本个体，若一个总体有 5 层，就可从每层中抽取样本大小的 1/5 的个体。如果各层总体的大小不相等，用平均分配的方法所得的各层的抽样比率就会不同。

　　按比例分配（**proportional allocation**）是另一种常用的层中样本容量的分配方法，就是每层分配给样本的个体数目与它的容量成比例。样本中每层个体数目的分配与层中成员数目和总体之比是一致的。例如一个母总体被分成 k 层子总体，各层子总体的容量分别为 N_1，N_2，$\cdots N_k$，母总体容量为 N，n，n_1，n_2，$\cdots$ n_k 为各层的样本容量。那么，

$$\frac{n}{N} = \frac{n_1}{N_1} = \frac{n_2}{N_2} = \quad \cdots \quad = \frac{n_k}{N_k}$$

　　其中，$N_1 + N_2 + \cdots N_k = N$，$n_1 + n_2 + \cdots + n_k = n$，抽样比率是 n/N。对于第 k 层的样本分配来说，这个比率是恒定的。

　　分层抽样可避免意外样本的出现，确保每层子总体都被包含在抽样范围之内，避免某一子总体出现"超载"现象。分层随机样本有时被称做**自动加权样本**（**self-weighting samples**）。简单随机抽样倾向于按照总体容量分布个体，而分层随机抽样具有按比例分配的特征，并可在样本中建立同样的比率。

> 　　分层随机抽样中的**按比例分配**就是以与各层在总体中所占比例相同的比率从总体中抽取样本个体的方法。

如果需要的话还需运用其他分配。例如，有一个层的分数变异比其他层大，就要求该层的分配额比其他层多。但从实践的观点看，平均分配和按比例分配用得最为普遍，而按比例分配经常受到偏爱，主要是因它具有自我权重的特征。

334

教育研究中经常使用分层随机抽样。邓肯和努南（Duncan & Noonan，2007）采用分层随机抽样调查了教师评估的影响因素。他们想考察班级、学校规模和所教学科是否会对教师评估产生重要影响。为了确保有足够的样本回答其研究问题，他们在对上述三个因素抽样时采用了分层随机抽样。最后所用的样本来自于加拿大西部某省 66 所中学的 513 名教师。

例 14. 1

下面我们用实例说明什么是按比率抽样。某大学的研究所所长主持了一项调查。调查主题是学生对学校设施充足度的看法。学校设施包括学生协会、图书馆，等等。问卷内容是非常广泛的，但不是对所有学生进行问卷调查，而是对已分层的总体的 5% 的学生进行调查。该大学有 7 个学院，注册学生有 15823 名，对注册学生的界定是至少选修了一门学位课程。每个学院就是一个层变量，这就需要运用按比例分配的抽样方法。抽样比率就是 1/20，或 5%。有关这个例子的资料见图 14. 2。

层（学院）	层的容量		各层样本容量
文理学院	5461		273
商业管理学院	1850		93
社区服务学院	2092	从各层中随机	105
教育学院	3508	抽取 1/20 的样	175
工程学院	2112	本组成一个随	106
法学院	318	机样本	16
药学院	482	（随机比率是 1/20）	24
	$15823 = N$		$792 = n$

该大学的学生总体的 0.05 等于 $15823 \times 0.05 = 791.15$，取整后为 $n = 792$

图 14. 2 运用按比例分配所得的样本——大学实例

注意各个层次（学院）都是抽样的对象。各学院的样本成员是在该学院内被随机选择的，由于各学院学生数目大不相同，如果学院之间的学生的观点有很大区别，用平均分配就不妥当。

335

可能引出的问题是，"用以分层的变量是什么？有多少？"可用的分层变量不止一个，但这将引起层数的实质性增加，因为每层内包含了两个变量的组合。在上述的实例 14.1 中，如果文理学院、商业管理学院、教育学院和工程学院里既有研究生又有本科生，在这 4 个学院里按照本科生——研究生的二分变量进行内部分层可能比较合适。法学院可被认为是一个研究生院，没有本科生。社区服务学院和药学院只有本科大学生。这样分层后的层总数是 11 而不是 7。

总体层数的确定在很大程度上取决于样本大小，样本容量越大层数就越多。但是，并非层数越多越好。除非进行的调查规模很大，所涉及的分层变量超过两个（通常只有一个），分层后层数很少多于 20 并且常常远远少于 20。

整群抽样

当简单地从总体中直接进行随机抽样不切实际或花费太高时，通常就以群为单位进行抽样。**整群抽样**（cluster sampling）是一种以群为单位选择样本的方法。一个群包含两个或两个以上的个体。总体中的每一成员只能被包含在总体之下的一个群中，在总体成员自然成群分布的情况下运用整群抽样就特别方便。例如，民意调查者有时把一个城市社区作为一个群单位。在教育研究中，一个班级常被看做一个"群"。在大规模研究中，一所学校甚至一个学校系统都可能被作为一个整群抽样单位。

整群抽样与分层随机抽样的区别就在于前者的样本单位是"群"，而后者的样本单位是单个个体。作为抽样单位的群是从较大的群的总体中随机选择的，并且一旦一个群被选为样本，群内的所有个体就全被包含在样本之中。这与分层随机抽样正好相反，后者的层内每个成员是否能进入样本具有随机性。在整群抽样中，样本选择之前，不仅总体下的各群内成员是同质的，而且所有的群必须同质。各群所含人数的多少不需要一定相同。

整群抽样就是以群为单位，从较大的包含多个群的总体中随机选择出样本，被选群内的所有成员都被包含在样本之中。

在整群抽样中，确切的样本容量要到样本选好之后才能知道。这是因为群的容量通常是不相同的，而最终样本的容量取决于被选的各群的容量。不过，各群的容量常常大体相当，如果研究者事先构想了一个样本容量，所需要的群数就可以被估算出来。

整群抽样在研究文献中出现的频率比分层随机抽样少，有时两种方法会结合起来使用。豪斯（House，2003）在香港和美国的小学生中曾进行了一项关于自信心和阅读成绩之间关系的研究，其数据来源于国际阅读识字能力研究进展（Progess in International Reading Literacy Study，PIRLS）2001 年评估报告。研究设计是两阶段分层整群设计，第一阶段抽取学校为样本，第二阶段抽取班级为样本。美国样本分为以下几个层：学校规模、大城市/中小城市、公立/私立、公立学校中的少数种族、身体高/矮、私立学校中的宗派、天主教/其他宗教/无教派。香港样本分为性别（男/女/混合）、学校类型（全日制/非全日制）、社区。当选定某所学校后，就在该校内随机选择班级，该班内所有学生接受测验。在该研究设计中，班级就是一个"群"。

例 14.2

对 4 年级学生的数学成绩的一项调查运用了整群抽样的方法。数学成绩是用标准化成就测验测得的。这项调查由一名研究主管主持，针对一个 33 所小学的城市学校系统进行研究。对该系统内的所有 4 年级学生进行测验花费太高，选择一个简单随机样本和实施测验的后勤工作则非常繁杂。分层随机抽样倒也可以，但它有一个弊端：4 年级学生都是以班为单位的，在同一个班选择部分学生而不选择另一部分学生进行测验不太方便。因为 4 年级学生是自然组合在某一个班里的，所以可以运用整群抽样，把一个班作为一个群单位，被选班级的所有学生都参加测验。

这个系统内的 4 年级学生有 83 个班，每班平均有 27.3 个学生。预想的样本容量大约为 550，决定抽取 20 个班级或群。抽样设计如图 14.3。20 个班的全体学生都参加了数学成就测验。正好有 561 个学生参加，这比预想的样本容量 550 稍多一些（考虑到测试当日可能会有人缺席，不过缺席状况常出现就无须在意）。

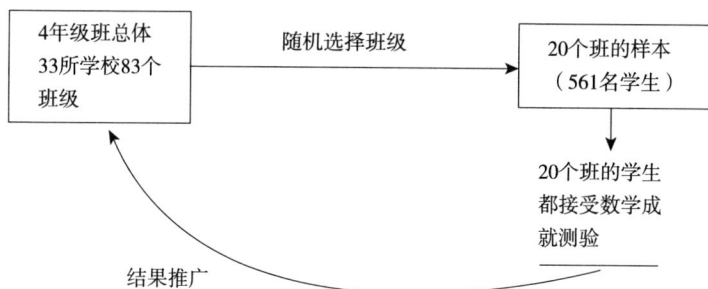

图 14.3　运用整群抽样选取样本——4 年级的实例

整群抽样通常用于大总体。不论抽样单位是什么，总体成员总是自然成
群分布的。随着群容量的增加，样本容量也会随之增大，因为被选取的群内
成员都在样本中。抽样单位应该仔细选择且要意义明确以免发生所含群之间
的混乱。群也可被用作分析的单位，所以整群抽样对数据分析也很有意义。
这意味着我们实际上仅仅获得 20 个观察值，这是每个群中学生的平均分，
而不是由 561 个观察值组成的大样本。

系统抽样

在教育研究中，当总体容量很大，并且可以得到已按字母表顺序或其他次序
整理好的表册时，选取样本就常用系统抽样的方法。研究机构的研究者也常用这
种方法选择样本。系统抽样的基本优点就是简便易行。

系统抽样是这样一种方法：样本的第一个个体被随机选定后，其他的个体就
可按一定规律取出，也就是说，决定样本特色的是第一个样本个体。总体成员是
以某种次序排列的。例如个体的名字可按字母表顺序排列，按照确定了的抽样比
率确定样本大小。如果抽样比率是 1/10，就从名册表的前 10 个名字中随机选择
一个个体作为样本的第一个成员，然后自这个成员在表中所处的位置起每隔 10
个名字就取出一个，依此规律取下去就可得到抽样比率为 1/10 的样本。一般情
况下，如果抽样比率 n/N 等于 $1/k$，第一个成员或样本就是从目录的第一个 k 的
名字随机选出。自那点起往后数，每逢第 k 的整数倍位置上的个体就取出来，当
名字表被抽完时，样本中便含有 n 个成员。

可能出现的周期性问题

尽管系统样本的第一个个体是随机选择得到的，但这种抽样设计仍有可能产
生一种偏差样本。最严重的问题是对总体成员进行的排序会导致周期性问题的出
现。**周期性**（**periodicity**）是指总体中每隔 k 个成员就会出现一些与因变量有关
的或对因变量有影响的独特特征。这时，样本便有了偏差性。

尽管由于排序产生周期性问题的可能性很小，但是在研究中这种问题还是会
在不经意间出现。

系统抽样是指：从一个名册中随机抽取样本中的第一个成员，如果 $1/k$
等于抽样比率，就从名册上抽出所有第 k 位置的名字。

马和克罗克（Ma & Crocker, 2007）采用系统抽样调查了加拿大各省 2000 年国际学生评估项目（PISA）的差异。其抽样分为两步：第一步，从所列全国学校名单中系统地抽取拟调查学校，抽取概率与学校中所包括的 15 岁学生的人数成比例；第二步，从学校所有学生名单中系统地抽取拟调查学生。研究者发现，不同省在教学氛围和学校归属感对阅读成绩的影响上存在显著差异。

例 14.3

从一个学校系统的大总体中选取了 5 年级学生的一个样本。这个样本被用来进行一项能力测试以此估计整个学校系统中所有 5 年级学生的能力水平。负责这项研究的人员决定在每 30 个人中选择一个学生，还注意到用各班的学生名册很方便，因为 5 年级的每个班学生人数大约都是 30 个。研究人员向各学校索要了 5 年级各班学生的名册，但收到的不是按姓氏笔画排列的名册，而是以最近一次的考试成绩为依据按从高到低的次序为学生排了名次的名册。研究人员把各班名册放在一起，然后选择了一个系统样本。由于考试成绩与能力切实相关，抽样名册中就掺进了周期性问题。如果样本的第一个个体选择第一个班的第 3 名，那么就意味着名册集合的第 3，第 33，第 63 名都将被选入样本，这样的一个样本与选择各班的第 26 名学生组成的样本将有天壤之别。不论样本是如何选出的，经过这样处理的总体内总会存在周期性变化的问题，这将影响样本的代表性。

这个关于周期性的例子，尽管有可能出现，但可能性不大，因为对那种情况，其他的抽样设计如整群抽样更有可能被采用。系统抽样很方便，举例来说，一个大学内的某一教育研究者想通过函寄简短问卷的方式调查学生机构（或它的某些部分），以学生的姓氏笔画为据进行排序的学生名单上的学生就可被用作调查的对象。

由于系统抽样是在表册的整体范围内进行的，所以它满足了对总体进行抽样的条件。与简单随机抽样相比，它的一个明显的优点是费时少。但研究者要注意总体名册的排序方式对抽样可能产生的影响并注意降低周期性出现的可能性。

确定随机抽样样本容量的注意事项　　339

在一项调查研究中，影响确定样本容量的因素是多方面的。但除了研究成本，有关影响因素的资料常常不全面，这就会使确定一个样本的精确容量很困难。成本不仅指财力的消耗，还指时间和精力的投入。在许多调查中，获取样本的每个单位数据所要消耗的成本都要求尽可能精确地估计。如果使用标准化测验就要考虑诸如以下问题:"每份测验要花多少成本?""测验计分和整理数据需要花多少费用?""如果需要的话,分配被试参加测验要付多少费用?""测验实施要花多少成本?"一个想从基金会获得项目基金的研究者就常常会被要求作出相当准确的研究成本估计。研究者是大学教授身份的(也可能是研究生)常常从基金会或校内基金处获得研究经费,这就需要对成本进行估算。即使一个大学的财源和设备条件都较好,对预定研究项目的成本进行估算还是应该的;起码要对时间和人力资源的花费作出估计。

样本容量与定量数据的统计分析有关。这里,**统计精确度**(**statistical precision**)和**统计检验力**(**statistical power**)是两个重要的概念。这两个概念相互关联,但是需要分别加以说明。举一个简单的例子,民意调查机构评估对学校征税的投票率时就是统计精确度。民意调查机构希望他们估计得尽可能精确。假设随机样本中55%的投票者赞同对学校征税。如果55%是基于一个小样本得出的,估计精确度为40%—70%(55% ±15%)。如果使用一个大样本,估计精确度可能是52%—58%(55% ±3%)。这说明后面一个估计非常有用[②]。统计精确度与样本容量直接相关。样本越大,统计精确度越高。

统计检验力涉及某一研究结果是否具有统计显著性。也就是说,该研究结果不是由于误差引起的。例如,在实验设计中,运用统计检验实验组平均数与控制组平均数之间是否存在显著差异。我们假设(零假设)实验组平均数等于控制组平均数。然后,我们计算两组数据之间的差异(我们的数据)。假设实验组数据比控制组数据高5分。然后,我们进行统计分析来考察两组间5分的差异不仅仅是由随机变异造成的。统计分析的结果有两种可能:(1)拒绝零假设,做出5分的差异具有统计显著性的结论;(2)接受零假设,得出零假设是正确的结论。当平均数之间的差异代表样本之间的差异时,统计检验力说明,实验组和控制组的平均数可能存在显著性[③]。统计检验力与样本容量直接相关。样本越大,统计检验力越强。在实践中,我们常常发现大样本比小样本容易得出统计显著性的结论。

340 | 大样本的统计精确度和统计检验力高于小样本。

当研究者能够给出表示为有意义差异的**效应值**(**effect size**)时,我们就能确定样本容量。假设研究者试图了解某一干预能否引起自我概念平均分(8分)的变化。她认为至少8分才能引起学业成绩的变化。当我们了解她想考察的效应大小(8分)、显著性水平(可能为.05)和统计检验力的期望水平(可能为.08)后,我们就能得到所需要的样本容量。样本容量还需要同时考虑许多因素，但是，如果具有足够的已有信息，比如自我概念分数的变化，样本容量的估计还是能达到统计精确度所要求的水平。已有信息包括对因变量变化的了解。欣克尔和奥利弗（Hinkle & Oliver, 1983）研究了如何在特定条件下确定样本容量。

确定样本容量的一般方法包括以下几步：

1. 必须指明样本预期的统计精确度、统计检验力和统计误差。这是研究者的职责。已有研究的信息非常有用，对因变量的了解也是有益的。

2. 对于第一步中预期的样本容量可以用一个方程式来表示。如果方程式中的部分元素是未知的，就需要估计其容量。解这个方程式就能得出样本容量（n）。

3. 在许多研究中包括多个因变量。例如，一个研究可能包括两个或三个分量表。如果希望得到每个分量表的统计精确度，就要为每个分量表估计样本容量。对不同的 n 值一定会有一些解决方法。就统计精确度来讲，如果可能的话，选择最大的 n 值就是最后的解决方法。

4. 最后，不管选择哪个 n 值，必须考虑实施研究所需的资源：收集数据的费用、时间和精力。

从统计上来说，确定样本容量虽然有些复杂，但多年开展研究的经验表明，确定样本容量大小还是有一些普遍的指导原则的。祖德曼（Sudman, 1976, p. 87）提出，对于特定地区或特殊的研究（例如专题研究或学位论文），样本容量可以小一些，200—500 人的样本即具有代表性。克雷伊奇和摩根（Krejcie & Morgan, 1970, p. 608）认为样本容量要以总体大小为基础。样本容量的大小由美国教育办公室开发的公式计算得出。虽然样本容量大小随总体容量大小的增加而增加，但是随着总体容量的增大，样本容量占总体的比例呈现递减的趋势。例如，总体容量为 700 人，样本容量即为 248 人，而总体容量为 75 000 人，样本容量即为 382 人。

在一项研究中可能会有许多小组，如一个包含多个实验变量水平的实验。一般来说，从属变量越多，每一组所要求的实验者数目就越大。如果在一个现场实验中有许多小组，对样本容量而言，每一小组的个体数为 8 或 10、15 直到 30 应该是足够的。但是，如果只有两个小组，我们通常不会认为每组中有 15 个左右的个体是充分的。通常所有组的人数加起来构成的样本总容量为 100 左右时比较合理。另一方面，在控制条件较好的实验中如学习实验室中的实验，每组有 15 个左右的实验对象，且样本总容量为 60 左右可能就是较充分的了。

如果利用了复杂的设计如含有两个或更多的独立变量的因素，并且此因素中的单元数目或小组数目较大时，每一单元中含 10 个左右的个体可能是最小的样本容量。但是增大样本容量一定能更有利于统计分析，总容量为 240 的样本总是要比容量为 120 的样本的代表性强。但是，作研究所用的资源和成本是必须要考虑的，很少有人认为在不可行的条件下非要搞一个容量很大的样本不可。

可以推断：并不是样本容量总是越大越好，因为这需要大量经费、花费许多精力、浪费很多信息。对某调查而言，由于收集大样本的资料所花费的时间太长致使统计结果失去了及时性。增大样本容量并不是达到充分代表性的必要条件。抽样方法以及确保抽样无偏差是决定样本具有充分代表性的重要因素。概率抽样必须包括随机抽样的某个方面。早先提到的 1936 年的总统选举中，《文摘》杂志预言阿尔夫·兰顿会在竞选中获胜。这个调查的样本是 240 万人，但是它却没有采取任何措施来规避偏差来源。每年一次的民众对公立学校态度的卡潘/盖洛普测验是一项全国范围的调查，然而其样本容量通常在 1 000—1 500 人。

对于有些研究类型来说，有可能不从所有的样本成员中获取数据。函寄的问卷不易于得到回复，在实验室中进行的研究由于无法实验可能会失去意义。对未能参加研究的被试可以采用其他替代的方法。但是，如果样本成员不应答或不参与的可能性很大，就该多选出一些样本成员供备用。当然，这就对样本大小有了直接的意义。在一个特殊项目中超过预定样本大小的那部分样本所占的百分比需要被估计，这可根据过去的经验或研究文献资料为基础做这项工作。应该指出的是，超规模抽样并不能解决由于不应答而引起的可能的偏差问题；它只能把数据的量保持在预想的水平上。

在最后分析部分，调查研究对样本容量作平衡是正常的。由于受收集数据经费的限制，一些统计精确度会降低。还有一些研究统计精确度降低是因为有效被试有限或获取被试的途径有限。研究设计时，将样本容量设计得很大的意义不大，这不但花费金钱，还花费时间和精力。另外，将研究的统计精确度限制得很小其意义也不大，这会导致不能肯定地作出研究假设等的决断。研究者需要决定哪些平衡是必需的，如果做平衡的话能否确保研究的价值。

上面论述对定量研究中一个相对比较复杂的概念（样本容量）作了简要回顾。有许多参考资料讨论这一问题，其中一些参考资料已经提到过。

有目的抽样

包含随机选择方式的概率抽样方法不是总能合乎需要或恰如其分。我们已经看到，对一项实验来说，当不可能使用随机选择或随机分布的方法时，就要用到准实验设计的方法。那些人种学研究和历史研究——一般属于定性研究序列中的方法，通常不适宜用随机抽样的研究方法，至少在选择研究地点时不适宜随机选择。

有许多理由可以说明为什么随机抽样不适合或不可行。首先，有时仅仅是因

342

为研究者无法获得一个完整的群体作为研究对象。在美国，从所有要毕业的高中学生总体中选取一个随机样本从逻辑上讲是行不通的。其次，有时随机分布或抽样不总是适宜，也有伦理的原因。在医学研究中，随机地选择一些病人进行治疗或不治疗是违背道德准则的。结果的普适性不是很重要的事情，至少它不会引起统计基础上的争论。举例来说，大部分的人种学研究就是把主要精力花在具体情况的叙述上，而不是花在结果的推广上。关于外在效度的争论则是在逻辑的基础上展开的。最后，与研究问题相关的地点或群体只有一个或者有限几个，这样，实施抽样就没有必要了。

> 随机抽样并不适宜或适用于所有的教育研究情境，这有许多原因，既有实践方面的原因，也有理论方面的原因。

当不能运用随机抽样时，研究者为了达到研究目的而选择一个样本被称做**目的样本（purposeful sample）**。目的样本与随机样本是完全不同的，这不仅在于它们选取样本的方式不同，而且在于它们运用的逻辑基础不同。随机抽样的逻辑基础是所选择的样本对总体要有代表性，这样就可以推广到整个总体中去。总体中的每个个体被假定为同等的资料源。有目的抽样的逻辑基础是其选取的样本，对所深入研究的情况了解很多，它没有假设总体成员都是同等的资料源，而是确信那些被选的样本个体是**丰富信息的提供者（information-rich cases）**。人种学研究中用到的关键信息提供者就是这种被选个体的实例。波尔金霍恩（Polkinghorne，1991）提出了有目的抽样要达到的获得充分定性资料的两条要求：

> 对调查现象的热情描述和资料中有足够的差异能形成综合的结构性描述。（p. 11）。

结论推广的基础就是那些在人种学研究章节里所讨论到的肯定判断。 343

> 随机抽样和有目的抽样的不同在于：选择程序不同；抽样运用的逻辑不同。

需要指出的是，有目的抽样并非是随意的。单元的选择是以事先确认的准则为依据的。研究者必须对单元的特征有深刻的了解，如变化性及其极端情况存在的可能性等。不管研究的单元是群体还是个体，由于它们能提供与研究的问题有关的信息，所以都会被选择到。有目的抽样还有一些变式，接下来予以讨论。

全面抽样

全面抽样（comprehensive sampling）是样本中包含所有研究案例的抽样。这种抽样方法在案例数目较小时适用。举例来说，在一所高中的一项特殊咨询方案中可能涉及 6 名学生，这 6 名学生将全部被包括在研究中。在一个学校系统内进行的一项有关有严重障碍儿童的调查可能要包容所有这样的儿童。当历史学家写人物传记或对某一事件或论点进行分析时，他们运用的主要方法就是全面抽样法。

梅纳德-沃里克（Menard-Warwick, 2007）采用全面抽样的方法研究了加拿大的一个尼加拉瓜移民家族。她的研究对象是居住在一起的一对妯娌，她们的女儿在同一所小学读书。她们是老乡，毕业于同一所初中，参加了同一个 ESL 家庭识字项目。但是她们对女儿学业的支持在个人、家庭和社区资源方面差异较大。这表明对同一家庭中一对妯娌的研究需要梅纳德-沃里克使用有限样本中所有具备特定特征的案例。

全面抽样包括了样本中所有具备特定特征的研究案例。

最大差异抽样

最大差异抽样（Maximum variation sampling）是一种为了获得样本抽取研究案例的方法，因为它们对某种特征提供了最大差异。一位在 3 所高中进行人种学研究的工作者，可能选择在学生特征、地点以及其他统计特征都不相同的 3 所学校作为样本。最大差异抽样倾向于获得两种类型的信息：（1）对不同个案详细描述以突出个案间的区别；（2）不同个案间的共同之处是什么。

有时最大差异抽样与配额抽样有关，因为一定数目的案例都被指派到不同的种类中。举例来说，在一所取消种族隔离的高中学校进行一项学生间人际关系的调查，一位人种学研究者可能会把特定数量的黑人男人、黑人女人、白人男人和白人女人作为关键信息者进行访谈。

费希尔凯勒（Fisherkeller, 1997）在纽约的一所中学进行了一项青少年通过电视文化来培养认同感的研究。这些学生来自不同的民族和种族。研究者到学校进行参与式观察和非正式访谈。同时，研究者选取了 8 名被试进行家访，挑选出 3 名学生进行了深度访谈，访谈内容包括他们的生活方式、看电视经历、电视节目偏好。费希尔凯勒这样描述研究中所选择的学生：

> 在本论文中，我把 3 名被试安置在家庭、街坊、学校和同伴文化中。……

3 名拟深入分析的被试是我根据他们经历的差异筛选出来的。沃尔弗伊内（Wolverine）是我研究期间唯一一个接受访谈的男孩，因而选择他作为研究对象是理所当然的。……德泽雷（Dezeray）和萨曼莎（Samantha）两人差异最大，她们与沃韦瑞在民族和种族上都不同。……而且，他们的人格和行为举止差异较大（根据 pp. 469 – 470 内容缩写）。

然后，研究报告详细描写了被试的家庭住址和学校生活。因为上述研究只选择 3 名被试作深度研究，所以该研究在一定意义上就是最大差异抽样的实例。研究者希望学生间存在差异，但并不表明研究考察了极端个案因素。

> 最大差异抽样是一种选择过程，它包括对研究案例的选择，以便使特征的差异达到最大。

极端个案抽样

极端个案抽样（**extreme case sampling**）涉及有显著特征的研究案例的选择。对有效或示范学校的研究常常用到极端个案抽样。选择这些学校是因为按照特殊的标准看它们是成功的。运用极端个案抽样的方法的逻辑是从极端个案中获得的信息可以应用到一般个案中去。

从连续体的两端选择极端个案可以提供确定性的和非确定性的研究案例，以便于对特征和模式方面的连续性缺乏与否作出比较。举例来说，对一所示范学校的研究可能涉及一所或更多所其他学校，这些学校若按示范学校的标准看是不够成功的。通过学校间的比较以确定与一所示范学校相关的特征如风气、特色等。从本质上讲，选两头的极端个案抽样成了最大差异抽样的一种特殊情况。

345

普雷斯利、莫汉、拉斐尔和芬格尔特（Pressley，Mohan，Raphael，& Fingeret，2007）采用极端个案抽样研究了"为什么班尼特·伍兹小学的学生能取得如此高的阅读、写作成绩？"通过研究具有代表性的学校，他们能够为实践中运用该方法取得成功提供启示。他们发现，除其他方面的原因外，学校全体教员都非常重视阅读和写作。学生在学习如何拼读单词、如何阅读理解和如何写作时，还阅读了很多书籍，而学校也创设了一种与学习内容相关的激励性环境。

> 极端个案抽样就是对那些有不寻常特征的研究案例进行选择。

典型个案抽样

与最大差异抽样和极端个案抽样相比，**典型个案抽样（typical case sampling）** 走的是"中间道路"，所选择的研究单元被认为是所研究现象的典型。在有关学校的一项研究中，所选择的学校既非最好也非最差，而是一些典型的学校。在这样一种研究中参与面谈的学生既不是天才学生也不是表现特差的学生，而是按照所要研究的特征看具有典型性的学生。

同质抽样

当研究的着眼点放在某一特殊的亚群体时就会用到**同质抽样（homogeneous sampling）** 了。举个例子说，在一项教学实习研究中，所选择的样本可以只包含初任教师，这个样本就被认为是教师总体中的一个同质群体。从抽样的角度看，同质抽样是与最大差异抽样相对立的一种抽样。

有目的抽样的其他变式

有目的抽样还有其他一些变式，所有这些变式都涉及这样的判断：谁或什么应被包含在样本中。链接式抽样，**网络抽样（network sampling）**，或**"滚雪球"抽样（"snowball" sampling）** 是这样一个过程：由最初被选择的个体提供适合做样本的其他个体的名字。举例来说，在一项关于对有强烈支持教师联盟观念的教师的调查中，最先被选取的教师可以提供其他与自己有相似观点的教师的名字以备抽样。

巴顿（Patton，1990）提出了**关键个案抽样（critical case sampling）** 并把关键个案界定为：

> 那些能够很好地证明某一论点的或者因某些原因而在整个事件中占有特殊重要地位的个案。（p. 174）

346　　关键个案不是那么容易找到的。但运用这种个案时可运用某些逻辑准则。关键个案可从两方面来审视。举例来说，假设一项研究是关于一所小学中的"新"教学体制的实行情况的，一种方法是选择这样一所学校：运转困难，学生学业成就差并且教师士气低落。那么观点就是：如果新教学体制在这所学校能实行，在其他学校也一定能实行。另一种方法是选择一所高度成功的学校，教师士气高涨，学生学习成绩好，资源充沛。选择这样一所学校将把教学体制成功实行的可能性扩至最大。

定性研究常常涉及波尔金霍恩（Polkinghorne，1991，p. 12）所称做的"实验对象的**断续选择**"（intermittent selection）问题。就是说，实验对象的选择是持续于整个研究过程的。有时进入实验研究时会发现一些编外的个体或最初并没参与实验的个体却能提供有用的信息。

当个案研究选择某一组织或机构时，其选择是有原因的，比如该组织是同类组织中的一个典型个案。假设选择某一学区做典型个案，研究集中探讨该学区对学业和技能的教育。那么，研究时访谈所有相关人员，查阅所有可能相关的文献，观察所有授课是不现实的。此时，运用波格丹和比克伦（Bogdan & Biklen，2003，p. 61）所提到的"内部抽样"是必需的。**内部抽样（internal sampling）**能够鉴别需要访谈的个体、需要查阅的文献、需要观察的班级，被访谈的学生和被观察的班级是随机抽取的。然而，更有可能的是这种抽样以关键线人为基础，被抽取访谈的学生和回顾的资料都是为了最大化地显示差异和特性。这些取样都有其逻辑基础。

尽管常用的有目的抽样上面已经叙述过，但要指出的是，这些有目的抽样并非总在它们的"纯粹意义"上使用。有目的抽样可能还有其他变式和组合。举例来说，典型个案抽样或极端个案抽样可以包含滚雪球抽样以扩大具有相似特征的被试对象数目。

与有目的抽样相联系的是随机选择。举例来说，在一个人种学研究中，可以得到 50 个相似的实验对象，他们具备访谈的资格条件，其中可以随机选出 5 个对象。以这种方式运用随机抽样时，它的目的就是在可行的条件下完成资料的收集任务。

陶特和阿尔金（Taut & Alkin，2003）抽取被试时包含了配额抽样、内部抽样和断续抽样因素，这是有目的抽样的一个实例。他们试图通过对评估项目成员的深度访谈查明实施评估项目的障碍。他们认为：

> 因为我们对个人的洞察力感兴趣，这样就不仅仅要求被试在问卷上填答案或简单回应选项；所以我们决定采用定性研究，通过面对面的访谈来收集数据。第一位研究者做了 18 次的半结构式秘密访谈，每次 45 分钟。通过访谈备忘录，访谈者能够适应每一个受访者，以便获得相对充分的研究结果。访谈者包括评估项目中不同层次水平的人员：大学里职务较高的 4 位科研人员和 4 位行政人员，大学里职务较低的 1 位行政人员，6 位项目实施者和 3 位学区雇员。随着研究的进行，我们对最初的访谈人员名单进行了调整。最终，我们实现了预期的访谈目标。（p. 216）

347

这个抽样拓展了研究的兴趣点，在所有的兴趣点上都获得了可供研究者分析异同点的多种反馈。研究者要在适应每个访谈对象与获得可比信息之间取得平衡是有趣的。采用适应性访谈符合这项研究的定性特质。

> 有目的抽样有许多变式，这些变式的应用目的是在样本中获得信息丰富的研究案例。

目的样本的样本容量

定性研究中的样本容量是典型的小样本。研究地点数量通常是一个或非常有限的几个。但是必要的被试或个体要多少呢？对于这个问题没有统一的答案。研究刚开始时研究者不可能确定被试对象数目，因此断续抽样用得较多。林肯和居巴（LinColn & Guba，1985）对样本容量作了如下陈述：

> 有目的抽样的样本容量的大小是由信息的需要决定的。如果抽样的目的是使信息最大化，那么当不能从新抽取的研究案例处获得新的信息时，抽样就需要终止了。所以不重复就成了基本准则。（p. 202）

尽管样本容量通常不能被具体化为某个数字，但是在定性研究实例中考虑样本选择还是很有用的。

小　结

在任何研究中，抽样都是重要的，因为样本提供了有关总体的充分的代表意义。当使用概率抽样时，为了能够从样本推断总体，必定要用到随机抽样的一些方法。当进行调查研究时，由于研究逻辑上的原因，会采用其他抽样方式，而不是简单随机抽样。这一章讨论了包括随机选择等4种方法。这些设计的普遍特征总结于表14.2中。

表 14.2　对随机抽样设计普遍特征的总结

设　计	随机选择	其他特征
简单随机抽样	从总体中以个体形式抽取样本。	整个总体作为被抽样的一个单元。
分层随机抽样	从各个子总体或层中，以个体形式抽取样本。	样本能代表所有层的情况；通常用如下两种分配方式之一在样本中分配各个层：平均分配、按比例分配。按比例分配最常用。

设　计	随机选择	其他特征
整群抽样	从一个多群体的大总体中抽取一群成员。	被抽群的所有成员都是样本。不是所有群都被包括。各群的大小不必相等。
系统抽样	第一个样本成员是以个体形式随机选取的。	总体以某种方式进行了排序，样本的最初个体一经确定，以后的各个个体也就确定了。

有的抽样是与定性研究相联系的，这种抽样的逻辑与随机抽样的逻辑是不同的。本章讨论了目的抽样的几种变式，这些变式是用来满足不同研究目的的。

研究者希望推广结果的话，样本之于总体的代表性是决定性的。随机样本是有代表性的，但若用非随机抽样，比如用目的抽样结果会怎样？当使用了非随机抽样时，研究的推广性就不能在概率的基础上进行讨论，而必须要在逻辑的基础上进行讨论。在有些研究中，研究者并不特别关心对总体的推广。但无论如何，当在逻辑的基础上讨论代表性时情形将会是怎样，要视研究的具体情况而定。

实质上，本章是对教育研究中经常运用的抽样设计进行了回顾。当需要综合运用抽样方法和在不同的研究阶段抽取被试时，就要进行复杂的抽样设计。本章只是试图给被试提供关于抽样设计的一些基本知识：抽样设计的特点、不同抽样设计之间的差异以及不同抽样设计的应用条件。

核心概念

样本	按比例分配	最大差异抽样
概率抽样	自动加权样本	极端个案抽样
随机样本	整群抽样	典型个案抽样
随机选择	系统抽样	同质抽样
随机分配	周期性	网络抽样或
抽样框	统计精确度	"滚雪球"抽样
抽样比率	统计检验力	关键个案抽样
抽样误差	效应值	断续抽样
抽样偏差	有目的抽样	内部抽样
分层随机抽样	丰富信息的提供者	
平均分配	全面抽样	

349

练 习

14. 1　假如总体容量为 839，一个简单随机样本的容量是 50，试问你如何用随机数字表选择样本。用本章的表 14.1 选出前 10 个样本个体。

14. 2　叙述分层随机抽样中按比例分配的抽样方法是如何进行的。举例说明。

14. 3　在一个州的范围内进行了一项对高三学生的数学成就的调查。要测量高三学生的一个样本。讨论一下对一个如此大的总体进行抽样可能有的困难。试论进行分层抽样或整群抽样的可能性。若用分层随机抽样，可能的分层变量是什么？

14. 4　试论分层随机抽样和整群抽样之间的区别。从所包含的层、群、层内成员或群成员几个方面予以说明。

14. 5　一个总体被分成 4 层。各层总体容量分别是 830，660，480 和 1 030。样本容量是 450，运用按比例分配样本的抽样方法进行样本选择。抽样比率是什么？使用概率分配，在 4 个层次中分配样本。

14. 6　一名教育心理学家有一个 690 名大学生的总体可以参加在实验室进行的概念获得的实验。实验需要 120 个个体，包括 60 名男生和 60 名女生。总体中的男生是 309 名，女生是 381 名。怎样对参加实验的个体进行随机选择？假设实验的变量有 4 种水平，在各水平中分布相等的男生和女生。试问怎样将总体随机地分布到各水平中去？

14. 7　一个州有 500 个学区，州教育部计划进行对高一学生进行一项阅读成绩的调查。学生样本将于 9 月中旬选取。编制一个用整群抽样选取样本的计划。用这种方式，整群抽样的研究案例情况如何？会遇到的困难是什么？估计样本容量是多少。

14. 8　从逻辑和概念两个方面，描述概率抽样（包括随机选择的一些形式）和有目的抽样的差别。

14. 9　当使用有目的抽样时，全面抽样和最大差异抽样有什么不同？试各举一例。

14. 10　当运用有目的抽样时，典型个案抽样和同质抽样之间的区别是什么？试描述并各举一例。

14. 11　一所国立大学的教育研究中心打算作一项全国性的人种学研究，了解针对有阅读障碍的 1 年级儿童开展的补偿性阅读计划的情况。首先，在全国 453 个学区中共发现 3 种不同的补偿性阅读计划。学区的规模从大的城市学区到小的农村学区参差不齐。可供研究的资源包括 50 个现场，这些现场可用于定期观察、访谈等，因此在一学年中可以进行定期的研究。叙述一下如何选择一个有关研究地点的目的样本。当

350

研究开始后，如何利用断续抽样？

14.12　拟在某地区的某一学校和社区进行一项研究，该地区登记注册的总人数为 3 215 人。该地区登记注册的人数名单就是抽样框。拟抽取 300 人的样本，抽样比率是多少？虽然可以选用简单随机抽样，但是根据已有的名单，选择系统抽样也是比较方便的。请说明如何进行系统抽样？如何抽取第一个样本的成员？如何筛选其他成员？在此条件下，系统抽样与简单随机抽样相比具有哪些优点？

14.13　拟进行一项大样本的调查研究，被试包括五层。每层人数分别为 5 000、16 000、7 000、5 000，和 9 000。抽样比率为 .02 或 1/50。采用分层随机取样抽取样本。

a. 采用平均分配来分配样本成员。

b. 采用按比例分配来分配样本成员。

14.14　利用"研究导航系统"找出一个有目的抽样的研究设计。有地点选择（如果可能的话）和案例选择的描述吗？对抽样选择的描述是否充分？是否给出了样本大小？作者是否提出推广性或外在效度？如果是的话，研究个案是否足够？

14.15　请说明简单分层抽样中是如何运用外在效度的？请说明有目的的极端个案抽样中，外在效度是如何运用的？

14.16　请说明为什么人种学者很少使用简单随机抽样来选择研究地点。

注　释

① 假如对一个有限总体进行无替代抽样，对这个界定进行少许调整就是必要的。以这种方式进行抽样，所有特定大小的样本都有同样的被选择的概率，这样选出来的样本就是一个简单随机样本。

② 这是根据比率建立 95% 置信区间的实例。第 17 章将讨论置信区间。

③ 第 17 章讨论推断统计，其中，对这些概念将作详细解释。

351

参考文献

Bogdan，R. C.，and Biklen，S. K.（2003）. *Qualitative research in education*（4th ed.）. Boston：Allyn & Bacon.

Duncan，C. R.，and Noonan，B.（2007）. Factors affecting teachers' grading and assessment practices. *The Alberta Journal of Educational Research*，*53*，1 – 21.

Fisherkeller，J.（1997）. Everyday learning about identities among young adolescents in television culture. *Anthropology and Education*，*28*，467 – 492.

Hinkle，D. E.，and Oliver，J. D.（1983）. How large should the sample be? A question with no simple answer? Or … *Educational and Psychological Measurement*, *43*, 1050 – 1051.

House, J. D. (2003). Self-beliefs and reading achievement of elementary-school students in Hong Kong and the United States: Results from the PIRLS 2001 assessment. *Child Study Journal*, *33*, 195 – 212.

Kish, L. (1965). *Survey sampling*. New York: John Wiley.

Krejcie, R. V., and Morgan, D. W. (1970). Determining sample size for research activities. *Educational and Psychological Measurement*, *30*, 607 – 610.

Lincoln, Y. S., and Guba, E. G. (1985). *Naturalistic inquiry*. Beverly Hills, CA: Sage Publications.

Ma, X., and Crocker, R. (2007). Provincial effects on reading achivement. *The Alberta Journal of Educaitonal Research*, *53*, 87 – 109.

Menard-Warwich, J, (2007). Biliteracy and Schooling in an extended-family Nicaraguan immigrant household: The sociohistorical construction of parental involvement. *Anthropology and Education Quarterly*, *38*, 119 – 137.

Pattom, M. Q. (1990). *Qualitative evaluation and research methods* (2nd ed.). Newbury Park, CA: Sage Publications.

Polkinghorne, D. E. (1991). *Generalization and qualitative research: Issues of external validity*. Paper presented at the annual meeting of the American Education Research Association, Chicago.

Pressley, M., Mohan, L., Rahpael, L. M., and Fingeret, L. (2007). How does Bennett Woods elementary school produce such high reading and writing achievement? *Journal of Educational Psychology*, *99*, 221 – 240.

SPSS, Inc. (2006). *SPSS for Windows: Base System User's Guide: Release 15. 0.* Chicago: SPSS Inc.

Sudman, S. (1976). *Applied sampling*. New York: Academic Press.

Taut, S. M., and Alkin, M. C. (2003). Program staff perceptions of barriers to evaluation implementation. *American Journal of Evaluation*, *24*, 213 – 226.

第 15 章

测量与数据收集

在教育研究中，或迟或早总要用到测量，这种测量包括对因变量的测量，例如，进行一项关于 6 年级数学教学法的实验就必须作一些数学成绩或表现的测量。测量的成绩就是该实验的因变量。这些测验可以是数学标准化成绩测试，也可以是专门为该实验而设计的数学测验。因变量可能有多种形式，因此在教育研究中相应地也就有很多种不同的**测量（measurement）**类型。

因为教育研究中有大量的需要测量的不同变量，所以教育研究中也就有多种测量的手段——测验、调查、观察，以及其他方法，对于有些教育研究项目来说，现有的测验方法或手段就可以满足测量要求；而另一些研究项目，却需要用大量的精力来开发合适的测量方法。但无论是哪种情况，都必须用测量工具充分地测出研究中的变量、概念或现象，因为研究只有在测量能产生研究所需的数据时才能很好地完成。

在教育测量领域，对教育的变量如成绩和态度等的测量，本身就是研究的学科。本章的讨论是要为测量，包括测量的基本概念，提供一个概观，因为这是进行研究的一部分。本章提供了一些测验和其他测量工具的来源，它们为教育研究中常用的测量工具提供了实例。

与研究有关的测量问题有两个基本方面：测量什么和如何测量。

测量的概念

克林格为测量作了明了的被广为接受的定义（Kerlinger, 1986, p. 391）：

按规则给对象或事件赋值。

1、2、3之类的数字本身是没有数量或质量意义的，而只是个符号，除非它们按规则被赋予了意义。特定测量的规则是进行赋值的指南，比如，给某种回答打分，或者合计两个以上项目的回答的分数等都包括在内。

测量是按规则赋值的过程。赋值的对象是事件或物体，如对项目的回答或观察的某种行为。

测量量表的种类

下面简要介绍一下4种水平的量表——称名量表、顺序量表、等距量表和比率量表。按打分或量表测出的信息的定量性质和程度，这4种量表构成了一个等级分类体系，它们从称名量表到比率量表，所含的信息由最少到最多依次递增。这4种量表的定义分别见下文。每种量表都给出一个可用这种量表测量的变量作为例子。

称名量表：只给出不分次序的类别。所测的一切只是分成两个或更多的类别，而这些类别只表明某一或某几种特征的不同，如个体的性别。

顺序量表：除了表明性质的不同，还根据高低、多少等特征排出次序。尽管测量值的顺序确定了，但还不能确定各测量值之间的距离可比关系，如对学校的态度。

等距（也叫等单位）量表：不仅给出了顺序，还确定了等距的单位。量表上某一部分测得的分数所反映的差异，与其他任一部分测得的分数反映出的差异都是相等的，如成就测验分数。

比率量表：除了等距，量表还含有真正的零点，表示测得的信息一点也没有，如学校工作的经费开支。

尽管上述对量表的叙述看上去是足够明了的，但是对一个量表进行归类却不那么容易。困难通常出现在顺序量表和等距量表中。例如，在第9章介绍过的利克特量表中，单个项目的量表是顺序量表，回答可能是有序的但却没有相等的单位。随后第9章又引入了语义差别量表，像利克特量表的项目一样，语义差别的单个量表是顺序量表。但是假设有足够量的利克特量表项目，比如说20个左右，都反映一个内容，比如学生对学校的态度，每个项目从"很不喜欢"到"很喜欢" 5 种程度，打 1—5 分，分数越高表示态度越积极。如果把 20 个项目的得分都分别求和，那么将会得到从 20—100 的不同分数。这些总分数能体现等距测量吗？有人会认为，这些总分至少是接近含有相等单位的，所以可以看做是等距的测量。相应地，语义差别通常包含几套是否题（与利克特量表中的项目对应），这些题目也都反映同一概念。这些题目的答案被求和后，总的分数就可看做等距测量。

上述等距量表基于习惯和用途而确定。主要关注的是测量水平是否有意义以及数字隐含的信息。而含义取决于具体研究的条件和变量。

教育研究中要测量的许多变量是人的个性、外在特征、内在特性等多少有些微妙的特征。但无论怎样，测量对象都给出了操作性定义。这意味着测量要由测验或其他测量手段测得的分数来表示或描述变量。例如，数学成绩可以由艾奥瓦基本技能测验的数学分测验分数来确定；学生的教学领悟能力可以用专为教学研究开发的 10 项等级量表测得的分数来表示。研究当中，这样的变量（值）由测量手段来确定。

操作性定义具体说明了要用于测量变量的工具或操作方法。

测量的信度

测量的两个基本特性，即信度和效度，是确定测量手段适用性时所必须考虑的。简言之，**信度**就是一致性，即测量手段对各个对象测量结果的一致程度，也即测量手段在不同时间测量同一个体所得结果的一致性。在概念意义上，观察值由两部分组成，一部分是个体的"真"分数，另一部分是"误差"分数。误差是由于测量的不精确造成的。信度就与这些组成部分有关。如果观察值的误差大，信度就低；误差很小，信度就高。信度是一个统计概念，是根据测量手段对一群个体测量得到的两组测量值的相关性确定的。**信度系数**可能是包括从 0 到 1.0 在内的某一数值。就概念意义而言，如果信度系数是 0，就表示观察值中没有"真"的成分，全由误差构成；相反，如果信度系数为 1.0，观察值中就没有误差，全由真分数构成。显然，教育测量中总是力求高信度系数，尽管很少有 1.0 这样高的信度系数。

355

信度是指测量工具在测量它所测量的对象中的一致性，信度系数可以是包括从 0—1.0 在内的任一数值。

评估信度的经验性方法

有好几种方法可用来评估信度，它们都有求信度系数的公式。下面是一些常用的方法。

平行式或替换式：这一方法用的是两个或更多的等值测验。对一组被试先后施行两种形式的测验，两次测验之间有一段时间间隔。如果测验的信度高，用这两种形式的测验测得被试的分数，就应当是差不多一样的，这两个分数有高度的正相关。

重测法：这一方法是对同组被试施行两次或更多次的同样的测验。如果测验信度高，这两次测得的分数也是高度正相关的。

分半法：这一方法要求只施行一个测验。在计算分半信度时，把测验项目分成两等份，它们的内容和难度相当，然后对它们分别单独计分。如果测验信度高，两等份的计分就有高度的正相关。一个被试在一半测验项目上得分高，那么他在另一半的得分也应该高；反之亦然。

库德-理查森方法：库德和理查森（Kuder & Richardson，1937）为这种方法开发的两个估算信度的公式，只要求施行一个测验。公式 KR-20 用以求出所有可能的分半系数的平均值。如果可以假定项目难度相似的话，公式 KR-21 可以代替 KR-20。

克龙巴赫α法：由克龙巴赫（Cronbach，1951）建立的这种方法，基于两个或更多部分的测验，只需要施行一次测验。

尽管所有的信度系数都是对测验一致性的估算，但一致性有多种类型。只施行一次测验的方法（分半法、KR-20、KR-21、克龙巴赫α法）求得的是内部一致性系数。库德-理查森法（KR-20 和 KR-21）适应于二进制数据。例如，学业成就测验中每个反应项目所作出的"是"或"否"的回答，其数据的处理就要用库德-理查森法。克龙巴赫系数是 KR-20 在多种反应方式数据中的推广。态度量表中的项目有 5 个选择答案就是多种反应方式数据的实例。正因如此，克龙巴赫系数常用来估计态度量表的内部一致性。如果施行两个或更多形式的平行测验，求得的信度系数是等值系数，它取决于不同形式的测验的等值程度。而且重测法求得的信度系数是稳定性系数，它取决于单一测验测得分数的稳定程度。等

356

值和稳定性系数是以两次以上的测验为基础的。

如果要用发表过的测验或量表测量，附带的说明中就要有关于信度的说明，如信度的类型和大小。如果根据当地实际研制测量工具，信度就需要计算出来。比如，假定教师们组织一个关于学生对学校态度的研究，使用当地制定的态度量表，信度很可能是内部一致性系数。如果这一量表有 40 个项目，就要二等分为各 20 个项目，两部分项目的得分可能是相关的（相关方法将在下一章讨论），二者的相关系数就可以用来估算这个量表的信度系数。

> 有很多方法可用来对信度作经验性估量。只用一次测验求出的信度系数反映的是测验的内部一致性，用两次以上测验求出的信度系数是对测验等值性或稳定性的估量。

各种类型测验的预期信度系数

尽管我们力求信度系数尽可能接近于 1.0，但信度却因多种因素的限制而难以这样高。其中一个因素是测验长度，增加测验时间长度，倾向于提高信度。正因为如此，总测验的信度总是比它的分测验信度高。

信度系数的大小也受到所测变量的影响。比如学术和技能领域的成绩测验，信度系数通常比兴趣和态度测量高。表 15.1 列出了部分测验和量表的经典信度系数。当给予了信度系数（r）一个范围时，表示的是多种测验中，或者从两个或多个分量表中得到的信度估计。

测量的效度

测量的另一个基本特性是**效度**，即一种测量手段达到测量目的的程度。简单地说，测量效度与这个问题有关："测量手段是否达到了测量个性、禀赋或其他特征的目的？"效度就是测验或调查测得的结果对测量对象解释的充足程度，尤其是对特定研究目的的充足程度。一个测验对于有些情况效度高，而对另一些情况却未必高。比如一种理科成绩的测验，测量理科知识时效度高，而测量逻辑推理技能时效度就不高。

357

表 15.1　选择测验和调查信度系数报告举例

测　验	r
基本的初始阅读技能早期评估	.82 – .85
贝内特（Bennett）机械理解测验	.75 – .93
加拿大成就测验（第 3 版）	.64 – .92
认知能力测验（第六种）	.90
德弗罗（Devereaux）儿童早期评估——临床版	.88 – .94
盖茨-麦吉尼蒂（Gates-MacGinitie）阅读测验（第 4 版）	.90
家庭 – 社区社会行为量表	.91 – .97
幼儿园诊断量表	.87 – .91
情感多样性形容词核检表——修订版	.62 – .95
雷诺兹（Reynolds）学校欺侮 – 欺骗量表	.93 – .95
学校社会行为量表（第 2 版）	.94 – .98
STAR 数学版 2.0	.79 – .88
TerraNova（第 2 版）	.90

注：这些信度系数取自 2005 年第 16 期《心理测量年鉴》（*Sixteenth Mental Measurements Yearbook*），斯皮斯，普莱克主编（R. A. Spies & B. S. Plake，2005），林肯：内不拉斯加大学。

　　有两种基本途径来确定测量的效度。一种是通过对内容的逻辑分析，或通过对构成教育的特性、结构、特征的逻辑分析，这实质上是判断分析；另一种方法是经验性分析，用效标测量，效标即某种标准的或要求达到的结果。效标测量可能是某项任务或某个测验的表现，或对工作表现之类的测量。效度就是特定测验的有效性与效标测量的联系性或相关性。

　　效度是一元的概念，只不过有不同类型的效度依据。这是一个基本的概念差别；但无论我们是否区别效度的类型，或区别建立效度依据的类型，建立效度的方法都是一样的。下面的论述就采纳了依据类型的观点。

效度就是测量手段测出所要测量的东西的程度。

358　　**与内容有关的依据。**　　确定内容效度就是确定测量项目对技能、任务、知识等被测对象的代表程度。因而**内容效度**就是取样的充分程度。确定内容效度就是对测量项目作逻辑分析，从而确定它们的代表程度。成绩测验的效度通常就以有

关内容依据为基础。

与效标有关的依据：共时性和预言性。　**效标效度**是通过将测验与某种外在效标作比较来确定的。这种外在效标就是判定测验效度的标准。如果效度待定的测验得分与这种效标相关较高，那么这一测验的效度就高；反之，效度就低。

共时性和预言性的判定，是确定测验分数与外在效标数之间的关系的验证过程。如果效度待定的测验与效标测验的结果是同时或近似同时得出的，那么这时测定的测量效度就是共时的；如果效度待定的测验实施后一段时间（比如 6 个月）之后，才进行效标测验，并将二者的结果相比较，这时确定的效度就是预言性。这就是确定共时性和预言性在操作上的区别。二者在目标上也有区别：共时性是针对现在的情境而言，而预言性则是就可能发生的情况而论的。具体地讲，共时性问题就是测验分数是否测出了目前实际存在的特定行为，而预言性的问题则是测验分数是否预测到了将来发生的特定行为。

共时性效度的效标测量未必就是同一时间进行的另一测验，它可以包含诸如任务成功或平均积分点之类的共时测量。用来确定预言性的效标测量常常是某些后继工作的表现。预测效度对于人员选拔特别重要。在学校，预测效度与准备性测验、能力倾向测验有关，比如阅读准备性测验。

与结构有关的依据。　结构效度的确定包含逻辑的和经验的分析。"结构"这个概念指的是理论结构或被测因素的构成，而不是测验项目的外在技术性结构。结构是用来解释某一现象（如个体行为）的假定属性或组织，由于它是抽象的，而非实在的物体或事件，因而有时称做假定结构，比如，学习理论就有动机、智力、焦虑之类的假定结构。

很多时候，个体预期以特定方式做出（或不做出）的行为，有一个或多个结构。一种挫折理论就可能包括多种特殊的行为模式。比如，一个人在解决问题的任务中没能成功地坚持，挫折感就增加，结构可能是根据有限的几个假设非正式地形成的概念，也可能是某一充分发展了的理论的全部或一部分。确定结构效度就是研究者预先决定哪些结构可以解释基于逻辑分析的测验成绩。结构效度的计算方法是，求出待定测验的测验分数与反映同样的一般理论或结构的其他测验得分的相关程度。人格测验通常就是以**结构效度**为基础的。

依据不同的测量效度在教育测量中各有其不同的功能，它们在教育测量研究中是统一的。使用已公布的测验或问卷时，需有相应的有关效度的说明书。然而，已发表的测验，尤其那些用来测量学校儿童的测验，通常也用于测量别的对象。这时，测量学校儿童的信度和效度可能就不适合这些研究对象，研究者还要根据特定研究情境重新确定测验的信度和效度。效度证据的分类及各类的特点在

359

表 15.2 中作了概括。

表 15.2 用来确定效度的证据类型及其特点

类　型	如何分析的	应用举例
内容	项目内容的逻辑分析	学业及技能方面的成绩测验；15 年级的数学计算机技能测验
效标共时性	经验性分析——求出效度待定的测验分数与同时进行的另一测验得分的相关性	短期历史测验与效度高的长期标准历史成绩测验作比较
效标预言性	经验性分析——确定测验分数与后来进行的测验分数的相关程度	速记员选拔测验与 6 个月后的工作表现测量结果的比较
结构	逻辑的和经验性的分析	分析某个性测验是否测出了某种精神病患者的主要个性因素

　　信度是效度的必要条件但不是充分条件。也就是说一个测验或测量可能信度高，但效度低。在这种情况下，这一测验可以一贯地测出某些信息，但这些信息并非测量目标所要求的。然而一个测验要有效度，首先必须有信度。如果一个测验测出的结果不一致，它就不可能达到测量目的（即效度低）。

　　本章关于信度和效度的讨论只是一个概观，不宜太多。尽管提及并说明了一些相应的方法，但没有给出操作性的例子。具体的方法非常广泛，可见于一些测验、测量方面的书。[①]

教育研究中变量的测量

360　　　既然教育研究涉及广泛的现象，要测量的变量也就有多种多样。关于学生学习的研究往往集中在认知和操作技能方面的成绩、智力或某些天赋以及学生的态度上。有时还观察学生的课堂行为。测量变量可能包括各种行为及其出现的频率。人种学研究做现场记录时，要对特定情境中发现的许多变量作出描述。教育研究常常需要测量某些观念或感受，比如学生对教师管理行为和教学效率的看法。

　　有时要测量一些相当抽象的现象，如个体如何学会学习的，个体的个性是如何发展变化的。多数情况下测量总是面向具体的研究，用自我建构问卷所作的调查尤其如此。有时要测量身体技能或特性，比如对有关提高健康水平的各种个人习惯的调查。还有其他各种各样的变量。尽管上述的测量通常都是对学龄儿童作出的，但实际上它们也可以对其他任何年龄层次的人进行。

用于测量的测验和问卷

教育研究特别是定量研究中，经常用测验、问卷和量表获取数据。这一节将要讨论用来搜集教育研究资料的常用的各种测验和项目。通常有现成的测验或其他测量工具可用，这可以极大地节省准备搜集资料的精力。很多教育测验可以通过出版商得到，包括成绩测验、智力测验、态度调查表、自我概念调查表、个性测验，等等。有时测量工具也可以从研究类似变量的其他研究者那里获得。

然而很多情况下，由于独立变量的特殊性，研究者需专门建构一种测量手段。有时只需修改某种现有测量手段的一些项目，或者可以借用现有测量手段的项目总体格式，只需更换成与研究有关的特定内容项目。比如，在某项研究中，可以借用某一现有的态度量表的一般形式，但项目内容要作变换。本节将要介绍测量工具的一般形式，并给出一些例子。第 9 章已对问卷的项目设计作了较多的阐述，这里就不重复了。然而问卷中的项目可能与态度量表之类的测量手段中的某些项目类同，因此有关态度量表的论述，对在班级中实施的问卷和调查表也是适用的。

学业和技能方面的成就测验

由于学习成绩是学校教育的主要成果，故对有关成绩的研究非常多。**多向度的成就测验**是广为人知的标准成绩测验，可以买到。它们大都是常模参照测验，即测量结果要和称做**参照组**的群体的测量结果作比较，有关参照组的情况在附于测验的手册上会有说明。

着重测量各种技能，而没有常模组进行对照的成就测验，又称为"标准参照测验"。熟练程度测验是第三类成就测验，它已成为教育的驱动力。熟练程度测验能够详细说明已掌握成绩的标准。《不让一个孩子掉队法案》要求每州必须使用一些熟练程度测验。如果研究者要使用已经出版的测验，就要选择适合测量目的的测验。为了选择更合适的测验，不仅要仔细研究可供选择的测验本身，还要了解相关的说明材料。一般学院图书馆都收藏了很多常见测验的说明材料。

内不拉斯加大学林肯分校的布劳斯心理测量学院（the Buros Institute of Mental Measurements）拥有许多测验信息，特别是《心理测量年鉴》（*Mental Measurements Yearbooks*，*MMY*）和《已出版的测验》（*Tests in Print*，*TIP*）。第 16 期《心理测量年鉴》对 283 个测验进行了评价，这些测验是自第 15 期《心理测量年鉴》出版后新增的测验和做出重大修订的测验。另外，《心理测量年鉴》载有简明的目录、技术信息以及测验的参考资料。自 1938 年以来，《心理测量年鉴》不定期出版，而且该年鉴有增刊。目前，在没有增刊的情况下，《心理测量年

361

鉴》每两年更新一次。《心理测量年鉴增刊》并不替代旧版本。关于《心理测量年鉴》的评论可以从 http://buros. unl. edu 网站上检索到。因为要付检索费，所以该资源应谨慎使用。

《已出版的测验VII》（*TIP*）由墨菲、斯皮斯和普莱克（Murphy, Spies, & Plake, 2006）编辑，大约有20多种商业用测验，包括测验的简明目录和参考资料。（《已出版的测验VII》）可以按照出版日期，对所有的测验和《心理测量年鉴》提供索引，包括以下索引：

篇名索引	允许按篇名索引
主题索引	允许按主题索引
出版者目录和索引	注明测验的编制者
姓名索引	测验、评论以及参考文献的作者
最近的绝版测验索引	列出测验所在的最近卷数
首字母简略词索引	清楚地说明首字母
分数索引	测验分数的描述

《已出版的测验VII》的每一个条目包括测验的一些基本描述：

目的	被试	出版日期	首字母简略词
分数	使用	价钱	时间限制
评论	作者	出版者	

研究时选用商业性测验应该查看《心理测量统计年鉴》和《已出版的测验VII》。对相关测验进行审慎地比较和选择。

362   使用标准成就测验时，研究者必须仔细分析、确定测验的适用性。如果研究者要用常模数据，就应该查阅使用手册以便确认常模的恰当性。既然一般的比较是在被测群体之间进行，而不是与外部的其他群体比较，那就不一定要使用常模。

> 在成就研究中，使用已发表的标准测验常常是很有效的，但对其项目内容要作审核，任何可能用到的常模也要作审核。

已发表的成就测验通常建构得很精密，至少设计技术上是如此。因此，对于需要建构这样测验的研究，使用发表过的测验就极大地节省了准备这种测验所花的精力。但是有些研究中，研究者要测量的成绩范围很狭窄，没有现成的测验可用，也可能标准测验很长，不合乎研究需要，这时就需自编成就测验。

如果使用自编成就测验，测验项目必须集中反映研究目标。通常这并不难做到，因为成绩测验可以通过对内容进行逻辑分析来确定效度。但是在正式使用这种测验之前，还是要尽一切可能进行试测，检验其信度。信度可以通过资料来检验。如果信度没有经过事先检验，而结果证明信度很低，那么整个研究项目就被毁掉了。

态度测验

成就测验一般都试图测出被试最全面、最高水平的成绩，而态度测验则要测出被试典型的行为。态度涉及个体对某些思想、方法、社会机构等的情感。应当强调的是，态度总是有所指向。多数人将态度理解为赞成—反对、喜欢—讨厌之类的概念，然而一个人的感情往往不是两极的，而是两极之间的连续体。态度测量就是要确定被试情感在连续体上的位置。

态度调查表可以向出版商购买。下文讨论的测验的信息资料也有态度调查表方面的。不过，合乎研究目的的态度调查表往往比成就测验更难寻找，因为用于研究的态度调查表（内容）总是很具体的，较系统的调查表往往不适用，因此有必要另编态度量表。有好几种形式可供选用。

利克特量表[②]。　**利克特量表**有几个（通常 5 个）等级点（至少 3 个，但 363
不多于 7 个），各点之间的距离假定是相等的，并提供一组对应的答案，与这几点一一对应。被试通过在每一项目上定点或在与该点对应的字母上画圈，来完成测量。这些点被赋予数值，从 1 到 5 或从 0 到 4，将各项目上由被试选中的点的赋值加起来，就是被试的态度分数。

第 9 章介绍了利克特量表以及一些回答示例。利克特量表的回答是可能的几组数字中的任何一个数字。一组设计的重要特征是回答数目能够满足测量要求，回答必须与对应的项目相适应。下面是利克特量表回答的几组示例：

很满意　　　　　　　　　很好

满意　　　　　　　　　　好

说不准　　　　　　　　　无所谓

不满意　　　　　　　　　不好

很不满意　　　　　　　　很不好

很合适　　　　　　　　　很喜欢

合适　　　　　　　　　　喜欢

无所谓	无所谓
不合适	不喜欢
很不合适	很不喜欢
很支持	一定是
支持	大概是
中立	说不定
不支持	可能不是
很不支持	一定不是

图 15.1 罗森堡自尊量表就是利克特量表的实例。量表有 10 个项目，其中 5 个项目是反向题。用图说明计分方式。每个项目似乎是称名的而不是等距的，但是 10 个项目的总分看成是等距量表分数是有道理的。

> **利克特量表**分若干等级点，通常是 5 点，一般都是典型的奇数数字。比如，指定从"非常同意"到"非常不同意"的 5 个等级点。

编制利克特项目表时，首先要明确量表所要反映的主要内容和要点，然后设计陈述语句。无疑还要对已编好的量表加以修改，以确保明了而切题。为了增加灵活性和范围，通常要用双向的项目。项目还要能引起被试的兴趣。一套项目设计好之后，还要进行预测。在预测的基础上，决定项目的最终形式，并选出哪些项目可用到实际测量中去。

364

- 项目计分，对下面 10 个项目分别赋值：
  - 项目 1、2、4、6、7：非常同意 =3，同意 =2，不同意 =1，非常不同意 =0。
  - 项目 3、5、8、9、10（反向计分，在每个项目前标有＊＊）：非常同意 =0，同意 =1，不同意 =2，非常不同意 =3。
- 量表总分在 0—30 分。30 分代表最高分。也可以选择其他计分方法。比如，你可以赋值 1—4 而不是 0—3；这时，量表总分为 10—40 分。一些研究者采用 5 点或 7 点利克特量表，相应的，总分范围也会随同意的"居中"类别而变化。

根据指导语回答下列项目。不要在答题纸上画星号。

下列是一些关于你对自己一般感受的描述。如果你非常同意该说法，就在

SA 上画圈；如果你同意该说法，就在 A 上画圈；如果你不同意该说法，就在 D 上画圈；如果你非常不同意该说法，就在 SD 上画圈。

		1. 非常同意	2. 同意	3. 不同意	4. 非常不同意
1.	我认为自己是一个有价值的人，至少自己的发展水平与他人一样。	SA	A	D	SD
2.	我认为自己有许多优点。	SA	A	D	SD
3.	总而言之，我认为自己是一个失败者。**	SA	A	D	SD
4.	我能像别人一样将事情做好。	SA	A	D	SD
5.	我认为自己没有什么值得骄傲的。**	SA	A	D	SD
6.	我对自己保持乐观的态度。	SA	A	D	SD
7.	我基本上对自己满意。	SA	A	D	SD
8.	我希望自己有更多值得尊敬的地方。**	SA	A	D	SD
9.	我觉得自己有时一无是处。**	SA	A	D	SD
10.	我有时想自己一点也不好。**	SA	A	D	SD

图 15.1　罗森堡自尊量表

资料来源：罗森堡，莫里斯（Rosenberg, Morris, 1989）《社会和青少年自我印象》（修订版），米德尔顿：卫斯理大学。

研究者应该仔细检查预测数据。回答差异较小的项目在个体或群体间的差异也会比较小。同样，经常被遗漏的项目对被试来讲，可能是表述不清楚或者让被试感到反感。让预测被试说明他们对测验条目的理解和他们做答的原因通常是非常有益的。该程序能够使研究者获悉测验条目能否测量其欲测量的东西。

与成就测验不同的是，被测试者在填写态度测试表时可能会弄虚作假。积极的态度倾向可以从项目上辨别出来，因此被测试者可能受这一倾向支配而不顾自己的真实情感。不过，如果研究者的兴趣在于群体分数，比如班级的分数，而被测试者又知道这一点，这样就不会作假了。有时，很相似的项目要放在测试表的不同位置，以便检查回答的一致性。

有些被测试者可能形成对量表以某种固定方式反应的模式或倾向，不符合项目内容的要求。比如，不管自己的真实感情而一味选择量表中的近中点。因此有时要变换项目方向，以防反应模式的影响。

应当指出的是，利克特量表可以用于一般测量，而不只是作为态度调查。比如利克特量表就是用来测量教师对某一项目的理解。

语义差别。 　**语义差别量表**（Osgood，Suci，& Tannenbaum，1957）是一次针对一个单一词或概念来估量其内涵意义的测量工具。针对这样的词或概念设计出一系列双向形容词量度，请被测者根据对词或概念的感受、理解，在量表上选定相应的位置。图15.2是语义差别量表的式样，选自尼塞尔、维尔斯马和鲁施（Nussel，Wiersma，& Rusche，1988）的研究。它是用来测量教授对大学教学这一专业的理解的。成对两极形容词是根据有关工作满意度的文献确定的。这一语义差别量表已在正式研究之前作了试测。

　　语义差别量表是与某个单词或概念有关的一系列形容词，这些形容词成对出现；填表者在量度上指明与自己感受相应的位置。

　　语义差别量表的计分有不同的方式，重要的是要使计分富有意义并保持一致。通常分数越高，态度或理解就越积极。

　　一种赋值的方法是按同一顺序将各对形容词都列出来，通常是按从低到高或从否定到肯定的方向排列。形容词的位置（不管左边还是右边是否定性的）是随意变动的，但如果否定性形容词在左边，则肯定性形容词在右边，从左到右的计分顺序是 0 - 1 - 2 - 3 - 4 - 5 - 6（或任意 7 个连续的数字）。-3，-2，-1，0，+1，+2，+3 的排序也可使用，尽管它最后的总分可能是负数。不管采用哪种方法，记分方法都是一样的：将被试在两极形容词上所得的数值相加即可得到总分。

366　　　　　　　**语义差别量表：作为职业的大学教学**

　　　　我们很想知道你对大学教学这一职业是如何理解的。请对以下项目作答，以表明你对自己职业状态的理解。对每对形容词打×，并且每对词只打一个×。要将×打在空格正中间，而不是边上。比如：

　　　　如果觉得你的专业很刺激，就这样打 ×

　　　　刺激的　 × : ＿＿ : ＿＿ : ＿＿ : ＿＿ : ＿＿　　 无味的

　　　　如果你觉得你的专业很无味，就这样打 ×

　　　　刺激的　＿＿ : ＿＿ : ＿＿ : ＿＿ : ＿＿ : ×　　 无味的

如果你觉得你的专业既不刺激，也不是很无味，那就将×打在靠近中央的空格上，至于偏向哪一边，随你意愿。

我的职业状态

刺激的	＿＿：＿＿：＿＿：＿＿：＿＿：＿＿：＿＿	无味的
有益的	＿＿：＿＿：＿＿：＿＿：＿＿：＿＿：＿＿	无益的
令人兴奋的	＿＿：＿＿：＿＿：＿＿：＿＿：＿＿：＿＿	单调的
坏	＿＿：＿＿：＿＿：＿＿：＿＿：＿＿：＿＿	好
安全	＿＿：＿＿：＿＿：＿＿：＿＿：＿＿：＿＿	没保障
公平	＿＿：＿＿：＿＿：＿＿：＿＿：＿＿：＿＿	有偏见
枯燥	＿＿：＿＿：＿＿：＿＿：＿＿：＿＿：＿＿	有趣
苦役性的	＿＿：＿＿：＿＿：＿＿：＿＿：＿＿：＿＿	挑战性的
老一套的	＿＿：＿＿：＿＿：＿＿：＿＿：＿＿：＿＿	富于变化的
稳定的	＿＿：＿＿：＿＿：＿＿：＿＿：＿＿：＿＿	波动的
无足轻重的	＿＿：＿＿：＿＿：＿＿：＿＿：＿＿：＿＿	重要的
有序的	＿＿：＿＿：＿＿：＿＿：＿＿：＿＿：＿＿	混乱的
主动的	＿＿：＿＿：＿＿：＿＿：＿＿：＿＿：＿＿	被动的
不快的	＿＿：＿＿：＿＿：＿＿：＿＿：＿＿：＿＿	愉快的
简单的	＿＿：＿＿：＿＿：＿＿：＿＿：＿＿：＿＿	缜密的
有价值	＿＿：＿＿：＿＿：＿＿：＿＿：＿＿：＿＿	无价值
美好的	＿＿：＿＿：＿＿：＿＿：＿＿：＿＿：＿＿	讨厌的
紧张	＿＿：＿＿：＿＿：＿＿：＿＿：＿＿：＿＿	轻松
灵活	＿＿：＿＿：＿＿：＿＿：＿＿：＿＿：＿＿	刻板
惯例的	＿＿：＿＿：＿＿：＿＿：＿＿：＿＿：＿＿	难缠的
成功的	＿＿：＿＿：＿＿：＿＿：＿＿：＿＿：＿＿	失败的
适用的	＿＿：＿＿：＿＿：＿＿：＿＿：＿＿：＿＿	不适用的
刻板的	＿＿：＿＿：＿＿：＿＿：＿＿：＿＿：＿＿	创造性的
自主的	＿＿：＿＿：＿＿：＿＿：＿＿：＿＿：＿＿	他控的
普通的	＿＿：＿＿：＿＿：＿＿：＿＿：＿＿：＿＿	有特色的
没趣	＿＿：＿＿：＿＿：＿＿：＿＿：＿＿：＿＿	有趣
满意	＿＿：＿＿：＿＿：＿＿：＿＿：＿＿：＿＿	不满意
孤独的	＿＿：＿＿：＿＿：＿＿：＿＿：＿＿：＿＿	交往的
非竞争的	＿＿：＿＿：＿＿：＿＿：＿＿：＿＿：＿＿	竞争性的
事业的	＿＿：＿＿：＿＿：＿＿：＿＿：＿＿：＿＿	工作的

图 15.2　语义差别测量示例

注：复制时得到作者许可。

在图 15.2 的例子中，两极形容词是按两个方向排列，方向的顺序是随机安排的。比如，项目 4 和 5 的方向就相反，赋值也按相反的方向进行，但肯定的一端总是计 6 分，否定的一端则为 0。这个量表有 32 个项目，因此总分的最大值是 192。分数越高，就表示对大学教学这一职业的理解越积极。还有一种计分方法，是计算所有两极形容词的分数总和。

另一种赋值方式是，不管项目的方向如何，从左到右都依次赋以 6 − 5 − 4 − 3 − 2 − 1 − 0。这样，项目的方向决定分数权重的正负。该赋值方法的缺点是总分可能是负数。有时语义差别测量有两个或更多的分量表，叫做**维度或结构成分**。例如，一个测量教师专业态度的量表，可由对儿童的情感和对学校管理的情感的两个分量表组成。分量表的项目由一个项目群组成，打分方式与总量表相似，只不过其项目比总量表少。

能力倾向测验

我们视能力倾向为成绩的潜在因素。尽管实际成绩和获得成绩的潜在能力并非一回事，但在操作上却很难将它们分开。智力测验是人们最熟悉的测量学业和操作技能方面能力的测验。但**一般学习能力、一般心理能力**等其他术语日益取代了智力。**智力**这一术语的困境来自长期以来人们形成的信念：智力测验在一定程度上可测出天赋，而与个体的成长背景、经历等因素无关。克龙巴赫（Cronbach，1984）对智力这一概念存在的问题作出了评论。

在英美论著中，"智力"通常似乎指的是潜力，好像测验分数可以预测，给予某种教育机会，被测者就可以达到什么水平。这肯定只看到事情的一方面。极好的测验成绩表示高智力，但成绩差并不是意味着无智力。这种典型的学龄儿童测验最好称为"一般学习能力测验"，因为它所测出的一组能力只是已发展了的和被证实的，而不是潜在的。它所强调的能力对于多数学校学习都是有用的（p. 198）。

克龙巴赫的观点给教育者的重要启示是，我们必须谨慎地使用能力倾向测验（简称能倾测验——译者注），不要以为测出的是天生能力，而与其他因素（如现有的有关成绩或缺乏这方面的成绩）无关。用能倾测验测量那些来自亚文化和主流文化的群体时，就不能说测验对这些群体的测量效度是一样的。

能倾测验有多种形式，一般有个体测验和群体测验两类。个体测验一般比较精细，可以包括动手操作测验；而群体测验通常只是纸笔测验。韦克斯勒成人智力量表（WAIS）就是一种个体测验，而加利福尼亚心理成熟测验则是一种群体测验。

这里提到的测验大都是测量全面的智力或能力的，也有一些能力测验是专测某种具体能力的。比如，学业能倾测验（SAT）就是指向正规学校学习能力的类型，集中在语言和数学能力方面，也有由多系列分测验组成的能倾测验，用以测验多方面能力倾向，能倾差异测验就是一个例子。这种测验的分测验用来测量多种能力，如机械推理能力、计算能力、空间关系能力等许多种。

能倾测验分数在教育研究中有时用作控制变量。例如，如果能力倾向在研究设计中是作为自变量，那么能倾测验分数就可用来按能力水平对个体进行分组。能倾测验分数也可用作统计控制。

能倾测验的设计是一项艰巨的工作，需要大量的资料、精力和专门技能。因此，项目中使用的能倾测验很少是自己设计的。一般能力倾向测验和特殊能力倾向测验都有很多，可供选用。有关特殊能力倾向测验的资料可参见诸如本章其他地方提到的《心理测量年鉴》之类的书籍。

能力倾向就是获得成绩的潜在性。在测量中将它与实际成绩分开似乎是困难的。实际上，能倾测验测出的是潜在能力的间接证据。

等级量表

等级量表在教育研究中是经常使用的，实际上这已在介绍利克特量表时有所涉及。等级量表就是提供一个陈述或项目以及相应的应答分级量度，请被试按自己的理解判断回答哪一量度最适合。等级量表可有 3 个、4 个、5 个或任意数目的等级点，也可以有不同的呈现方式。我们已经看到，利克特量表有 5 个点或空格。

图 15.3 是使用一组常见回答的等级量表项目的示例。注意这几组特殊的问题包含两类信息：（1）是否收集到信息；（2）对收集到的信息是否有用的评定。

等级量表可以测量任意的变量，包括教学的看法、设备的满意度、计划效果的看法，等等。量表上的类别文字码要根据所测的特定变量而选择。等级量表也可用于对教学之类活动的观察。

7. 下列是潜在评估信息的来源。请对项目收集到的评估信息的有用性作出评价。

潜在评估信息	我们收集到的数据	有用性程度			
	适用的画"√"	没　用	有点用	有　用	非常有用
学生满意的学业水平数据					
学生满意的已执行方案数据					
学生学业等级					
学生辍学率记录					
学生或企业转诊方案的数据					
执行方案后对学生追踪的数据（例如：雇佣地位、行业准备）					
执行方案后对学生管理者追踪的数据（例如：关于技能、知识和行业准备）					
为制定商业或行业工作标准作准备的学生知识和技能测验					
与其他重要的竞争者相比，学生知识和技能的比较（例如，来源于其他大学或军事项目或其他课程选择的人员）					
全体教员对课程和方案实施的反馈					
学业记录/日志（例如：课程提纲、教学内容、样本分配等）					
教学专家对教学内容、所教学科和教学方案的反馈信息（例如，将教学方案和教学内容与重要的竞争对手比较）					

潜在评估信息	我们收集到的数据	有用性程度			
	适用的画"√"	没　用	有点用	有　用	非常有用
受雇学生和毕业生所在公司的反馈信息					
专家组对方案和产品的评价					
其他（描述）：					

图 15.3　等级量表项目举例

资料来源：这些资料是全国教育科学基金资助项目 ATE 项目的一部分，基金号：#0702981。复制该资料已得到项目组长阿伦·格利克森（Arlen R. Gullickson）的允许。

等级量表可以很长，但一般只有不多的陈述，叫做项目，它们都与某个单一 370 的概念、活动、现象、经历或物体有关，使用同样的描述符号。如果要得到所有项目群的总分，可以按通常的方法将各项目（群）的得分加起来。通常得分越高，回答的等级排序也越高。

> **等级量表**的项目是有关一个概念、现象、活动或物体的陈述，要求被测者在量表上选出最适合他或她的情况的描述符号。

观察系统

用来测量成绩、态度、学业能力等的测验和问卷，大都是纸笔测验，其中很多是同时对一群被试实施的。教育研究中还可用**观察系统**来收集数据。观察系统就是观察者在课堂之类的情境中记录所发生现象的方法。

观察系统有多种形式，但用来观察教师和学生行为及课堂互动行为的观察系统则大致可分两类。一类基本上由等级量表组成，根据量表中的项目对观察到的行为先作定性评鉴。通常，观察者必须运用深思熟虑的评鉴推断出合适的等级，因此这类观察系统有时称为"高推断"。然后，将等级级别以某种方式组合起来，以便对行为进行量化。休斯敦学院用以鉴别学生能否参加超常教育项目的教师观察表，就是一个等级量表类观察系统的实例（www. houstonisd. org/giftedTalented/ Home/Forms）。图 15.4 是教师观察表的第一部分。该观察系统包括三个分量表：一般智力、创造力和领导能力。该观察系统还包括一部分用以测量影响天赋的其他特质,该部分由一些项目组成,而不是由量表组成。每项评估需要研究者判断学生有多少时间表现出被纳入评估的行为。

第二类观察系统由"低推断"观察组成,观察者记录某一特定行为是否出现,而不必对其多少和好坏作出判断。图15.5是评估婴儿和刚学走路的孩子发展状况的观察系统中的项目。父母或孩子的其他照料者可以采用这些标准判断孩子发展是否延迟。该观察系统来源于纽约州卫生部,它可以为识别出的发展迟缓的孩子提供早期干预援助。低推断观察系统因为推断的主观性比高推断观察系统小,所以更为可靠。

教师观察表

371

学生姓名:＿＿＿＿＿＿　　　**现在的年级**＿＿＿＿＿＿

该表由现任教师或上一学年的教师填写。申请者只需递交一份教师观察表。

可能有天赋的证据

请在下列与儿童表现该特点程度最适合的数字上画圈。

	很少时间	不到一半时间	大约一半时间	超过一半时间	很多时间
A. 一般智力					
1. 表现出比较喜欢复杂任务,对事物寻根究底	1	2	3	4	5
2. 知识和词汇量远远超过同龄人或同年级同伴,言语表达流畅	1	2	3	4	5
3. 具有抽象和批判性思维能力、缜密的思考能力,以及思考问题具有逻辑性或解析性	1	2	3	4	5
4. 是敏锐的观察者,学习情境中能比他人学到更多知识,具有长时和细节记忆能力	1	2	3	4	5
5. 对解决问题感兴趣,解决问题时灵活、足智多谋	1	2	3	4	5

	很少时间	不到一半时间	大约一半时间	超过一半时间	很多时间
6. 能快速掌握概念和潜规则，能发现观念、人、事、物之间的关系，能提出挑战性的问题	1	2	3	4	5
B. 创造力					
1. 求知欲强，能提出很多问题	1	2	3	4	5
2. 制作的物品新奇、重要、独特，能提出新想法和新方法，创造新产品	1	2	3	4	5
3. 非常风趣，富有幽默感，经常开玩笑、说双关语	1	2	3	4	5
4. 对感兴趣的任务表现出非凡的注意力、想象力和创意	1	2	3	4	5
5. 非常厌烦常规任务、记忆事实和细节，比较喜欢谈论思想观念和问题	1	2	3	4	5

372

图 15.4　评价儿童天赋特点的教师行为观察表项目

资料来源：该资料使用得到休斯敦独立学区高级学术部许可（休斯敦，2008）。

一些观察系统通常是"低推断"系统，由代表观察行为或行为组合的单元矩阵构成。复选标记通常用来记录特定时间段某一行为是否出现以及行为可能出现的频率或持续的时间。学前观察编码（Bramlett & Barnett, 1993）就是这种矩阵。该观察系统用以评估儿童的行为表现以及儿童在某一情境中（例如班级）与他人的互动情况。在 10 分钟的周期内，每隔 30 秒钟记录儿童的行为表现和发生的事件。开始时，在"状态"矩阵中核对某一行为表现，而在其他时间段内则到"事件"矩阵中记录行为结果。

通过观察搜集数据是要求相当高的工作，不论哪类观察系统都要对观察者进行充分的训练，使之忠实于记录所观察的现象，因为观察的一致性总是很重要的，不仅不同观察者之间要保持一致，同一个观察者的不同观察之间也要保持一致。大多数可利用的观察系统都有详细的训练观察者的方法和使用手册。

373

3 个月时，大多数儿童：	6 个月时，大多数儿童：	12 个月时，大多数儿童：
· 转头朝向鲜艳颜色和光线	· 眼睛随物体的转动而转动	· 自己能坐下
· 两眼同时朝同一方向转动	· 转向正常的声音	· 手拉着东西站起来
· 认识瓶子或面包	· 伸手拿东西并捡起东西	· 不用扶持可以短时间的
· 对母亲的声音有反应	· 把玩具从一只手传递到另	站立
· 发出"咕咕"声	一只手	· 爬
· 两手放在一起	· 玩自己的脚趾	· 模仿成人拿起杯子或电话
· 胳膊、腿摆动、踢	· 喂养时需要帮助才能握住	· 玩躲猫猫游戏、玩拍掌
· 俯卧时，抬起头	瓶子	游戏
· 听到声音特别是说话声时，	· 能认出熟悉的面孔	· 挥手说再见
能够安静下来	· 模仿发音	· 将物品放入容器中
· 微笑	· 对柔和的声音特别是说话	· 至少说一个单词
	声有反应	· 叫"妈妈"、"爸爸"
	· 会翻身	

1.5 岁时，大多数儿童：	2 岁时，大多数儿童：	3 岁时，大多数儿童：
· 喜欢推拉物体	· 会使用两三个单词的句子	· 抛球过头
· 至少说 6 个单词	· 说大约 50 个单词	· 骑自行车
· 遵从简单指令（"捡球"）	· 能认出熟悉的图画	· 自己穿鞋子
· 会脱鞋子、短袜和连指	· 向前踢球	· 开门
手套	· 用勺子自己吃饭	· 每次翻一页纸
· 能按成人的要求指出书中	· 需要你给予更多的关注	· 能和其他儿童玩几分钟
的图画	· 同时翻两到三页纸	· 重复说熟悉的押韵词
· 自己吃饭	· 喜欢模仿父母	· 会使用 3—5 个单词的
· 握蜡笔在纸上画出痕迹	· 对柔和的声音特别是说话	句子
· 自己行走而无须他人帮助	声有反应	· 至少能正确说出一种颜色
· 倒着走		的名称

图 15.5　儿童成长检核表

资料来源：复印自《早期帮助导致差异》（*Early Help Makes a Difference*，2006）。该资料使用得到纽约州卫生部许可。

观察系统用以在被观察的情境中对预先确定的行为进行记录，以使行为数量化。

到哪里寻找测验信息

在教育的很多领域，都有大量关于测验和问卷的信息来源。来自布劳斯心理 374
测量学院的两种资料已经提到过了：《已出版的测验 VII》和《心理测量年鉴》，
这些测验可以从内不拉斯加大学布劳斯心理测量学院获得。该学院还有其他一些
测验，其中之一就是《布劳斯案头参考：学校心理评估》（Impara & Murphy，
1994）。该案头参考精选了 112 个测验，学校心理学家和其他人常使用它们评估
几岁到十几岁的儿童。布劳斯学院还提供计算机资料库服务、编年史查找服务
（BRS），这便于获得新的信息和修订过的测验。图书馆的 BRS 服务可以提供有
关资料的计算机查询。提供 BRS 服务的图书馆通过服务器经常可以查找布劳斯
学院的资料。

众所周知，新泽西州普林斯顿教育测验服务（ETS）机构在其《ETS 测验
集》里，有丰富的关于测验的信息。该测验集不断增加新测验，目前共包括
15 000 个测验的信息。有评注的测验专题目录能提供该测验在许多测验领域的信
息，这些也能从该测验集中找到。ETS 每月出版一份时事通讯——《测验新闻》
（News on Tests），提供大量信息。例如，公告测验集新增加的测验等。ETS 根据
需要提供美国主要测验编制者名单、编制者地址以及电话号码。ETS 也提供服务
性测验链接，通过该链接可以获得免费的测验。ETS 测验数据库可以通过
www. ets. org 这个网站地址获得。

另一个不太正式，但却很有发展潜力的**测验信息来源**是学位论文中用的测
验。可以通过上网检索到《国际学位论文摘要》（DAI）来查询测验信息，但是
该在线测验只包括 1980 年以后的测验。法比亚诺（Fabiano）将 1980 年以前学
位论文中使用的测验汇编成书籍，命名为《教育论文测验索引》，其中包括
1938—1980 年间学位论文中所使用的 40 000 多个测验。上述测验内容涉及成就、
能力、人格、身体健康状况、职业能力，以及其他几乎所有领域的教育测验。

许多出版公司提供测验的修订版本和介绍手册。CTB/McGraw-Hill 测验出版
公司就是一个。事实上，所有测验也都附有测验的菜单，这是了解详细信息的有
效途径。许多学校系统或大学的咨询中心或测试中心，也有这样的资料。

测验的信息已包含在所有以前的文献中。偶尔，专业杂志会回顾测验的情
况，比如《教育测量杂志》（Journal of Educational Measurement）就经常发表这
方面的报告。所以，有大量的有关信息可以利用，其中许多能够通过使用索引查
到（见第 3 章）。

计分和数据整理

测验和问卷等测验工具在统计分析之前需要计分。计分必须准确、前后一致，并且要有计分方法说明。标准化测验特别是从测验编制者处获得的标准化测验，通常在其手册中都有测验的计分方法。事实上，大多数测验提供计分服务。另外，如果能够准确填写答题纸或测验的话，测验计分就非常准确。如果使用手工计分，不仅需要对常见的错误进行例行检查，还需要进行准确性检查。

通过标准测验或问卷收集大量数据的研究项目，可以用机器统计答题分，这会大大减少计分时间。许多大学也有校内的计分服务。在收集数据之前作出合理安排非常重要，这样可以选用合适的答题纸，数据形式也能与计分方法相符合。像 IBM 这样的公司就出售标准化的机器计分答题纸，这是非常有用的。

如果研究者使用自己开发的研究工具，而且不能用机器计分的话，研究者就需要界定计分方法并对问卷进行计分。开放题的计分比较复杂，或许有必要仿效我们前面所讲的一些整体计分方法。客观题，比如说选择题，其计分方法比开放题容易。但是，客观题的计分确实需要详细而精确的计分规则并需要准确地核对数据。

数据编码

任何研究，即使是只需搜集少量定量数据，或只需要采用非常简单的统计分析的数据，都可以使用计算机处理数据。各类标准化测验和问卷的分数通常被认为是定量数据。除测量工具的分数外，研究中被试数量、鉴别数据和人口统计学信息也是数据。所有数据的格式都是指定的，以便于转化为数据并将其输入计算机。

Excel 和 SPSS 就是经常使用的数据处理程序，它们可以容纳大量变量和个案。标准的电子数据表，行里是个案，列里是变量。为鉴别列中的变量而制订格式的过程被称为**数据编码**。数据类型不同，其编码亦不同，例如，数字的识别、被试特征（例如，年龄、年级和性别）、群体识别（例如，实验组/控制组）、因变量（例如，测验分数、调查回答和观察数据）。因为各个变量的顺序是任意的，所以编制一个编码表非常重要。编码表有各变量以及各变量的对应值。例如，1 = 男，2 = 女；或者，1 = 实验组，2 = 对照组。因为性别和年级是称名变量，所以性别和年级 1 或者 2 的编码完全是任意的。

数据编码就是通过编制一个编排格式，区分和组织数据以便为分析数据作准备。

列	数　据			
1.	性别	M = 男	F = 女	
2.	午餐	F = 免费	R = 减价	N = 两者都不
3.	个别化教育计划	Y = 是	N = 否	
4.	言语障碍	Y = 是	N = 否	
5.	有天赋	F = 错误	T = 正确	
6.	ELA 量表分数 05 - 06			
7.	ELA 表演水平 05 - 06	BBAS = 低于基础水平	BAS = 基础水平	
8.	ELA 量表分数 04 - 05	Prof = 熟练的	ADV = 高级的	

图 15.6　编码表举例

图 15.6 的 Palmetto 成就挑战测验（PACT）就是数据编码的实例。其中一些 376
变量用字母编码，例如 M 代表男，F 代表女。大多数计算机程序允许你计算时
将字母转化为数值。字母的使用可以使你快速浏览和理解信息而不必设法记住男
的编码为 1 还是 2。量表计分是数字型的，因而不需要进一步作出解释。

数据文件举例

在把数据从原始形式转换成可用计算机处理的形式时，为了最大限度地省
力，就要对数据进行整理。通常数据可以从数据库或其他程序中直接输入。把
数据从 EXCEL 转换到 SPSS 中，就像使用"复制"和"粘贴"键一样简单。
数据分析前要确认数据转换无误，因为有时数据转换特别是大规模的数据转换
会丢失数据。确保每一步数据转换准确无误是数据转换过程的一个重要组成
部分。

将研究或观察所得数据输入统计分析软件后，系统处理数据和确保数据处理
无误非常重要。应该随机抽取个案检查其是否准确。输入数据时越认真、细致，
犯错误的可能性越小。统计分析软件处理输入的所有数据，而不能检查错误数
据。当把所有数据输入统计分析软件后，我们就建立了一个**数据文件**。

图 15.7 是 Palmetto 成就挑战测验开始的一部分数据。这部分信息是从本书
附录部分 Excel 中摘取的。我们可以看到每行是每位学生的数据，每列是所指定
的变量。我们可以看到图 15.6 编码页与图 15.7 的数据是相符合的。

377

性别	午餐	个别化教育计划	言语障碍	有天赋	ELA 量表分数 05－06	ELA 表现水平 05－06	ELA 量表分数 04－05
F	F	N	N	F	799	BAS	701
F	F	N	N	F	785	BBAS	684
F	R	N	N	F	804	BAS	710
M	F	N	N	F	805	BAS	708
F	F	N	N	F	800	BAS	85
F	F	N	N	F	805	BAS	706
M	F	N	N	F	175	BBAS	94
F	N	Y	N	F	819	PROF	714
M	F	N	N	F	809	BAS	713
F	F	N	N	F	781	BBAS	673
M	F	N	N	F	785	BBAS	784
M	F	N	N	F	798	BAS	710
F	F	N	N	F	808	BAS	709
M	F	N	N	F	782	BBAS	684

图 15.7　数据文件举例——Palmetto 成就挑战测验数据

小　结

　　本章介绍了教育研究中运用较为普遍的一些测量。对很多研究而言，可以使用很多测量工具——测验、问卷、量表、观察表。本章还介绍了找到这些测验工具的信息源。鉴于这些测量工具提供的是有关数据的操作性定义，因此如何选择数据就很值得注意。

　　由于有些研究项目不能通过现成的测量工具进行测量，有时需要设计新的工具，这就增加了研究的工作量。此时通常要建构出测量工具，比如评分量表。不过研究者在制定测量工具之前，还是应当查寻一下现有的工具，以便估计出统计工作量的大小。在有些领域，如人格测量，设计测量工具需要很复杂的知识和技能。

　　本章还讨论了测量手段的信度和效度两个概念。无论什么时候使用测量工

具，都必须结合它的使用背景来考虑效度。效度即测量工具在多大程度上测出了　378
要测的对象。信度就是测量的一致性，确定测量信度有多种方法，正如本章讨论
的那样。

　　既然教育的变量很多，测量也就广泛而多样。已有很多专著对各专门领域
内的测量予以了论述，本章没有详细探讨测量的理论概念和某些不太常用的方
法。至于要花多少精力来寻找或设计测量手段和搜集数据，取决于具体的研究
条件。

　　精心制定数据收集计划、了解研究所用测量工具的具体要求，是很重要的。
企图在收集一些杂乱无章的数据之后就将其用于研究的做法是不可取的。数据收
集来之后必须经过整理才能进行分析。本章叙述了数据编码和构建数据文件的工
作。之所以要这样做，是为了方便而有效地分析数据。好的测量并不足以能保证
有好的研究，但它是好的研究必要的（而非充分的）条件。

核心概念

测量	克龙巴赫 α 方法	语义差别
测量量表	测量效度	能倾测验
测量信度	与内容有关的依据	等级量表
信度系数	与标准有关的依据	观察系统
平行式方法	与结构有关的依据	测验数据来源
分半法	成就测验	数据编码
库德-理查森方法	利克特量表	数据文件

练　习

15.1　讨论效度和信度两个概念的区别。为什么说没有效度的测量可能可
　　　靠，而反过来就不对？

15.2　一个研究者计划进行有关小学高年级班级敌对程度的研究，这些班级
　　　分别由教师以专制的和民主的方式来教育。对敌对性的测量效度问题
　　　进行讨论。假设有两种表现方式：学生对老师和老师对学生。测量敌
　　　对性有哪些可能的方法？比如，需要观察吗？如果需要，观察表应有
　　　哪些内容？可以对敌对性做一个什么样的操作性定义？是否有可能对
　　　敌对性进行某种方式的量化？　　　　　　　　　　　　　　　　　379

15.3　假设一位指导咨询人员想研究初中生对一个强制性"适应学校"计
　　　划的态度，已完成这一计划的学生要填写一种态度调查表。为这种调

查表设计 5 个项目，说明对项目如何打分。

15.4 一位研究者在进行一项 5—7 年级学生理科成绩的研究，另一位研究者在研究初中生的个性特征。在如下几方面比较这两项研究中的测量：

　　a. 已出版的测量手段的可用性。

　　b. 主要有关的效度的类型。

　　c. 数据收集方法。

15.5 假设有位研究者在研究初中生对老师的态度，设计一套测量这种态度的语义差别量表。

15.6 设计一个包含 5 个项目的等级量表，供高中教师用来测量教师对学校系统集中管理的看法。

15.7 比较利克特量表和语义差别量表的用途。它们在被测者回答方式上有什么操作上的区别？说明二者打分方法的异同。

15.8 从学术欺骗、药物滥用或恃强凌弱这些敏感话题中选出两三个，对其行为进行自我报告。然后就减少或杜绝这些行为的替代性测验，提出你的建议。

15.9 当调查结果与你的要求不一致时，你应该怎么做：

　　a. 在 5 点量表的 3 与 4 之间打分数？

　　b. 当你告诉被试不允许出现相同的等级时，被试还是将两项或多项结果评为一样的等级？

　　c. 在一个 5 点量表上给出两个以上答案？

　　你会提出哪些建议以改变电子数据表中的条目？

15.10 你为什么预期 3 年级算术测验的信度系数会高于 3 年级自尊量表的信度系数？

注　释

① 例如，可以参见格朗伦德、林和戴维斯（N. E. Gronlund, R. L. Linn, & K. M. Davis）编著的《教学中的测验和评估》（第 8 版）（Englewood Cliffs, NJ：Prentice Hall, 1999），或者可以参见尼特克（A. J. Nitko）编著的《学生教育评估》（第 3 版）（Englewood Cliffs, NJ：Prentice Hall, 2000）。

② 度量表（index）和量表（scale）两个术语通常可以互换，尽管有人从技术上区别它们。它们都是通过对多个项目的回答来测量变量的复合手段，它们都可用来对项目进行顺序测量。度量表是通过简单地累加各项目回答的得分来测量，而量表则通过对回答类型的赋值来测量，因而要考虑到项目中所体现的结构。根据这种技术性的定义，教育研究中使用的多数量表都属于度量表。然而有关更通用的量表术语的讨论将继续进行。

参考文献

Bramlett, R. K. , and Barnett, D. W. (1993). The development of a direct observation code for use in preschool settings. *School Psychology Review*, *22*, 49 –62.

Cronbach, L. J. (1951). Coefficient alpha and the internal structure of tests. *Psychometrika*, *16*, 297 –334.

Cronbach, L. J. (1984). *Essentials of psychological testing* (4th ed.). New York: Harper & Row.

Fabiano, E. (1989). *Index to tests used in educational dissertations*. Phoenix, AZ: Oryx.

Houston Independent School District. (2007). Teacher Observation Form. Retrieved October 20, 2007, from www. Houstonisd. org/GiftedTalented/Home/Forms.

Impara, J. C. , and Murphy, L. L. (1994). *Buros desk reference: Psychological assessment in the schools*. Lincoln, NE: Buros Institute.

Kerlinger. F. N. (1986). *Foundations of behavioral research* (3rd ed.). New York: Holt, Rinehart and Winston.

Kuder, G. F. , and Richardson, M. W. (1937). The theory of the estimation of test reliability. *Psychometrika*, *2*, 151 –160.

Murphy, L. L. , Spies, R. A. , and Plake, B. S. (Eds.). (2006). *Tests in print VII*. Lincoln: University of Nebraska Press, Buros Institute for Mental Measurements.

Nussel, E. J. , Wiersma, W. , and Rusche, P. J. (1988). Work satisfaction of education professors. *Journal of Teacher Education*, *39*, 45 –50.

Osgood, C. E. , Suci, G. J. , and Tannenbaum, P. H. (1957). *The measurement of meaning*. Urbana: University of Illinois Press.

Spies, R. A. , and Plake, B. S. (Eds.). (2005). *Sixteenth mental measurements yearbook*. Lincoln: University of Nebraska Press, Buros Institute for Mental Measurements.

380

第 16 章

数据分析：描述统计

381 　　本章及下一章将介绍各种数据分析的统计方法。数据有多种形式，当它们表现为分数或频数这样的数量形式时，研究者通常会用适当的统计分析方法进行分析。

　　当数据以数字形式呈现时，它们通常具有某种数量的含义。因而，统计分析通常与定量研究相联系不足为奇。在介绍实验研究、准实验研究和调查研究的几章中，我们没有强调具体的统计分析方法，这是因为统计分析方法的应用十分广泛。也就是说，某一具体的统计分析方法的应用并不限于某一研究方法，例如实验。

　　定性研究中的分析主要依靠归纳，而且所得结果，并不是统计的结果，而是一种描述、说明和解释。虽然，统计分析也可用于历史学和人种学研究中部分资料处理，但它们毕竟不是定性研究中资料处理的主要部分。

　　统计分析由于计算机的使用而变得非常方便。利用计算机程序使得计算精确性非常令人信服，因而，研究者可以集中精力去考虑研究的推理过程以及统计结果的含义。有许多计算机程序可以作统计分析。在本章和下一章，将会给出一些用社会科学统计软件包（SPSS）进行统计分析的具体例子。

统计数值的多种含义

　　统计这个术语在教育研究中有多种含义，统计最基本的含义可能是指"信息数值"。如果有人说，某所学校录取了 632 名学生，这可能会被看做是一个统计量（statistics）。某学区的教师工资表以及每一工资水平的教师人数，有时也叫做工资统计。

　　然而，**统计**还有一种比"信息数值"更广泛的含义，即进行数据分析的理论、方法和方法论。对有些人来说，统计学的术语就像一门外语一样艰涩难懂。虽然这样的想法具有合理成分，但人们多认为统计学是用来推导和总结结论的方法，
382 而不把它看成是搬弄新术语和符号说明已知的概念的方法。尽管外行人常把统计看做是事实和数字的堆积，但研究人员却把统计学视为用以描述数据并破解

其含义的方法。

有各种统计分析方法可为教育研究者所用。但本章和 17 章的目的不是准备全面细致地考察和介绍各种统计方法，我们的目的有两个：（1）提供使用统计分析的推理过程；（2）列出常用的统计方法及其应用条件。这里的讨论注重的是分析的逻辑，而非计算的程序。

本章所讲的描述统计，恰如其名，是我们描述定量数据的方法和量数。在获得某种变量的数值或分数之后，首要任务之一是描述这些分数。如果对 50 名 4 年级学生进行一次算术成绩测验，并且他们的 50 个分数就组成研究的数据，那么应该怎样描述这些数据呢？简单地在纸上列出分数或做成表格是不够的。需要对它们进行必要的总结。当把这些分数作为一组来描述时，就会产生一定的信息。这些信息及其获得过程，叫做**描述统计**。

分　布

由一种变量的全部分数或观察值组成的一组或一批数据称为一个**分布**。前面所讲的 50 个算术成绩测验分数就是一个分布。如果测验用的是等距量表，就应根据频数将测验分数制成表，而非逐个列出全部 50 个分数。也就是说，每一个可能出现的分数及其出现的频数都被列出，如表 16.1 所示，f 代表频数。表 16.1 的内容就叫做一个**频数分布**。

表 16.1　算术学业成绩测验分数的频数分布

分数	f	分数	f	分数	f	分数	f
60	1	70	0	80	2	90	1
61	1	71	0	81	2	91	1
62	0	72	4	82	3	92	1
63	0	73	0	83	2	93	2
64	0	74	2	84	2	94	1
65	0	75	3	85	1	95	2
66	3	76	1	86	2	96	0
67	1	77	1	87	1	97	1
68	0	78	2	88	0	98	2
69	1	79	1	89	2	99	1

排列分数（像表 16.1 那样）并不能提供很多信息。最高分和最低分，60 和 99 可以确定，而且它们涵盖了测验量表上 40 个得分点。因而，分数的全距是 40。383

另外，还可用另一种形式，分数用图形表示，纵轴显示频数，横轴上列出分数。这种表达形式称为**直方图**。算术成绩测验分数的直方图很低平、宽阔，这是由于频数较小和全距较宽所致。直方图可以直观显示分布的总体状态，如图 16.1 所示。

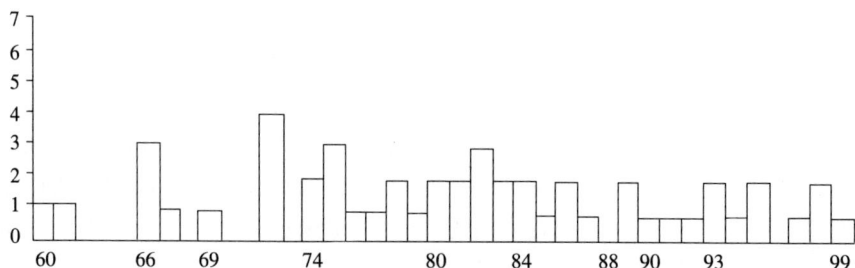

图 16.1　算术测验原始分数频数分布的直方图

描述分数的分布

虽然一个频数分布和直方图可以纳入全部分数，但它们对描述一个分布来讲却远远不够。所有研究结果并非仅仅靠制频数分布表和直方图就可得出。需要更为有效、更为充分地描述分布的量数。

描述分数或观察数据，有 3 个基本要求：（1）需要知道分布在测量量度上的定位；（2）需要有分布形态的信息；（3）需要有对分布形态的鉴定。

> 描述一个分布就是提供有关它的定位、离散和形态的信息。

在统计学中，**集中量数**（measures of central tendency）反映了分布的位置；**差异量数**（measures of variability）可解释分布的离散情况；直方图可用以确定分布的形态，但人们越来越多地根据对研究中的变量的已有知识来推知分布的形态。许多教育中的变量，如某一学业领域的成就分数，常倾向于对称的、钟形的分布，近似于正态分布。

384　　**集中量数。**　集中量数一般指平均数，平均数可说明分布中典型观察值的特征。集中量数是分布的定位值，即：它可指明分布在测量量度上的位置。平均数是分布中的点，它们之所以被称为一般的数，是因为它们在分布中比较趋于中间。

平均数、中数、众数是最常用的集中量数。**平均数**在此指算术平均数。平均数由分布中的分数累加后再除以分数的数目而获得。**中数**是测量量度中的一个点，该点位于排好序的分布数值的中点，其上下各有一半数据。**众数**指出现频数最大的分数，不太常用。虽然计算不是本章的重点，但是表 16.1 中数据的集中量数分别为：

平均数 = 81.26

中数 = 81.5

众数 = 72

下面我们来解释分布的定位概念。这里有两个体重分布，一个是成年男子的，另一个是成年女子的。成年男子体重分布的平均数是 170 磅，女子的为 132 磅。两个分布都有同样的测量单位——磅，并且都由平均数定位在测量量度上。如果将分布放置在测量尺度上，男子的体重分布就会定位于女子体重分布的右侧，离尺度的零点更远。

　　集中量数是分布中给分布定位的点值。**平均数**是常用的集中量数。它是算术平均数——分数总和除以分数的个数。**中数**是在由小到大排列的一组数据中位于中间的那个数。

　　差异量数。 在描述一个分布时，也需要知道分数离散的情况。离散程度可由**差异量数**来说明。集中量数是指量度上的一些点，是点值，而差异量数则是一个区间（或区间的平方），即是说，它代表量度上的单位数。

　　差异量数也有几种形式。**全距**是一种未经处理的量数，它仅能提供一点信息。全距代表最高分数和最低分数之间的单位数，但它不能提供这两个数据之间的变异情况。

　　最常用的差异量数是**方差**和**标准差**。在解释差异量数之前，需要先理解离差 385 的含义。**离差**是指观察值与分布平均数之间的差异。方差可由离差的平方和除以分数个数求得。[①]如果 n 是分数个数，$\overline{X}$（读"Xbar"）是分布的平均数，方差可用符号表示为：

$$方差 = \frac{\sum (X_i - \overline{X})^2}{n}$$

也就是说，计算每个观察值与平均数之间离差的平方，然后将离差平方相加，最后用离差平方和除以分布中观察值的个数。因此，方差就是观察值与平均数偏离平方的平均值。**标准差**是方差的正平方根。

表 16.1 数据的差异量数分别为：

全距 = 40
方差 = 100.31
标准差 = 10.01

> **方差和标准差**是最常用的差异量数，它们是量度上的一段区间（或区间的平方），代表分布的离散程度。

这些关于集中量数和差异量数的讨论表明，这两种量数和分布形态一样，对描述分布是必需的。例如，当分布被描述为同类分布时，重要的是要指出它们在何种程度上是一致的。图 16.2 和图 16.3 分别显示了在一方面相同而在其他方面有较大差别的分布。

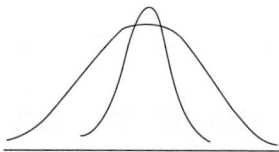

图 16.2　集中趋势相同，
变异不同的分布

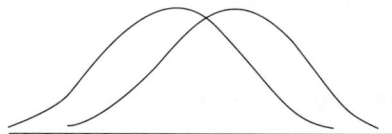

图 16.3　变异相同，集中
趋势不同的分布

分布的形态。　分布可以表现为多种形态。图 16.1 的直方图表示的分布没有特定的名称，但是很多其他的分布都是有特定命名的。在教育研究中经常出现的一个分布是**正态分布**(至少在理论上出现)，正态分布不是一个有具体的平均数和标准差的个别分布，而是一种曲线圆滑、对称、大体形态如图 16.4 所示的分布（有时也称"钟形"分布）。正态分布的具体形态取决于其特征值，例如其变异性。

386

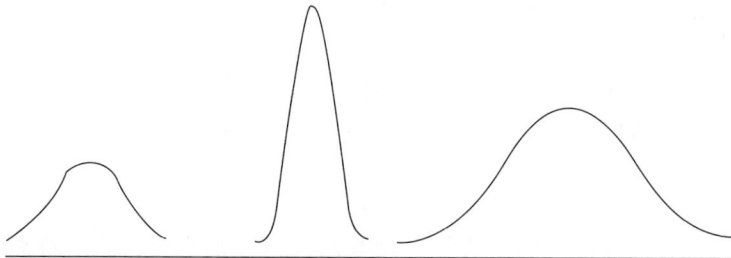

图 16.4　正态分布的几种形态

在考察某项研究中分数的**分布形态**时，重要的不是鉴别样本分布的具体形态而是要判断数据是否符合理论分布。例如，许多统计测验假定数据是从符合正态分布（"钟形"分布）的人口分布数值中随机抽取的。考察样本数据分布形态的最简单的方法是运用 Excel、SPSS 或其他统计软件绘制直方图。这些直方图可以像图 16.1 一样允许你将单个分数综合显示于一个图表中，或者帮助你将分数放置在区间中以便更清楚地看到总体分布。与处理集中量数与差异量数（常要计算特征值）相比，研究者较少关心实际的分布形态，而是更多地关注观察分数的假设分布或理论分布。

偏态分布是不对称的分布。图 16.5 的左图是负偏态分布，其中大多数数值接近全距最上面的部分。某一精熟测验中只有少数被试得低分，或马拉松比赛中个别最好的运动员跑完全程所需时间远远低于大多数运动员的时间就是负偏态的实例。图 16.5 的右图表示的是正偏态分布，其中大多数数据聚合在一起，只有少数数值非常高。收入、图书馆中被某一 3 年级学生阅读的图书数量都是正偏态分布。

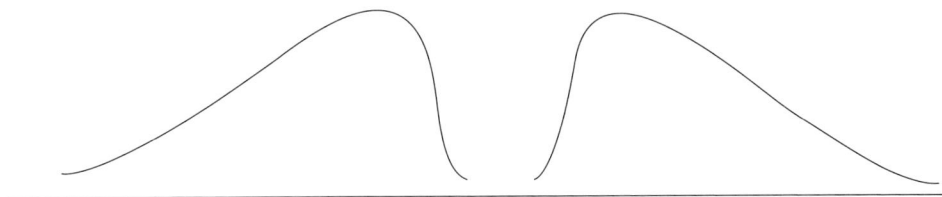

图 16.5　偏态分布图

标准分

假定进行一次教学实验，共有两个因变量：数学测验成绩和科学学科测验成绩。若一被试在实验中的数学测验成绩为 78 分而科学学科是 92 分，我们也许会问，哪一个成绩更好？然而从原始分和观察分数中，我们很难轻率地做出简单的结论，因为测验所用量表和题目数可能是不相同的。解决这一问题的办法是把原始分数转换为等距量表，这样的分数称之为标准分。标准分通常通过以标准差为测量单位来比较分析，根据平均数和标准差绘制的分数分布图中，指出了每一分数在整个分数分布中的相对位置。也就是说标准分是以标准差为单位来度量每个考分与平均分之间的离差。

> 标准分是经过转换而获得的，它以标准差为测量单位，这样，某一分数就可以用它与平均分的标准差来解释。

标准分的特征。 通常用来表示标准分的符号是小写字母 z（称为 z 分数），当转换为标准分数时，一个 z 分数通过对原始分布的计数而获得。标准分的分布有如下特征：

1. 标准分的分布形态图与原始分数的分布图基本一致。

2. 不论其原始分数的平均数如何，z 分数的均值等于 0。

3. z 分数的方差为 1，而标准差是其正的平方根，故也为 1。其结果与原始分数的方差无关。

> 标准分的分布形态与原始分数分布相同，但其均值为 0，标准差为 1。

标准分的计算。 z 分数的计算通常是以观测分数与观察分数均值之差除以标准差。这一方法可以表示为：

$$标准分 = \frac{观测分数 - 平均数（均值）}{标准差}$$

用符号表示则为：

$$z = \frac{X - \overline{X}}{s}$$

388   这里：

X 表示观测分数

$\overline{X}$ 表示观测分数的均值

s 表示观测分数的标准差

我们还是回头看一下前面提及的那个例子。如何把数学测验的 78 分及科学学科测验的 92 分转换为标准分呢？首先，我们必须知道原始分数的均值和标准差。假设我们已知数学分数的平均分 $(\overline{X}_m)$ 为 76，其标准差 (s_m) 等于 4。而科学学科分数的均值 $(\overline{X}_{SC})$ 为 94，标准差 (s_{SC}) 等于 6，那么我们就可以把这两门成绩 78 和 92 转换为各自的标准分 z 分数：

数学成绩标准分数为：
$$z_m = \frac{X_m - \overline{X}_m}{s_m}$$

$$z_m = \frac{78 - 76}{4}$$

$$z_m = +.50$$

科学学科成绩标准分：
$$Z_{sc} = \frac{X_{sc} - \overline{X}_{sc}}{S_{sc}}$$

$$Z_{sc} = \frac{92 - 94}{6}$$

$$Z_{sc} = -.33$$

以上所得就是两门学科的标准分，从分数上我们可以看出，数学成绩的 z 分数 +.50 比科学学科成绩的 z 分数 -.33 更优秀，而这恰与原始分数 78 分、92 分的比较结果相反。

在上例中我们可以看到标准分有正负之分。事实上，在一个对称的分布中，正数和负数几乎一样多，且无论其原始分数如何，一经转换为 z 分数其均值就会变为 0。这既是 z 分数的优点，从另一个角度讲，又是其不足之处。

为避免负数和 0 的出现，我们可选择一个固定的均值和标准差来对原标准分数事先转换。通常我们使用的均值为 50，标准差为 10。这样负数就可变成正数，其值基本上在 50 周围波动。其转换形式可表示为：

$$转换分数 = (10)(z) + 50$$

如用此公式对上述科学测验成绩进行转换则为：

$$转换分数 = 10 \ (-.33) \ + 50$$
$$= -3.3 + 50$$
$$= 46.7$$

这样就取代了原来的负 z 分数，原来的分数 92 就转换成了 46.7 分。

测验者经常用一个规定的均值和标准差对原来的标准分进行转换。通常使用的是均值为 500，标准差为 100。在智力测验中，一般采用的均值为 100，标准差为 15。

标准分对于体现原始分数的相对位置是相当有用的，在以后的章节里，我们还会对其在图表中的作用作进一步探讨。

相关——一种关系的量数

至此，我们主要讨论了描述一种变量、一个分布的分数。但是在教育领域，研究者常常对两种变量具有浓厚的兴趣，他们想知道两种变量是如何相互联系的。例如，有人想知道学生在语言艺术上的成就和在自我概念水平的得分之间的关系。

关联的程度可以通过两个变量分数的分布来确定。这两个分布是由一组个体的成对分数组成，研究者关心的是两个分布的数据之间怎样相关或协变。**协变**是指两组数据一起发生变化，高分对应高分，低分对应低分，高分对应中等分数，什么情形都可能会发生。两个分布（或分布代表的两个变量）之间的关系，是以两对数据的一起变化为基础的，也即是说，是以一个变量的变化和另一变量的变化的比较关系为基础。两个变量之间的关系或联系程度，称为**相关**。因此，相关研究关心的不是单个的分布，而是两个分数的分布。

相关的量数称为**相关系数**。相关系数是两个变量之间相关程度的一个指标，取值介于 -1.00 到 +1.00 之间，两极也包括在内。相关系数的绝对值越大，相关程度就越高。两端的取值表示两变量完全相关。相关系数为 0，表明两变量之间毫无相关，在此情形下，可以说两变量是相互独立的。相关系数的正负号表明相关的方向，如该系数为正，就说明一个变量的分数随另一变量分数的升高而升高。同样，一个变量的分数随另一变量分数的降低而降低。如果系数为负，则关系相反，即：一个变量分数随另一变量的升高而下降，反之亦然。

有许多公式可以计算相关系数，它们在数学运算上是等同的。最简单的计算公式为：

$$r = \sum z_x \cdot z_y / n$$

上式中，分数被转化为标准分（Z 分数），z_x 与 z_y 两者的乘积相加，然后用乘积之和除以分数对的个数 n。

390

> **相关系数**是两个变量之间关系的一个量数。它可取 -1.00 到 +1.00 之间的任意值。相关系数为零表示没有相关。

下面我们用两个变量分数组成的两维坐标图来说明相关的概念。每个个体有两个分数，分别属于两个变量。为了在图中绘出每个分数，将一个变量的量度定为横轴，另一变量的量度定为纵轴。两变量称为 X 和 Y，每一个体的一对分数用坐标空间的散点表示。这样，坐标系中有和被试个体数量一样多的散点。这种图称为**散点图**。

如图 16.6 所示，两个变量具有正相关，也描述了一个正相关系数，X 的高分和 Y 的高分相联系。反过来，负相关亦是一样，即是说，变量 X 的高分伴随着变量 Y 的低分，反之亦然，如图 16.7 所示。如果想得到一个完全相关（ $+1.00$ 或 -1.00 ），则须使散点图中的散点落在一条直线上，当然，这种相关在教育中极少出现。

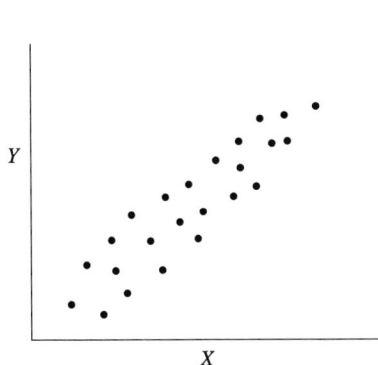

图 16.6　正相关的散点图

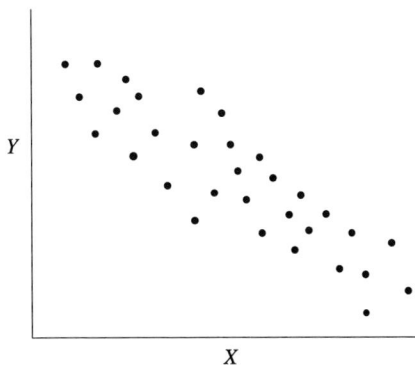

图 16.7　负相关的散点图

例如，智力水平和学业成绩似乎是正相关的两个变量，也就是说，在智商测验中得分高的学生往往可能也是在学科测验中的得高分者。负相关可举智力分数与完成学习任务的时间之间的关系为例来作一说明。即是说，智力分数高的人，完成学习任务的时间短。两个变量之间可能有零相关的例子是，14 岁女孩脚的长度和她在数学测验中的成绩。

散点图中散点的分布或离散状态，能说明关系的程度。散点的位置离直线越远，相关程度就越低。如果存在相关，且相关系数不是 1.00 或 -1.00，散点大体上落在一个椭圆内。当椭圆越扁越趋近于直线时，相关程度就越高，相关系数的绝对值越大。椭圆的方向可显示相关是正的还是负的，椭圆左低右高表明相关为正，左高右低表明相关为负。当散点落在圆形之中时，则说明是零相关。图 16.8 显示了几种散点图，并附有对应的相关系数 r。

相关系数并不一定表示两个变量之间具有因果关系。换句话说，它不一定是一个变量引起另一变量的变化。例如，在某所学校，教师所得的工资和毕业班学生升入大学的百分比之间通常有正相关。也可以说，付给教师工资较高的学校往往其高年级毕业生进入大学的百分比也较大。但是，要想说明是因为支付给教师较高的工资而导致了升入大学的百分比也较高，还是因为高年级学生入大学的比例较高而增加了教师的工资，都是很困难的。或许另外有第三种因素，或者也可能是由于外部的、并非常见的因素的联合作用，在影响两种变量的变化。在处理教育中的变量时，错综复杂的因果关系并不少见。

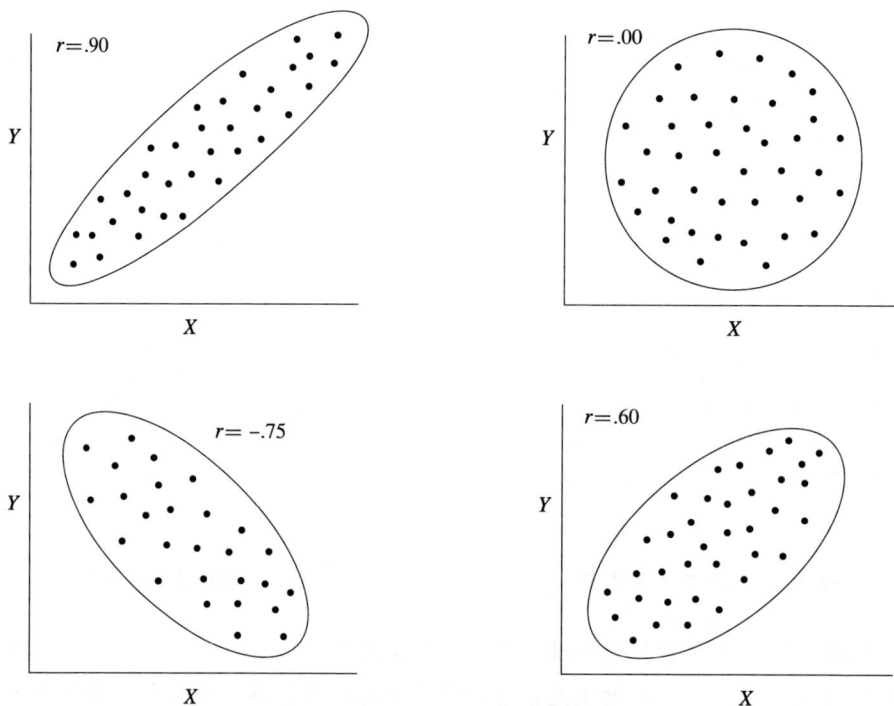

图 16.8　不同的散点图及其相应的相关系数

相关的应用

392

相关系数是一种广泛使用的描述统计量，用以描述两种变量的关系。它也用于**预测**，即根据一个变量的情况估计另一个变量。进行预测所依据的变量，称为**预测变量**，被预测的变量，称为**标准变量**。

为了预测的研究，需要生成一个类似于 $Y = bX + a$ 这样的方程式。在该方程式中，Y 是标准变量，X 是预测变量。这是一种线性方程，它适合于两个变量分数的散点图（也叫做 Y 关于 X 的线性回归方程）。b 和 a 的值对一组特定的数据来说是常数。

计算 b（斜率）和 a（截距）最简单的公式为：

$$b = r \cdot s_y / s_x$$

$$a = \overline{Y} - b\,\overline{X}$$

或者，换句话说：

> 斜率 = 相关系数 r 与 Y 的标准差的乘积除以 X 的标准差
> 截距 = Y 的平均数减去斜率与 X 平均数的乘积

X 和 Y 之间的相关对预测特别是预测误差，有一定的影响。相关系数的绝对值越大，预测就越精确。预测的精确性意思是什么？需要考察标准变量 Y。相对于每个 Y 值，都有一个 X 值和它匹配，将 X 值带入预测方程就可得到一个预测分数（或预测值），叫做 $\hat{Y}$。然后就可以考察实际观察值和预测值之间的差异。这种差异可用 $(Y - \hat{Y})$ 表示，这个差异就是预测的一个误差。如果所有的预测误差都被计算在内，它们就会形成一个误差分布。这个分布有一个标准差，叫做**估计的标准误差**。这个标准差越小，预测的精确性就越高。与此相对应，标准变量和预测变量之间相关性越高，误差分布的标准差就越小。

> **预测**就是根据已知变量的值去估计另一变量。预测的精确性随预测变量和标准变量之间相关程度的增加而增加。

预测在教育的许多方面得到应用，例如，根据智力测验分数预测学业成绩。指导咨询人员常常试图用多元回归方程预测学生在大学的成功或在某种工作中的成功。学业能倾测验（简称 SAT）和美国大学入学考试（简称 ACT）的分数，常被看做学生在大学能否成功的预测指标。但是通常是将几个预测变量综合利用，而非单独使用。例如，用学生的 SAT 分数和其在中学高年级的平均分来预测他能否在大学获得成功。相关系数也用于推断统计。关于推断统计，我们将在下一章讨论。

不同的相关系数

虽然相关的概念是一致的，但在不同的条件下常用不同的相关系数。最常使用的相关系数是**皮尔逊积差相关**，它至少适用于等距量表测量的变量，因为积差相关需要计算分布的平均数。影响选择相关系数种类的最重要因素是变量的测量

393

标准。表 16.2 列出了 5 种常用的相关系数及其各自对变量测量标准的最低要求。

表 16.2　相关系数及其对变量测量标准的最低要求

相关系数	变量的测量（最低要求）
1. 皮尔逊积差相关	1. 两变量都用等距量表测量。
2. 斯皮尔曼等级相关	2. 两变量都用等级量表测量。
3. 点二列相关	3. 一变量用等距量表测量，另一变量为真实的二分变量。可用称名量表和等级量表测量。
4. 二列相关	4. 一变量用等距量表测量，另一变量为人为的二分变量，用等级量表测量。这里的二分变量原是连续分布，是人为地分成两类的。
5. 列联相关	5. 两变量都用称名量表分类。

例 16.1

描述统计的应用：平均数和标准差

　　某校 3 位 6 年级教师主持一项关于个别化教学和传统教学方法的研究。男女学生都列入研究之中，在此，教学方法的类型和学生的性别是自变量，因变量是阅读成绩测验的分数。

　　研究的目的是描述阅读成绩测验分数的分布。因而，为确定分布的相对位置，知道分布的平均数十分重要。另外，了解分布的离散程度（或者变异性）也很重要。或许个别化教学方法会使学生的分数比传统教学法的更加分散，这种假定可能会由个别化教学方法教出的阅读测验分数分布的标准差较大证实。要研究的问题如下所述：

1. 个别化教学方法和传统教学方法下的阅读测验分数分布的平均数和标准差各是多少？
2. 男、女阅读测验分数分布的平均数和标准差各是多少？
3. 由方法和性别组成的 4 种组合因素的分数分布的平均数和标准差各是多少？

　　该校 6 年级学生共有 86 名，47 名女生和 39 名男生。教师安排 40 名学生接受个别化教学方法，其中有 20 名男生和 20 名女生，他们是随机抽出的（这也意味着其余 46 名学生也是被随机指定接受传统教学方法的）。进行一学期教学后，对全部学生进行阅读成绩的测验。由于教学方法的类型是实验

394

变量，因而该研究设计可以看成是一种仅施后测的控制组设计。

根据"实验设计"一章的内容，本实验可图解为：

R G_1（男）……………………………X………………………… O_1

R G_2（女）……………………………X………………………… O_2

R G_3（男）…………………………………………………………… O_3

R G_4（女）…………………………………………………………… O_4

在该设计中，X 代表个别化教学方法。尽管相同教学方法内的男、女生没有分离开，但是他们在设计中则显示出学生的性别是自变量。Os 代表阅读成绩测验的测量结果。

下面是显示的结果。

分　布	平均数	标准差
个别化教学——男生和女生	82.1	12.6
传统教学——男生和女生	76.0	17.2
个别化教学——男	80.6	14.1
个别化教学——女	83.6	11.3
传统教学——男	71.8	8.0
传统教学——女	80.2	6.8
全部男生	76.2	16.3
全部女生	81.9	12.7

由各种组合所形成的 8 个分布，包含着不同的分数数目。例如，第一个分布是所有接受个别教学的男女生的分数分布，包含 40 个分数。而第二个分布，即接受传统教学的分布，则包含 46 个分数。

虽然含有 40 个和 46 个分数的分布不会呈现出确切、明显的正态分布，但这几位教师也可能不会去关心这两个分布的具体形态。因为根据以往对阅读测验的使用，有足够的理由可以说明，6 年级的测验分数倾向于正态分布。因而，他们会将注意集中在分布的位置和分布的变异性。

接受个别化教学的学生平均分数比接受传统教学的高。总体上讲，女生的平均分比男生高，而且在分别接受个别化教学和传统教学两组学生中，也有一致的趋势。我们还可发现，传统教学组中男女生之间的差异要比个别化教学组中男女生的差异大得多，平均分之差分别为 8.4 和 3.0 分。

男生分数之间的差异比女生分数之间的差异大，这种趋势和两种教学方法中男、女生分数之间差异的比较也很一致。如果仅仅考察两种方法中男、女生的分数分布，可以看出，个别化教学组的分数的变异性更大。然而，当男、女生组合并起来时，传统教学组的标准差却较大。这很可能是因为传统教学组内女生的成绩比男生高得多的缘故。

计算机在数据分析中的应用

除了个别研究其数据量非常少外，大多数统计分析需要利用计算机。尽管有些统计分析可以用手工的计算器，但是用计算机进行数据分析通常是非常便利的。对比较复杂的统计分析来讲，计算机处理数据要比手工处理数据更快、更准确。统计分析软件使用非常简单，并且有多种统计方法可供选择。事实上，初学者可能对大量复杂的统计分析方法望而生畏。高质量的研究可能仅仅用到基本的统计方法。80% 以上的统计方法你可能永远不会用到。根据需要选择恰当的统计方法，其他的可以留给专业的统计专业人士。

计算机便于处理大量数据，可以快速处理成千上万个数据。如果只能使用计算器的话，上述统计分析几乎不可能实现。统计分析软件容许研究者对同一数据进行多种处理以便从不同角度审视数据。研究者可以作多种统计分析。

计算机因其所具有的功能、速度、精确性、易于获取，而对数据分析极为有用。计算机具有处理非常广泛的和复杂的问题的功能，这种功能是通过它的硬件（即机器本身）和软件（即给计算机发放指令的程序）而实现的。速度与时间相关，通常在几秒之内，计算机就可完成分析。如果数据准备得没有错误，且选用了恰当的分析方法，结果也将准确无误。这样，我们就有圆满的精确性。最后，计算机一般较易获取。

396

> 计算机对分析数据相当有用，因为它功能多、速度快、计算精确、较易获取。

行为科学研究最常用的三个统计软件包是：

Excel，可以从 www.Microsoft.com/office/Excel 获得。
社会科学统计软件包（SPSS），可以从 www.SPSS.com 获得。
统计分析系统（SAS），可以从 www.SAS.com 获得。

　　这些统计分析软件都有手册和使用说明，并且通常可以获得在线帮助。软件和出版商都在不断开发出新版本。大学通常有最新版本，但是没有必要用最新版本进行统计分析。几乎所有的统计分析软件都能完成常用的统计分析，只是有些软件作某些统计分析比其他软件容易而已。

　　本书配的二维码中有三个数据库。第一个数据库是俄亥俄州教师数据库，内有该地区教师教龄、学历和薪水的数据。该数据来源于俄亥俄州教育部网站（www.ode.state.oh.us）。第二个数据库是北卡罗来纳学业能倾测验（NC-SAT）数据库，该数据库包括北卡罗来纳学区每个学生的开支、总开支和学业能倾测验的分数。该数据来源于北卡罗来纳公共教学部网站（www.ncpublicschools.org）。第三个数据库是 Palmetto 成就挑战测验（PACT）数据库，内有北卡罗来纳某校 100 多名 9 年级学生连续 3 年的 Palmetto 成就挑战测验分数。该数据文件还包括学生的性别、是否获得免费午餐、是否进行个别化教育计划（IEP）等信息。表 16.3 列出了每个数据库中包含的变量。上述三个数据文件有 Excel 版本和 SPSS 版本。文本中对一些实例进行了解释，我们鼓励读者自己对这些数据进行各种统计分析。读者首先进行统计分析，然后对统计结果作出解释。

　　本章和第 17 章的探讨是基于 Windows 版 SPSS 15.0 展开的。因为有许多统计分析软件包可供使用，所以没有必要限定使用某一版本。坦率地说，平均数的计算公式并没有因为统计分析软件版本的变化而变化。读者可以使用任何统计分析软件，虽然输出的统计结果格式不同，但是结果是一样的。

　　现在，可以从网上下载许多数据以便进行统计分析。但是，仍要注意：

1. 要质疑数据的准确性，除非该数据来源可靠，比如来源于全国教育统计中心、各州的教育部以及相似的数据来源等。
2. 检查缺失数据。应检查所有数据或数据中离散的变量。如果大量数据缺失的话，就要放弃对该数据进行分析。

表 16.3　数据库中的变量

397

俄亥俄州教师

DIST	学区
COUNTY	县
ATT	2005—2006 教师出勤率
EXP	平均教龄
NUM	全职教师人数
NBACH	全职教师中，具有学士以上学位的人数
NMAST	全职教师中，具有硕士以上学位的人数

俄亥俄州教师

CERT	有教师资格证的教师所占百分比
NOTQ	未完全认证教师所占百分比
PBACH	全职教师中具有学士以上学位的教师所占百分比
PMAST	全职教师中具有硕士以上学位的教师所占百分比
SALASY	教师平均工资
TEMP	具有临时资格证的教师任教的主要学科所占百分比

NC-SAT-2006

district	学区
math	数学学业能倾测验平均分
reading	阅读学业能倾测验平均分
writing	写作学业能倾测验平均分
perpupil	生均开支
total	总开支

PACT

gender	M = 男	F = 女	
lunch	F = 免费	R = 减价	N = 两者都不
iep	个别教育计划	Y = 是	N = 否
speech	言语能力	Y = 是	N = 否
gift	天赋	Y = 是	N = 否
elass 05	2005 – 06	英语/言语量表分	
elapf 05	2005 – 06	英语/言语表现水平（低于平均水平、平均水平、熟练的、高级的）	
elass 04	2004 – 05	英语/言语量表分	
elapf 04	2004 – 05	英语/言语表现水平	
elass 03	2003 – 04	英语/言语量表分	
elapf 03	2003 – 04	英语/言语表现水平	
matss 05	2005 – 06	数学成绩	
matpf 05	2005 – 06	数学表现水平	
matss 04	2004 – 05	数学成绩	
matpf 04	2004 – 05	数学表现水平	
matss 03	2003 – 04	数学成绩	
matpf 03	2003 – 04	数学表现水平	
sciss 05	2005 – 06	科学成绩	
scipf 05	2005 – 06	科学表现水平	
sciss 04	2004 – 05	科学成绩	
scipf 04	2004 – 05	科学表现水平	
socss 05	2005 – 06	社会学习量表分	
socpf 05	2005 – 06	社会学习表现水平	
socss 04	2004 – 05	社会学习量表分	
socpf 04	2004 – 05	社会学习表现水平	

398

3. 如果需要的话，删除重复的数据或者超过临界值的数据。例如，5 点量表中，出现的数据"6"。要决定如何处理缺失的数据。

例 16.2

描述统计的应用：对俄亥俄州教师数据库中选择出的变量的分析

假设我们从俄亥俄州教师数据库中选择了 4 个变量。所选数据是从 610 个学区数据开始的，其中选择的变量为：

EXP	平均教龄
NUM	学区内教师人数
PMAST	硕士以上学历的教师所占百分比
SALARY	教师平均工资

我们计算的变量的描述统计包括最大值、最小值、平均数和标准差。然后，我们计算成对变量之间的相关系数。最后，我们用回归线来表示硕士以上学历的教师所占百分比对工资水平的预测程度。回归方程中包括斜率 b 和截距 a。SPSS 输出的结果见表 16.4。

表 16.4　SPSS 输出的俄亥俄州教师数据库结果

399

描述统计

	N	最小值	最大值	平均数	标准差
EXP	610	6.00	27.00	15.0213	2.91835
NUM	610	14.00	3436.00	172.7852	272.28861
PMAST	610	.00	85.40	54.7879	12.97147
SALARY	610	32056.00	69307.00	48043.848	6235.70435
有效个案数 N（列）	610				

相关系数表

		EXP	NUM	PMAST	SALARY
EXP	皮尔逊相关	1	-.110**	.307**	.044
	显著性（双尾）		.006	.000	.275
	N	610	610	610	610
NUM	皮尔逊相关	-.110**	1	.056	.335**
	显著性（双尾）	.006		.169	.000
	N	610	610	610	610

相关系数表

		EXP	NUM	PMAST	SALARY
PMAST	皮尔逊相关	.307**	.056	1	.435**
	显著性（双尾）	.000	.169		.000
	N	610	610	610	610
SALARY	皮尔逊相关	.044	.335*	.435**	1
	显著性（双尾）	.275	.000	.000	
	N	610	610	610	610

** 相关在 0.01 水平上显著（双尾）。

系数[a]

模型	非标准化系数		标准化系数		
	B	标准误	β	t	sig.
1（常数项）	36586.424	988.324		37.019	.000
PMAST	209.123	17.555	.435	11.913	.000

a. 因变量：工资

400　　　　平均教龄为 15 年，请注意这是学区平均教龄。平均最低教龄为 6
年，最高为 27 年。就该学区的平均教龄来讲，教龄间差异较大。该地
区平均有 172.78 名教师，标准差为 272.28。该地区教师数量的最大值
为 3 436 名，最小值为 14 名，这说明俄亥俄州有的学区比较大，而有
的学区却比较小。硕士以上学历的教师所占百分比为 0—85%，平均数
为 54.78%。就学区平均而言，约一半教师具有硕士学位。最后，学区
教师平均工资为 48 000 美元，标准差为 6 200 美元。多数读者会注意到
该州最高地区平均工资为 69 307 美元。上述研究结果对研究俄亥俄州
教师与其他州教师的比较非常有用。另外，可以考察俄亥俄州不同学区
之间的差异（例如，大学区和小学区之间的差异以及城市和农村之间
的差异等）。

　　相关矩阵显示了这些变量之间的相关程度。表中相关矩阵部分，
N=610 说明是 610 个学区之间的相关。显著性（双尾）可以忽略，因
为这是推断统计中应用的相关，该部分内容将在第 17 章中讨论。对角
线上的数值为 1，是因为这是变量自身之间的相关。相关矩阵中对角线
上面和下面的部分数据是镜像数据，其原因可以举例说明。比如，EXR

和 NUM 之间的相关与 NUM 和 EXP 之间的相关一样。

变量 SALARY 和 PMAST 之间的相关系数最大，为 .435。该相关为正相关，这说明教师具有硕士学位的人数越多，该学区的工资越高。高工资和具有硕士学位之间具有正相关。教龄和工资之间的相关为 0.00。具有硕士学位对工资的预测水平高于教龄对工资的预测水平。相关系数 .335 表明学区越大，教师的平均工资越高。所有的相关都不是很高，没有相关接近 1.00；但是，SALARY 与 PMAST 和 NUM 之间的高相关足以说明它们之间存在预测关系。

回归分析结果表明，硕士以上学历的教师所占百分比的直线方程可用以预测俄亥俄州学区教师的平均工资。SPSS 输出结果中所用的符号与我们所用的符号略有不同。我们使用：

$$Y = bX + a \quad 这里，b 是斜率，a 是 Y 的截距。$$

在 SPSS 的输出结果中，截距在标记为"常数"的列上，在栏中标记为"B"。因而，上述数据的截距为 36586.424。截距在标记为"PMAST"列，在栏中标记为"B"。斜率值为 209.123。硕士以上学历的教师工资预测学区教师平均工资的回归方程为：

$$Y = (209.123)X + 36586.424$$

这时，不论 X 取何值（具有硕士以上学位的教师所占百分比）都能得到学区内教师平均工资的预测值。

小　结

本章对描述统计方法作了概述，它大类上属于处理定量数据的一种统计学方法。描述统计用来描述变量间的分布和关系。通常描述统计主要是指集中趋势量数、离散程度量数以及相关性量数。为了充分地描述一个分布，我们需要知道它的形态、位置以及差异量数。我们可以通过绘制直方图来决定其形态，然而我们更常用的方法是通过其他资料或调查文献来确定其分布形态。比如，许多教育变量，我们或者知道，或者是假定其分布属于正态分布。测量数据在量度上的位置时，通常用集中量数中的平均数和中数。而最常用的差异量数（也称为离散度）是方差和标准差。差异量数是测量量度上的区间（或它们的方差）。

相关系数是两个变量之间相关程度的一个指标，相关系数可取 - 1.00 到

401

+1.00之间的任意值。相关系数的绝对值越大，相关程度就越高，相关系数为0，表明两变量之间不相关或两个变量之间相互独立。

如果要进行描述统计，那么集中量数、离散状况、相关性这些将是被描述的对象——描述其中的一种或3种都要描述。具体要计算哪一种描述统计量数，则由变量的测量水平来定。前面呈现的表16.2表明了测量水平与具体相关系数之间的一致性。对于水平最低的称名量表，我们能确定众数，即频数最大的一类。但是，由于称名量表只能进行无序的分类，所以离散的概念不适用。随着测量量表等级的提高，统计变得更加复杂，也就是说，它们包含的信息就更多。顺序量表能提供众数，可能的话还能提供中数。对于离散来讲，我们可以用有序数据的描述符指出全距。从根本上说，等距量表和比率量表都可以计算同样的计量：集中量数中的众数、中数和平均数；差异量数中的全距、标准差和离散方差。

描述统计在数据分析中很有用，但它只是统计分析的一部分，推断统计构成了统计的另一部分，在下一章我们将详细讨论。在分析研究资料时，描述统计和推断统计通常结合运用。本章的目的不是提供计算的方法或让读者进行各种统计分析，而是在于提供数据分析的理论基础，描述一些常用统计方法的推理过程。大量的统计教科书介绍了许多教育研究中常用的描述统计和推断统计的分析方法。在第17章的末尾，我们提供了一些有关的参考书。

核心概念

统计	平均数	相关
描述统计	中数	预测
分布	变异性	标准变量
频数分布	方差	估计标准误
直方图	标准差	
集中趋势	分布形态	

练　习

16.1　讨论集中量数与差异量数之间的区别。为什么说在描述分布时，这两种量数是必须的？列举几个在教育中集中量数相等，但变异程度不同的变量，以及几个离散程度相同而集中位置不同的变量。

16.2　假如一个小公司有50名雇员在车间和办公室工作，他们每年的薪水约为30 000美元，而5名管理人员（1名经理，4名副经理）的薪水

402

每年可达 175 000 美元。问就其薪水分布来说，为什么使用中位数比使用平均数更适当？

16.3　写出描述一个分布所必需的 3 种类型的信息。

16.4　某小学 4 年级教师们想比较一下每个学生在阅读、数学、科学测验方面的相对进步。为什么说他们必须使用标准分？ z 分数是否适合？为什么？如果不采用 z 分数，那么将要使用什么样的转换分数？

16.5　相关系数是两个变量间关系的一种表示。相关系数为正，意味着两变量间有正相关关系；负相关则表明两变量间有相反的关系；相关系数为 0，则表明两变量间没有关系。指出以下所给变量是什么样的相关。

　　a. 智力测验成绩和解决这些问题所需要的时间。

　　b. 焦虑测验的得分与一个统计测验的成绩。

　　c. 标准测验中的阅读成绩和数学成绩。

　　d. 智力测验分数和棒球抛出的距离。

　　e. 鞋的尺码与几何成绩。

16.6　在一个规模较小的中学里，对学生们进行了一次数学知识及其相关职业的态度测量。男生的平均分为 52.6，女生平均分为 50.9。男生分数的标准差为 5.7，女生分数的标准差为 14.6。该量表最高分为 130，分数分布呈正态。试用描述统计予以解释。

16.7　某学校科研处 366 名教师（包括 172 名小学教师，102 名初中教师和 92 名高中教师）进行了一项调查。所有教师做了"对主要行政部门的态度"问卷。该问卷包括 18 个项目，每个项目计分分别为 1—5 分，因而量表总分为 18—90 分。量表得分越高，教师对主要行政部门的态度越好。

研究计算了所有教师在该问卷上的总得分，然后根据教学水平（小学、初中、高中）对数据进行分类，得出三个分数分布。三个分数分布绘制成图，它们都近似正态分布。下列是三个分布的平均数 $(\overline{X})$、方差 (S^2) 和标准差 (S)。　　403

小　学	初　中	高　中
平均数 = 73.2	平均数 = 71.6	平均数 = 50.3
方差 = 44.9	方差 = 151.3	方差 = 240.3
标准差 = 6.7	标准差 = 12.3	标准差 = 15.5

请根据教师对主要行政部门的态度对上述结果做出解释，并说明态度是否随教学水平的变化而变化。

16.8 利用 NC-SAT-2006 中的数据计算学业能倾测验（SAT）平均分与生均开支之间的相关。就生均开支与俄亥俄州学区学业能倾测验之间的关系，你能得出什么结论？

16.9 运用 Palmetto 成就挑战测验（PACT）数据分别找出获得免费午餐、实施个别教学计划（IEP）、具有某种言语能力以及具有天赋的学生所占百分比。

16.10 指出 2003—2004、2004—2005、2005—2006 年度 PACT ELA 标准分的平均数和标准差。

注　释

① "Σ" 是求和运算符号，意指对其后面的数相加求和，这里是对离差的平方求和。式中 Xi 中的 i 指被使用的单个数据，本例中是从第 1 个 i 到第 n 个 i。当不指定 Σ 中的数字时，i 代表从 1 到 n。

第 17 章

数据分析：推断统计

第 16 章已经详细介绍了如何利用描述统计进行数据分析。虽然通过描述统计可以获得分数分布的许多信息，但是几十年以来包括教育研究在内的行为科学研究，更依赖于推断统计进行数据分析。大多数统计分析主要是检验零假设，即变量间没有差异或没有关系的假设。行为科学研究因为过度检验零假设的倾向而遭到许多批评。

估计是推断统计另一个重要的和主要的组成部分。事实上，以往研究中有适合采用估计而却过度使用零假设的实例。正如我们以后将看到的，本章中我们将估计看做是一种重要的推断统计方法。

推断统计的应用背景

在许多研究中，研究一个特殊样组往往带有把结果推广到较大群体的意图。比如，我们对一总体进行调查，但我们不可能对其中的每一个成员都进行调查，而总是抽取其中的一部分。这一部分就是一个**样本**，然后根据样本的数据对总体作出推断。再比如，某些研究的主持者在一个大城市的学校系统中抽取 3 年级的 5 个班，并使其接受几种实验处理，以便将研究结果推论到学校系统中的所有 3 年级学生。某所大学可能会从其学生中抽取大约 200 人作问卷调查而不会让全校所有的几千名学生都接受问卷调查。在此情境下，分析都是试图通过一个群体的子群体来推断该群体的整体状况。

> 推断统计的应用背景是：通过较大群体的子群体数据或通过总体的样本数据来推论该较大群体的情况。

推断统计是基于随机抽样的一种统计方法。本质上，其逻辑是随机样本的波动数据（唯一可利用的数据）能够反映总体数据。例如，如果某一样本的平均数是 85，那么总体的平均数也在 85 左右。如果我们已知数据是通过随机抽样得到的，那么我们可以将样本数据推论到总体。

这样，研究者就会得到一个由样本分数组成的分布。由样本数据求得的描述性量数，如平均数、标准差，叫做统计量。与此相应，总体也有描述性数量，叫做**参数**。当然，参数不是直接计算得到的，因为无法收集整个总体的数据。总体参数是通过对样本统计量进行推论才得出的，因此称为推断统计。

在**推断统计**中，统计量是样本的测量值，参数则是总体的测量值。对参数的推断是从统计量中获得的。

通过统计量推断参数的基本思想是，先获得样本分布，然后用公认的统计方法去推断总体。统计量由样本数据求得，在这些统计量的基础上，再对总体参数进行推论。这一程序的理论和方法论基础是推断统计。为对推断统计进行论证，必须引用概率的思想和与概率有关的一些分布概念。在这些方面，研究者已为由样本推论总体建立了一套有概念基础的合理方法。

假设检验和参数估计

在使用推断统计来分析数据时，我们可能会用到**假设检验**和**参数估计**中的一个，或者两者同时都用。假设检验在研究中使用最普遍。推断统计中的假设是关于一个参数或多个参数的陈述或猜测。研究者通过一套检验假设的方法来确定假设是否与样本数据一致。如果不一致，假设就会被拒绝（表明不能离开样本数据）。如果假设和样本数据一致，假设成为具有保留价值的参数而被保留。

例如，某一研究者假设男女在因变量"独立阅读的态度"上得分的平均数相等。当男生随机样本的平均数与女生随机样本的平均数比较时，可以得出两种可能的结论。如果抽样波动在常理范围之中，当样本平均数非常相似时，我们就接受两个平均数相等的研究假设而不能拒绝它。如果两个样本的平均数存在很大差异，我们就拒绝两个平均数相等的假设。我们可以说两个平均数存在显著差异。"**显著性**"这一术语将在讨论抽样分布时作出解释。

在推断统计中，假设是关于一个或多个参数的陈述。

推断统计的第二个一般方法是参数估计。给定一组样本数据，就会产生这些

问题："参数的可靠估计是什么？"估计实际上有两种：**点估计**和**区间估计**。区间估计也叫**置信区间**。一个点估计是参数的一个简单的单值估计，它取相应的样本统计量的值。一个区间估计是指测量量表上包含参数可靠估计值的一个区间。区间估计比点估计更为常用。

例如，研究儿童期肥胖问题的研究者或许想估计某些州 4 年级学生的平均体重。如果她能得到某一州一个 4 年级随机样本的平均体重，那么她可以运用估计来推断总体的平均体重。假设随机抽样的平均体重是 70 磅，该州 4 年级学生平均体重的点估计为 70，可以运用推断统计得到一个区间估计，比如 70 ± 8。区间估计比点估计提供的信息更多。

> 推断统计中参数估计可以通过点估计和区间估计来实现。点估计是用单值估计参数。区间估计是在测量量表上确定一个包括参数可靠估计值的区间（或称置信区间）。两种方式的估计都通过样本数据。

假设检验的方法和有关的概念将在下面讨论，并举例说明。

假设检验和抽样分布

继续展开推断统计的推论，需要利用随机抽样波动和概率的概念。例如，上文儿童期肥胖的研究者假定该州 4 年级学生的平均体重为 75 磅。值得一提的是该假设是研究者在收集数据前提出的。然后，研究者获得了样本容量为 225 的一个随机样本的体重。该样本平均体重为 77 磅。那么，她应该怎样下结论呢？77 磅是否与研究假设 75 磅存在足够大的差异，以至于研究者可以以之为依据，认为零假设很可能是一个错误假设，而拒绝零假设？

假设检验包括如下五个步骤：

1. 列出零假设和备择假设。
2. 确定零假设的抽样分布。
3. 计算样本统计量。
4. 参考抽样分布中的样本统计量。
5. 得出结论。

第一步。　本例中的零假设是该州 4 年级学生的平均体重是 75 磅。备择假设是该州 4 年级学生的平均体重不是 75 磅。值得注意的是这两个假设涵盖了所有可能的结果。另外，也值得注意的是备择假设允许总体的平均数大于或小于

75 磅。允许两种结果使得假设检验是一个"双尾"检验。

研究假设可以用以下公式表示：

$H_0: \mu = 75$

$H_0: \mu \neq 75$

如果研究者非常了解 4 年级学生平均体重的文献并且有理由认为 4 年级学生的平均体重大于 75 磅，那么她可以作"单尾"检验，其研究假设为：

$H_0: \mu \leqslant 75$

$H_0: \mu > 75$

第二步。 本研究感兴趣的统计量是样本平均数的**抽样分布**。该分布是基于**中心极限定理（central limit theorem）**建立的。定理由统计学家发现，我们可以使用它而不必进行数学运算。它的实质是：

> 给定任一平均数为 μ，限定方差为 σ^2 的总体，当样本容量无限增大时，样本平均数的抽样分布近似平均数为 μ，方差为 σ^2/n 的正态分布，其中 n 为样本容量。

这告诉我们抽样分布是一个**标准正态分布**（比较熟悉的钟形曲线），其平均数是我们在零假设中指定的数值 75。通过对总体标准差 σ 做除法运算可以得到抽样分布的标准差，即样本分布的标准差等于 σ 除以样本容量 n。

从理论上说，**抽样分布**是由某一容量的全部可能样本计算出的统计值组成。

408

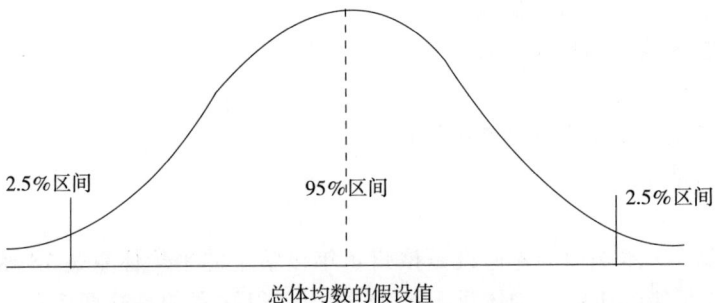

2.5%区间   95%区间   2.5%区间

总体均数的假设值

图 17.1 显著性水平为 .05 的平均数抽样分布的面积

为了进一步阐明研究实例，假定其他州的信息表明 $\sigma = 12$ 是一个比较合适的数值。如果研究者使用的样本容量为 225，那么我们就可以根据 μ、σ 和 n 描述抽样分布。它是一个如图 17.1 所示的正态分布。由零假设可知，抽样分布的平均数为 75。抽样分布的标准差叫做平均数的标准误，等于 $\sigma/\sqrt{n}$，本例中平均数的标准误为 $12/\sqrt{225}$，等于 0.80。

第三步。　现在，我们从随机样本中收集数据。假定由 225 名 4 年级学生组成的随机样本的平均数为 77。

第四步。　我们通过计算样本平均数偏离假设的总体平均数多少个标准误这一方法来计算抽样分布的样本平均数。由于统计学家已经确定了正态分布的性质，所以我们可以利用这一信息来确定获得样本平均数与总体平均数差异程度的概率[①]。

样本平均数比研究假设值大 2，即 77 − 75。这比总体平均数的假设值大 2.50 个标准误，即 2/0.80。

或者可以表示为：$\dfrac{77 - 75}{0.80} = 2.50$

附录 3 中的表 A 列出了正态曲线下与数值对应的面积。数字 2.50 对应的面积为 .4398。.4398 是抽样分布的平均数在 75 − 77 之间的百分比。因此，.5000 − .4938 或 .0062 是样本平均数大于 77 的百分比。因为这是 "双尾" 假设检验，所以我们也应该允许平均数低于假设总体平均数的 2.50 个标准误。这样，我们计算出概率：2 × .0062，等于 .0124。这一结果可以解释为，样本平均数偏离假设值 2.5 个标准误的概率是 .0124。该结果可以用图 17.2 描述。

409

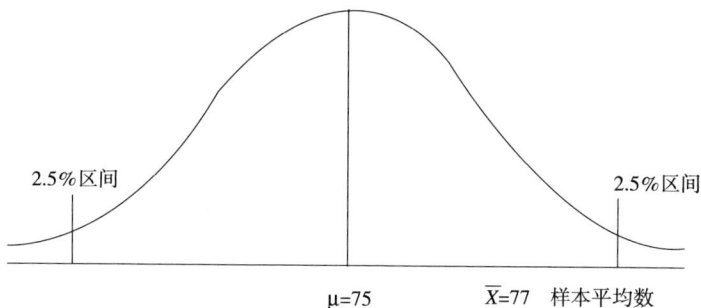

图 17.2　例中观察的样本平均数在抽样分布中的位置

2.5%区间　　　　　　　　　　　　　　　2.5%区间

$\mu=75$　　　$\overline{X}=77$　样本平均数

第五步。 在拒绝零假设前，我们需要获得的概率水平为多少呢？临界概率称为**显著性水平**，它是由研究者确定的。教育研究中经常使用的显著性水平为.05 和.01。如果本例中研究者选择的显著性水平为.05，我们就可以拒绝零假设。因为我们计算得出的概率为.0124，它**小于**显著性水平.05。这一结果可以简记为 $P < .05$。另一方面，计算出的概率大于显著性水平时，我们就可以说我们不能拒绝零假设。

显著性水平(α 水平）是一个用于检验假设的概率。常用的 α 水平为.05 和.01。

建立置信区间——继续前例

在假设背景下检验样本的例子中，发展了抽样分布的概念。推断统计的另一个方法，是建立置信区间，这是参数的区间估计。

我们不妨再看一下 4 年级平均体重为 77 磅的样本。我们想获得总体平均数的区间估计，而不是检验总体平均数的假设。这就需要确立一个**置信水平**。置信水平是区间包括总体平均数的概率[②]，置信水平由研究者确定，教育研究中常用的置信水平为.95 和.99。

如果建立起一个总体平均数的置信区间，那么它会以样本平均数对称分布。举个例子，要想建立一个 95% 的置信区间（置信水平.95），研究者的意思是想获得这样一个测量量度上的区间，它占据抽样分布面积的 95%。因为抽样分布是正态的，所以区间应伸展到平均数两侧 1.96 个标准差处。在这里抽样分布平均数的标准差为 0.80。因而，要建立置信区间，两端点为：

$$77 \pm 1.96(0.80)$$

这样就得到一个置信区间：75.43—78.57。我们有 95% 的把握确信该区间包括了总体平均数。

一般来说，研究者可使用下面公式建立置信区间：

统计量 ± (C.V.)（统计量的标准差)

C.V. 是标准正态抽样分布的临界值，这一临界值使区间占据分布面积的比例和置信水平相等。然后用这一临界值乘以抽样分布统计量的标准差以便将特定变量的抽样分布转换成测量量数。这一乘积是置信区间宽度的一半，因为置信区间的长度包含了统计量两侧的部分。

假设检验中可能的错误

如前所述，推断统计中的假设是指关于一个或多个参数的陈述。**零假设**在统计分析中经常用来表示没有关系的假设（没有关系的假设是指变量相互独立的假设）。在检验一个关于总体平均数（μ）的假设时，研究者可能会建立一个零假设，$H_0: \mu = 56$，也可写为 $H_0: \mu - 56 = 0$。这是一个以专门形式表述的没有差异的假设。如果研究者是在检验一个关于两总体平均数相等的假设，这个假设就可以用零假设形式写成：$H_0: \mu_1 = \mu_2$ 或 $H_0: \mu_1 - \mu_2 = 0$。零假设用来定位统计检验所需的抽样分布。

> **零假设**，通常也叫**统计假设**，是指没有差异或没有关系的假设。

无论何时用统计检验去检验假设，都要做出拒绝假设或者接受假设的决定。在这两种情形下，都有决断错误的可能，这是因为，既然总体不能全部测量，总体参数的真值也就不会知道。如果研究者拒绝了假设，有可能是一个正确的假设遭到拒绝。如果假设未被拒绝，也可能是一个错误的假设没有拒绝。

根据总体的实际情况和研究者的决断，假设检验的结果将是 4 种可能之一，如图 17.3 所示，可以用 2×2 表示。竖行代表总体的实际情况，其实是不可能知道的。横行表示研究者关于假设所做的决断。方格中的陈述说明了研究者决断是对还是错。　411

		正　确	错　误
研究者的决断	接　受	对	错
	拒　绝	错	对

图 17.3　假设检验的 4 种可能结果

如果正确的假设没有被拒绝，或者错误的假设遭到拒绝，决断就没有犯错误。而另外两种情形下决断就有错误。也就是说，正确的假设被拒绝，而错误的假设却接受了。拒绝正确假设所犯的错误叫做**Ⅰ 型错误**或 α 错误。这是因为，如果零假设被拒绝，犯错误的概率等于显著性（α）水平。没能拒绝错误假设所犯的错误，叫做**Ⅱ 型错误**，或 β 错误。它的概率受多种因素的综合影响，计算很困难。在任何一次统计检验中，研究者都有只犯一种错误的可能。因为研究者只能要么拒绝假设，要么不拒绝假设。一般说来，进行统计检验时，减少一种错误的可能往往会增大另一种错误的可能。

> 统计检验中有两种可能犯的错误：拒绝一个正确假设，或者没有拒绝错误假设。一旦对假设做出决断，就有可能犯其中一种错误。

通过统计量推断参数：综述

前面我们用较大篇幅讨论了推断统计的基本思想和几个简单例子。这样做，是因为这些概念和思想是利用统计分析来检验假设的基础，而这些检验又是在教育研究中广泛应用的。现在有许多推断统计方法，相当数量的统计学教科书较好地阐释了这些方法。有一些方法很复杂，至少在计算方面是这样。但不管何时运用推断统计，其基本的推理是相同的。这是在检验假设和估计参数时用于做出决断的一系列推理过程。任何一位掌握了这一推理过程的读者，都可以较好地理解统计分析。

当一随机样本被看做总体的代表时，推断就是通过样本统计量得到总体参数。推理过程如图 17.4 所示，是这样相互联结的几部分：研究者有一个总体并且想知道总体的描述量数——参数。测量整个总体是不可能的，因而抽取一个随机样本。样本的描述量数叫统计量，它是被计算出来的。因为样本为随机样本，所以统计量在随机抽样波动范围的界限内反映总体参数。正是在这时，引入了统计量的抽样分布。如果知道统计量的抽样分布，也就会知道该统计量是如何表现的——它如何根据随机抽样而变动。适合于各种统计量的抽样分布已为数学理论所确定，而且常用的抽样分布都已用标准形式制成了表。

根据统计量及其抽样分布的信息，我们反过来推断总体参数。参数是永远不能够确切知道的（除非总体的全部个体都被测量，在这种情况下，也就没有推断，或者说不需要推断统计）。通过检验假设和估计参数（通常得到一个置信区间），可做出关于参数的决断。

前面曾提过，有许多统计检验方法可用于分析数据。有大量的抽样分布被使用，当然它们也依赖于特定的统计量。应当指出，本书不是统计学教科书，目的也不是要使人精通统计学。但是，本章后面还是提供了较为常用的统计方法概要。对适用于不同条件的不同统计检验，也作了讨论。除正态分布外，其他的抽样分布在它们适用于某些统计检验时，也会提及。在各种情形下，假设都将得到说明。现在大部分数据分析可通过计算机进行，因而对研究者来说，重要的是理解这种分析。

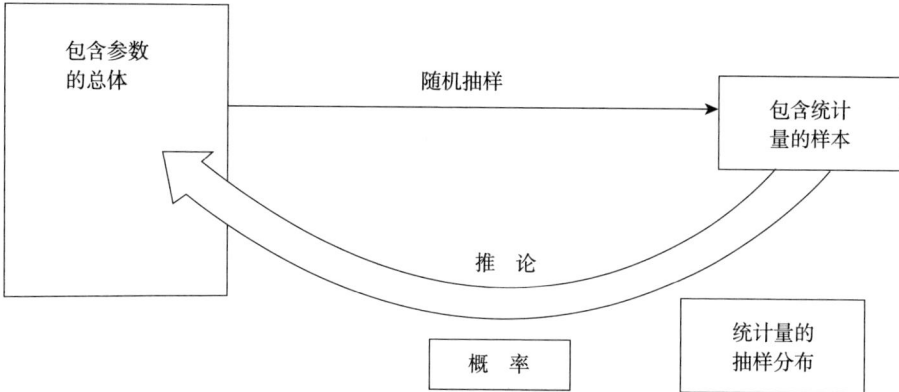

图 17.4　推断统计的推理过程

（1）我们有一总体，且想作出有关总体参数的决定。

（2）我们抽取一个样本，并计算样本的量数，即统计量。

（3）统计量反映相应的总体参数和抽样波动。

（4）我们考察事实上存在的统计量，然后根据抽样分布和概率，来推断参数。

参数分析

教育研究中最为常用的分析，无疑就是**参数分析**。之所以这样说，是因为它要求一系列假定，即**参数假定**。前面我们讨论的关于 4 年级学生平均体重的假设检验例子就包括参数分析。

参数假定可概括如下：

1. 测量的因变量，即其数据被分析的变量，至少应用等距量表测量。

2. 观察值或分数之间相互独立，也就是说，任一个体的分数都不受其他个体分数的影响。③

3. 分数（因变量）是从正态分布总体中抽取的。实际上，只有在样本容量较小（小于 30）时，该假定才有必要。

4. 当两个或多个总体为研究对象时，它们应具有同质的方差。这意味着，研究的总体在分布上应有大致相同的离散情况。

对于更为复杂的参数方法，还需另外的假定，这里列出的是最基本的假定（凡涉及分布的假定都是指有关总体分布的假定）。

t 分布——另一种抽样分布

在确定假设的总体平均数时，正态分布会被看做样本平均数（统计量）的抽样分布。实际上，如果用样本标准差去估计总体标准差，恰当的抽样分布就不再是正态分布了，而是另一族分布，叫学生 *t* 分布，或简称 ***t* 分布**。

t 分布是由**自由度（*df*）**加以区分的。在分析中，自由度是指一组数据中可以自由变化的数据个数。在操作中，自由度通过从分数个数中减去对数据有约束的条件数目来确定。在检验有关总体平均数的假设时要计算样本平均数，它要求所有分数都在计算之列。一旦分数的 $n-1$ 个被指定，第 n 个分数也将被指定，因为它必须提供分数总和的剩余部分。因而，自由度为 $n-1$。

和正态分布一样，*t* 分布也呈对称的钟形。随着自由度增大，*t* 分布会越来越接近正态分布。通常，如果自由度超过 120，正态分布就被当做 *t* 分布的近似分布使用。*t* 分布的标准形式见附录 3 的 B 表。*t* 检验中要考虑自由度的使用问题，这将在下面的例子中加以说明。

---

t 分布由一族分布组成，该族是许多统计量的抽样分布。每一个 *t* 分布由一个自由度值确定。

例 17.1

科学成绩的 *t* 检验

假定某中学 7 年级学生的科学测验成绩几年来都比较稳定，在期末的标准化测验中科学测验成绩为 82.5 分，教师们想知道个别化教学是否会对学生的科学成绩产生影响。为此从 7 年级中随机抽取 31 名学生接受个别化教学。在学期末对这些学生进行了标准化测验。

零假设表述如下：接受个别化教学的 7 年级学生科学成绩与在学校接受常规教学的学生成绩之间无显著性差异。已知接受常规教学的学生成绩为 82.5，则零假设可表述为：

$$H_0: \mu_1 = 82.5 \quad \text{或} \quad H_0: \mu_1 - 82.5 = 0$$

需要指出的是：接受个别化教学指导的 7 年级学生是一个假定的总体，因为实际接受该教学法的只有 31 名学生，也就是说这 31 名学生组成了该总体的样本。同时我们的假设也没有表明个别化教学比常规教学是更有效果还是效果更差。这样的话，我们在检验零假设时，拒绝区域应限定在样本分布图的两端，且选定的显著性水平为 .05。

样本的数据如下：均值 $\overline{X} = 87.0$，31 个科学测验分数的标准差为 9.5，所需检验的统计量是样本均值，该统计量的标准误（抽样分布的标准误）计算如下：

$$S_x = \frac{S}{\sqrt{n}} = \frac{9.5}{\sqrt{31}} = \frac{9.5}{5.56} = 1.71$$

当自由度为 30（$df = n - 1$）时，其样本分布就是一个 t 分布。统计计算结果为：
415

$$t = \frac{\overline{X} - \mu}{S_x} = \frac{87.0 - 82.5}{1.71} = \frac{4.5}{1.71} = 2.63$$

当零假设 H_0 为真时，μ 就是总体平均数的假定值。上述公式用标准分的形式提供了一个数值（有时叫 t 值）。它是统计量在样本分布下的标准分，本例中该统计量为样本平均数。

为进一步检验 t 值，我们在 t 值分布表查出当自由度为 30 时的 t 值。在 B 表中，我们发现在 .05 的显著水平上，当自由度为 30 时，双尾临界值为 2.042，而所计算的 t 值为 2.63，超过了临界值。由此可知统计检验是显著的，故我们拒绝零假设。

对结果的解释是：

> 如果 7 年级学生总体接受个别化教学后均值为 82.5，低于显著性水平为 .05 时的临界值，样本均值为 87.0 可能归因于所选样本的波动。

因此，我们就可以拒绝零假设，从而得出科学测验的均值不是 82.5 的结论。样本均值和假定均值之间的差异 4.5 分过大，因此也很难把它归因于机遇（样本的波动）。因为样本均值比常规教学均值要高得多，且统计检验也很显著，所以我们可以得出这样的结论：在该校 7 年级学生中的科学课中进行个别化教学比常规教学更为有效。

本校教师对 7 年级的教学采用个别化教学以前，他们或许要问："个别化教学与常规教学存在多大差异？"虽然本例中个别化教学和常规教学平均数的差异为 4.5 分，高于假定均值，但是样本平均数会受抽样波动的影响。因此，我们为接受个别化教学的 7 年级学生科学课的平均分建立了 95% 的置信区间。该区间为将来采用个别化教学的考试成绩提供了一个预期的估计值。

我们拥有建立置信区间需要的所有信息。其公式为：

$$\overline{X} \pm (\text{C. V.}) s_{\overline{x}}$$

将数值代入上式中，可得以下结果：

87.0 ± 2.042（1.71）
87.0 ± 3.49

416

或者，实质上，区间从 83.5 到 90.5。我们有 95% 的把握确信 83.5—90.5 这一区间包括接受个别化教学的 7 年级学生的总体平均数。

在置信区间下限，估计平均数仅比确定的平均数高 1 分，而在置信区间上限，估计平均数比确定的平均数高 8 分。这似乎表明个别化教学确实能提高科学测验成绩。然而，教师仍需判定是否上述提高的成绩值得教师为个别化教学付出更多努力和增加更多资源。置信区间能为上述决定提供信息。平均增加的成绩或许只有 1 分左右，似乎不可能高出 8 分。

方差分析

方差分析（ANOVA）也是一种推断统计方法。研究者可以用它检验两个或多个平均数相等的零假设（H_0：$\mu_1 = \mu_2 = \cdots = \mu_k$）。它通常不用于两个平均数的检验，因为 t 检验已经很适用于这种情形，方差分析中计算与每个总体平均数对应的样本平均数，同时检验样本平均数和总体平均数之间是否存在显著性差异。方差分析中的零假设是通过比较方差的估计值而进行检验的。[④] 比较时所得的结果是比率形式，叫 **F 比率**或 **F 值**。两个方差的比率的抽样分布是 **F 分布**（以 R. A. Fisher 的姓名命名）。F 分布是一族不对称的分布。它们定位在 0 到正无穷之间，分布中的数值都是正数。确定适当的分布需用两个自由度值，它们分别是比率中两个估计方差的自由度。F 分布已在附录 3 的表 D 中列出。它们的应用将在下面举例说明。

方差分析用于检验两个或多个总体平均数相等的零假设。需要计算两个方差估计值的比率。该比率以 F 分布为其抽样分布。F 分布由两个自由度值来确定。

方差分析可以容许有一个或多个自变量。如果只包括一个自变量，该方差分析就是**单因素**方差分析。如果一个实验有 4 种实验处理，那么该自变量（实验处理）就有 4 个水平。零假设为 H_0：$\mu_1 = \mu_2 = \mu_3 = \mu_4$。计算 4 种实验处理的每一种处理的样本平均数，然后检验 4 个平均数之间是否存在差异。因为实验中只有一个自变量，所以应采用单因素方差分析。

方差分析中同时包括两个自变量的方差分析，称为**两因素**方差分析。此时，每个自变量都有一个零假设，然后计算每个自变量抽样平均数的 F 值。也可以计算两个自变量之间是否存在交互作用（交互作用是自变量对因变量的混合作用）。进行交互作用检验，就是要检验自变量不存在交互作用这一零假设。检验多少个零假设就得到多少个 F 值。两因素方差分析中至少有三个零假设：每个自变量的零假设和交互作用零假设。

另外，还有三因素或更复杂的方差分析，这意味着一个方差分析中包含更多自变量。虽然教育研究中很少有超过 4 个或 5 个自变量的方差分析，但是随着自变量个数的增加，方差分析变得更加复杂。这时，可能的交互作用数量和它们的复杂性（一次交互作用中包括两个以上自变量）增加。实验设计一章讨论的因素设计的数据常用所谓的**因素方差分析**处理数据。这只是意味着同一次分析中包括两个或更多自变量。

例 17.2

单因素方差分析——历史教学的例子

现在我们来考察一个实验。这个实验有 3 种美国历史的教学方法：T_1，T_2，T_3。历史课学生的 3 个随机样本分别接受 3 种教学方法。经过一段时期教学后，对他们进行同样的历史考试。这里的自变量是教学方法，因变量是历史考试的分数。3 个随机样本分别包括 25，30，33 名学生，作为 T_1，T_2，T_3 的代表。

这里的零假设是：H_0：$\mu_1 = \mu_2 = \mu_3$，即接受 3 种教学方法教学的学生总体平均数相等。显著性水平定为 .05。计算所得的样本平均数为 $\overline{X}_1 = 83$，

$\overline{X_2} = 72$，$\overline{X_3} = 80$，从方差分析中得到 $F = 4.93$。

为确定这一 F 比率在统计上是否显著，我们首先需要区别出与之相联系的自由度。在该例中，F 比率计算分子的自由度是 2，比样本数目少 1 个。在确定样本平均数的方差过程中，计算并使用了全体分数的平均分（叫总均数），这样就引入了一个限制条件。一般说来，对于单因素方差分析，如果 k 为样本平均数的个数，$k-1$ 就是分子自由度。

和 F 比率分母相对应的自由度是 85。在整个方差分析中共有 88 个分数。在计算 F 比率分母的方差估计值时，88 个分数都被用到了，但在计算中每个样本平均数也被利用进去，因而就引入了 3 个限制条件。对于单因素方差分析，如果 N 是分析中全部分数的个数，k 是样本平均数的个数，那 F 比率分母的自由度就为 $N-k$。

现在我们已有 4.93 的 F 比率值，及 2 和 85 的自由度值。将书翻到附录 3 的表 D，我们可以顺着自由度为 2（分子自由度）一栏往下查找到自由度为 85（分母自由度）的那一行。但是表中没有这一行。但是有自由度为 60 和 120 的横行，并且每行都有 4 个临界值。每一临界值各代表一种显著性水平。我们选择 .05 的 α 水平，那么和自由度 60 对应的临界值为 3.15，和自由度 120 对应的是 3.07。而我们的自由度是 85，所以，根据直线内差法，其临界值大约是 3.12。我们计算所得的 F 比率为 4.93，超过 3.12。因此，统计检验是显著的，要拒绝零假设。概率表述和结论如下：

概率表述：如果零假设为真，样本平均数能归因于随机抽样波动的发生概率小于 .05。

结论：拒绝零假设，可以下结论说，总体平均数并不全都相同。这是一种对参数的推断。几种教学方法的效果不全一样，至少可以认为 T_1 比 T_2 效果更好。

如果多于两个的样本平均数接受检验，并且 F 比率也在统计上显著，这个分析也不能说明在什么地方是显著的。也就是说，可能只有一对平均数有显著差异，也可能每对平均数之间都有差异，还有可能是几对平均数之间差异显著。但是我们知道至少两极的样本平均数有显著差异（因而就有前面的结论）。不管怎样，随后的检验方法——**事后检验**，可以用来具体确定哪些平均数之间有显著差异。本章后面所列的统计学教科书都介绍了这样的事后检验。

研究报告中常用一个简洁的方差分析表呈现方差分析结果。对上述的方差分析可列表如下（表 17.1）。表中列出了具体内容。"总计"可有可无，它只是表明把"组间"和"组内"的平方和各自的自由度加到自己的"总数"中。我们用不到均方总和，所以就不需计算它。

表 17.1 方差分析表举例

来　源	SS	df	MS	F-Value
组间	36.48	2	18.24	4.93*
组内	314.50	85	3.70	
总计	350.98	87		

*$P < .05$

在单因素方差分析中，总体变量的方差可分为两种来源：（1）在 T_1、T_2 和 T_3 的例中，自变量水平（组）间的方差，（2）各自变量组内的方差。

SS 代表平方和，是方差估计的分子，用其除以自由度可得到一个均方值 MS。

F 值是由组间均方除以组内均方而得。$P < .05$（概率低于 .05）意味着 F 值为 4.93 时在 $a = .05$ 的显著性水平上有显著的差异。

例 17.3

利用计算机进行方差分析　　　　　　　　　　　　　　419

现在，我们看一下本书附带的二维码中的 PACT 数据。这是由 123 名 9 年级学生参加 PACT 测验的成绩组成的一个随机样本。假定研究者想了解吃免费或减价午餐学生的资质是否与学生在 PACT 测验上的科学测验成绩相关。学生被分成三组。第一组学生吃免费午餐，第二组学生吃减价午餐，第三组学生午餐正常收费。本例中，零假设为：

$$H_0: \mu_1 = \mu_2 = \mu_3$$

也就是说，三组学生在科学测验上的总体平均数（在二维码中的变量名为：SCISS05）相等。

表 17.2 是 SPSS 输出的单因素方差分析结果。描述统计显示：吃免费午餐的学生（第一组）科学测验平均分最低，吃减价午餐的学生科学测验平均分居中，而吃正常收费午餐的学生科学测验平均分最高。换句话说，经济上最困难的学生科学测验得分最低。学生经济水平越高（表现为吃正常收

费午餐和减价午餐），其科学测验平均分越高。

方差分析结果表明：F 值为 3.314，显著性为 .047。如果零假设为真，F 值就是样本平均数偶然发生的概率。我们将显著性值与显著性水平进行比较以便决定是否拒绝零假设。因为显著性值 .047 低于显著性水平 .05，所以我们拒绝零假设，得出总体平均数不相等的结论。

然后，我们继续进行检验以便查明到底哪对平均数之间存在显著性差异。采用 LSD 法的多重比较结果表明，只有一对平均数的显著性值低于 .05。它是第一组平均数和第三组平均数之间的比较。我们得出的结论是吃免费午餐学生的科学测验成绩的总体平均数与吃正常收费午餐学生的科学测验成绩的总体平均数不同。值得注意的是，第一组和第三组学生科学测验平均数差异的置信区间不包括 0，但是其他两个置信区间包括 0。

表 17.2　SPSS 输出的方差分析结果

描述统计

SCISS05

午　餐	平均数	样本量	标准差
免费	782. 6186	97	30. 2429
正常收费	801. 2000	10	13. 0111
减价	797. 0833	12	9. 2781
总计	785. 6387	119	28. 3969

方差分析

SCISS05

	平方和	自由度	均　方	F 值	显著性
组间	4878. 059	2	2439. 029	3. 134	. 047
组内	90275. 403	116	778. 236		
总计	95153. 462	118			

多重比较

因变量：SCISS05

LSD

(I) FRL	(J) FRL	平均数之间的差异（I－J）	标准误	显著性	95％的置信区间	
					下　限	上　限
1.00	2.00	－14.4648	8.5367	.093	－31.3729	2.4433
	3.00	－18.5814*	9.2653	.047	－36.9326	－.2303
2.00	1.00	14.4648	8.5367	.093	－2.4433	31.3729
	3.00	－4.1167	11.9447	.731	－27.7747	19.5414
3.00	1.00	18.5814*	9.2653	.047	.2303	36.9326
	2.00	4.1167	11.9447	.731	－19.5414	27.7747

* 平均数之间的差异在.05水平上显著。

非参数分析

　　如前所述，参数分析要求对总体进行一定的假设，以作为研究的前提。等距量表测量能满足计算平均数的要求（一般来说，非等距量表测量的数据是不能计算平均数的）。如果这些假定不能满足，比较恰当的方法是非参数分析。这一检验方法不要求用等距量表，等级量表和称名量表测得的数据就可以进行分析。而且对大多数非参数分析来说，它们对总体分布形态无须假定。正因为这样，当研究涉及小容量样本时，这一方法常常会用到。

　　非参数分析也是推断统计的内容，因而要运用推断统计的推理过程。要对假设进行检验并可用零假设的形式表述。所用的统计量不是平均数，而是像频数这样的统计量。不管在何种情形下，这些统计量都是一个或多个样本的量数。

　　非参数分析对总体的假定要求很少，它们可用于分析等级量表和称名量表测得的数据。

χ^2 检验和 χ^2 分布

　　非参数分布中最常用的统计量抽样分布是 χ^2 **分布**。和 t 分布一样，χ^2 分布包括一族分布，每个具体分布都由一个自由度值来区别。与 t 分布不同的是，χ^2 分布不对称。理论上，χ^2 分布是从 0 到正无穷。正像其他分布一样（如正态分

420

421

布和 t 分布)，χ^2 分布也要使用抽样分布进行基本的推理。因为 χ^2 分布的不对称性，检验假设的拒绝域通常全部设在分布的右尾部。

通过计算统计量 χ^2 的值，大量的假设可以得到检验，这一统计量涉及观察频数与期望频数的比较。χ^2 值分布在有适当自由度的 χ^2 分布中。如果计算所得的一个 χ^2 值超过了给定显著性水平的临界值，统计检验就是显著的，被检验的零假设就要遭到拒绝。

χ^2 检验可用来检验关于样本分布是否符合理论或假设分布的假设。这样的检验也叫**拟合度检验**（goodness-of-fit test），也就是说，它检验样本分布是否符合假设的分布。例如，我们可以检验有关抽样样本的总体呈正态分布这样的假设。零假设是：总体分布呈正态分布，或者表述为无差假设，总体分布和正态分布之间没有差异。统计检验考察样本观察值是否在总体的随机抽样波动内。如果 χ^2 值统计显著，我们就会拒绝零假设。

在 χ^2 检验中，常会用到**列联表**（contingency tables）。列联表是两维表，一个变量占一个维度。每个变量都有两种或多种分类，数据就是每一类中的样本频数。要检验的零假设是：两变量相互独立，即：两变量之间没有关系。下面的例子使用了列联表。

例 17.4

列联表 χ^2 检验

在一个文学艺术学院，某研究者对学生关于义务参加学校集会的态度感兴趣。该研究者从大学各年级学生中分别抽取一个随机样本。每个年级抽出的学生不必一样多。样本中学生对义务参加集会可做下述反应：同意、不确定或不同意。

这里的零假设是，4 个年级学生总体对义务参加集会的态度没有差别。另一种表述为，年级和义务参加集会两变量间相互独立。这个假设没有同意或不同意的程度为多大的含义。它仅指年级总体之间没有差别。表 17.3 表示一个 3×4 列联表的样本数据。

表 17.3 列出的是观察的频数或样本数据。为进行 χ^2 检验，需要确定期望频数或理论频数。期望频数可以利用边缘总计从样本数据中求得。这里不呈现计算过程，但表 17.4 列出了这些期望频数。这些频数是在零假设为真的前提下所期望的。

表 17.3　对义务参加大学集会反应的观察样本频数

年　级	反应类型			
	同　意	不确定	不同意	合　计
1 年级	12	48	20	80
2 年级	7	20	33	60
3 年级	6	19	35	60
4 年级	5	3	32	40
合　计	30	90	120	240

期望频数由下列公式计算得出：

$$E = (横行总数)(竖列总数)/横行与竖列的总数之和$$

这是每个行、列结合的期望频数。

一般地说，列联表的自由度为 $(r-1) \times (c-1)$。这里的 r 和 c 分别代表横行和竖栏的数目。对该例来说，χ^2 检验有 6 个自由度。假定我们确定显著性水平为 .05。计算 χ^2 值的公式为：

$$\chi^2 = \sum_{i=1}^{k} \frac{(O_i - E_i)^2}{E_i}$$

表 17.4　对义务参加大学集会反应的期望频数

年　级	反应类型			
	同　意	不确定	不同意	合　计
1 年级	(12) 10	(48) 30.5	(20) 40	80
2 年级	(7) 7.5	(20) 22.5	(33) 30	60
3 年级	(6) 7.5	(19) 22.5	(35) 30	60
4 年级	(5) 5	(3) 15.5	(32) 20	40
合　计	30	90	120	240

注：括号中为表 17.3 的观察频数。

式中 O = 观察频数

E = 期望频数

K = 分类、组别或单元的数目

在列表中，$k = r \times c$，是表中的方格数，该例的 $k = 12$。

根据表 17.4 计算的 χ^2 值是 33.59。我们把书翻到附录 3 的表 C，χ^2 分布，该表列出了临界值。竖行代表临界值右侧的面积。横行是指不同的自由度。分布中的阴影说明分布的面积是怎样划分的。

我们确定的显著性水平为 .05。这样我们就可顺着 .05 栏往下查找到自由度为 6 的那一行，得到一个临界值 12.59。因而，该统计检验是显著的。概率表述和结论如下所述：

概率表述：如果年级与义务参加大学集会的态度是相互独立的，那么，样本反应属偶然出现的概率就小于 .05。

结论：年级和对义务参加大学集会的态度是相关的（不相互独立），拒绝零假设。

再检查一下表中的频数，我们可以发现，年级较高的学生表示"不同意"的频数高于期望频数，而低年级学生"不确定"的频数高于期望频数。

前面的举例说明了非参数分析 χ^2 检验的使用。另外还有多种非参数分析方法，其中一些已在本章后面的表中列出。具体的计算公式可以参看应用统计学教科书。不管何种方法，都要运用推断统计的基本推理方法。

相关分析

相关曾在前面作为描述两变量之间关系的描述统计量讨论过。根据相关系数和回归系数可以进行推断**相关分析**以检验有关的假设。最常用的假设检验是总体相关系数为 0。该假设是指两个变量相关独立，也就是说它们之间不存在相关。

样本的相关系数是否具有统计上的显著性在很大程度上受样本容量影响。拒绝总体相关是零的假设所需要的相关系数临界值已在附录 3 的表 E 中列出。在竖列中给出了各种显著性水平，在横行中列出了自由度。因为失去了两个自由度，所以相关系数检验中的自由度为 $n-2$。失去两个自由度是因为在计算相关系数时，两变量的平均数都要预先求出并被利用。如果相关系数的绝对值等于或超过 α 水平的临界值，就要拒绝零假设。如果不是这样，就不能拒绝零假设。有趣的是，某一相关系数在某一样本容量下是显著的，而在另一样本容量下却不显著。当样本容量很大时，即使相关系数接近零，也可能是显著的。

424

例 17.5

检验总体中没有相关的假设

在前面一章描述统计部分我们利用俄亥俄州教师数据讨论了相关分析。我们计算了该州教师平均工资（SALARY）与教师平均教龄（EXP）、该州教师数量（NUM）和具有硕士以上学位的教师所占百分比（PMAST）之间的相关。表 17.5 再次报告了该相关矩阵。

表 17.5　SPSS 输出的相关分析结果

相关系数

		PMAST	SALARY	EXP	NUM
PMAST	皮尔逊相关 显著性（双尾） N	1.000 610	.435** .000 610	.307** .000 610	.056 .169 610
SALARY	皮尔逊相关 显著性（双尾） N	.435** .000 610	1.000 610	.044 .275 610	.335** .000 610
EXP	皮尔逊相关 显著性（双尾） N	.307** .000 610	.044 .275 610	1.000 610	-.110** .006 610
NUM	皮尔逊相关 显著性（双尾） N	.056 .169 610	.335** .000 610	-.110** .006 610	1.000 610

＊＊相关在 0.01 水平上显著（双尾）。

为了检验相关假设，我们需要考虑概率（p 值），在 SPSS 中标注为 Sig。相关是以 610 个学区的数据为基础的。因为这是一个大样本，所以我们可以预期一些相对比较小的相关系数也可能在统计上达到显著性水平。从表17.5 可以看出，6 个相关系数中，4 个相关系数达到显著性水平，其余两个相关系数不显著。教师平均工资与具有硕士以上学位教师所占百分比和该地区教师数量相关显著。具有硕士以上学位教师所占百分比与教师教龄相关显著。最后，虽然平均教龄与教师数量的相关系数接近 0，但是其仍然达到显著性水平，这主要是由于样本容量较大所致。

我们应该注意到 610 个学区是俄亥俄州学区的总体。我们利用随机样本数据而不是总体数据进行推断统计。严格地讲，只有我们认为本例中的数据是来自随机选择的某一年份的数据时，推断统计才是恰当的数据处理方法。

425 协方差分析

涉及相关的一种参数统计分析方法，是**协方差分析**。在第 6 章，曾讨论过在组织研究时如何用统计调整来增强控制的事例。协方差分析就是对变化进行统计调整或统计控制的方法。

协方差分析和方差分析关系密切，本质上，它是一种对调整过的因变量分数进行的方差分析。这种调整是以因变量与其他相关变量的关系为基础的。当然，这种关系包括因变量与其他变量之间的相关。被调整的因变量经过调整后，就能保持独立性，不受称之为**协变量**的影响。

> **协方差分析**是一种对因变量进行统计调整的方法。这种调整是以因变量与被称为协变量的另一变量的相关为基础的。

在协方差分析中，零假设为**调整过后**的总体平均数相等。它也可以像方差分析中的零假设一样写成：$H_0: \mu_1 = \mu_2 = \cdots = \mu_k$，只是这里的 μ 代表调整过的总体平均数。和方差分析一样，协方差分析的统计量也是两方差之比率，其适当的抽样分布是 F 分布。统计推理过程也一样，所不同的是，协方差分析的结论和推断是针对调整过的总体因变量平均数所做的。

协方差分析特别适用于那些对外部的或中间变量无法进行实验或设计控制的情形。研究者，尤其是在学校情境中的研究工作者，通常必须选择几个完整的班组作为研究对象。协方差分析就有可能用来进行统计调整，但需要指出，它不能使各班组都保持同等情况。

选择恰当的统计分析方法

选择恰当的统计分析方法，并非要考虑许多因素。它可以通过对下列 3 个问题的回答来概括：

1. 我们需要的信息是什么？
2. 变量，尤其是因变量的测量水平是什么？
3. 什么样的假定是合适的？

对第一个问题的回答将决定是采用描述统计，还是使用推断统计，或者两者都要使用。对研究问题的陈述通常能为回答该问题提供足够的指导。而后两个问题的答案则决定对数据采用什么样的分析方法最为恰当（相应的统计量和统计检验都可以计算出来）。

如果要进行推断统计，具体的统计检验方法则须由要检验的假设、变量的测量水平和可能碰到的假定来确定。如果因变量是用等距量表测量的，自变量是分类的——无论是等级的还是称名的，就可以使用参数分析的方法。检验有关平均数的假设是应用参数分析的范例。在能得到的数据小于等距量表测量的数据或参数的假定不能满足时，就可用非参数分析的方法。如果我们准备检验关于两个变量之间关系的假设，我们就用相关检验，具体的检验方法由变量的测量水平确定。表 17.6 概述了各种统计检验及其可以检验的各种假设。当需要进行 t 检验时，意味着一个以 t 分布作为抽样分布的统计检验将被使用。如果样本容量较大（达到 120 左右），正态分布此时就可作 t 分布的近似分布。表中还有两个前面没有讨论的非参数检验。

表 17.6　推断统计中常用的统计检验

统计检验	检验的假设
参数检验：	
t 检验（或用正态分布）	关于一个平均数 H：$\mu = a$
	两个平均数的差异 H：$\mu = \mu_2$，或 H：$\mu - \mu_2 = 0$。用于独立样本和相关样本，但公式不同。
（单因素）方差分析	两个或多个总体平均数相等。H：$\mu_1 = \mu_2 = \mu_3 = \cdots = \mu_k$，来自单个自变量的不同水平。

统计检验	检验的假设
（两因素）方差分析	两个或多个总体平均数相等，包括两个自变量的假设及对交互作用的假设。
协方差分析	根据协变量的影响，对平均数调整，调整后的两个或多个总体平均数相等。
非参数检验：	
拟合度 x^2 检验	总体分布有一假设的形态。
独立性 x^2 检验（列联表分析）	总体中两变量相互独立。
中数的 x^2 检验	两个或多个总体的中数相等。
曼-惠特尼 U 检验	两个总体的分数之间没有差异。
相关检验：	
t 检验（或用正态分布）	总体相关系数为 0，$H: \rho = 0$。
费舍 Z 转换检验	总体相关数为特定值，$H: \rho = a$。
	两总体相关系数相等，$H: \rho_1 = \rho_2$ 或 $H: \rho_1 - \rho_2 = 0$。

图 17.5 包含了选择恰当统计检验的抉择树状关系。在推断统计中，统计检验方法很多，该图只是列出了有限的几个最为常用的统计检验方法。最上一行方框指明关于什么的假设。例如，如果我们检验一个关于 4 个平均数的假设，参数假定可以满足，也不用去调整平均数，我们就会用方差分析。无论用何种检验方法，最为基础的推断统计的推理过程都是一样的，即都是关于从样本统计量推断总体参数的过程。牢记这种推理，而且在进行统计检验的具体操作中不要忘记，这是非常重要的。

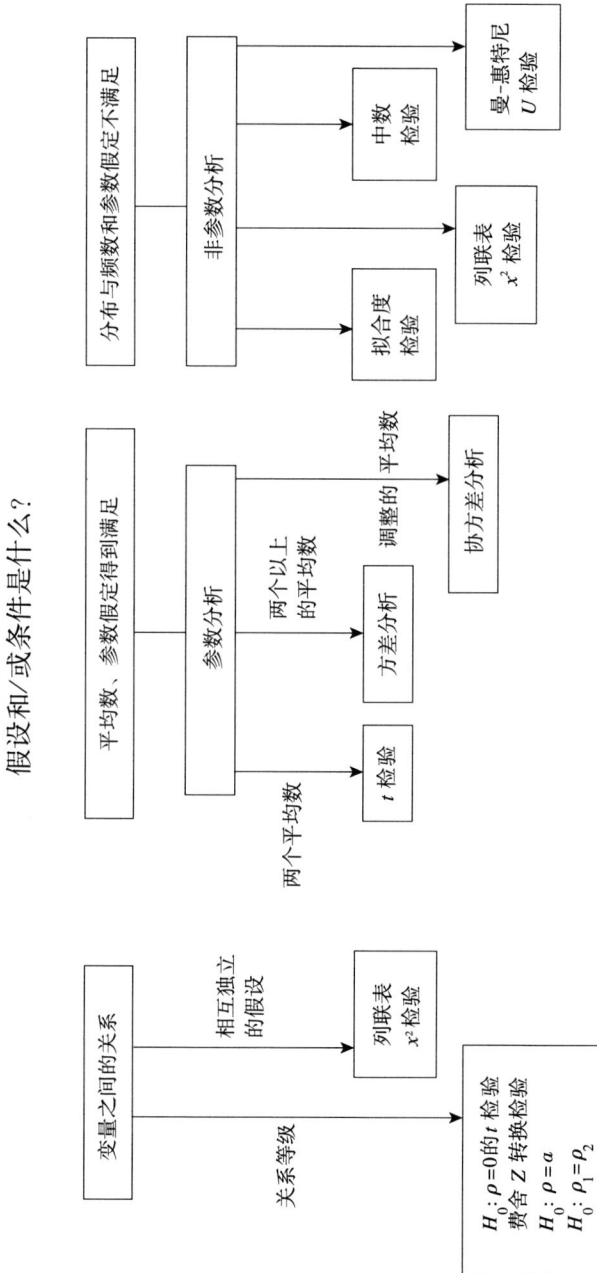

图 17.5 统计检验方法抉择树状图

427

428 对统计分析的评论

统计分析是理解数据意义的工具。当抽取随机样本时，推断统计可以将样本分析得出的结果推广到总体。利用随机样本而不是总体进行研究非常经济，而且如果限定必须用总体数据进行研究的话，大多数研究就无法进行。尽管如此，有一些需要考虑的问题是必须提及的。

每一推断统计技术背后的**假定**。通常的假设为样本是随机的、因变量是由等距量表测量的，以及比较组的总体方差相等。不同统计技术的假定不同。当推断统计的假定不能满足时，统计分析的结果就是错误的或误导的。

实际显著性与统计显著性不同。**统计显著**是指研究结果并不是由于抽样波动造成的。统计显著的研究结果并不一定具有实际意义。统计显著是实际显著的必要条件但不是充分条件。以本章前面提到例子来讲，研究者得到的儿童期肥胖样本平均体重为 77 磅，而假定总体平均体重为 75 磅。两者之间统计上达到显著性，但是两磅的差异可能没有实际意义。而方差分析中的另一个例子：获得吃免费午餐资格的学生 PACT 测验中科学部分测验成绩的平均分比没有获得免费午餐和减价午餐资格学生的平均分低 20 分，其差异达到统计显著性，而且它也可能具有实际显著性。

统计检验力指零假设错误时拒绝零假设的概率。研究者希望有足够的检验力明确区分比较组之间的差异。研究者进行了一项随机比较实验，发现实验处理确实能引起差异，但是实验组与对照组之间的差异却没有达到显著性，研究者会感到非常可惜。以下途径可以提高统计检验力：采用大样本，控制诸如性别、能力水平等变量以减小比较组的组内方差，消除外部变量。当进行研究设计时翻阅本章后面列出的统计书是明智的，这样可以确保你拟选择的样本容量有充足的统计检验力。

一个经常犯的统计结果解释错误是把统计显著性当成实际显著性来解释。

---

429 前面关于统计分析的进一步讨论都很简短，而且只是些比较常用和相当基本的方法。事实上，本章所讨论的分析方法主要局限于**单变量分析**。单变量分析是只含有一个因变量的分析。还有一些多元分析，它们一般同时含有两个或更多的因变量。多元分析需要进行相当复杂的统计运算，而且对结果的解释也十分复杂，这是因为该分析通常会从几个因变量的组合中创造一些人为变量。多元分析在研究文献中出现的次数日益增多，部分原因是由于计算机和统计软件的使用大

大提高了多元分析的使用率。高级统计教科书和完整的统计书中一般都包含有多元分析。

对来自某项研究的数据所作的最初分析，叫做**原始分析**，而且这常常是所作的唯一分析。进行**二次分析**或许有用，它通常有两种基本形式。一种是为了用更好的统计方法说明研究的问题而对数据进行重新分析；另一种是为了回答新的研究问题而对数据作额外的分析，这种分析实际上是为了从数据中获取更多的信息。博士论文研究常常会得到大量数据，所有这些信息并不能适用于论文，对这些数据进行二次分析可能是有意义的。

元分析

元分析是一种综合多个研究结果的统计方法，这些研究的主题相同或探讨同一问题。元分析本质上是原始分析之后或之外的分析。元分析是一种分析的分析，它处理收集到的相当多的定量研究数据，把各研究的结果整合起来以便得出普遍结论。

元分析需要有一个表达各项研究成果的共同量数，根据格拉斯（Glass，1977）的意见，该量数应该是**效应值**（**effect size**，简称 *ES*）。实质上，效应值是一组的平均数以另一组（通常是控制组）的分布为参照的标准分。因而，效应值是以标准差为单位的分数。假定结果准备从含有实验组和控制组的诸多研究中总结出来，效应值就可定义为：

$$ES = \frac{\overline{X}_E - \overline{X}_C}{S_C}$$

这里，$\overline{X}_E$ = 实验组的平均数

$\overline{X}_C$ = 控制组的平均数

S_C = 控制组的标准差

元分析的一个优点是能够提供共同的量数，即效应值。同一主题的各研究在量数、研究设计和统计方法方面常常不同，而元分析为比较各研究结果提供一个共同的基础。然而，并不是所有的元分析在计算效应值时都使用某一组的标准差。斯科特-利特尔、哈曼和于尔斯（Scott-Little，Hamann，& Jurs，2002）2002年进行的校外项目效能元分析中，效应值是这样计算的：被试的平均分减去未参加研究者的平均分，然后除以"残差"的标准差，而这正好是两组标准差的平

430

均数。

　　进行元分析的一个潜在困难是对一些差异较大、难以合并的研究进行合并。为避免此类困难，有必要确立元分析筛选研究的标准。这些标准在确保同水平的研究，避免那些可能导致元分析结果偏差的研究方面是很有必要的。

　　罗尔贝克、金斯伯格-布洛克、凡图佐和米勒（Rohrbeck, Ginsburg-Block, Fantuzzo, & Miller, 2003）进行了一项关于同伴指导学习对小学生影响研究的元分析。根据他们的筛选标准，从已有文献中选出了 90 项研究。其筛选标准为：

　　1. 该研究是发表在同行评审的杂志上的论文。
　　2. 被试是小学生。
　　3. 研究关注同伴指导。
　　4. 有实证干预和研究结果。
　　5. 干预是在学校内进行的。
　　6. 以学术性学科为目标。

　　另外，研究必须满足一定的研究设计标准：

　　7. 研究对同伴指导进行评价（而不仅仅是描述干预）。
　　8. 研究采用实验或准实验设计。

　　根据上述 8 条标准，有 81 项研究符合该标准。

　　效应值等于处理组和比较组得分之差除以残差的标准差。每项研究都有一个平均效应值，通过每项研究方差的倒数每个平均效应值被加权，以利于解释效应值的差异。

　　总体效应值的平均数为 0.59，这是一个中等的效应值[⑤]。研究者可以确定效应值差异与少数民族地位、特定区域、年级水平相关，而与社会经济地位或内容领域无关。还有许多其他的理论假设被验证。本研究提供了大量信息，并且对未来研究以及实践均有重要意义。

> 元分析要求对效应值作定量处理，并要求建立选择元分析所需研究案例的标准。

431　　元分析的优点前面已经提到过，即共同量数或度量、效应值。正因如此，如果能够进行元分析的话，往往关注效应值的大小。元分析中的各项研究往往具有丰富的研究特征信息以便确定不同研究特征的效果。因为"元分析"是 ERIC 数据库中的一个主字码，所以教育中所用的元分析很容易检索到。因而，可以结合主题的描述符检索 *CIJE* 和 *RIE* 两个数据库。元分析不仅是研究结果的综合，而且包括了大量的可以查阅的参考文献。然而，元分析并不是完美无缺的。教育研究的结果有时不一致，甚至会相互矛盾，这时研究者必须认真寻找结果不一致的可能原因。元分析研究者有这样的倾向，剔除不支持自己感兴趣的研究结论的研究。文献中未达到统计显著的研究结果将被忽视或根本就不报告。

进行元分析需要付出很多努力。元分析不是对五六个研究进行分析，它通常需要考察 60—70 个研究。然而，元分析仍被证实是非常有用的，研究者仍有兴趣进行元分析并拓展这一研究方法。

元分析是一种综合大量独立开展的研究成果的统计方法。

小　结

本章对推断统计进行了概述。毫无疑问，这是教育研究中最常用的数据分析方法。在推断统计中，我们试图通过从样本数据中求得的统计量，来推断总体参数——总体的量数。这通常需要检验关于参数的假设，或估计参数。推断统计的推理过程，在本章已讨论过。

描述统计（第 16 章已论述）和推断统计为研究者提供了分析定量数据的有效方法。统计是手段而不是目的。实质上，统计分析服务于教育研究。计算机的应用使得数据处理非常便利。近年来，计算机的使用也越来越方便。

与第 16 章一样，本章的目的是提供数据分析的基本原理并对一些常用的数据分析方法进行评价。本章的目的不是详细介绍计算方法或让读者进行统计分析。大量的应用性统计学教科书详细介绍了统计方法和计算公式，并且这些教科书很容易找到。下列书目是其中一部分，供参考：

1. Glass，G. V.，and Hopkins，K. D.（1995）. *Statistical methods in education and psychology*（3rd ed.）. Boston：Allyn & Bacon.

2. Hays，W. L.（2007）. *Statistics*（6th ed.）. New York：Holt，Rinehart and Wrinston.

432

3. Heiman，G. W.（2006）. *Basic Statistics for the behavioral sciences*（4th ed.）. Boston：Houghton Mifflin.

4. Hinkle，D.，Wiersma，W.，and Jurs，S.（2003）. *Applied statisticals for the behavioral sciences*（5th ed.）. Boston：Houghton Mifflin.

核心概念

假设检验	Ⅱ型错误	相关分析
估计参数	参数分析	协方差分析
区间估计	参数假定	统计显著
抽样分布	t 分布	单变量分析
中心极限定理	方差分析	原始分析
标准正态分布	F 分布	二次分析
显著性水平	非参数分析	元分析
置信水平	卡方（χ^2）分布	效应值
零假设	列联表	
Ⅰ型错误		

练　习

17.1　一个城市学校系统中大约有 1 000 名 1 年级学生，现在要估计他们学年末的阅读水平。总体不能被全部测验。试讨论该怎样抽样，怎样通过统计量去推断总体参数。区分此情形中的统计量和参数。设想一下推理过程，以便得出关于整个 1 年级阅读水平的结论。

17.2　说明在推断统计中的统计量和参数之间的差异。讨论抽样分布的地位和作用。解释抽样分布的意义，并举出一个抽样分布的例子。

17.3　假如 150 名师范生接受了三个学业成就测量和一个专业知识考试。这样就有 4 个因变量。与下列工作相联系的研究问题是什么：

a. 只计算 4 个因变量的描述统计量？

b. 使用推断统计？

c. 计算 4 个因变量两两之间的相关系数？

17.4　假设在一次客观测验中，某 9 年级学生总体的平均科学课成绩为 85 分。从总体中随机抽出一个 20 名学生样本，对他们进行一次科学测验。使用样本数据进行一个 t 检验，求得 t 值为 3.12。请使用 .05 的显著水平，找出适当的 t 分布，并且决定你是否拒绝假设。在 .05 水平上拒绝假设所要求的 t 值是多少？

17.5　一位研究者在估计一个 5 年级总体在一次科学成就测验中的平均分。他从总体中抽取了容量为 400 的大样本，并进行了测验，发现样本平均分为 88。现已建立起一个 95% 的置信区间：86.5 ~ 89.5。假如总体标准差是由样本标准差来估计的，那么，建立这个置信区间的恰当

433

抽样分布是什么？如果样本容量为 25，这个抽样分布会不会变化？如果会变化，是怎样变化的？假如研究者用给出的平均数，建立了一个置信区间 85.5 ~ 89.5，你认为这里有没有误差？如果有，为什么？如果建立了一个 90% 的置信区间，这个区间大于 3 个标准差，还是小于 3 个标准差？

17.6 有一个研究项目，是调查 4 种不同教师总体的职业态度。抽取了 4 个随机样本，并用等距态度量表进行测量。然后计算出各个样本的平均数。使用方差分析来分析这些数据。零假设是什么？假如我们不仅对 4 个总体态度之差异感兴趣，而且还关心男、女教师之间的差异，那么，在同一方差分析中是否也可获得这种差异的概率？如果可以，请解释如何扩展原来的方差分析？

17.7 假定我们用一个等级量表测量某变量，该等级量表有 5 级。有 4 个独立样本在该变量上接受了测量。零假设为：这 4 个样本来自同一总体。对此进行了 χ^2 检验，且结果在 .05 水平上统计显著。根据这 4 个样本，我们可以对总体做出什么样的结论？并给出与之相关联的概率解释。

17.8 假如练习 17.7 中的变量是对学校的态度，4 个样本分别是从 4 到 7 年级中选出的，（数据在 5×4 的列联表中）。陈述独立性假设。如果 χ^2 值在 .05 水平上显著，结论应是什么？如果 χ^2 检验不显著，结论又该如何？

17.9 根据下述情境，请确定需要计算何种描述统计量或统计检验。如果进行统计检验，要鉴别或检验的假设是什么？

a. 某校所有 5 年级学生接受了一次成就测验，教师想知道这些分数在测验量表上的位置及分数的分布范围。该测验用的是等距量表。

b. 从一所初级中学的全体学生那里得到数学测验分数，并且对全部学生进行了一次对学校态度的问卷调查，教师想知道数学测验分数与态度之间有无相关。

c. 从一所高中抽取一个 50 名学生的随机样本，对其进行一次数学测验和一个对学校态度的问卷调查。教师想知道数学测验结果与态度之间是否有相关。

d. 一位实验者选择了一个 100 名学生的随机样本，随机指定其中每 25 名学生接受一种实验处理。在参加完实验处理之后，这些学生再完成一项认知作业，该项作业是对学生进行的一次等距测验。参数假定可以满足。实验者想知道实验处理对学生完成工作的能力有无不同的影响。

434

      e. 研究人员测量了一个容量为 200 名学生的随机样本，学生年龄为 8—17 岁，进行的是体能测验。他们想知道，测验分数的总体分布是不是均匀分布的，即扁平的、箱状的分布。

17.10　解释假设检验中的两种可能错误。在推断统计中作抉择时，为什么总是有可能犯错误？

17.11　简单回顾一下相关系数的含义。试说明相关系数怎样才能作描述统计量？它在推断统计中怎样运用？

17.12　一位研究人员对两个随机样本在一项作业中的成绩进行检测。每位个体的成绩都用"差"、"可以"、"很好"或"非常好"来记分。接着，他在样本数据基础上对样本平均数之间的差别进行了一次 t 检验。检验结果被解释为在 .01 水平上显著，但在 .05 水平上不显著。而且他还做出了抉择，拒绝零假设，并得出结论说，样本量数之间确实存在差异。这时该研究者又关心犯 II 型错误的概率。该例的推理过程和方法中有几处错误，请指出来。

17.13　一名研究者进行了一项实验，实验中共有 5 个实验组，因变量是用等距量表测得的成绩分数。每一实验组都随机分有 20 名个体。对数据的分析可列出如下方差分析表：

	SS	*df*	*MS*	*F* 值
组间差异	122. 76	4	30. 69	3. 11
组内差异	937. 65	95	9. 87	
总计	1060. 41	99		

      a. 方差分析要检验的零假设是什么？

      b. 在 .05 的显著性水平上来完成方差分析的统计检验，给出零假设的结论。

      c. 完成方差分析后，作出概率描述。

17.14　在文献检索中，仔细查看一篇对资料分析含有推断统计的报告，明确所要检验的假设及检验假设所需的统计程序，看一下这些程序是否适当？从统计分析中所得的结论是否适合？作者用于推理的推断统计程序是否显而易见且正确？

17.15　简单回顾一下假设检验的推理过程。仔细考虑下述概念：统计量、参数、概率、推断总体。

17.16　在研究文献中，请鉴别出一个元分析的研究报告（像《教育研究评论》（*Review of Educational Research*）这样的期刊，是较好的来源）。检查该元分析，看看它是否做得较好？它包括了多少项研究？效应值是否讨论过？是否从单个研究的结果中得到了综合结论？ 435

17.17　利用 NC-SAT-2006 数据库中生均花费和学生的花费总额与 SAT 阅读平均分之间的相关，检验总体相关为零的假设。显著性水平确定为 .01。

17.18　进行一项 χ^2 检验以考察性别是否与接受个别教育计划（IEP）相互独立。利用 PACT 数据库中的性别和个别教育计划（IEP）变量，显著性水平确定为 .05。

注　释

① 平均数抽样分布的标准差也叫平均数的标准误。通常，术语"标准误"用于推断统计中，意指一个统计量的抽样分布的标准差。

② 这一概率在技术上不太完善。如果确立了一个 95% 的置信区间，并且相对于一个特定的样本容量的所有可能区间都能建立，那么，这些区间的 95% 将包容总体平均数。实际上，对于一具体问题，只能建立一个置信区间，它要么包容总体平均数，要么没有包容，两者都有可能。但是，有 95% 的把握可以确信它包容了总体平均数。也可以说，95% 的置信区间包容总体平均数的可靠性有 95%。

③ 重复测量分析中来自同一个体的数据，就会违背这个假定，但是，也有办法来处理分析中缺乏独立性的问题。

④ 方差分析中方差的估计叫均方，常用符号 *MS* 表示。

⑤ 效应值大小的描述比较主观。效应值在 .05 到 .20 之间非常小。效应值接近 1，比方说在 .75 到 .80 之间比较高。而效应值在 .25 到 .70 左右被认为是适度的、中等的、有价值的。尽管效应值可能超过 1，但是这种情况少见。

参考文献

Glass，G. V.（1977）. Integrating findings：The meta-analysis of research. In L. Shulman（Ed.），*Review of research in education*. Itasca, IL：Peacock.

Rohrbeck，C. A.，Ginsburg-Block, M. D.，Fantuzzo, J. W.，and Miller, T. R.（2003）. Peer-assisted learning interventions with elementary school students：A meta-analytic review. *Journal of Educational Psychology*，*95*，240 – 257.

Scott-Litte，C.，Hamann，M. S.，and Jurs, S. G.（2002）. Evaluations of after-school programs：A meta-evaluation of methodologies and narrative synthesis of findings. *American Journal of Evaluation*，*23*，387 – 420.

附录 1

研究中伦理和法律问题的思考

　　教育研究中常选择人参加实验研究、做调查问卷，做观察对象。即使使用学校记录也会涉及人。因为有人参加研究，所以我们必须考虑伦理和合法性问题。

　　研究者首先要进入研究场所，然后才能接近被试个体。不管作何种教育研究，都需要得到研究场所"监管者"的同意。其中，监管者可以是校长、主管或者是拥有管理权的委员会。研究者了解并遵守机构批准并执行的政策非常重要。

　　1974 年《家庭教育权利和保密法案》 （The Family Education Rights and Privacy Act）和 1991 年美国卫生及公共服务部 （U. S. Department of Health and Human Services） 颁布的一套条例 ［称为"共同章程" （Common Rule）①］ 适应于教育研究。联邦条例要求以公众为研究被试的大学和机构要设立机构评价委员会 （IRB），以便评价和批准研究方案。当然，学生的研究方案也要接受该委员会的评价和批准。

　　机构评价委员会需要评价研究方案，确保提交的研究符合法律规范，并能保护拟参加研究的人。通常每个机构都可以从研究办公室或类似机构获得需要给机构评价委员会提交的一份标准表格。机构评价委员会批准研究方案的标准通常可以概括为：

- 研究方案应该识别出对被试预期的风险，并设法减少此风险。预期收益伴随风险是合理的。
- 被试参加研究是自愿的、平等的。
- 获得拟参加被试的知情同意，并有合适的证明。
- 可能自愿参加研究的被试（比如儿童）要受额外保护。
- 作好合适的充分准备，确保被试安全、监控数据收集，保护被试和数据的隐私和机密性 ［改编自《人类被试保护 46.111》 （Protection of Human Subjects）］。

在实践者研究中（比如行动研究），对机构评价委员会的角色和惯例有一些争论。因为实践者研究是日常教育实践不可缺少的一部分，因此它不受机构评价委员会的管理。普里查德（Pritchard，2002）对机构评价委员会和实践者研究作了精彩的论述。

《共同章程》将研究界定为：

437

> 一个系统的调查，包括研究计划、测验、评估以及力图得出可推论性研究结果。（45 CFR 46.102D）。

而关于推论性问题的定义则由研究者或机构评价委员会界定，但实际上所有教育研究都属于这一定义的研究。人类被试的定义也拓展了：

> 人类被试是调查者（不管是专家还是学生）进行研究的活生生的个体，这种研究获得（1）研究者对个体进行干预或与个体互动的数据；（2）可确认的隐私信息。（45 CFR 46.102D）

研究者有义务保护被试免受风险。风险的界定比较广泛，包括受身体的、心理的、社会的伤害。伤害发生方式多种多样。因为研究者警告过被试可能的违法或反社会行为，所以任何吸毒影响的研究都会对被试造成潜在的社会或心理伤害。性行为研究因为数据的敏感性非常容易给被试造成伤害。马戈达和威姆斯（Magolda & Weems，2002）认为大多数定量研究中不可避免地会对被试造成伤害。他们认为人种学研究中的询问过程，因为直接涉及被试的情感和知觉，所以增加了对被试造成伤害的可能性。被试同意、机密性/匿名两种方法可以降低对人造成的伤害。

被试同意

知情同意

《国家研究条例》（The National Research Act）要求研究者应告诉被试在研究中的角色，并让参加研究的被试给出书面同意书。同意书中不应该包括任何诱导被试放弃或倾向于放弃合法权利的开脱罪责的言辞。同意书必须遵守当地、州、联邦的法律或条例，并且不能限制紧急状态下专业人士的职权，例如警官或医生的职权。

知情同意书必须说明研究目的和程序，并描述所有可能遇到的风险或造成的负面影响。研究者应告诉被试研究可能持续的时间和被试需要承担的义务。被试应知道如果有任何疑问的话应跟谁联系。

被动同意

被动同意的一个实例是：寄给父母关于问卷或活动的说明，该说明应适合于父母；然后要求他们简要回答是否同意其子女参加研究。如果父母没有作出回答，那么就被认为是知情同意。

休斯和古特金（Hughes & Gutkin，1995，pp. 320 – 321）认为父母没有作出同意的回答可能有其他原因。信件可能没有送到孩子家或者学校可能将其当做垃圾邮件而抛弃。或许有语言问题或父母没有理解研究的性质。所以在某些情况下，很难说被动同意就是知情同意。

默示同意

在一定条件下，可能要放弃知情同意要求必备的条件。通常只需要报告群体研究结果的问卷调查就是所谓的默示同意。也就是说，被试有拒绝参加研究的选择权（没有返回问卷），如果被试返回一个完整的问卷，那么他们实质上已经同意做被试。

伦理指导方针

机密性

机密性是指研究者不能暴露被试身份或说明数据来源。需要说明的是研究者不具有律师—当事人或医生—病人特权。虽然法院规章能够要求当事人暴露身份，但这种事件发生的可能性极少。

匿　名

匿名意即研究者不知从谁处获得研究数据。

联邦法律保护学生教育档案的隐私权。研究者应当心学生身份鉴定未获得授权。如果研究者需要个人身份就必须获得被试的书面同意，并且身份信息在研究结束后应销毁。

其他指导方针

我们列出了波格丹和比克伦（Bogdan & Biklen，2003）提出的满足进行教育研究法律和伦理问题要求的指导方针。这些指导方针由定量研究发展而来，但是它们通常适应于所有教育研究。

1. 避免研究地点使被试觉得被迫参加你的研究。
2. 尊重被试的隐私。
3. 当你在公共场所开展参与性观察以及当你访谈被试时，被试的时间和你约定的时间可能有差异。
4. 除非被试同意，否则研究者应该保护被试身份，以便研究者收集的信息不会造成被试局促不安或以其他方式给被试造成伤害。
5. 研究中尊重被试并努力取得他们的合作。
6. 经协商同意作研究后，研究者应该与协商者说明契约的具体内容，并且遵守该契约。
7. 研究者撰写和报告研究结果时应尊重事实。

439

职业协会有实施研究的标准和实施编码。美国心理协会（The American Psychological Association，2002）有心理学家应遵守的伦理问题的全面陈述。它提出了该领域的伦理标准，其中之一是"研究和出版"（pp. 1069 – 1071）。它还讨论了 15 个与研究有关的问题：从获得机构同意到出版和评价。与上述标准适应于心理学家进行研究一样，这些标准也适应于行为科学研究。

美国教育研究协会出版了《美国教育研究协会伦理标准：案例和评论》（Strike，et al.，2002）。该出版物非常全面，由美国教育研究协会的一个专门委员会研制。教育研究协会伦理标准分为六部分并提出了如何进行研究。该伦理标准的一个引人注意的特点是对标准作了解释，以问题和案例形式介绍了伦理标准如何使用，当然也包括复杂案例。

研究时保护被试的权利并考虑研究的伦理问题在很大程度上是常识。研究者必须保护被试的尊严和福利。研究者应尊重被试拒绝参加研究的自由，确保研究数据的机密性。研究者应提防侵犯被试的隐私。不但研究者个体应遵守研究的伦理标准，而且研究负责人也应对研究合作者和研究助手的行为负责。当研究被试为人时，必须仔细察看相关研究协会的规则和程序并遵守。总的说来，上述规则和程序应与联邦立法一致。

注　释

① 共同章程的正式标题为《保护人类被试》（"Protection of Human Subjects"），它是《联邦法规章程》（Code of Federal Regulations）中第 45 条的第 46 部分（1991）（45 CFR 46）。

参考文献

American Psychological Association. （2002）. Ethical principles of psychologists and code of conduct. *American Psychologist*, *57*, 1060 – 1073.

Bogdan, R. C., and Biklen, S. K. （2003）. *Qualitative research for education: An introduction to theory and methods* （4th ed.）. Boston: Allyn & Bacon.

Hughes, J., and Gutkin, T. （1995）. Legal and ethical issues in conducting research on alcohol and drug use with children: A reaction to Havey and Dodd. *Journal of School Psychology*, *33*, 319 – 326.

Magolda, P., and Weems, L. （2002）. Doing harm: An unintended consequence of qualitative inquiry? *Journal of College Student Development*, *43*, 490 – 505.

Pritchard, I. A. （2002）. Travelers and trolls: Practitioner research and institutional review boards. *Educaitonal Researcher*, *31*, 3 – 13.

Strike, K. A., Anderson, M. S., Curren, R., Van Geel, T., Pritchard, I., and Robertson, E. （2002）. *Ethical standards of the American Educational Research Association: Cases and commentary*. Washington, DC: American Educational Research Association.

附录2

练 习 答 案

说明：属于如下三种情况的练习没有在本附录中给出答案：（1）答案比较灵活的练习题；（2）指导读者进行如阅读期刊论文之类的扩展活动的练习题；（3）指导读者进行充分讨论的练习题。给出本附录的目的是让解答练习题的过程成为读者有益的学习体验。给出的答案都比较简明。并且，这里也没有将有些练习所有可能的解题思路都一一呈现。

第1章

1.1 基础研究和应用研究基本的区别在于研究定位的不同。应用研究定位在对具体的、常常是直接的问题的解决。基础研究定位在对学科知识的扩充。

1.2 内在效度涉及我们对某研究结果的解释程度。它关注使结果能得到解释（或不能得到解释）的研究条件。外在效度涉及结果的可推广度——这些结果在样本总体、条件方面的可推广度。

1.3 如果结果不能解释，则不能有效地加以推广。

1.4 a. 内在效度
    b. 内在效度
    c. 外在效度
    d. 内在效度

1.5 信度即一致性，运用到研究中，是指研究（方法、条件、结果）可被重复的程度。因为：（a）4名实验人员实施处理的方式可能不一致；（b）在解释教师行为时，观察者之间可能有不同的理解。

1.6 实验中，研究者至少需要对一个变量进行精心的控制或处理。

1.7 归纳研究涉及从具体到一般情境的推理。当对如教育的现象、事件等特殊对象进行定性研究时，是详细的和全面的研究，并在某种程度上，推广到相似的现象和事件中去。

441 1.8 扎根理论是从资料中概括出来的。为发展原则评价的实在性理论，需要得到用于评价原则的评价系统的描述，当运用这一系统时就会收集到资料。对于描述的资料，需要在方法、资料的种类、目的和结果等方面，对它们的相同点和不同点进行分析。可能包括以下几部分：（1）与学生相互作用的范围；（2）指导学校聚会的方法和技巧；（3）为促进和学生家长及公共团体的关系所作的努力。

1.9 历史研究集中于对过去事件或史实的描述和解释；人种学研究集中于对某种现存的现象作整体的描述。

1.12 如果接受书面表扬和口头表扬的小组来源于同一班级，研究将会面临一个困难：不同小组的学生可能会比较教师给他们的评论。两组学生会知道彼此的实验处理情况，这会影响到实验结果。另外一个问题是，当教师明知某一学生对口头表扬的反应好，却要将其随机放置到书面表扬处理组时，她可能就会处于一种道德两难的境地。

第 2 章

2.1 常量是年级水平、性别和学校。自变量是教材。中间变量是教师。因为每个教师只采用一种教材，只对一个组开展教学，因此，不能把教师的教学效果同教材效果分离开来。因变量是阅读成绩。

2.2 学生性别是一个变量。如果把男女生阅读分数分开，学生性别可作为一个控制变量。控制变量可以包括学校和年级水平（实质上，它们成了附加的自变量）。班级和方法在学校中不能分割开来，所以在学校里，班级（也包括教师，假定每一教师仅使用一种方法）是中间变量。

2.3 研究中的假设要指明变量。看一个例子，"4 年级女生的阅读成绩和同年级的男生一样"，这是一个非定向假设；定向假设的例子则可能是："5 年级学生的阅读成绩高于 4 年级学生"。还有其他可能的假设。

2.4 预示性的问题例子可能是：

　　a. 不同种族儿童间一起玩耍的程度。

　　b. 儿童和教师之间的社会互动。

2.5 非定向假设不指定结果的方向，例如，它不指明一个平均分比另一个平均分更高或更低。定向假设指明结果的方向（或顺序），例如，一个平均分比另一个平均分更高。

2.6 使用定向假设可能更为恰当，因为科学教育者对于所提供的指导方法是否能提高科学成就感兴趣，而对其影响是否只是与其他方法的影响不同并不感兴趣。在生物、化学、物理学中，因变量是成就记录（可能是最后的测验分数）。当然科学教学的方法（建构法 VS. 其他方法）是最令人关注的自变量。学生性别也可能成为另一个自变量，它在研究中被当成一个控制变量。学校是常量。学生的学习风格和学习习惯是中间变量。

442

2.7 开放课堂可能是一个有许多不同含义的高度概括的术语，因此进行研究时有必要对其加以界定。学业成就是因变量，但更可能出现几个因变量，诸如学术科目的测验得分，例如，阅读分数。纳入研究中的小学生的年级水平也需加以界定。

2.9 可研究问题不包含"应该"一词，因为这是价值判断。一个可能是：认为应该在 2—6 年级开展体育教育的家长所占的百分比是多少？

2.10 可能的假设是：当相似的学生在测验中分别被给予导致低度焦虑、中度焦虑和高度焦虑的指令时，他们的测验平均分将会存在如下差异：低焦虑组的得分最高，高焦虑组的得分最低。

2.11 问题在于当决定支持整体假设时，是否需要数据能支持所有的三个自变量。如果数据只支持其中的两个，你应该如何做结论？

第 3 章

3.2 应用的主字码是教学、课程和教育。更具体地说，可以使用数学课程（副标题是算术课程和初等学校数学）、课程（数学课程和初等学校课程）、教育计划（国际计划）和比较教育（国际教育），当参考 ERIC 出版物——教育文献索引、教育资源（主题索引）和教育期刊索引

（主题索引）时，上述主字码必须结合起来使用。

3.3　可以使用的主字码是教师行为、教师能力、科学和科学成就。如果教师行为和科学成就主字码检索的参考材料很少，我们可以利用教师行为或教师表现或教师能力和科学成就来扩大检索范围。缩小检索范围的一个例子是采用高年级和科学成就主字码。注意连词："和"一般而言缩小检索范围；"或"则扩大检索范围。

443　第 4 章

4.4　这种情况暗示了大量的结果。因为有 10 个测验分数，4 个年级，每个年级有两组，故共有 80 个平均数和 80 个标准差（$10 \times 4 \times 2$）。需要进行 40 次 t 检验，故有 40 个 t 值。并且需要报告 45 个相关系数。因此，为了避免过大或过于复杂的表格，用 4 个小型表格来呈现。对结果进行组织后得到一个平均数表，用 8 栏呈现 4 个年级的数据（每个年级包括实验组和控制组各一栏）。特定测验的平均数用行呈现。我们将得到与此相类似的标准差表；4 栏的 t 值表，每个年级一栏（与平均数表相似，因为测试了平均数的差异）；一个相关系数表（有时称做矩阵）。以平均数表的题目和表头为例，如下表所示：

表 A.1　根据年级和测验计算出的实验组与控制组平均数

测验	年 级							
	3		4		5		6	
	E	C	E	C	E	C	E	C

4.5　将需要多个表格。平均分表格可以用如下形式组织呈现：

表 A.2　关于教师教育毕业生层次和性别的四种专业测验的平均分

专业测验	初 等		中 等	
	男	女	男	女
专业关系				
教学知识				
教学应用				
教育史				

　　如果一个表格能够提供 8 栏数字，平均数和标准差就能够呈现在同一个表格中。可以用种族、年龄替换性别建立相似的表格。年龄可以分成两个阶段：小于或等于 22 岁和大于 22 岁。

444

第 5 章

5.1　如果调查涉及一份邮寄的问卷，没有报告回收率便是一个错误。将并非随机选择的样本作为随机样本也是一个错误。不恰当的测量和不恰当的分析都可能出错。

5.2　可能的错误与被试的性别有关：

a. 在实验处理上，没有作性别上的平衡

b. 没有考虑性别效应

5.4　标题没有提供有关研究问题或者所调查变量的信息。当研究者进行文献检索时，以电子方式或者手动方式都不能找到这篇文献。

5.5　"有理有据"是指研究结果和结论都基于所呈现的数据。当研究的逻辑和程序被详细地解释，能够为任何一位该研究领域的专业人士所了解时，该研究就是明晰的。

第 6 章

6.1　可能引起测试成绩差异的变量有年龄、基本身体素质，体型、体格、体重、身高差异。

6.2　a. 在设计中作为一项自变量

b. 常量

c. 在设计中作为一项自变量

d. 随机选择

e. 随机选择

f. 常量

6.3　在某种程度上说，学校水平、学生年龄和学校混淆了。"地理区域"，包括社会经济因素等对态度也有影响，因此区域也会和学校混淆在一起。教师、行政官员、咨询指导者等对态度的影响也会与学校混淆。

6.4 没有哪种自变量是由研究者操纵的；态度是在其产生的自然状态下被测量的。

6.5 在开展研究设计时应注意以下几点。（a）由于每位教师带两个班级，所以每位教师都应该使用两个数据包，一个班一个。这样，教师及教学材料才不会被搞混。（b）除非可以对学习风格进行测量，否则应采取随机分配方式控制学习风格的影响。（c）虽然学生的性别也可以被随机选取，但学生及教师的性别还是可以归为自变量的范畴。（d）可获得的 GPA 可以用做一种对能力的测量和一种统计学控制方式。

6.6 参与者的能力水平可能是一种会对因变量有所影响的变量。可以先对参与者们施以能力水平测量，然后以能力水平得分为基础进行统计学调节。男生与女生的表现及他们对动机技巧的应对方式可能会存在差异。因此，可以考虑将参与者的性别当做一项自（控制）变量。

6.7 当一项研究中两种或两种以上的变量有相互混淆作用时，它们的影响就无法相互分离。

6.9 所有会影响阅读成绩，并与学校相关的变量都会对阅读项目产生干扰。可能的混淆变量包括教学质量、阅读教学时间。如果学校所服务地区的社会经济特征存在差异，就可能会存在影响阅读成绩的家庭环境因素，且这些因素的影响会与阅读项目的影响相混淆。

6.10 为限制年龄变量，只允许包括有 18—22 岁的被试。随机抽取 75 名女性和 75 名男性，然后随机安排每一性别的 25 名被试参与到三个水平的体育训练中。按照这种方法，性别被控制为自变量。诸如以往体育训练、培训项目之外的活动等变量将通过随机安排训练水平得以控制。

6.11 讨论应该包括学生并非被随机安排到不同学校这一事实，这样对比组不一定必须要对等。需要辨别可能存在差异的变量，而且应该解释这些差异的意义。

第 7 章

7.1 （这个练习与练习 1.2 相似）内在效度涉及基本的最小控制等。这对于实验结果的解释是很必要的。外在效度是指在现存的条件、总体及类似的情况下，实验结果可推广的范围。内在效度常通过增加控制而得以提高，这可能包括减少此情境中可操作变量的个数。它可能导致外在效度的降低。当实验主要是对真实情境（有较高的外在效度）作出反应时，相反的情况也会出现。但由于操作变量太多，对原因和结果的解释就不大可能。

7.2　教师能在学校中对学生随机分配这一事实，提供了一个对控制的测量，如果必须对现存班级测量的话，这一测量也可能丧失。现存的班级可能因能力以及其他与成就相关的因素而异。把学校设计成一自变量，控制就可增强。既然每个教师教 4 个班级，任何一个不同大小的班级都可能分配给每个教师。但是，教师这一变量会与学校这一自变量混淆，因为每一教师仅在一所学校任教。与学校这一变量相关的还可能有几个，如实验室设施的扩充，这些变量不能控制但它们是相关变量。这些变量实际上是混淆了学校这一变量。

7.4　内在效度中最主要的效能是能够检验前测的效果，同时也能检测出前测和实验处理间可能出现的相互关系。

7.5　运用前测后测控制组设计。因为教师对一学期中所学代数的多少感兴趣，前测是需要的。前测得分亦可作为一种统计控制。由于测验是根据实际需要进行的，实验是在自然的教育情境中发生，因此该实验的外在效度很可能很高。结果可推广到的总体应根据在特定高中的高等代数班注册的学生数谨慎定义。

7.6　a. 不用，因为组是随机抽样形成的。

b. 不能，因为任何组均无前测。

c.（1）有实验处理效果：4 种实验处理均有不同的效果。（2）有实验处理效果：X_1 和 X_3 的相等；X_2 和 X_4 的相等（或相同），但它们与 X_1 和 X_3 的不同。（3）X_1 和 X_2：有效果，且相同。（4）仅有 X_4 的处理有实验效果。

7.7　a. 研究者能够决定在时间上延续的 X 的可能的效果，以及在时间上延续的比较组的效果。同样，也可以检测前测后可能逐渐减弱的效果。

b. 比较 O_2 和 O_9；比较 O_4 和 O_{10}。

c.（1）如果存在实验效果，它是时间的作用。长期的实验效应是没有的。在实验组的短期后测结果中没有前测效应出现。（2）存在不受设计的不同后测次数影响的实验效应；实验效应在短期和长期的实验中是相同的。（3）短时间来看，不存在对前测组进行实验处理而

446

带来的改变。（4）短时间来看，没有实验效应，亦无前测效应；长期来看，对前测组是有实验效应的。

7.8　a. 能够分析得分；如果需要，我们也能检测被试的失败率。

b. 不能；因为没有非前测组作比较，前测的效应无法检测。

c. O_3 和 O_6 与 O_9 比较；O_1 与 O_3 比较，且 O_4 与 O_6 比较；O_2 与 O_3 比较，且 O_3 与 O_6 比较。

d. 不用，因为使用了随机分组。

e. 我们可以得出这样的结论，即某种外在因素导致控制组在不同的测量场合下发生改变。

447　f. （1）短时间有实验效应，且对 X_1 和 X_2 来说是相同的。但长期则无。（2）短时间有实验效应，且对 X_1 和 X_2 是不同的。（3）短时间内无实验效应，长期则有，但我们不能区分 X_1 和 X_2 效应是否是相同的。我们已知 $O_2 \neq O_3$ 且 $O_5 \neq O_6$，但 $O_3 = O_6$ 是可能的。（4）短时间内有实验效应，且 X_1 和 X_2 的实验效应是不同的。长时间也有效应，但在短期和长时间并不保持一致。X_1 和 X_2 的长期效应是不同的。

7.10　重复测量设计有很多优点。由于每个被试被评价多次，因此你可以用较少的被试得到同样多的数据。这样你就可以得到一个随着时间发展的非常清晰的变化趋势，而且要比横断面设计所提供的发展趋势更为清楚。

7.11　实验处理的效应会根据被试的性别有所变化。在 T_3 处理条件下，男性成绩好，在 T_1 处理条件下，女性成绩好。

7.12　这道题有很多可能正确的答案，可以是 23，34，40。结果不存在交互作用，意味着对每个处理组而言，男女之间的差异完全一样。

第8章

8.1　使用原始实验组出现的主要困难与可能缺少对等组有关，这些原始组具有与因变量相关的因素。这样的因素会混淆实验处理，干扰研究的内在效度。

8.2　有3套实验材料，由于不可能让一个班没有材料去接受实验处理，我们可以使用传统材料作为传统或控制组所用的材料。设计图示如下：

$$G_1—X_1—O_1$$
$$G_2—X_2—O_2$$
$$G_3\qquad O_3$$

通过在学期开始时进行一次前测来实施前测后测非对等控制组设计。前测包含生物学内容，但如果本研究是在学年的第一学期进行的，前测可能是学业能倾测验或是科学成就测验。前测的优点在于：（1）实验前的对等班可以在前测中得到检验；（2）前测得分可用在后面分析时进行统计控制。如果班级不对等，内在效度就会受威胁，造成影响因变量的其他变量与实验材料混淆。也有可能因来自不同班级学生的相互讨论或传阅实验材料，会产生班级交叉带来的混乱。假定实验结果可以解释，它就可推广到该教师所任教学校的生物教学中，并且，如果学生整体的特征没发生变化，这种推广可能要持续几年时间。若推广到其他学校、学生和教师中，还须在逻辑上加以讨论。

448

8.3　在练习处理中没有对学生随机分配。教师变量是明显的，基本上不受控制。假定教师在运用他们所选的方法时很有效，即使果真如此，也不能证明对没有使用练习方法的不同教师都一样有效。不管是在总体还是在更具体的组，仅以 3 所学校是难以作为一个案例说明这一假设，即：使用每一种方法的教师能代表 5 年级教师样本。在学校中可能还有其他相关的未控制的因素，既然教师对方法是可选择的，没理由假定学校与学校间在该因素上达成平衡。那么，由于缺少控制，内在效度不高。由于内在效度低并有可能出现的有关教师代表性的问题，也造成外在效度不高。了解有关教师特性，以及它们在两种练习方法上相似性的信息，这很重要。

8.4　这是一个时间系列设计的例子。这类设计易受多重处理干扰的影响。该例中，在随后的观察中可能会出现延迟的效应。结果模式可能难以解释，这种设计的好处在于能在自然情境中运用，能提供某一特定班级阅读成就概况的信息。面临的一个测量问题是在每 4 周进行的不同测验都达到对等水平是困难的。假设一个时期后成绩有明显下降，这可以解释为教学方法的效应。而实际上这种下降可能是因更难的测验所致。

8.5　a. 训练计划存在短期效应而无长期效果。简而言之，计划的效应是不相同的，X_1 最有效而 X_3 效应最小。

　　b. 有短期效应，并保持较长时间，3 项训练计划一样有效。

c. 最初，实验组是不对等的，在短期内他们依然保持这种相关状态。我们无法说明是否存在短期效应。显然，长期效应是没有的，并且时间一长，实验组间的最初差异也会消失。

d. O_3 和 O_1 和 O_2，O_6 与 O_4 和 O_5，且 O_9 和 O_7 和 O_8。

e. 不，因为对所有组均施前测，没有未经前测的比较组。

8.6 a. 实验处理具有一种积极的效果，至少是直接的，但随时间流逝，这一效果会逐渐消失。

b. 实验处理具有一种短期的效果，在另外持续 3 周后便消失了。

c. 从 O_8 到 O_{14} 来检测 G_2。如果态度得分有变化，那么正规的班级教学就有效果。

449 8.7 研究为期 8 周，在没有学生日记时做 4 组观察（$O_1—O_4$），有学生日记时做 4 组观察（$O_5—O_8$）。与 $O_1—O_4$ 表现相比，如果 $O_5—O_8$ 显示了学生在所学科目上的提高，那么实验处理产生了效果，O_5 比 $O_1—O_4$ 都大，但与 O_6，O_7 和 O_8 一致。如果有累积效果，O_5 比 $O_1—O_4$ 大，O_6 比 O_5 大，O_7 比 O_6 大，O_8 比 O_7 大。

8.10 没有受到实验处理的组是控制组，其作用在于为是否存在实验处理效应的判断提供比较基础。很多准实验情境中设置的有效组的数目是有限的，可能只有一个有效组接受实验处理。

8.12 在非对等设计中，如果不等组的参与者分别是使用新生数据库软件方案工作的工作组中的小学教师和中学教师，这种非对等设计就会起作用。在训练了两个小时之后，通过标准化测试，就会得到自变量的分数。当然，还有很多其他的例子。

8.13 当出现下列情况，即当被试被随机分配到对比组和当使用原始组时，在这一问题的结果中应该包括内部效度的差异。在非对等组设计中应该也考虑前测的作用。

第 9 章

9.1 可能会有任意多有趣的自变量（有些可能作为控制变量）。例如，年级水平，学生的性别，在高中水平所教的科目；就社区整体的社会经济水平而言，学校的位置，学校的规模，所处的地域。许多学科和领域的学术成就可能作为自变量，至少一些自变量是由标准成就测验来测量的。有关态度的得分可能被作为自变量。纵向研究的价值之一就是，可能对长远影响进行检测。

9.2　纵向研究的一个好处在于，在大学中实施时可对在班级中发生的变化进行选择。纵向研究花 4 年左右即可完成。横向研究费的时间则要少得多，它仅仅是在一个时间点上及时搜集所需数据。

9.3　作为一项群体研究，由新生组成的班级将作为特定的研究群体，而且这个班的学生将在他们的大学生涯中每年抽取出一个随机样本来参与研究。作为一项专门对象研究，一个由目前的新生组成的随机样本（一个特定的组）将被抽取出来，同一个样本将每年被调查一次。专门对象研究的一个缺点是在同一组内可能相互干扰，特别是当这个大学的辍学率较高时。群体研究的一个优点是避免相互干扰。专门对象研究的优点是个体的变化可以被检查出来，而群体研究只能测定群体变化。

450

9.4　专门对象研究允许在不同的时间对同一教师群体进行调查来收集数据。使用这种方法，特定的教师在一段时间内的变化将会被找出来。专门对象研究总是易受保持小组的完整这一困难的影响，而且是在 5 年这么长的时间内保持一个组。在这段时间内，对于教师这一总体而言，组内剩下的成员可能已不具有代表性。这个学校系统中教师总体的稳定将会影响专门对象研究的效果。

9.5　如果可能的话，使用选择回答型选项是好的。因为那些辍学的学生没有很强的动力集中精力去回答问卷。基于这一原因，不回答可能就会成为一个问题。一些诸如电话访谈这样的与不回答者的个人接触，可能就成为必要了。

9.6　信函应由指导与咨询处的主任和督导主管签名。

9.7　既然所有学校或指导办公室有电话，所有被选中的指导顾问可通过电话联络。在问卷被邮出以后用电话联系的好处在于同调查对象直接接触，这样可提高返回率，回答问题也可有更大的弹性。用电话从根本上将研究从问卷转换成访谈。电话调查的不足在于可能打断指导顾问的工作，而且调查对象在电话中可能没有足够的时间来思索并回答问题。研究者要事先提供信息，提前安排好电话访谈，这些都是必要的，也是很必需的。但是对一个专业样本而言，邮寄问卷的返回率可能很高，所以电话调查之外的努力可能就不值得了。

9.8 自变量往往处在教育者、教师、领导、管理者等位置上。他们的观点带有政策性的意义，如果这一群体内相似的观点与不同的观点相对抗的话，那么，这些意义就会有不同。

9.9 能够知道的不作回答的原因可能有：教育者所处的位置，所处的地域，学校的位置——城区、城市、乡村，学校系统的规模。

9.10 为了使问题能够体现更多的重点内容（有关的课程，学生问题）和使回答更容易些，如果可能的话，要使用选择回答型选项。学校董事长在附言上签名。

9.11 如果对一段时间内的意见变化过程感兴趣，要使用纵向设计。如果对学校与社区的关系有明确的兴趣，可以对整个父母样本总体进行调查。

451 9.12 如果许多邮寄出去的问卷收不回来，或者那些返回来的问卷是某个群体的集体作答结果，或者至少与别人商量过，那么这项调查成功的可能性很低。强迫某个班级的学生参与回答问卷调查是可能的，但班级成员就不可能是学生总体的随机样本。粗心或不诚实回答可能会成为一个问题，一个原因是，学生可能会提出更重要的变量或者更正确的用餐习惯。对可能出现的粗心和不诚实回答进行鉴别可通过检验其不可能性或不合理性或不可能的答案组合而获得。回答者在回答问题时可能会被问到，其诚实性（或准确性）到底有多少。

9.13 问卷的最可能的回答者应该是学区的中心办公室的某个人。在较小的地区，这个人很可能是负责人。把问卷发送给所有地区的负责人或许是最好的策略。较大地区的负责人会把完成问卷的工作委托给某个人，但是对大多数地区而言，各个州的部门职员不可能知道这个人的身份。州立学校的主要负责人员在问卷的介绍信上签字，并强调完成问卷的重要性。

9.17 a. 其他的变量可能包括父母教育水平、父母对孩子阅读指导的卷入以及其他与社会经济地位有关的变量，例如营养和致富经验。
b. 相关不一定意味着因果关系，但是我们暂时可以认为，如果卧室原来没有书，现在把书放进卧室，可能会提高阅读分数。如果卧室里原来就有很多书了，那么再增加书就不太可能会提高阅读分数。

第 10 章

10.1 在研究设计的第一阶段作出的决定有以下几点：（a）场所选择，即一所特定学校，其校长可以被研究者观察；（b）除校长之外，学校的其他工作人员和学生也能得以观察或访谈；（c）研究的持续时间（至少是大致决定的期限）以及资料收集的时间表。首要的决定之一是在一个还是在多个学校中心收集资料。

10.2 一项在使用的假设可能是"校长不仅是教学的领导，更是一个政策执行者的角色"。将可能出现的问题是："在校长和教师之间的职业上的相互关系"。

10.3 所收集到的文献的例证是：（a）工作人员开会的会议记录；（b）校长为学校整个系统的管理所准备的报告的复印本。要观察校长在指导那些行动中的情况，当然若有机会的话，也应观察工作人员的开会情况。

10.4 a. 一般的问题可能是："教师对有效的结果和按地区管理的可行性的看法是什么？"

b. 学校——初级，中级或别的学校——只要是实行了按地区管理的地方都应成为候选的单位。因为只能包括有限的几所学校，所以选择学校的标准也应考虑。可能的对象包括教师、校长、学生等。访谈资料，所作的观察，及学校记录都是潜在的资料来源。

c. 应从一般问题着手，并且随着资料的收集，人们会越来越集中在具体的现象上。

d. 一个具体的现象是：校长在按地区管理中的基本角色（任务）。

10.6 加工过的分析方法对从具体的研究问题，本例中即是教师们对教师评价模式的看法的研究，到对"现象"的综合描述起作用。因为在这个学校系统中进行了这一研究，作为应用或实践的教师评价的实在性理论，可能从资料中产生出来。毫无疑问，这一理论会有若干部分，所以需要有综合描述。

第 11 章

11.2 a. 调查
b. 实验

c. 历史法

d. 调查（性质上是事后回溯）

e. 历史法

f. 调查（性质上是事后回溯）

g. 调查

11.4 多年来都存在的界定问题的教育术语如"进步教育"就是多年来一直有界定困难的一个术语。

11.9 第一手资料包括对实际参与废除隔离者的访谈、那一时期警察和法庭上的录音、游行示威的录像。第二手资料包括记录这些事件的书籍、其他国家的新闻评论、对诸如"每日在线"或"60分钟"电视新闻节目的反应。

11.10 对近期的事件或专题进行历史研究存在困难，因为事件或专题的后果还没有显现出来。这时的历史分析很勉强，还不成熟。结论可能经受不住时间的考验。

第 12 章

12.1 实验研究涉及对至少是一个自变量的直接的操作；人种学研究集中于那些在自然情境下发生的，不受研究者人为干预的变量。

453　　12.3 观念形成文化，文化整合形成组织。

12.4 三角互证法是定性的交叉印证；目的是对一致性程度进行比较（如，在资源或资料收集过程中）。

12.6 就外在效度而言，可能不会有更多的直接关系，并且任何外在效度都需在逻辑的基础上予以考虑。

12.9 作为一个参与式观察者，研究者在情境中发挥积极参与者的作用。作为特权观察者，不可以参与被观察的活动，但可接近活动；而作为限定观察者，不参与活动，仅能观察部分活动。例如，一位在法律学校已实际注册登记的年轻人，其对法律学生的观察是参与性的观察，而一位研究者观察学校的各个方面，如教职工会议，午餐厅活动等，一旦他并不是其中的一位教师或学生，就是特权观察者，一位研究者每周仅仅观察两天的初等自然科学教学，被称为限定观察者。

12.11　信度和效度的概念可由其含义得以说明，其针对的是研究的各种类型而不单是人种学研究。信度关注研究程度和结果的可重复性。效度关注对结果的解释（内在）和随后对它们的推广（外在）。

12.12　肯定判断是一般性推广，适用于一组或群体中的所有成员，而不是适用于作为整体的群体。这一判断是以提供了可接受的假设和证据的合理性与有理性为基础的。聚合型推广是整个群体的，而非个体的。它们通常以随机样本和可能性模式为基础。

12.13　因为对人种学研究推广的情境和内容都很特定，所以外在效度有限。把人种学研究的范围拓展到多种场所可提高外在效度，推广不像定量研究那么显得重要，并且在人种学研究中推广必须建立在逻辑推论的基础之上。

12.15　在对幼儿进行人种学研究时，需征得其父母的同意。这不是一个简单的问题。当成年人被研究时，他们能够提供日记和书面反思，以便研究者了解他们对情境的认知。幼儿则不能提供书面材料。

第 13 章

13.1　如果这个学习系统使用一种标准化的、公开发表的数学成就测验或者国家规定的数学水平测试（至少要非常相似的测试），那么为了处理问题（a），要在第二学期末测量他们的数学成绩。结果由数学测验的得分，包括子测验的得分构成。需要把这一结果与先前几年的结果进行比较。但是，调查还需要持续到之后数年，因为课程的效果很可能是长远的，而不仅限于这一年。为了解决问题（b），需要使用观察法，可能是一个有限的人种学研究，考察新课程情况下数学教学的本质。可以收集如探索活动花费时间多少等因素的数据。最后一个问题，也就是问题（c），需要用教师调查法来解决。可以问老师关于一些因素的问题，比如新课程中材料的恰当性和调整讲授新课程是否方便。

13.2　a. 历史和调查法研究

　　　b. 与其调查全部教职员工，不如随机选取样本，样本量大约在 300 人左右。调查应包括事实项目，比如教职员工每季度参加多少场大

454

学足球比赛。还应包括感知项目，比如，对足球的重要程度的看法。

13.6 混合法可以用定量法来确定对照组之间的显著差异，或用回归方程来预测一些由学生或学校的特征导致的结果。然后可以用定性方法，为这些变量在其中起作用的文化或背景提供丰富的描述。混合法还使研究者能够在同一研究中探讨不同的问题。确实有些听众比起定量研究，更信任定性研究。反之亦然。在同一研究中使用两种手段意味着你可以对两类听众所需要的信息都作出回应。

第 14 章

14.1 既然有 839 个总体成员，需要 3 位的随机数。可以考虑选包括 840 和 999 在内的其间任何数。

14.2 为了对样本分层，我们把总体分成不重叠的次级总体，称"层"（strata）。当使用按比例分配时，从层中选取的样本容量与相应的层的总体的容量是成比例的。

14.4 在分层抽样中，所有层在样本中均有，根据一定的分配在层中进行随机抽样。这样，个体而非层被随机抽样。在整群抽样中，整群是从整群的总体中随机选出的，而一旦选中某一整群，其所有成员均包括在样本中。

14.5 抽样比例是 450/3 000，等于 3/20 或 0.15。第 1 至第 4 层样本的大小分别是 124.5，99，72 和 154.5。由于部分案例可能无法被包括，研究者需任意决定是从第 1 层中选 125 个还是从第 4 层选 155 个。

455　14.6 需从男女总体中随机选取 60 名男性和 60 名女性。平均分配至实验变量的 4 种水平各 15 名男性和 15 名女性。既然随机地从每一总体中选择，第一次分别从男女中选出的各 15 名应分至水平 1，第二次的各 15 名分至水平 2，以此类推。

14.9 全面抽样就是把具有典型特征的所有案例包括在样本之中。最大差异抽样是把案例都包括在样本中以便它们能在典型特征方面表现出最大的区别或不同。

14.10 典型抽样包括抽取被看做是与研究的现象相关的"平均数或中间道

路"的案例。同质抽样包括抽取相似的案例，它们可能不是典型的，但是是属于被确定的亚群体的案例。

14.12　抽样比例为 300/3215，约为 0.093。系统抽样中，抽样比率为 3 215/300，其值 10.72，也可以成为抽样间隔。第一个样本成员是随机选取的名单上的第 11 个人。10.72 将被加入随机选择的数据中，然后再随机选择，直至名单选择完毕。在随机抽取的每一步，抽样比率都四舍五入为最接近的整数。这种情况下系统抽样的一个优点等同于不可能从同一家族中抽取两名被试。

14.13　总体样本容量为 42 000，抽样比率为 0.02，样本容量为 840。
　　　a. 每层人数为 840 的 1/5，即 168 人。
　　　b. $n_1 = 100$，$n_2 = 320$，$n_3 = 140$，$n_4 = 100$，$n_5 = 180$。

14.15　分层随机抽样获得的研究结果可以推论到抽取样本的总体。极端个案抽样的研究结果不能推论到总体。有争论认为极端个案与个案近似，研究结果推论到类似个案时要小心谨慎。

14.16　从较大的总体的研究地点随机选择研究地点不可能提供丰富信息。如果由于某些前所未知的原因，研究者选择了六个相似的能够提供丰富研究信息的研究地点，这时就可以利用随机抽样抽取一个研究地点。

第 15 章

15.1　效度关心的是测验测得的是否就是应该测的；信度关注的是无论测量什么在测量时是否保持一致。一项测验可以是可信的但无效，如总是一致地测量什么而这又非所要测量的；或者没有测量到所要测量的。一项不可信的测验不可能有效，因为缺乏一致便排除了测量到所应测量的东西的可能性。

15.4　a. 对于这两位研究者，都有已公布的测量工具可供选用，而研究学生科学成绩的那一位研究者选择余地更大。找到一种专门适合于理科成绩研究需要的工具可能容易些。

456

　　　b. 在为成绩测量建立效度时需要考虑与内容相关的根据；与结构相关的根据对个性测量的效度很合适。前者的根据由逻辑分析而来；后者的很可能建立在由测验手册得来的信息的基础上。如果研究者想建立能作为低年级学生突出个性的基础的结构，这种情况就更是如此。

    c. 成绩可以由一项试卷——笔试测得；个性数据可能需要通过集体笔试测验获得，或者需要个别化的测验。

15.7 利克特量表是一种用于个体项目的量表；包括一些点，常常是 4 个或者更多，点与点之间间隔相等。回答者对个体项目作出反应。而语义差异包括一系列的两极词汇术语的对子（常常是形容词）；每对词分别置于量表两端（连续的），常常中间有 7 个或 9 个间隔。让回答者检测每一两极词汇量表，以此判断在一页的最上方的词或词组（代表一个概念）。

15.8 被试可能少报告他们的行为以便使自己看起来很好。这时，可以有人提出使用匿名问卷以便使反应不能追溯到个别研究者。当被试告诉研究者他们认为研究者想获得什么时，就会出现其他问题。这时可以使用其他的收集数据的方法，例如可以使用观察法而不采用自我报告。

15.9 a. 研究者可以计分为 3.5，并将此输入电子数据表中。

    b. 研究者可以丢弃所有与指导语不一致的等级评定。该方法的问题是大量数据会丢失。首先，一个单独的项目表或许会更好。

    c. 研究者可以随机选择一个圈出的答案，确信选择答案时没有造成系统偏差。例如，不要总是选择最左边的答案。另一个选择是将其看做丢失的数据，因而研究者说不清哪个是正确答案。

15.10 3 年级算术测验领域被界定得很好，测验项目与测验领域吻合。如果学生算术测验得分较高，当他们再次进行与算术测验平行的测验时，也可能得分较高。而自尊量表的界定要稍差些。学生自尊每天变化很大。上述两个因素意味着自尊测验的信度系数比算术测验的信度系数要低。

第 16 章

16.1 集中量数是在测量量表上给分布定位的点值。差异量数是反映分布中数据离散或分散情况的间距。充分地描述一个分布，需要这两种信息，以及有关分布形态的信息。

16.2 平均数对于特别的分数较为敏感，而中位数并不如此。总裁和副总裁的工资在最终分发时放在一起得出平均工资大约是 45 000 美元。中数求出的工资大约是 30 000 美元左右，这就可预测出大部分雇员在这家公司的工资数。

16.3　描绘一项分布，需了解：（1）它的形成，（2）它在测量量表上的位置，（3）它的离散度和变量。

16.4　一些标准分数的形式是需要的，这样可以把从各学科得来的分数放在一个总的测量量表上，对每一学生的分数进行比较。不需要出现分数，因为其分布有零的平均数，且许多分数（大约有一半）会是负数。任何经过处理的分数都能使用。例如，一个带有 100 的平均数和一个方差为 20 的分数。

16.5　a. 负值。那些在 IQ 智力测验中获得较高分数的人可能所需的时间较少。
　　　b. 可能是低分，负相关。
　　　c. 正数
　　　d. 零
　　　e. 零

16.6　平均数几乎不能显示出差异。男孩比女孩的平均分大两个点，然而女孩的分布比男孩的分布情况变化更大（分布更广）。这表明：相对来说，一些女孩持有正面的态度，而其他女孩则持否定态度。男孩在态度方面更为接近。然而，对于总的可能分数 130 分来说，两个平均数都比低于量表中位数 10 分的分数高。这就是说，从绝对意义上讲是相当低的，或呈消极的态度。

16.7　根据总体分数的平均数，小学和初中教师对主要行政部门的态度明显高于高中教师。平均分 73.2 和 71.6 说明每个被试在 5 点量表每个项目上的平均得分接近 4 分（每个项目平均得 4 分，就可以得出问卷总分 18×4，或 72 分）。因而，可以断言，小学和初中教师对主要行政部门的态度绝对是积极的。

　　　然而，高中教师得分的变异性高于小学教师。标准差 12.3 几乎是 6.7 的两倍。上述结果说明一些高中教师在态度量表上得分较高，而另一些教师得分却较低。但是，从整体上讲，高中教师并不像小学教师那样对主要行政部门的态度那么一致、积极。小学教师得分的标准差较小，说明这些分数都聚集在平均数附近。高中教师得分的标准差最大。虽然，高中教师平均得分最大，但是由标准差较大的变异可以说明其中有些高中教师的得分很高。

458   16.8 生均开支与学业能倾测验：数学、阅读和写作测验之间的相关系数分别为：－.199、－.121和－.172。负相关表明学业能倾测验得分越高，生均开支越低。相关接近零，说明变量两两之间存在微弱的相关。

表 A.3   相关

		数 学	阅 读	写 作	生 均
数学	皮尔逊相关	1.000	.962**	.954**	－.199*
	显著性（双尾）	.	.000	.000	.034
	N（样本容量）	114	114	114	114
阅读	皮尔逊相关	.962**	1.000	.969**	－.121
	显著性（双尾）	.000	.	.000	.200
	N（样本容量）	114	114	114	114
写作	皮尔逊相关	.954*	.969**	1.000	－.172
	显著性（双尾）	.000	.000	.	.068
	N（样本容量）	114	114	114	114
生均	皮尔逊相关	－.199*	－.121	－.172	1.000
	显著性（双尾）	.034	.200	.068	.
	N（样本容量）	114	114	114	115

16.9

表 A.4   午餐

		频 数	百分比	有效百分比	累加百分比
有效的	免费	101	82.1	82.1	82.1
	正常收费	10	8.1	8.1	90.2
	减价	12	9.8	9.8	100.0
	总计	123	100.0	100.0	

表 A.5   个别教学计划

		频 数	百分比	有效百分比	累加百分比
有效的	未接受	98	79.7	79.7	79.7
	接受	25	20.3	20.3	100.0
	总计	123	100.0	100.0	

表 A.6　言语

		频　数	百分比	有效百分比	累加百分比
有效的	N(样本容量)	123	100.0	100.0	100.0

表 A.7　天赋

		频　数	百分比	有效百分比	累加百分比
有效的	没有	116	94.3	94.3	94.3
	有	7	5.7	5.7	100.0
	总计	123	100.0	100.0	

16.10

表 A.8　描述统计

	样本容量	最小值	最大值	平均数	标准差
ELASS05	123	175.00	827.00	761.5285	112.1483
ELASS04	123	94.00	807.00	675.9350	114.7922
ELASS03	123	102.00	804.00	577.2846	102.2461
有效样本容量（列删）	123				

第 17 章

17.1　随机样本可以被选样，并进行统计计算。对样本的测量反映出所取样本波动限度内总体样本的测量情况。因此，统计学用于推知参数情况，以及抽样波动的范围。统计涉及的应是被测量的 1 级总体的平均阅读水平。这一系列的推理过程遵循着暗示的推断。总体有某种测量，称为参数。统计学是确定的，由此可推论相应的参数并得出结论。在这种情况下，关于总体平均数的结论是从被观察的样本平均数中得出的。

17.2　统计量是样本的测量，参数是总体的测量。抽样分布就是统计分布，通常是理论意义上的分布（就是特定样本大小的可能有的统计值的分布）。抽样分布为任何统计研究中的行为提供了理论基础，即辨别研究者观察的统计分布的形状、布局、离散度。

17.3　a. 如果我们只是对描述这 150 名学生的分数分布感兴趣。

b. 如果推断正被用于更大的师范群体，学生和这 150 名学生则是这一群体的随机样本。

c. 如果变量间的关系是值得感兴趣的。

17.4 我们可能会拒绝假设，因为自由度为 19 的两个尾数的测验（未假设方向）的 t 值为 2.09 的显著水平要求是 .05。

17.5 使用平均分布的抽样就可能有自由度为 399 的 t 分布，但由于自由度太大，可能要用正态分布。若样本容量是 25，则可能用自由度为 24 的 t 分布。可能出现差错，因为有关样本平均数的置信区间是均匀构建的；因此，它必定是区间的中点。若它是 90% 的置信区间，那么区间可能会更短。

17.6 在这种情况下，可对 4 个样本均值间的差异同时进行分析，而不是用 t 检验只对两个均值间的差异进行同时分析。原假设是 4 个群体的均值是相等的 $H_0: \mu_1 = \mu_2 = \mu_3 = \mu_4$。男、女教师间的差异也能通过扩展方差分析成一个二元方差分析来分析。

17.7 由于 χ^2 值是显著的，那么结论就是 4 个样本不是取自于同一总体，或者相对于这个变量，总体分布不同。如果总体分布是一样的，由于随机抽样的波动，样本分布可能出现的概率低于 .05。

17.8 年级水平和对学校的态度是独立的。如果 χ^2 值显著，那么年级水平和对学校的态度在所取的学生整体样本中是相关的。如果 χ^2 检验不显著，就不能拒绝独立的假设，并且年级水平和对学校的态度与总体样本不相关。

17.9 a. 通过中心趋势可以算出均数，标准差可测出离散度。教师也可算出中位数并得到有关中心趋势的信息，以及两次测验成绩的范围的离散度。

b. 数学测验成绩和态度得分间的相关系数。

c. 相对于（b），采用随机取样，这就涉及推断统计。可以计算出数学测验分数和态度分数间的相关系数。这个系数只是一个统计量。要用它来测验高中整体相关为零的零假设。

461

d. 可算出 4 个组认知任务的均值，并用来检验原假设：通过计算方差分析得出 $H_0: \mu_1 = \mu_2 = \mu_3 = \mu_4$。

e. 需要一个好而适合的测验：用 χ^2 测验，检验与统一分布相对的样本分布。

17.10　两种可能的错误会拒绝一个正确假设，而不拒绝一个错误的假设。在推断统计中，我们不知道我们假设的参数；因此，总有出现错误的可能性。推断是从可能有偏差的统计中得出参数的。虽然出现错误的可能性很小，但不会是零。

17.12　推理过程或方法的错误：

　　a. t 检验不适用于顺序量表测得的数据，均数不能用顺序数据算出。

　　b. 在显著性方面有混淆；检验在 .01 水平时是显著的，在 .05 水平时也是显著的。

　　c. 拒绝零假设就会得出这样的结论：总体测量而不是抽样测量是不同的。

　　d. 由于假设被拒绝，就没有出现第二类或 β 错误的可能性。也不存在出现一类或 α 错误的可能性——拒绝正确的假设。

17.13　a. H_0：$\mu_1 = \mu_2 = \mu_3 = \mu_4 = \mu_5$。5 个实验处理的总体均值是均等的。假设也可陈述如下：在总体中 5 个实验处理均等有效。

　　b. 计算出的 F 值为 3.11，超过了附录 3 表 D 中的 F 标准值，且自由度为 95，显著性水平为 .05。标准值大约为 2.49。因此拒绝假设，并得出结论，总体均值不都相等。

　　c. 若总体均值都相等，那么 5 个样本均值偶然出现的可能性低于 .05。

17.15　我们想对总体特征作出论断，这可作为参数。取一样本，并算出其特征，这叫做统计。统计量反映了随机取样波动界限内的相应的参数。我们对这些参数进行假设，若假设为真，那么统计量就有一定偶然出现的可能性。没有必要决定其确切的可能性。只是决定它是否低于或高于显著性水平。我们从统计和测量参数的假设结果中进行推断，并由此作出有关总体的结论。

17.17　SAT 阅读测验平均分与生均花费相关系数为 $-.121$，p 值（SPSS 输出结果中表示为 Sig）为 .200。因为该 p 值大于 .01，所以我们不能拒绝总体相关系数为零这一假设。

　　SAT 阅读测验平均分与学生总花费的相关系数为 .192，p 值（SPSS 输出结果中表示为 Sig）为 .041。因为该 p 值大于 .01，所以我们不能拒绝总体相关系数为零这一假设。需要指出的是，如果我们采用 .05 显著性水平，我们就可以拒绝零假设。

表 A. 9　相关

		阅　读	生　均	总　体
阅读	皮尔逊相关	1.000	−.121	.192*
	显著性（双尾）	.	.200	.041
	N（样本量）	114	114	114
生均	皮尔逊相关	−.121	1.000	−.230*
	显著性（双尾）	.200	.	.013
	N（样本量）	114	115	115
总体	皮尔逊相关	.192*	−.230*	1.000
	显著性（双尾）	.041	.013	.
	N（样本量）	114	115	115

　* 相关在 0.05 水平上显著（双尾）。

17.18　计算得出 χ^2 值为 5.423，p 值（参见 SPSS 中的 Sig 部分）为 .020，该值小于 .05，因而我们拒绝零假设。接受个别教育计划与性别相关。χ^2 表显示男生接受个别教育计划的比例高于女生。

表 A. 10　性别 * 个别教育计划交叉表

		个别教育计划		
		否	是	总　计
性别	女	53	7	60
	男	45	18	63
总计		98	25	123

表 A. 11　χ^2 检验

	χ^2 值	自由度（df）	Asymp 显著性（双尾）	Exact 显著性（双尾）	Exact 显著性（单尾）
皮尔逊 χ^2	5.423[b]	1	.200	.	.
连续性校正[a]	4.429	1	.035	.	.
似然比	5.590	1	.018	.	.
Fisher 精确概率法	.	.	.	.025	.017
有效样本量	123	.	.	.	.

　[a] 只计算 2×2 表。
　[b] 期望计算的 0 单位（.0%）小于 5。最小期望数是 12.20。

附录 3

统 计 表

464   表 A   正态分布曲线的纵高和面积（以标准差为单位）

x/σ	面积	纵高	x/σ	面积	纵高	x/σ	面积	纵高	x/σ	面积	纵高
.00	.0000	.3989	.35	.1368	.3752	.70	.2580	.3123	1.05	.3531	.2299
.01	.0040	.3989	.36	.1406	.3739	.71	.2611	.3101	1.06	.3554	.2275
.02	.0080	.3989	.37	.1443	.3725	.72	.2642	.3079	1.07	.3577	.2251
.03	.0120	.3988	.38	.1480	.3712	.73	.2673	.3056	1.08	.3599	.2227
.04	.0160	.3986	.39	.1517	.3697	.74	.2703	.3034	1.09	.3621	.2203
.05	.0199	.3984	.40	.1554	.3683	.75	.2734	.3011	1.10	.3643	.2179
.06	.0239	.3992	.41	.1591	.3668	.76	.2764	.2989	1.11	.3665	.2155
.07	.0279	.3980	.42	.1628	.3653	.77	.2794	.2966	1.12	.3686	.2131
.08	.0319	.3977	.43	.1664	.3637	.78	.2823	.2943	1.13	.3708	.2107
.09	.0359	.3973	.44	.1700	.3621	.79	.2852	.2920	1.14	.3729	.2083
.10	.0398	.3970	.45	.1736	.3605	.80	.2881	.2897	1.15	.3749	.2059
.11	.0438	.3965	.46	.1772	.3589	.81	.2910	.2874	1.16	.3770	.2036
.12	.0478	.3961	.47	.1808	.3572	.82	.2939	.2850	1.17	.3790	.2012
.13	.0517	.3956	.48	.1844	.3555	.83	.2967	.2827	1.18	.3810	.1989
.14	.0557	.3951	.49	.1879	.3538	.84	.2995	.2803	1.19	.3830	.1965
.15	.0596	.3945	.50	.1915	.3521	.85	.3023	.2780	1.20	.3849	.1942
.16	.0636	.3939	.51	.1950	.3503	.86	.3051	.2756	1.21	.3869	.1919
.17	.0675	.3932	.52	.1985	.3485	.87	.3078	.2732	1.22	.3888	.1895
.18	.0714	.3925	.53	.2019	.3467	.88	.3106	.2709	1.23	.3907	.1872
.19	.0753	.3918	.54	.2054	.3448	.89	.3133	.2685	1.24	.3925	.1849
.20	.0793	.3910	.55	.2088	.3429	.90	.3159	.2661	1.25	.3944	.1826
.21	.0832	.3902	.56	.2123	.3410	.91	.3186	.2637	1.26	.3962	.1804
.22	.0871	.3894	.57	.2157	.3391	.92	.3212	.2613	1.27	.3980	.1781
.23	.0910	.3885	.58	.2190	.3372	.93	.3238	.2589	1.28	.3997	.1758
.24	.0948	.3876	.59	.2224	.3352	.94	.3264	.2565	1.29	.4015	.1736
.25	.0987	.3867	.60	.2257	.3332	.95	.3289	.2541	1.30	.4032	.1714
.26	.1026	.3857	.61	.2291	.3312	.96	.3315	.2516	1.31	.4049	.1691
.27	.1064	.3847	.62	.2324	.3292	.97	.3340	.2492	1.32	.4066	.1669
.28	.1103	.3836	.63	.2357	.3271	.98	.3365	.2468	1.33	.4082	.1647
.29	.1141	.3825	.64	.2389	.3251	.99	.3389	.2444	1.34	.4099	.1626
.30	.1179	.3814	.65	.2422	.3230	1.00	.3413	.2420	1.35	.4115	.1604
.31	.1217	.3802	.66	.2454	.3209	1.01	.3438	.2396	1.36	.4131	.1582
.32	.1255	.3790	.67	.2486	.3187	1.02	.3461	.2371	1.37	.4147	.1561
.33	.1293	.3778	.68	.2517	.3166	1.03	.3485	.2347	1.38	.4162	.1539
.34	.1331	.3765	.69	.2549	.3144	1.04	.3508	.2323	1.39	.4177	.1518

资料来源：沃特（J. E. Wert）著：《教育统计学》（*Educational statistics*），McGraw-Hill 图书出版公司 1938 年出版。引用得到了 McGraw-Hill 图书出版公司的许可。

x/σ	面积	纵高	x/σ	面积	纵高	x/σ	面积	纵高	x/σ	面积	纵高
1.40	.4192	.1497	1.80	.4641	.0790	2.20	.4861	.0355	2.60	.4953	.0136
1.41	.4207	.1476	1.81	.4649	.0775	2.21	.4864	.0347	2.61	.4955	.0132
1.42	.4222	.1456	1.82	.4656	.0761	2.22	.4868	.0339	2.62	.4956	.0129
1.43	.4236	.1435	1.83	.4664	.0748	2.23	.4871	.0332	2.63	.4957	.0126
1.44	.4251	.1415	1.84	.4671	.0734	2.24	.4875	.0325	2.64	.4959	.0122
1.45	.4265	.1394	1.85	.4678	.0721	2.25	.4878	.0317	2.65	.4960	.0119
1.46	.4279	.1374	1.86	.4686	.0707	2.26	.4881	.0310	2.66	.4961	.0116
1.47	.4292	.1354	1.87	.4693	.0694	2.27	.4884	.0303	2.67	.4962	.0113
1.48	.4306	.1334	1.88	.4699	.0681	2.28	.4887	.0297	2.68	.4963	.0110
1.49	.4319	.1315	1.89	.4706	.0669	2.29	.4890	.0290	2.69	.4964	.0107
1.50	.4332	.1295	1.90	.4713	.0656	2.30	.4893	.0283	2.70	.4965	.0104
1.51	.4345	.1276	1.91	.4719	.0644	2.31	.4896	.0277	2.71	.4966	.0101
1.52	.4357	.1257	1.92	.4726	.0632	2.32	.4898	.0270	2.72	.4967	.0099
1.53	.4370	.1238	1.93	.4732	.0620	2.33	.4901	.0264	2.73	.4968	.0096
1.54	.4382	.1219	1.94	.4738	.0608	2.34	.4904	.0258	2.74	.4969	.0093
1.55	.4394	.1200	1.95	.4744	.0596	2.35	.4906	.0252	2.75	.4970	.0091
1.56	.4406	.1182	1.96	.4750	.0584	2.36	.4909	.0246	2.76	.4971	.0088
1.57	.4418	.1163	1.97	.4756	.0573	2.37	.4911	.0241	2.77	.4972	.0086
1.58	.4429	.1145	1.98	.4761	.0562	2.38	.4913	.0235	2.78	.4973	.0084
1.59	.4441	.1127	1.99	.4767	.0551	2.39	.4916	.0229	2.79	.4974	.0081
1.60	.4452	.1109	2.00	.4772	.0540	2.40	.4918	.0224	2.80	.4974	.0079
1.61	.4463	.1092	2.01	.4778	.0529	2.41	.4920	.0219	2.81	.4975	.0077
1.62	.4474	.1074	2.02	.4783	.0519	2.42	.4922	.0213	2.82	.4976	.0075
1.63	.4484	.1057	2.03	.4788	.0508	2.43	.4925	.0208	2.83	.4977	.0073
1.64	.4495	.1040	2.04	.4793	.0498	2.44	.4927	.0203	2.84	.4977	.0071
1.65	.4505	.1023	2.05	.4798	.0488	2.45	.4929	.0198	2.85	.4978	.0069
1.66	.4515	.1006	2.06	.4803	.0478	2.46	.4931	.0194	2.86	.4979	.0067
1.67	.4525	.0989	2.07	.4808	.0468	2.47	.4932	.0189	2.87	.4979	.0065
1.68	.4535	.0973	2.08	.4812	.0459	2.48	.4934	.0184	2.88	.4980	.0063
1.69	.4545	.0957	2.09	.4817	.0449	2.49	.4936	.0180	2.89	.4981	.0061
1.70	.4554	.0940	2.10	.4821	.0440	2.50	.4938	.0175	2.90	.4981	.0060
1.71	.4564	.0925	2.11	.4826	.0431	2.51	.4940	.0171	2.91	.4982	.0058
1.72	.4573	.0909	2.12	.4830	.0422	2.52	.4941	.0167	2.92	.4982	.0056
1.73	.4582	.0893	2.13	.4834	.0413	2.53	.4943	.0163	2.93	.4993	.0055
1.74	.4591	.0878	2.14	.4838	.0404	2.54	.4945	.0158	2.94	.4984	.0053
1.75	.4599	.0863	2.15	.4842	.0395	2.55	.4946	.0154	2.95	.4984	.0051
1.76	.4608	.0848	2.16	.4846	.0387	2.56	.4948	.0151	2.96	.4985	.0050
1.77	.4616	.0833	2.17	.4850	.0379	2.57	.4949	.0147	2.97	.4985	.0048
1.78	.4625	.0818	2.18	.4854	.0371	2.58	.4951	.0143	2.98	.4986	.0047
1.79	.4633	.0804	2.19	.4857	.0363	2.59	.4952	.0139	2.99	.4986	.0046
									3.00	.4987	.0044

466

表 B t 检验临界值表

	单尾检验的显著性水平					
	.10	.05	.025	.01	.005	.0005
	双尾检验的显著性水平					
df	.20	.10	.05	.02	.01	.001
1	3.078	6.314	12.706	31.821	63.657	636.619
2	1.886	2.920	4.303	6.965	9.925	31.598
3	1.638	2.353	3.182	4.541	5.841	12.941
4	1.533	2.132	2.776	3.747	4.604	8.610
5	1.476	2.015	2.571	3.365	4.032	6.859
6	1.440	1.943	2.447	3.143	3.707	5.959
7	1.415	1.895	2.365	2.998	3.499	5.405
8	1.397	1.860	2.306	2.896	3.355	5.041
9	1.383	1.833	2.262	2.821	3.250	4.781
10	1.372	1.812	2.228	2.764	3.169	4.587
11	1.363	1.796	2.201	2.718	3.106	4.437
12	1.356	1.782	2.179	2.681	3.055	4.318
13	1.350	1.771	2.160	2.650	3.012	4.221
14	1.345	1.761	2.145	2.624	2.977	4.140
15	1.341	1.753	2.131	2.602	2.947	4.073
16	1.337	1.746	2.120	2.583	2.921	4.015
17	1.333	1.740	2.110	2.567	2.898	3.965
18	1.330	1.734	2.101	2.552	2.878	3.922
19	1.328	1.729	2.093	2.539	2.861	3.883
20	1.325	1.725	2.086	2.528	2.845	3.850
21	1.323	1.721	2.080	2.518	2.831	3.819
22	1.321	1.717	2.074	2.508	2.819	3.792
23	1.319	1.714	2.069	2.500	2.807	3.767
24	1.318	1.711	2.064	2.492	2.797	3.745
25	1.316	1.708	2.060	2.485	2.787	3.725
26	1.315	1.706	2.056	2.479	2.779	3.707
27	1.314	1.703	2.052	2.473	2.771	3.690
28	1.313	1.701	2.048	2.467	2.763	3.674
29	1.311	1.699	2.045	2.462	2.756	3.659
30	1.310	1.697	2.042	2.457	2.750	3.646
40	1.303	1.684	2.021	2.423	2.704	3.551
60	1.296	1.671	2.000	2.390	2.660	3.460
120	1.289	1.658	1.980	2.358	2.617	3.373
χ	1.282	1.645	1.960	2.326	2.576	3.291

资料来源：摘录自费希尔，耶茨（R. A. Fisher & F. Yates）著：《生物、农业和医学研究的统计表》（*Statistical Tables for Biological, Agricultural and Medical Research*）第 6 版，第 46 页，表 3，1974 年出版。引用征得了培生教育（Pearson Education）的许可。

表 C χ^2 值表

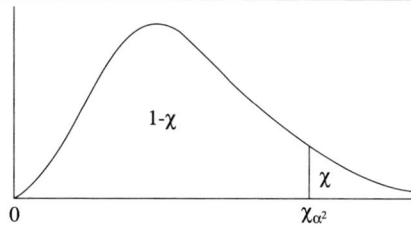

df	.99	.98	.95	.90	.80	.70	.50	.30	.20	.10	.05	.02	.01	.001
1	$.0^3157$	$.0^3628$	.00393	.0158	.0642	.148	.455	1.074	1.642	2.706	3.841	5.412	6.635	10.827
2	.0201	.0404	.103	.211	.446	.713	1.386	2.408	3.219	4.605	5.991	7.824	9.210	13.815
3	.115	.185	.352	.584	1.005	1.424	2.336	3.665	4.642	6.251	7.815	9.837	11.345	16.266
4	.297	.429	.711	1.064	1.649	2.195	3.357	4.878	5.989	7.779	9.488	11.668	13.277	18.467
5	.554	.752	1.145	1.610	2.343	3.000	4.351	6.064	7.289	9.236	11.070	13.388	15.086	20.515
6	.872	1.134	1.635	2.204	3.070	3.828	5.348	7.231	8.558	10.645	12.592	15.033	16.812	22.457
7	1.239	1.564	2.167	2.833	3.822	4.671	6.346	8.383	9.803	12.017	14.067	16.622	18.475	24.322
8	1.646	2.032	2.733	3.490	4.594	5.527	7.344	9.524	11.030	13.362	15.507	18.168	20.090	26.125
9	2.088	2.532	3.325	4.168	5.380	6.393	8.343	10.656	12.242	14.684	16.919	19.679	21.666	27.877
10	2.558	3.059	3.940	4.865	6.179	7.267	9.342	11.781	13.442	15.987	18.307	21.161	23.209	29.588
11	3.053	3.609	4.575	5.578	6.989	8.148	10.341	12.899	14.631	17.275	19.675	22.618	24.725	31.264
12	3.571	4.178	5.226	6.304	7.807	9.034	11.340	14.011	15.812	18.549	21.026	24.054	26.217	32.909
13	4.107	4.765	5.892	7.042	8.634	9.926	12.340	15.119	16.985	19.812	22.362	25.472	27.688	34.528
14	4.660	5.368	6.571	7.790	9.467	10.821	13.339	16.222	18.151	21.064	23.685	26.873	29.141	36.123
15	5.229	5.985	7.261	8.547	10.307	11.721	14.339	17.322	19.311	22.307	24.996	28.259	30.578	37.697
16	5.812	6.614	7.962	9.312	11.152	12.624	15.338	18.418	20.465	23.542	26.296	29.633	32.000	39.252
17	6.408	7.255	8.672	10.085	12.002	13.531	16.338	19.511	21.615	24.769	27.587	30.995	33.409	40.790
18	7.015	7.906	9.390	10.865	12.857	14.440	17.338	20.601	22.760	25.989	28.869	32.346	34.805	42.312
19	7.633	8.567	10.117	11.651	13.716	15.352	18.338	21.689	23.900	27.204	30.144	33.687	36.191	43.820
20	8.260	9.237	10.851	12.443	14.578	16.266	19.337	22.775	25.038	28.412	31.410	35.020	37.566	45.315
21	8.897	9.915	11.591	13.240	15.445	17.182	20.337	23.858	26.171	29.615	32.671	36.343	38.932	46.797
22	9.542	10.600	12.338	14.041	16.314	18.101	21.337	24.939	27.301	30.813	33.924	37.659	40.289	48.268
23	10.196	11.293	13.091	14.848	17.187	19.021	22.337	26.018	28.429	32.007	35.172	38.968	41.638	49.728
24	10.856	11.992	13.848	15.659	18.062	19.943	23.337	27.096	29.553	33.196	36.415	40.270	42.980	51.179
25	11.524	12.697	14.611	16.473	18.940	20.867	24.337	28.172	30.675	34.382	37.652	41.566	44.314	52.620
26	12.198	13.409	15.379	17.292	19.820	21.792	25.336	29.246	31.795	35.563	38.885	42.856	45.642	54.052
27	12.879	14.125	16.151	18.114	20.703	22.719	26.336	30.319	32.912	36.741	40.113	44.140	46.963	55.476
28	13.565	14.847	16.928	18.939	21.588	23.647	27.336	31.391	34.027	37.916	41.337	45.419	43.278	56.893
29	14.256	15.574	17.708	19.768	22.475	24.577	28.336	32.461	35.139	39.087	42.557	46.693	49.588	58.302
30	14.953	16.306	18.493	20.599	23.364	25.508	29.336	35.530	36.250	40.256	43.773	47.962	50.892	59.703

$df > 30$，表达式 $\sqrt{2\chi^2} - \sqrt{2df-1}$ 可以用作具有单位方差的正态离差。

资料来源：摘录自费希尔，耶茨著：《生物、农业和医学研究的统计表》，第 6 版，第 47 页，表 4，1974 年出版。引用征得了培生教育的许可。

表 D　F 值表

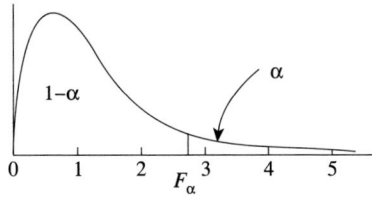

分母 df		分子 df											
	α	1	2	3	4	5	6	7	8	9	10	11	12
1	.25	5.83	7.50	8.20	8.58	8.82	8.98	9.10	9.19	9.26	9.32	9.36	9.41
	.10	39.9	49.5	53.6	55.8	57.2	58.2	58.9	59.4	59.9	60.2	60.5	60.7
	.05	161	200	216	225	230	234	237	239	241	242	243	244
2	.25	2.57	3.00	3.15	3.23	3.28	3.31	3.34	3.35	3.37	3.38	3.39	3.39
	.10	8.53	9.00	9.16	9.24	9.29	9.33	9.35	9.37	9.38	9.39	9.40	9.41
	.05	18.5	19.0	19.2	19.2	19.3	19.3	19.4	19.4	19.4	19.4	19.4	19.4
	.01	98.5	99.0	99.2	99.2	99.3	99.3	99.4	99.4	99.4	99.4	99.4	99.4
3	.25	2.02	2.28	2.36	2.39	2.41	2.42	2.43	2.44	2.44	2.44	2.45	2.45
	.10	5.54	5.46	5.39	5.34	5.31	5.28	5.27	5.25	5.24	5.23	5.22	5.22
	.05	10.1	9.55	9.28	9.12	9.01	8.94	8.89	8.85	8.81	8.79	8.76	8.74
	.01	34.1	30.8	29.5	28.7	28.2	27.9	27.7	27.5	27.3	27.2	27.1	27.1
4	.25	1.81	2.00	2.05	2.06	2.07	2.08	2.08	2.08	2.08	2.08	2.08	2.08
	.10	4.54	4.32	4.19	4.11	4.05	4.01	3.98	3.95	3.94	3.92	3.91	3.90
	.05	7.71	6.94	6.59	6.39	6.26	6.16	6.09	6.04	6.00	5.96	5.94	5.91
	.01	21.2	18.0	16.7	16.0	15.5	15.2	15.0	14.8	14.7	14.5	14.4	14.4
5	.25	1.69	1.85	1.88	1.89	1.89	1.89	1.89	1.89	1.89	1.89	1.89	1.89
	.10	4.06	3.78	3.62	3.52	3.45	3.40	3.37	3.34	3.32	3.30	3.28	3.27
	.05	6.61	5.79	5.41	5.19	5.05	4.95	4.88	4.82	4.77	4.74	4.71	4.68
	.01	16.3	13.3	12.1	11.4	11.0	10.7	10.5	10.3	10.2	10.1	9.96	9.89
6	.25	1.62	1.76	1.78	1.79	1.79	1.78	1.78	1.78	1.77	1.77	1.77	1.77
	.10	3.78	3.46	3.29	3.18	3.11	3.05	3.01	2.98	2.96	2.94	2.92	2.90
	.05	5.99	5.14	4.76	4.53	4.39	4.28	4.21	4.15	4.10	4.06	4.03	4.00
	.01	13.7	10.9	9.78	9.15	8.75	8.47	8.26	8.10	7.98	7.87	7.79	7.72
7	.25	1.57	1.70	1.72	1.72	1.71	1.71	1.70	1.70	1.69	1.69	1.69	1.68
	.10	3.59	3.26	3.07	2.96	2.88	2.83	2.78	2.75	2.72	2.70	2.68	2.67
	.05	5.59	4.74	4.35	4.12	3.97	3.87	3.79	3.73	3.68	3.64	3.60	3.57
	.01	12.2	9.55	8.45	7.85	7.46	7.19	6.99	6.84	6.72	6.62	6.54	6.47
8	.25	1.54	1.66	1.67	1.66	1.66	1.65	1.64	1.64	1.63	1.63	1.63	1.62
	.10	3.46	3.11	2.92	2.81	2.73	2.67	2.62	2.59	2.56	2.54	2.52	2.50
	.05	5.32	4.46	4.07	3.84	3.69	3.58	3.50	3.44	3.39	3.35	3.31	3.28
	.01	11.3	8.65	7.59	7.01	6.63	6.37	6.18	6.03	5.91	5.81	5.73	5.67
9	.25	1.51	1.62	1.63	1.63	1.62	1.61	1.60	1.60	1.59	1.59	1.58	1.58
	.10	3.36	3.01	2.81	2.69	2.61	2.55	2.51	2.47	2.44	2.42	2.40	2.38
	.05	5.12	4.26	3.86	3.63	3.48	3.37	3.29	3.23	3.18	3.14	3.10	3.07
	.01	10.6	8.02	6.99	6.42	6.06	5.80	5.61	5.47	5.35	5.26	5.18	5.11

分子 df												α	分母 df
15	20	24	30	40	50	60	100	120	200	500	χ		
9.49	9.58	9.63	9.67	9.71	9.74	9.76	9.78	9.80	9.82	9.84	9.85	.25	
61.2	61.7	62.0	62.3	62.5	62.7	62.8	63.0	63.1	63.2	63.3	63.3	.10	1
246	248	249	250	251	252	252	253	253	254	254	254	.05	
3.41	3.43	3.43	3.44	3.45	3.45	3.46	3.47	3.47	3.48	3.48	3.48	.25	
9.42	9.44	9.45	9.46	9.47	9.47	9.47	9.48	9.48	9.49	9.49	9.49	.10	2
19.4	19.4	19.5	19.5	19.5	19.5	19.5	19.5	19.5	19.5	19.5	19.5	.05	
99.4	99.4	99.5	99.5	99.5	99.5	99.5	99.5	99.5	99.5	99.5	99.5	.01	
2.46	2.46	2.46	2.47	2.47	2.47	2.47	2.47	2.47	2.47	2.47	2.47	.25	
5.20	5.18	5.18	5.17	5.16	5.15	5.15	5.14	5.14	5.14	5.14	5.13	.10	3
8.70	8.66	8.64	8.62	8.59	8.58	8.57	8.55	8.55	8.54	8.53	8.53	.05	
26.9	26.7	26.6	26.5	26.4	26.4	26.3	26.2	26.2	26.2	26.1	26.1	.01	
2.08	2.08	2.08	2.08	2.08	2.08	2.08	2.08	2.08	2.08	2.08	2.08	.25	
3.87	3.84	3.83	3.82	3.80	3.80	3.79	3.78	3.78	3.77	3.76	3.76	.10	4
5.86	5.80	5.77	5.75	5.72	5.70	5.69	5.66	5.66	5.65	5.64	5.63	.05	
14.2	14.0	13.9	13.8	13.7	13.7	13.7	13.6	13.6	13.5	13.5	13.5	.01	
1.89	1.88	1.88	1.88	1.88	1.88	1.87	1.87	1.87	1.87	1.87	1.87	.25	
3.24	3.21	3.19	3.17	3.16	3.15	3.14	3.13	3.12	3.12	3.11	3.10	.10	5
4.62	4.56	4.53	4.50	4.46	4.44	4.43	4.41	4.40	4.39	4.37	4.36	.05	
9.72	9.55	9.47	9.38	9.29	9.24	9.20	9.13	9.11	9.08	9.04	9.02	.01	
1.76	1.76	1.75	1.75	1.75	1.75	1.74	1.74	1.74	1.74	1.74	1.74	.25	
2.87	2.84	2.82	2.80	2.78	2.77	2.76	2.75	2.74	2.73	2.73	2.72	.10	6
3.94	3.87	3.84	3.81	3.77	3.75	3.74	3.71	3.70	3.69	3.68	3.67	.05	
7.56	7.40	7.31	7.23	7.14	7.09	7.06	6.99	6.97	6.93	6.90	6.88	.01	
1.68	1.67	1.67	1.66	1.66	1.66	1.65	1.65	1.65	1.65	1.65	1.65	.25	
2.63	2.59	2.58	2.56	2.54	2.52	2.51	2.50	2.49	2.48	2.48	2.47	.10	7
3.51	3.44	3.41	3.38	3.34	3.32	3.30	3.27	3.27	3.25	3.24	3.23	.05	
6.31	6.16	6.07	5.99	5.91	5.86	5.82	5.75	5.74	5.70	5.67	5.65	.01	
1.62	1.61	1.60	1.60	1.59	1.59	1.59	1.58	1.58	1.58	1.58	1.58	.25	
2.46	2.42	2.40	2.38	2.36	2.35	2.34	2.32	2.32	2.31	2.30	2.29	.10	8
3.22	3.15	3.12	3.08	3.04	3.02	3.01	2.97	2.97	2.95	2.94	2.93	.05	
5.52	5.36	5.28	5.20	5.12	5.07	5.03	4.96	4.95	4.91	4.88	4.86	.01	
1.57	1.56	1.56	1.55	1.55	1.54	1.54	1.53	1.53	1.53	1.53	1.53	.25	
2.34	2.30	2.28	2.25	2.23	2.22	2.21	2.19	2.18	2.17	2.17	2.16	.10	9
3.01	2.94	2.90	2.86	2.83	2.80	2.79	2.76	2.75	2.73	2.72	2.71	.05	
4.96	4.81	4.73	4.65	4.57	4.52	4.48	4.42	4.40	4.36	4.33	4.31	.01	

470

分母 df	α	分子 df											
		1	2	3	4	5	6	7	8	9	10	11	12
10	.25	1.49	1.60	1.60	1.59	1.59	1.58	1.57	1.56	1.56	1.55	1.55	1.54
	.10	3.29	2.92	2.73	2.61	2.52	2.46	2.41	2.38	2.35	2.32	2.30	2.28
	.05	4.96	4.10	3.71	3.48	3.33	3.22	3.14	3.07	3.02	2.98	2.94	2.91
	.01	10.0	7.56	6.55	5.99	5.64	5.39	5.20	5.06	4.94	4.85	4.77	4.71
11	.25	1.47	1.58	1.58	1.57	1.56	1.55	1.54	1.53	1.53	1.52	1.52	1.51
	.10	3.23	2.86	2.66	2.54	2.45	2.39	2.34	2.30	2.27	2.25	2.23	2.21
	.05	4.84	3.98	3.59	3.36	3.20	3.09	3.01	2.95	2.90	2.85	2.82	2.79
	.01	9.65	7.21	6.22	5.67	5.32	5.07	4.89	4.74	4.63	4.54	4.46	4.40
12	.25	1.46	1.56	1.56	1.55	1.54	1.53	1.52	1.51	1.51	1.50	1.50	1.49
	.10	3.18	2.81	2.61	2.48	2.39	2.33	2.28	2.24	2.21	2.19	2.17	2.15
	.05	4.75	3.89	3.49	3.26	3.11	3.00	2.91	2.85	2.80	2.75	2.72	2.69
	.01	9.33	6.93	5.95	5.41	5.06	4.82	4.64	4.50	4.39	4.30	4.22	4.16
13	.25	1.45	1.55	1.55	1.53	1.52	1.51	1.50	1.49	1.49	1.48	1.47	1.47
	.10	3.14	2.76	2.56	2.43	2.35	2.28	2.23	2.20	2.16	2.14	2.12	2.10
	.05	4.67	3.81	3.41	3.18	3.03	2.92	2.83	2.77	2.71	2.67	2.63	2.60
	.01	9.07	6.70	5.74	5.21	4.86	4.62	4.44	4.30	4.19	4.10	4.02	3.96
14	.25	1.44	1.53	1.53	1.52	1.51	1.50	1.49	1.48	1.47	1.46	1.46	1.45
	.10	3.10	2.73	2.52	2.39	2.31	2.24	2.19	2.15	2.12	2.10	2.08	2.05
	.05	4.60	3.74	3.34	3.11	2.96	2.85	2.76	2.70	2.65	2.60	2.57	2.53
	.01	8.86	6.51	5.56	5.04	4.69	4.46	4.28	4.14	4.03	3.94	3.86	3.80
15	.25	1.43	1.52	1.52	1.51	1.49	1.48	1.47	1.46	1.46	1.45	1.44	1.44
	.10	3.07	2.70	2.49	2.36	2.27	2.21	2.16	2.12	2.09	2.06	2.04	2.02
	.05	4.54	3.68	3.29	3.06	2.90	2.79	2.71	2.64	2.59	2.54	2.51	2.48
	.01	8.68	6.36	5.42	4.89	4.56	4.32	4.14	4.00	3.89	3.80	3.73	3.67
16	.25	1.42	1.51	1.51	1.50	1.48	1.47	1.46	1.45	1.44	1.44	1.44	1.43
	.10	3.05	2.67	2.46	2.33	2.24	2.18	2.13	2.09	2.06	2.03	2.01	1.99
	.05	4.49	3.63	3.24	3.01	2.85	2.74	2.66	2.59	2.54	2.49	2.46	2.42
	.01	8.53	6.23	5.29	4.77	4.44	4.20	4.03	3.89	3.78	3.69	3.62	3.55
17	.25	1.42	1.51	1.50	1.49	1.47	1.46	1.45	1.44	1.43	1.43	1.42	1.41
	.10	3.03	2.64	2.44	2.31	2.22	2.15	2.10	2.06	2.03	2.00	1.98	1.96
	.05	4.45	3.59	3.20	2.96	2.81	2.70	2.61	2.55	2.49	2.45	2.41	2.38
	.01	8.40	6.11	5.18	4.67	4.34	4.10	3.93	3.79	3.68	3.59	3.52	3.46
18	.25	1.41	1.50	1.49	1.48	1.46	1.45	1.44	1.43	1.42	1.42	1.41	1.40
	.10	3.01	2.62	2.42	2.29	2.20	2.13	2.08	2.04	2.00	1.98	1.96	1.93
	.05	4.41	3.55	3.16	2.93	2.77	2.66	2.58	2.51	2.46	2.41	2.37	2.34
	.01	8.29	6.01	5.09	4.58	4.25	4.01	3.84	3.71	3.60	3.51	3.43	3.37
19	.25	1.41	1.49	1.49	1.47	1.46	1.44	1.43	1.42	1.41	1.41	1.40	1.40
	.10	2.99	2.61	2.40	2.27	2.18	2.11	2.06	2.02	1.98	1.96	1.94	1.91
	.05	4.38	3.52	3.13	2.90	2.74	2.63	2.54	2.48	2.42	2.38	2.34	2.31
	.01	8.18	5.93	5.01	4.50	4.17	3.94	3.77	3.63	3.52	3.43	3.36	3.30
20	.25	1.40	1.49	1.48	1.46	1.45	1.44	1.43	1.42	1.41	1.40	1.39	1.39
	.10	2.97	2.59	2.38	2.25	2.16	2.09	2.04	2.00	1.96	1.94	1.92	1.89
	.05	4.35	3.49	3.10	2.87	2.71	2.60	2.51	2.45	2.39	2.35	2.31	2.28
	.01	8.10	5.85	4.94	4.43	4.10	3.87	3.70	3.56	3.46	3.37	3.29	3.23

分子 df													分母 df
15	20	24	30	40	50	60	100	120	200	500	χ	α	
1.53	1.52	1.52	1.51	1.51	1.50	1.50	1.49	1.49	1.49	1.48	1.48	.25	
2.24	2.20	2.18	2.16	2.13	2.12	2.11	2.09	2.08	2.07	2.06	2.06	.10	10
2.85	2.77	2.74	2.70	2.66	2.64	2.62	2.59	2.58	2.56	2.55	2.54	.05	
4.56	4.41	4.33	4.25	4.17	4.12	4.08	4.01	4.00	3.96	3.93	3.91	.01	
1.50	1.49	1.49	1.48	1.47	1.47	1.47	1.46	1.46	1.46	1.45	1.45	.25	
2.17	2.12	2.10	2.08	2.05	2.04	2.03	2.00	2.00	1.99	1.98	1.97	.10	11
2.72	2.65	2.61	2.57	2.53	2.51	2.49	2.46	2.45	2.43	2.42	2.40	.05	
4.25	4.10	4.02	3.94	3.86	3.81	3.78	3.71	3.69	3.66	3.62	3.60	.01	
1.48	1.47	1.46	1.45	1.45	1.44	1.44	1.43	1.43	1.43	1.42	1.42	.25	
2.10	2.06	2.04	2.01	1.99	1.97	1.96	1.94	1.93	1.92	1.91	1.90	.10	12
2.62	2.54	2.51	2.47	2.43	2.40	2.38	2.35	2.34	2.32	2.31	2.30	.05	
4.01	3.86	3.78	3.70	3.62	3.57	3.54	3.47	3.45	3.41	3.38	3.36	.01	
1.46	1.45	1.44	1.43	1.42	1.42	1.42	1.41	1.41	1.40	1.40	1.40	.25	
2.05	2.01	1.98	1.96	1.93	1.92	1.90	1.88	1.88	1.86	1.85	1.85	.10	13
2.53	2.46	2.42	2.38	2.34	2.31	2.30	2.26	2.25	2.23	2.22	2.21	.05	
3.82	3.66	3.59	3.51	3.43	3.38	3.34	3.27	3.25	3.22	3.19	3.17	.01	
1.44	1.43	1.42	1.41	1.41	1.40	1.40	1.39	1.39	1.39	1.38	1.38	.25	
2.01	1.96	1.94	1.91	1.89	1.87	1.86	1.83	1.83	1.82	1.80	1.80	.10	14
2.46	2.39	2.35	2.31	2.27	2.24	2.22	2.19	2.18	2.16	2.14	2.13	.05	
3.66	3.51	3.43	3.35	3.27	3.22	3.18	3.11	3.09	3.06	3.03	3.00	.01	
1.43	1.41	1.41	1.40	1.39	1.39	1.38	1.38	1.37	1.37	1.36	1.36	.25	
1.97	1.92	1.90	1.87	1.85	1.83	1.82	1.79	1.79	1.77	1.76	1.76	.10	15
2.40	2.33	2.29	2.25	2.20	2.18	2.16	2.12	2.11	2.10	2.08	2.07	.05	
3.52	3.37	3.29	3.21	3.13	3.08	3.05	2.98	2.96	2.92	2.89	2.87	.01	
1.41	1.40	1.39	1.38	1.37	1.37	1.36	1.36	1.35	1.35	1.34	1.34	.25	
1.94	1.89	1.87	1.84	1.81	1.79	1.78	1.76	1.75	1.74	1.73	1.72	.10	16
2.35	2.28	2.24	2.19	2.15	2.12	2.11	2.07	2.06	2.04	2.02	2.01	.05	
3.41	3.26	3.18	3.10	3.02	2.97	2.93	2.86	2.84	2.81	2.78	2.75	.01	
1.40	1.39	1.38	1.37	1.36	1.35	1.35	1.34	1.34	1.34	1.33	1.33	.25	
1.91	1.86	1.84	1.81	1.78	1.76	1.75	1.73	1.72	1.71	1.69	1.69	.10	17
2.31	2.23	2.19	2.15	2.10	2.08	2.06	2.02	2.01	1.99	1.97	1.96	.05	
3.31	3.16	3.08	3.00	2.92	2.87	2.83	2.76	2.75	2.71	2.68	2.65	.01	
1.39	1.38	1.37	1.36	1.35	1.34	1.34	1.33	1.33	1.32	1.32	1.32	.25	
1.89	1.84	1.81	1.78	1.75	1.74	1.72	1.70	1.69	1.68	1.67	1.66	.10	18
2.27	2.19	2.15	2.11	2.06	2.04	2.02	1.98	1.97	1.95	1.93	1.92	.05	
3.23	3.08	3.00	2.92	2.84	2.78	2.75	2.68	2.66	2.62	2.59	2.57	.01	
1.38	1.37	1.36	1.35	1.34	1.33	1.33	1.32	1.32	1.31	1.31	1.30	.25	
1.86	1.81	1.79	1.76	1.73	1.71	1.70	1.67	1.67	1.65	1.64	1.63	.10	19
2.23	2.16	2.11	2.07	2.03	2.00	1.98	1.94	1.93	1.91	1.89	1.88	.05	
3.15	3.00	2.92	2.84	2.76	2.71	2.67	2.60	2.58	2.55	2.51	2.49	.01	
1.37	1.36	1.35	1.34	1.33	1.33	1.32	1.31	1.31	1.30	1.30	1.29	.25	
1.84	1.79	1.77	1.74	1.71	1.69	1.68	1.65	1.64	1.63	1.62	1.61	.10	20
2.20	2.12	2.08	2.04	1.99	1.97	1.95	1.91	1.90	1.88	1.86	1.84	.05	
3.09	2.94	2.86	2.78	2.69	2.64	2.61	2.54	2.52	2.48	2.44	2.42	.01	

分母 df	α	分子 df											
		1	2	3	4	5	6	7	8	9	10	11	12
22	.25	1.40	1.48	1.47	1.45	1.44	1.42	1.41	1.40	1.39	1.39	1.38	1.3
	.10	2.95	2.56	2.35	2.22	2.13	2.06	2.01	1.97	1.93	1.90	1.88	1.8
	.05	4.30	3.44	3.05	2.82	2.66	2.55	2.46	2.40	2.34	2.30	2.26	2.2
	.01	7.95	5.72	4.82	4.31	3.99	3.76	3.59	3.45	3.35	3.26	3.18	3.1
24	.25	1.39	1.47	1.46	1.44	1.43	1.41	1.40	1.39	1.38	1.38	1.37	1.3
	.10	2.93	2.54	2.33	2.19	2.10	2.04	1.98	1.94	1.91	1.88	1.85	1.8
	.05	4.26	3.40	3.01	2.78	2.62	2.51	2.42	2.36	2.30	2.25	2.21	2.1
	.01	7.82	5.61	4.72	4.22	3.90	3.67	3.50	3.36	3.26	3.17	3.09	3.0
26	.25	1.38	1.46	1.45	1.44	1.42	1.41	1.39	1.38	1.37	1.37	1.36	1.3
	.10	2.91	2.52	2.31	2.17	2.08	2.01	1.96	1.92	1.88	1.86	1.84	1.8
	.05	4.23	3.37	2.98	2.74	2.59	2.47	2.39	2.32	2.27	2.22	2.18	2.1
	.01	7.72	5.53	4.64	4.14	3.82	3.59	3.42	3.29	3.18	3.09	3.02	2.9
28	.25	1.38	1.46	1.45	1.43	1.41	1.40	1.39	1.38	1.37	1.36	1.35	1.3
	.10	2.89	2.50	2.29	2.16	2.06	2.00	1.94	1.90	1.87	1.84	1.81	1.7
	.05	4.20	3.34	2.95	2.71	2.56	2.45	2.36	2.29	2.24	2.19	2.15	2.1
	.01	7.64	5.45	4.57	4.07	3.75	3.53	3.36	3.23	3.12	3.03	2.96	2.9
30	.25	1.38	1.45	1.44	1.42	1.41	1.39	1.38	1.37	1.36	1.35	1.35	1.3
	.10	2.88	2.49	2.28	2.14	2.05	1.98	1.93	1.88	1.85	1.82	1.79	1.7
	.05	4.17	3.32	2.92	2.69	2.53	2.42	2.33	2.27	2.21	2.16	2.13	2.0
	.01	7.56	5.39	4.51	4.02	3.70	3.47	3.30	3.17	3.07	2.98	2.91	2.8
40	.25	1.36	1.44	1.42	1.40	1.39	1.37	1.36	1.35	1.34	1.33	1.32	1.3
	.10	2.84	2.44	2.23	2.09	2.00	1.93	1.87	1.83	1.79	1.76	1.73	1.7
	.05	4.08	3.23	2.84	2.61	2.45	2.34	2.25	2.18	2.12	2.08	2.04	2.0
	.01	7.31	5.18	4.31	3.83	3.51	3.29	3.12	2.99	2.89	2.80	2.73	2.6
60	.25	1.35	1.42	1.41	1.38	1.37	1.35	1.33	1.32	1.31	1.30	1.29	1.2
	.10	2.79	2.39	2.18	2.04	1.95	1.87	1.82	1.77	1.74	1.71	1.68	1.6
	.05	4.00	3.15	2.76	2.53	2.37	2.25	2.17	2.10	2.04	1.99	1.95	1.9
	.01	7.08	4.98	4.13	3.65	3.34	3.12	2.95	2.82	2.72	2.63	2.56	2.5
120	.25	1.34	1.40	1.39	1.37	1.35	1.33	1.31	1.30	1.29	1.28	1.27	1.2
	.10	2.75	2.35	2.13	1.99	1.90	1.82	1.77	1.72	1.68	1.65	1.62	1.6
	.05	3.92	3.07	2.68	2.45	2.29	2.17	2.09	2.02	1.96	1.91	1.87	1.8
	.01	6.85	4.79	3.95	3.48	3.17	2.96	2.79	2.66	2.56	2.47	2.40	2.3
200	.25	1.33	1.39	1.38	1.36	1.34	1.32	1.31	1.29	1.28	1.27	1.26	1.2
	.10	2.73	2.33	2.11	1.97	1.88	1.80	1.75	1.70	1.66	1.63	1.60	1.5
	.05	3.89	3.04	2.65	2.42	2.26	2.14	2.06	1.98	1.93	1.88	1.84	1.8
	.01	6.76	4.71	3.88	3.41	3.11	2.89	2.73	2.60	2.50	2.41	2.34	2.2
χ	.25	1.32	1.39	1.37	1.35	1.33	1.31	1.29	1.28	1.27	1.25	1.24	1.2
	.10	2.71	2.30	2.08	1.94	1.85	1.77	1.72	1.67	1.63	1.60	1.57	1.5
	.05	3.84	3.00	2.60	2.37	2.21	2.10	2.01	1.94	1.88	1.83	1.79	1.7
	.01	6.63	4.61	3.78	3.32	3.02	2.80	2.64	2.51	2.41	2.32	2.25	2.1

分子 df													α	分母 df
15	20	24	30	40	50	60	100	120	200	500	∝		
1.36	1.34	1.33	1.32	1.31	1.31	1.30	1.30	1.30	1.29	1.29	1.28	.25	
1.81	1.76	1.73	1.70	1.67	1.65	1.64	1.61	1.60	1.59	1.58	1.57	.10	22
2.15	2.07	2.03	1.98	1.94	1.91	1.89	1.85	1.84	1.82	1.80	1.78	.05	
2.98	2.83	2.75	2.67	2.58	2.53	2.50	2.42	2.40	2.36	2.33	2.31	.01	
1.35	1.33	1.32	1.31	1.30	1.29	1.29	1.28	1.28	1.27	1.27	1.26	.25	
1.78	1.73	1.70	1.67	1.64	1.62	1.61	1.58	1.57	1.56	1.54	1.53	.10	24
2.11	2.03	1.98	1.94	1.89	1.86	1.84	1.80	1.79	1.77	1.75	1.73	.05	
2.89	2.74	2.66	2.58	2.49	2.44	2.40	2.33	2.31	2.27	2.24	2.21	.01	
1.34	1.32	1.31	1.30	1.29	1.28	1.28	1.26	1.26	1.26	1.25	1.25	.25	
1.76	1.71	1.68	1.65	1.61	1.59	1.58	1.55	1.54	1.53	1.51	1.50	.10	26
2.07	1.99	1.95	1.90	1.85	1.82	1.80	1.76	1.75	1.73	1.71	1.69	.05	
2.81	2.66	2.58	2.50	2.42	2.36	2.33	2.25	2.23	2.19	2.16	2.13	.01	
1.33	1.31	1.30	1.29	1.28	1.27	1.27	1.26	1.25	1.25	1.24	1.24	.25	
1.74	1.69	1.66	1.63	1.59	1.57	1.56	1.53	1.52	1.50	1.49	1.48	.10	28
2.04	1.96	1.91	1.87	1.82	1.79	1.77	1.73	1.71	1.69	1.67	1.65	.05	
2.75	2.60	2.52	2.44	2.35	2.30	2.26	2.19	2.17	2.13	2.09	2.06	.01	
1.32	1.30	1.29	1.28	1.27	1.26	1.26	1.25	1.24	1.24	1.23	1.23	.25	
1.72	1.67	1.64	1.61	1.57	1.55	1.54	1.51	1.50	1.48	1.47	1.46	.01	30
2.01	1.93	1.89	1.84	1.79	1.76	1.74	1.70	1.68	1.66	1.64	1.62	.05	
2.70	2.55	2.47	2.39	2.30	2.25	2.21	2.13	2.11	2.07	2.03	2.01	.01	
1.30	1.28	1.26	1.25	1.24	1.23	1.22	1.21	1.21	1.20	1.19	1.19	.25	
1.66	1.61	1.57	1.54	1.51	1.48	1.47	1.43	1.42	1.41	1.39	1.38	.10	40
1.92	1.84	1.79	1.74	1.69	1.66	1.64	1.59	1.58	1.55	1.53	1.51	.05	
2.52	2.37	2.29	2.20	2.11	2.06	2.02	1.94	1.92	1.87	1.83	1.80	.01	
1.27	1.25	1.24	1.22	1.21	1.20	1.19	1.17	1.17	1.16	1.15	1.15	.25	
1.60	1.54	1.51	1.48	1.44	1.41	1.40	1.36	1.35	1.33	1.31	1.29	.10	60
1.84	1.75	1.70	1.65	1.59	1.56	1.53	1.48	1.47	1.44	1.41	1.39	.05	
2.35	2.20	2.12	2.03	1.94	1.88	1.84	1.75	1.73	1.68	1.63	1.60	.01	
1.24	1.22	1.21	1.19	1.18	1.17	1.16	1.14	1.13	1.12	1.11	1.10	.25	
1.55	1.48	1.45	1.41	1.37	1.34	1.32	1.27	1.26	1.24	1.21	1.19	.10	120
1.75	1.66	1.61	1.55	1.50	1.46	1.43	1.37	1.35	1.32	1.28	1.25	.05	
2.19	2.03	1.95	1.86	1.76	1.70	1.66	1.56	1.53	1.48	1.42	1.38	.01	
1.23	1.21	1.20	1.18	1.16	1.14	1.12	1.11	1.10	1.09	1.08	1.06	.25	
1.52	1.46	1.42	1.38	1.34	1.31	1.28	1.24	1.22	1.20	1.17	1.14	.10	200
1.72	1.62	1.57	1.52	1.46	1.41	1.39	1.32	1.29	1.26	1.22	1.19	.05	
2.13	1.97	1.89	1.79	1.69	1.63	1.58	1.48	1.44	1.39	1.33	1.28	.01	
1.22	1.19	1.18	1.16	1.14	1.13	1.12	1.09	1.08	1.07	1.04	1.00	.25	
1.49	1.42	1.38	1.34	1.30	1.26	1.24	1.18	1.17	1.13	1.08	1.00	.10	∝
1.67	1.57	1.52	1.46	1.39	1.35	1.32	1.24	1.22	1.17	1.11	1.00	.05	
2.04	1.88	1.79	1.70	1.59	1.52	1.47	1.36	1.32	1.25	1.15	1.00	.01	

资料来源：摘录自皮尔逊，哈特利（E. S. Pearson & H. O. Hartley）著：《生物统计学统计表》（Bi-ometrika Tables for Statisticians），第 3 版，第 1 卷，表 18（纽约：剑桥，1966），引用征得了编者和出版商的许可。

表 E 相关系数临界值表

	单尾检验的显著性水平			
	.05	.025	.01	.005
	双尾检验的显著性水平			
df	.10	.05	.02	.01
1	.988	.997	.9995	.9999
2	.900	.950	.980	.990
3	.805	.878	.934	.959
4	.729	.811	.882	.917
5	.669	.754	.833	.874
6	.622	.707	.789	.834
7	.582	.666	.750	.798
8	.549	.632	.716	.765
9	.521	.602	.685	.735
10	.497	.576	.658	.708
11	.476	.553	.634	.684
12	.458	.532	.612	.661
13	.441	.514	.592	.641
14	.426	.497	.574	.623
15	.412	.482	.558	.606
16	.400	.468	.542	.590
17	.389	.456	.528	.575
18	.378	.444	.516	.561
19	.369	.433	.503	.549
20	.360	.423	.492	.537
21	.352	.413	.482	.526
22	.344	.404	.472	.515
23	.337	.396	.462	.505
24	.330	.388	.453	.496
25	.323	.381	.445	.487
26	.317	.374	.437	.479
27	.311	.367	.430	.471
28	.306	.361	.423	.463
29	.301	.355	.416	.456
30	.296	.349	.409	.449
35	.275	.325	.381	.418
40	.257	.304	.358	.393
45	.243	.288	.338	.372
50	.231	.273	.322	.354
60	.211	.250	.295	.325
70	.195	.232	.274	.303
80	.183	.217	.256	.283
90	.173	.205	.242	.267
100	.164	.195	.230	.254

474

资料来源：摘录自费希尔，耶茨著：《生物、农业和医学研究的统计表》，第6版，第63页，表7，1974年出版。引用征得了培生教育的许可。

研究方法术语汇编*

Ⅰ型错误或称 α 错误（Type Ⅰ ［or alpha error］）　推断统计中的拒绝真假设时所犯的错误。

Ⅱ型错误或称 β 错误（Type Ⅱ ［or beta error］）　推断统计中的接受错误假设时所犯的错误。

B

比例配置（分层随机抽样中的）（proportional allocation ［in stratified random sampling］）　选取样本的一种方式：各层样本的大小与总体中各层的大小成比例。

比率量表（ratio scale）　一种量表，该量表除了有相等的单位，还建立了绝对零点。

编码（coding）　使数据、设计或符号更宜于分析的组织方法，通常能够使数据得以简化。

变量（variable）　以不同数值表征不同个体的特征量。

标准差（standard deviation）　变异量数，它等于方差的算术平方根。

标准分（standard score）　以标准差为单位，表示偏离平均分数距离的一种分数，负的标准分意味着低于平均水平，正的标准分意味着高于平均水平。

标准正态分布（standard normal distribution）　平均数为 0、标准差为 1.0 的正态分布。

C

参数（parameter）　总体的特征或量度，如总体均数。

参与观察者（participant-observer）　人种学研究中研究者参与到被观察情境之中时所扮演的一种角色。

操作性定义（operational definition）　用测量所要研究特质的方法或操作的术语所表述的定义。

测量（measurement）　按照特定的规则对事物或事物的属性赋予数值。

测量效度（validity of measurement）　测量工具能够测出所想测量的东西的程度。

测验的结构效度（construct-related validity of a test）　测验测量出一个或多个

＊ 本"术语汇编"按照汉语拼音音序排列。

理论或特质程度。

测验的内容效度（content-related validity of a test） 测验项目的内容反映所研究的学科、行为等的程度。

测验的平行形式（parallel forms of a test） 具有相同特征的测试的两种（或多种）形式。

测验的同时性效度（concurrent-related validity of a test） 一项测验的得分与同时进行的基于一个或多个标准测验而获得的分数之间的一致性程度。

测验的效标关联效度（criterion-related validity of a test） 测验分数和外在效标之间的相关程度。

测验的预测效度（Predictive-related validity of a test） 测验作出的预测被后继数据证实的程度。

差异量数（measures of variability） 描述分布的扩展程度或分数的离散程度的特征量数。

常量（constant） 研究中对所有个体来说具有相同价值的特征量。

常模（norms） 用以作为个体测试成绩解释依据的参照群体总体情况的描述统计。

称名量表（nominal scale） 一种测量量表。仅仅简单将各因素分为两个或多个类别以区分各因素，而不是根据序列或等级对因素来划分。

成熟（maturation） 随着时间推移，引起个体内部系统变化的心理、生理过程。

抽样比率（sampling ratio） 样本容量与总体容量的比率，也称为抽样比。

抽样框（sampling frame） 选择样本时，总体的单元或因素明细表。

抽样偏差（sampling bias） 由于样本的选取或形成方法的问题所引起的歪曲导致样本不能代表总体。

抽样误差（sampling error） 当样本被用于代表总体时，由于随机波动而产生的变异。

重测法（test-retest method） 一种确定测验信度的方法：对同一受测团体，用同一方法测验两次，以两次分数的相关来确定测验的信度。

D

德尔菲法（Delphi method） 指的是这样一种方法，它通过一系列包含总结性信息和观点反馈的序列问卷系统地引发和收集关于某一专题的判断。

等距量表（interval scale） 一种测量量表，该量表除了规定分值以外，还建立了相等的量表单位，使得任何两个相邻分值之间的距离具有相同的数量，也叫等单位量表（epual-unit scale）。

第二手资料（secondary source） 至少是对原来的事件或经验进行了一步转换

的资料。

第一手资料（**primary source**）　事件或经验的最初的或第一手的材料。

调查研究（**survey research**）　在非实验情境下，对教育、心理和社会变量的发生、分布和相互关系的研究。

定向假设（**directional hypothesis**）　一种假设方式，通常用"大于"或"小于"对结果作出方向性的假设。

多元分析（**multivariate analysis**）　同时分析两个及以上因变量的统计数据分析。

多重处理干扰（**multiple-treatment interference**）　当个体相继接受两次或多次实验处理时，先前的实验处理产生的滞后的或延迟的影响。

E

二次分析（**secondary analysis**）　为了下列目的对数据的再分析：（1）对原来的研究问题提出更好的统计方法；（2）回答新的研究问题。

F

反应定势（**response set**）　个体不管刺激的内容或背景如何都以相同的方式回答项目或对刺激作出反应的趋势。

方差（**variance**）　一种变异的量数，在分布中观察值与均数离差的平方和的算术平均。

方差分析（**analysis of variance**）　可以根据来源或因素不同来分解分数分布中变异的统计技术；通过分解变异，可以检测均数间的差异。

分半法（**split-half method**）　计算测验信度的一种方法：将一个测验分成两个可比较的分测验，两个分测验的分数是相关的。并且，运用特定的公式可以计算其信度系数，人们熟知的计算公式是斯皮尔曼-布朗（Spearman-Brown）公式。

分布（**distribution**）　关于一个变量的所有观察值或一组数据。当观察值根据每个可能数值的频次用图表表示时，就是频数分布。

分层随机抽样（**stratified random sampling**）　一种抽样方式：总体被分成两个或两个以上的子群，这些子群称为层，样本元素则从各层中随机抽取。

G

概率样本（**probability sample**）　根据下面原则选取的样本：总体中的每个成员被选入样本的概率都不会是零。

个案研究（**case study**）　以对单独个体、群体、事件、机构或文化进行调查为特征的研究。

关键线人（人种学研究中的）（**key informant**［**in ethnographic research**］）调查者愿意投入大量时间调查的人，因为该个体似乎特别地消息灵通、口齿伶俐、和蔼可亲。

H

横向研究（**cross-sectional studies**）　在同一时间，从包含两个或更多个子群体的一个总体的随机样本中收集数据的调查方式，旨在比较来自于不同子群的数据或说明这些子群相互间的趋势。

后设判断（**a posteriori judgment**）　基于实际观察（资料）的判断，根据事实说话。

回归（实验的效度的一种威胁）（**regression [as a threat to experimental validity]**）　样组的一种趋势，尤其是那些基于极端分数所选取的样组，在后继的测量上，不管实验处理如何都有"退回"到更加平均的分数上的趋势。

回归线（**regression line**）　通常根据最小二乘法原理，最适合于一组二元数据的一条直线。

混淆变量（**confounded variables**）　特定情境操纵中，效应不能剥离的多个变量。

J

机体变量（**organismic variable**）　研究对象固有的或属于自然属性的变量，如个体的性别。

基础研究（**basic research**）　为充实现有的知识体系而从事的研究，如理论发展的研究。

集中量数（**measures of central tendency**）　确定分布在量尺上所处中心位置的点值，分布中的分值有向这些点值自我集中的趋势。

假设（**hypothesis**）　对问题解决方案、两个或多个变量间的相互关系或现象本质的猜测或主张。

监管者（教育研究中的）（**gatekeeper [in educational reseach]**）　同意或拒绝进行研究，以及/或者允许或禁止进入研究场所的个人或个人团体（如制度复审管理委员会）。

简单随机抽样（**simple random sample**）　一种选取样本的方式：总体的所有成员都有相等的被抽取概率。抽样过程中如果没有来自于有限总体的替换，那么所有可能的给定规模的样本也都具有相同的被抽取概率。

交互作用（**interaction**）　一个自变量对另一自变量的影响，即一个自变量对另一个自变量的不同水平存在不同的影响。

结构方程（**structural equations**）　一个代表模型建构中概念模型的联立方程组。

均数（**mean**）　某种分布的分数的总和除以分数的总个数所得到的数值。

K

克龙巴赫 α 系数（**Cronbach alpha**）　基于同一测验内两个或更多部分之间测验

的内在一致性或信度系数。

肯定判断（assertoric argumentation） 为了保证推广普遍性（即外在效度），采用对总体中每一个成员都为真的普适性判断。

控制变量（control variable） 一种对实验结果有影响，但不会像自变量一样产生根本影响的变量，其影响需要研究者加以控制，在解释变异时控制变量与自变量都要考虑进去。

控制组（实验中的）（control group［in an experiment］） 不接受任何实验处理的一组研究对象，设置控制组是出于比较的目的。

库德-理查森方法（Kuder-Richardson methods） 在不分割测验的情况下，以一份测验和一次施测确定测验信度的方法。

L

历史研究（historical research） 运用过去的资料信息，针对过去的问题、事件等进行的研究。

历史研究法（historiography） 历史地进行研究的方法。

利克特量表（Likert scale） 一种量表测量方法。通常与态度测量相联系，对于每个项目或陈述，它要求有一个等级序列的反应。评分时，对项目的每一可择反应都赋予一定的分值，个体分数等于每个项目分值总和。

连续变量（continuous variable） 能在测量量表的某区间内任意取值的变量。

两阶段抽样（two-stage sampling） 任何分两步选取样本的抽样方法。

列联表（contingency table） 根据两个以上的分类标准对一组数据分组所得到的数据列表。

零假设（推断统计中的）（null hypothesis［in inferential statistics］） 描述没有差异或没有关系的假设，也称虚无假设。

M

描述统计（descriptive statistics） 统计方法的一部分，主要涉及数据分布和变量间相互关系的描述。

模型（建模法中的）（models［in the context of modeling methods］） 对变量间关系（联系）的假设性或概念性描述。

目的样本（purposeful sample） 非随机方式选取的样本，这种取样基于与研究的问题有关的成员特征。

N

内在的信度研究（reliability of research-internal） 研究在方法、条件、结果上的一致性程度。

P

评价研究（evaluation research） 用于评价过程的研究程序，即为教育的方案、政策等收集数据并进行决策（价值判断）。

普查（在调查研究中的）（census［in survey research］）　对所有成员进行的总体研究。

Q

前决定（a priori decision）　收集资料前作出的决定，比如在收集资料前决定作什么对比。

倾向（aptitude）　获得成就的潜在性，或称能力倾向，简称能倾。

情境性（在人种学研究中）（contextualization［in ethnographic research］）　特指对资料解释的要求，即资料只有在收集资料的情境或环境中才能得到解释。

趋势研究（trend studies）　调查研究中的一种纵向设计。在不同的时间采用不同的随机样本，对一个一般总体进行多次研究。

全距（极差）（range）　分布中两个极端分数的差距。

群体研究（cohort studies）　（调查研究中的）纵向设计。在这种设计中，通过选取时间序列上不同阶段的不同随机样本，研究特定总体在不同时间的变化。

R

人种学（ethnography）　人类学的分支学科，主要对特定文化进行科学描述；也可以指人种学研究取得的成果。

人种学研究（ethnographic research）　为特定情境中对（教育）系统、过程以及现象提供科学描述的研究。

软件（software）　与分析、程序或操作有关的用来对电脑提供指令的方案。

S

三角互证法（人种学研究中的）（triangulation［in ethnographic research］）　在人种学研究中，运用多种资料来源或多种资料收集方法，对资料所作的定性的交互证实。

散点图（scattergram）　由一组二元数据交叉分组所构成的点图。

生态心理学（ecological psychology）　以自然发生的人类行为和人类行为与环境的关系为研究重点的心理学。

实验（教育研究中的）（experiment［in educational research］）　一种研究情境，在这种情境中，根据预先制定的计划，使一个或多个自变量呈现系统的变化，以确定这种变异的效应。

实验流失率（experimental mortality）　放弃参与实验的对象；某些研究对象无法坚持到结束。

事后追溯研究（ex post facto research）　一种研究方法。在这种研究方法中，自变量已产生影响，研究者才开始对因变量进行观察，随后对可能的关系和效果进行追溯性的研究。

数据文件（data file）　经过组织的数据和确定的信息，通常存在电脑中供分析所用。

顺序量表（ordinal scale）　一种测量量表。该量表反映因素或分数的分类和排序。

随机（误差）变异（random［error］variance）　分数分布中所固有的变异。它包括来源于随机抽样（或随机分配）和中间变量引起的误差。

随机抽样（random sample）　总体中任何一个成员的选取不影响其他成员被选取的概率的取样方式。

T

调节变量（moderator variable）　在研究情境中，不一定能得到控制但确实具有影响的变量。

调制解调器（modem）　一部将计算机语言转换成音频从而允许两部计算机间进行电话交流的机械。

态度（attitude）　对特定刺激所持有的情感倾向。

特质（trait）　一种以特定方式对情境作出反应的倾向性。

统计（statistics）　在描述统计中是对分布的度量；在推断统计中，是指样本的特征或度量。从更广泛的意义上说，统计学是以定量手段分析数据的理论、程序和方法。

统计量的标准误（standard error of a statistic）　统计量抽样分布的标准差。

统计量的抽样分布（sampling distribution of a statistic）　（通常是理论上的）所有可能的统计量的分布，这些数值是从总体的所有可能的样本中选取的。

推断统计（inferential statistics）　统计方法的一部分，主要涉及从样本推断总体。

W

外在的信度研究（reliability of research-external）　研究可重复的程度。

无偏统计量（unbiased statistic）　将抽样分布的均值作为所要估计的总体参数而计算获得的统计量。

误差变异（统计背景下的）（error variance［in a statistic context］）　由于随机分配或随机取样而具有的固有的或天然的变异，也叫随机误差。

X

系统抽样（systematic sampling）　一种样本的选取方式：第一个样本元素被确定后，所有的样本元素也就确定下来。因为数据系列中确定了第一个元素后，其余元素都是以与第一个元素递进的倍数间距选择的。

显著性水平（level of significance）　与假设检验相联系的概率——确定假设是

否被拒绝的概率。在教育研究中通常使用的显著性水平为 .05 和 .01，也称 α 水平。

显著性统计量（significant statistic） 能标示基于假设所出现的概率小于设定的显著性水平概率的统计量。例如，显著差异意味着，如果假设是真，则差异就大到了不能归因于偶然因素（如随机抽样波动）的程度了。

现象学（phenomenology） 通过观察和描述对现象进行的研究。

线性相关（linear relationship） 具有线性关系的两个变量的散点图能够较好地吻合一条直线，即变量的散点将呈椭圆状落在直线周围，而不是落在其他类型的曲线上。

相关（correlation） 两个变量间相互关系的密切程度。

相关系数（correlation coefficient） 表示两变量间相互关系密切程度的量值。

肖像法（portraiture） 人种学概念。指对文化的一种描述性解释。本质上，它是通过文字勾勒出文化的肖像。

协变量（covariate） 为调整因变量分数而进行协方差分析时引入的一种变量。

协方差分析（analysis of covariance） 一种统计控制的方法。通过这种方法，因变量的数值根据相关变量的数值得到调整。

信度测量（reliability of measurement） 对一致性的测量。

信度系数（reliability coefficient） 测验一致性程度的量数。根据测验和测验的情境，有多种估算信度系数的方式。

Y

研究的内在效度（validity of research-internal） 为使结果能够解释所需要的基本的、最小的控制、测量、分析和方法。

研究的外在效度（validity of research-external） 结果能够普遍推广的程度及其普遍性。

样本（sample） 研究中总体的一个子集。

因变量（dependent variable） 受到或假设受到自变量影响的变量。

应用研究（applied research） 为解决急迫的、实际的问题而进行的研究。

硬件（hard ware） 计算机设备，包括打印机等设备。

语义差别（semantic differential） 一种态度测量技术，要求回答者用一组两极形容词量表判断一个单词或概念。

预测（prediction） 根据一个或多个其他变量的信息对一个变量的分值作出估计。

预示性问题（人种学研究中的）（foreshadowed problems [in ethnographic research]） 特定的研究问题，可能以提问的形式呈现，提供研究的聚焦点。

预研究（pilot study） 先于正式研究的一种小规模模拟研究，旨在获取额外的信息，并通过这些信息改进正式研究。例如，在小样组中探索性地使用一种测量工具，目的是为了修订这种工具。

元分析（meta-analysis）　通过概括总结大量独立研究的结果获得研究结论的统计方法。

Z

扎根理论（grounded theory）　基于资料研究而非预设的公理和定理形成的理论。

整群抽样（cluster sampling）　所选取的一组元素，而非单一的元素称做"群"。群的所有元素都包含在样本中，并且，群是从更大的群总体中随机抽取的。

整体人种学（holistic ethnography）　一种通过描述被研究群体的信念和习俗，并把各部分视为一个统一的、连续的整体文化的有机部分来探讨一种文化或一个社区全部或部分内容的研究。

正态分布（normal distribution）　一种钟形的对称分布。其曲线在数学上可用一般方程加以描述。有时也称为拉普拉斯－高斯正态概率函数。

知情同意（informed consent）　研究中，在被完全告知研究目的、步骤等相关事宜之后，最好以书面形式签订的同意书。

直方图（histogram）　由矩形组成的图式，表示分值的分布；矩形的面积与分值的频率成比例。

纸质本（hard copy）　计算机输出的纸质打印结果。

制度复审管理委员会（institutional review board［IRB］）　一个至少由 5 人组成的，代表一个机构或代理处的小组或委员会。它具有同意，要求变更，或拒绝联邦法权范围内的研究的权力。

置信区间（confidence interval）　估计的参数构成的一个区间，这个区间可以确定参数取值范围的先验概率。

置信水平（level of confidence）　与假设检验相联系的概率——相应参数落在区间范围的概率。在教育研究中通常使用的置信水平为 .95 和 .99。

中间变量（intervening variable）　一种变量，该变量的存在可以被推断，但不能被操作或测量。

中位数（median）　分数分布中的一点，50％ 的量在该点的下面。

中心极限定理（central limit theorem）　这一定理是指对于给出均数和方差的任何总体，随着样本容量的不断增加，样本均数的分布服从正态分布；并且，样本均数等于总体均数，样本方差等于总体方差除以样本容量。

众数（mode）　分布中出现频数最多的一个点或数值。

周期性（系统抽样中的）（periodicity［in systematic sampling］）　伴随着因素排列和选择间距而出现的周期性特征，由于这个原因样本受到倾向性的影响。

专门对象研究（panel studies） （调查研究中的）纵向设计，在不同的时间对同一随机样本进行测试。

准实验研究（quasi-experimental research） 研究中，按受实验变量的实验组是原始的，未经控制的，或者这些群组至少是没有经过随机选择或随机分配的；没有经过随机抽取的单一对象的研究也属于此类。

自变量（independent variable） 研究中影响（或假定影响）因变量的变量，在研究设计中为确定其效应必须对自变量进行设计。

自由度（degrees of freedom） 数据自由变化途径的数目，即观察的数目减去限制数据的数目。

总体（population） 所有因素、对象或成员的集合。它们具有一个或多个共同特征，在推断统计中，经常从样本推断总体。

纵向研究（longitudinal studies） 一种研究方式，这种研究在一段时间内（通常可考虑的时间长度是几个月或几年）对相同或不同的个体进行两次或多次的测量。例如对同一批学生团体，每年测量他们的数学成绩，从4年级一直到高中。

最优配置（分层随机抽样中的）（optimum allocation［in stratified random sampling］） 样本的选取采用这样的方式：样本的分层分布与总体分层的规模及分层差异成正比例。

人名索引[*]

---

* 本"索引"人名后所列页码为本书原文页码，即中文版边码。

主题词索引[*]

---

* 本"索引"的每个条目后所附页码为本书原文页码，即中文版边码。

二 维 码 说 明

硬件和软件要求

所有 IBM 公司或其他兼容机所要求的最低内存和硬盘配置必须能够满足基于视窗系统的 SPSS 6.1 及更新版本，或者其他单机统计软件包的运行。

所有苹果机所要求的最低内存和硬件必须能够满足基于苹果机系统的 SPSS 软件，或者其他苹果统计软件包的运行。

数据库或数据文件的使用说明

1. 将文件都复制到硬盘驱动器目录之下。在工作表第一次被改动之前都要先保存一遍原工作表内容。对文件的特定操作参见指导手册。
2. 打开你的统计软件程序，然后选择一个文件打开它。

例如，如果你的软件是一个与文件类型不同的统计程序，只要运行你的软件程序，然后选择文本文件打开即可。你的统计软件将通过 ASCⅡ语言自动完成文件格式转换。文本文件将呈现在屏幕上，不再需要其他格式。

数据库

俄亥俄州教师

俄亥俄州教师数据库包括整个俄亥俄州行政区的信息。

DIST	学区
COUNTY	县
ATT	2005-2006 教师出勤率
EXP	平均教龄
NUM	全职教师人数
NBACH	拥有学士以上学位的全职教师人数
NMAST	拥有硕士以上学位的全职教师人数

CERT	具有完全资格认证的教师百分比（%）
NOTQ	并没有完全获得 NCLB 资格认证的教师百分比（%）
PBACH	拥有学士以上学位的全职教师百分比（%）
PMAST	拥有硕士以上学位的全职教师百分比（%）
SALARY	教师的平均工资
TEMP	核心课程由临时资格教师讲授的百分比（%）

NC-SAT-2006

NC-SAT-2006 数据库包括以行政区为单位的学业能倾测验分数和各区支出。

district	学区
math	数学学业能倾测验平均分
reading	阅读学业能倾测验平均分
writing	写作学业能倾测验平均分
perpupil	生均支出
total	总支出

PACT

PACT 数据库包括学生的人口学信息和南卡罗来纳州帕尔梅托成就测验的分数。

gender	性别　M = 男　F = 女
lunch	午餐　F = 免费　R = 减价　N = 两者都不是
iep	个别教育计划　（IEP）　Y = 是　N = 否
speech	言语障碍　Y = 是　N = 否
gift	超常　Y = 是　N = 否
elass05	2005—2006 英语/言语量表分
elapf05	2005—2006 英语/言语表现水平 （低于基本水平、基本水平、精通、高级）
elass04	2004—2005 英语/言语量表分
elapf04	2004—2005 英语/言语表现水平
elass03	2003—2004 英语/言语量表分
elapf03	2003—2004 英语/言语表现水平

matss05	2005—2006 数学量表分
matpf05	2005—2006 数学表现水平
matss04	2004—2005 数学量表分
matpf04	2004—2005 数学表现水平
matss03	2003—2004 数学量表分
matpf03	2003—2004 数学表现水平
sciss05	2005—2006 科学量表分
scipf05	2005—2006 科学表现水平
sciss04	2004—2005 科学量表分
scipf04	2004—2005 科学表现水平
socss05	2005—2006 社会学习量表分
socpf05	2005—2006 社会学习表现水平
socss04	2004—2005 社会学习量表分
socpf04	2004—2005 社会学习表现水平

责任编辑　赵琼英
版式设计　孙欢欢
责任校对　张　珍
责任印制　叶小峰

图书在版编目（CIP）数据

教育研究方法导论：第9版／（美）维尔斯马，于尔斯
著；袁振国主译. —北京：教育科学出版社，2010.6（2023.12重印）
书名原文：RESEARCH METHODS IN EDUCATION：AN
INTRODUCTION
ISBN 978-7-5041-4590-1

Ⅰ．①教… Ⅱ．①维…②于…③袁… Ⅲ．①教育科
学-研究方法 Ⅳ．①G40-034

中国版本图书馆CIP数据核字（2009）第230875号

北京市版权局著作权合同登记 图字：01-2008-3192号

出版发行 **教育科学出版社**

社　　址	北京·朝阳区安慧北里安园甲9号	市场部电话	010-64989009
邮　　编	100101	编辑部电话	010-64981280
传　　真	010-64891796	网　　址	http://www.esph.com.cn

经　　销　各地新华书店
制　　作　北京金奥都图文制作中心
印　　刷　唐山玺诚印务有限公司

开　　本	720毫米×1020毫米　1/16	版　　次	2010年6月第1版
印　　张	35	印　　次	2023年12月第14次印刷
字　　数	656千	定　　价	98.00元

如有印装质量问题，请到所购图书销售部门联系调换。

Authorized translation from the English language edition, entitled Research Methods in Education: An Introduction (9E), ISBN: 978-0-205-58192-4 by William Wiersma; Stephen G. Jurs by Pearson Education, Inc, Copyright © 2009、2005、2000、1995、1991、1986、1980、1975、1969 Pearson Education, Inc.

All rights reserved. No part of this book may be reproduced or transmitted in any form or by any means, electronic or mechanical, including photocopying, recording or by any information storage retrieval system, without permission from Pearson Education, Inc.

CHINESE SIMPLIFIED language edition published by EDUCATIONAL SCIENCE PUB-LISHING HOUSE

本书为英文原著的授权翻译版本
书名:《教育研究方法导论》(第 9 版)
作者:William Wiersma; Stephen G. Jurs
版本:第 9 版
ISBN:978-0-205-58192-4
培生教育出版集团出版
Copyright © 2009、2005、2000、1995、1991、1986、1980、1975、1969 Pearson Education, Inc.

版权所有。未经培生教育有限公司许可,本书中的任何部分不得以任何形式或任何手段复制、转载,包括影印、录音或作为任何检索系统的储备信息。

简体中文版由教育科学出版社出版。

本书仅限于中华人民共和国境内(不包括中国香港、澳门特别行政区和中国台湾地区)销售发行。

本书封面贴有 Pearson Education (培生教育出版集团) 激光防伪标签。无标签者不得销售。